싸구려 모텔에서
미국을 만나다

CHEAP MOTELS AND A HOT PLATE
by Michael D. Yates

Copyright ⓒ 2006 Michael D. Yates
Korean translation copyright ⓒ 2008 by E-Who publishing Co.
All rights reserved.
Korean translation rights are arranged with Monthly Review Press USA
through AMO Agency Korea.
.

이 책의 한국어판 저작권은 아모 에이전시를 통해 저작권사와 독점 계약한 도서출판 이후에 있습니다.
신 저작권법에 의해 한국 내에서 보호를 받는 저작물이므로 무단 전재와 무단 복제를 금합니다.

싸구려 모텔에서 미국을 만나다

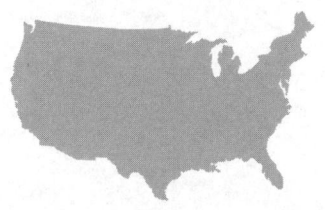

CHEAP MOTELS AND A HOT PLATE

마이클 예이츠 | 추선영

이후

싸구려 모텔에서 미국을 만나다
―어느 경제학자의 미 대륙 탐방기

지은이 | 마이클 예이츠
옮긴이 | 추선영
펴낸이 | 이명희
펴낸곳 | 도서출판 이후
편집 | 김은주
표지·본문 디자인 | Studio Bemine

첫 번째 찍은 날 | 2008년 6월 5일
두 번째 찍은 날 | 2008년 7월 5일

등록 | 1998. 2. 18(제13-828호)
주소 | 121-836 서울시 마포구 서교동 325-1 원천빌딩 3층
전화 | 대표 02-3141-9640 편집 02-3141-9643 팩스 02-3141-9641
홈페이지 | www.e-who.co.kr
ISBN | 978-89-6157-010-7 03300

이 도서의 국립중앙도서관 출판시도서목록(CIP)은 e-CIP 홈페이지
(http://www.ni.go.kr/cip.php)에서 이용하실 수 있습니다.
(CIP 제어번호: CIP 2008001663)

이 책을 나와 함께 여행했던 아내 카렌 코레노스키Karen Korenoski와
먼 곳에서 우리와 동행해 주었던 클라크 스트라우서Clark Strausser에게 바칩니다.

■ 여행 경로

해당 장	기간	장소
2장	2001년 4월 29일	펜실베이니아 피츠버그 출발 　경유지:위스콘신 잭슨빌, 사우스다코타 채임벌린, 　　　　 몬태나 빌링스 · 가디너
	2001년 5월~9월	와이오밍 옐로우스톤 국립공원에서 근무하며 체류
	2001년 9월	옐로우스톤 국립공원 출발
3장	2001년 9월~10월	경유지:와이오밍 잭슨, 콜로라도 보울더 펜실베이니아 피츠버그 북부 지은이의 어머니 집 체류
	2001년 11월 ~2002년 10월	맨해튼 체류
	2002년 10월 말	맨해튼 출발
4장	2002년 11월~12월	경유지:조지아 사바나 마이애미비치 체류
	2002년 12월 말	마이애미비치 출발 　경유지:매사추세츠 암허스트, 지은이의 어머니 집
	2003년 1월 말	피츠버그 출발 　경유지:일리노이 페루, 네브래스카 키니, 　　　　 와이오밍 록 스프링스, 아이다호 보제, 　　　　 오리건 힐스보로
	2003년 2월~ 2004년 4월	포틀랜드 체류

CHEAP MOTELS AND A HOT PLATE

해당 장	기간	장소
5장	2004년 5월~8월	오리건 애쉬랜드, 캘리포니아 레딩·팜 스프링스·트웬티나인 팜스·조슈아 트리 국립공원, 애리조나 윌리암스·플래그스태프·세도나, 뉴멕시코 알부쿼르크·산타페·타오스, 콜로라도 글렌우드 스프링스, 유타 모압·스프링데일·판귀치·솔트 레이크 시티, 와이오밍 잭슨·옐로우스톤 국립공원, 몬태나 보즈맨·미술라·굴라시어 국립공원, 아이다호, 워싱턴 레이니어 산 국립공원·올림픽 국립공원, 오리건 플로렌스·포틀랜드
	2004년 9월	포틀랜드 출발
	2004년 9월	지은이의 어머니 집, 버지니아 알링턴
6장	2004년 10월~2005년 4월	마이애미비치 체류
7장	2005년 5월~6월	플로리다 탈라하세·와쿨라 스프링스 주립공원, 앨라배마 모빌·베이유 라 바트르, 미시시피 오션 스프링스·빌록시, 루이지애나 슬리델·뉴올리언스, 텍사스 휴스턴·포트 스톡튼·프레시디오·마르파·빅 벤드 국립공원·과달루페 국립공원, 뉴멕시코 칼스바드·로스웰·루이도소·라스 크루세스·메실라·산타페, 콜로라도 에스테스 파크
	2005년 7월	지은이의 어머니 집과 버지니아 체류
	2005년 8월	인디애나 인디애나폴리스, 미주리 세인트루이스·롤라·조플린, 애리조나 플래그스태프, 유타 리치필드
프롤로그	2005년 9월~2006년 8월	콜로라도 에스테스 파크

■ 일러두기　　　　　　　　　CHEAP MOTELS AND A HOT PLATE
＜＜＜＜＜＜＜＜＜＜＜＜＜＜＜＜＜＜＜＜＜＜＜＜＜＜＜＜＜＜＜

1. 인명이나 지명, 그리고 작품명은 될 수 있는 한 '외래어 표기법'(1986년 1월 문교부 고시)과 이에 근거한 『편수자료』(1987년 국어연구소 편)를 참조했으나, 주로 원어에 가깝게 표기하는 것을 원칙으로 삼았다.

2. 본문에 나오는 각주는 모두 옮긴이가 붙인 것이다.

3. 단행본, 전집, 정기간행물에는 겹낫쇠(『 』)를, 논문이나 논설, 방송, 기고문, 단편 등에는 홀낫쇠(「 」)를, 방송에는 꺾쇠(〈 〉)를, 그리고 단체명에는 작은따옴표(' ')를 사용했다.

4. 원서의 단위 가운데 고친 것들은 다음과 같다.
   1) 길이 단위: 인치inch(=3.54센티미터), 피트feet(=30.48센티미터), 야드yard(=0.91미터), 마일(=1.6킬로미터)
   2) 온도 단위: 화씨Fahrenheit(=(1.8×섭씨)+32)
   3) 부피 단위: 갤런gallon(=3.78리터), 부셸bushel(=35.24리터), 쿼터quarter(=290.95리터)
   4) 넓이 단위: 에이커acre(=4046.92평방미터)
   5) 무게 단위: 온스ounce(=28.35그램) 파운드pound(=453.59그램)

CHEAP MOTELS AND A HOT PLATE　　　■ 감사 인사

<<<<<<<<<<<<<<<<<<<<<<<<<<<<<<<<

　주로 개인적인 체험을 바탕으로 쓴 책이라 감사 드릴 분이 적은 편이다. 우선 먼슬리 리뷰 출판사의 전문성을 갖춘 역량 있는 직원들에게 감사드린다. 그중에서도 마틴 파디오Martin Paddio에게 특별한 감사의 마음을 전한다. 니콜라스 미라Nicholas Mirra는 원고를 교열하면서 사려 깊은 논평을 해 주어 글을 다듬는 데 많은 도움을 주었다. 절친한 친구인 루이 프로옉Louis Proyect은 오랫동안 맨해튼에서 살았던 경험을 살린 논평으로 맨해튼 편 작성에 도움을 주었다. 아내 카렌 코레노스키는 나와 함께 여행하면서 이루 말할 수 없이 귀중한 일지를 기록해 주었다. 언제나 훌륭한 조언을 잊지 않았던 카렌은 내가 어떻게 써야 할지 감을 잡지 못하고 헤맬 때 따뜻한 말로 격려해 주면서 책의 내용을 채워 갈 수 있도록 도와주었고, 한 구절 한 구절을 꼼꼼하고 요령 있게 논평해 주었다. 카렌이 없었더라면 이 책은 세상에 나오지 못했을 것이다. 정말 사랑스러운 여자다!

차례

CHEAP MOTELS AND A HOT PLATE

< < < < < < < < < < < < < < < < < < < < < < < < < <

- 여행 경로   6
- 감사 인사   9

프롤로그   14
     더 읽을거리   25

1장 고향을 떠나 세상으로 나오다   26
     22번 고속도로   28
     존스타운과 피츠버그   32
     일이 지겨워지다   37
     55세, 은퇴 여행 계획을 세우다   42
     불평등, 노동문제, 그리고 환경 파괴   47
        더 읽을거리   51

2장 옐로우스톤 국립공원   52
     여행의 시작   56
     접객 직원이 되기 위한 교육   63
     암팩 사의 인사관리   67
     옐로우스톤에서 만난 손님들   71
     노동자에 대한 새로운 시각   77
        노동 1—내 노동을 더 깊이 들여다보자   86

옐로우스톤의 놀라운 자연환경	89
불평등 1—와이오밍 잭슨의 변화	98
형편없는 음식과 노동조건	101
환경 1—암팩 사의 역사	107
더 읽을거리	111

3장 맨해튼   112

9·11 이후	114
맨해튼에서 아파트를 구한다는 것은	116
놀라움으로 가득한 맨해튼에서	122
먼슬리 리뷰 편집자가 되어	128
노동 2—자본주의 수도에서의 수고로움	134
맨해튼 거리를 활보하다	138
불평등 2—백만장자의 거리, 거지의 거리	145
이상한 저녁 만찬	147
맨해튼을 떠나다	154
환경 2—9·11이 소방관에게 미친 영향	161
더 읽을거리	165

4장 포틀랜드와 북서부 태평양 연안   166

쌍둥이 아들들과 함께 포틀랜드로	168
비 내리는 날들	174
태평양 북서안	179

환경 3—비스킷 화재	194
쌍둥이 아들의 고된 노동	196
노동 3—파월 서점의 시위대	203
열린 생각, 열린 도시	207
불평등 3—레스토랑에서 생긴 일	211
방랑벽	218
더 읽을거리	219

5장 싸구려 모텔과 휴대용 전열기 220

지금도 휴대용 전열기가 생산될까?	224
5번 주간 고속도로를 타고 남쪽으로	236
환경과 노동 4—농업을 움직여 온 힘	242
조슈아 트리 국립공원, 윌리암스, 프래그스태프, 세도나	248
환경 5—국립공원은 어디로?	268
뉴멕시코	273
그 밖의 서부 지역	278
불평등 4—모르몬교도	281
이야, 동부로 간다!	289
더 읽을거리	291

6장 마이애미비치 292

아름다운 사람들과 함께하는 생활	294
불평등 5—부자들의 요지경 파티, 그리고 가난한 이들	307
불평등 6—마이애미비치의 유대인	313

마이애미의 리틀 아바나, 칼레 오초	315
나체 해변에서	320
에버글레이즈 국립공원	321
환경 6—플로리다의 생태 파괴	327
키웨스트	329
노동 5—날씨는 맑지만 노동은 우울하다	335
카지노	339
북쪽으로	342
더 읽을거리	343

7장 싸구려 모텔에서 미국을 만나다   344

걸프 해안	348
뉴올리언스	356
텍사스를 지나 다시 남서부로	366
환경 7—국립공원의 오염	369
불평등 7—인종이 드리운 깊은 그늘	378
내 고향	388
불평등 8—앨런 그린스펀의 복수	400
여행은 끝나지 않는다	402
더 읽을거리	405

- 찾아보기   407
- 옮긴이 후기
    그곳에는 사람이 산다—추선영   417

2005년 9월~2006년 9월

콜로라도
에스테스 파크

CHEAP MOTELS AND A HOT PLATE

00

< < < < < < < < < < < < < < < < < < < < < < < < < < <

프롤로그

콜로라도 에스테스 파크(Estes Park, Colorado)

2003년 인구	5,695명
백인	95.1퍼센트
흑인	0.3퍼센트
히스패닉(인종 무관)	5.6퍼센트
2000년 가구 소득 중앙값	43,262달러
2000년 임대 비용 중앙값	541달러
부대 비용을 포함한 주택 자금 대출 중앙값	1,162달러
빈곤선 이하 소득자	4.5퍼센트
고도	2,293미터

스탠리 스티머Stanley Steamer 자동차 회사의 설립자가 세운, 333 W. Wonder View Ave에 있는 스탠리 호텔Stanley Hotel을 방문하라. 이곳에서 스티븐 킹Steven King이 『샤이닝Shining』을 집필했다. 넓은 현관을 거니는 즐거움이 있다. 전화 (970) 586-3371, 1-(800) 976-1377. 등산과 야영을 즐긴 뒤 457 E. Wonder View Ave., Upper Stanley Village, 80517에 있는 '아빠의 세탁소Dad's Laundry'에서 세탁과 샤워를 할 수 있다. 전화 (970) 586-2025. 캐롤린과 하이디 모녀는 여행자들에게 더할 나위 없이 친절하다.

나는 2006년 콜로라도 에스테스 파크 가까이에 있는 빅 톰슨 Big Thompson 강변에 위치한 작은 오두막에서 지내면서 이 책을 썼다. 그보다 더 아름다운 풍경은 세상에 없을 것이다. 로키산맥 Rocky Mountains에서 발원한 강이 흐르고, 사계절 내내 찬란하게 빛난다. 협곡의 바위, 폰데로사소나무, 미루나무로 둘러싸인 아름다운 곳에서 송어가 뛰어오르고 오리가 헤엄치며 비버가 둑을 짓는 모습은 바라보기만 해도 마음이 유쾌해진다. 겨울에는 아침마다 고속도로 건너편에서 사슴에게 먹이를 주는 사람과 마치 개처럼 그 사람을 졸졸 쫓아다니는 사슴을 볼 수 있었다. 어느 날 오후에는 군데군데 얼어붙은 강을 뛰어서 건너온 붉은여우가 우리 오두막집 거실 창문 앞에 서 있기도 했다. 내가 매사추세츠에 강의하러 간 사이 아내 카렌은 오두막집 주방 뒤편, 포석이 깔린 오

늦여름의 오두막

솔길에서 어슬렁거리는 살쾡이를 보았다. 카렌은 살쾡이를 지켜보기 위해 옆문에 서 있었고, 살쾡이는 한 발짝 앞에 멈춰서 집 뒤 협곡의 큰 돌을 배경으로 서 있는 카렌을 응시했다. 그곳에는 바위 지대에 서식하는 퓨마도 있다. 수줍음이 많지만 위험한 생물인 퓨마를 한 마리도 보지 못한 것은 천만다행이었다.

  우리가 머물렀던 집은 정돈이 잘 되어 편안했다. 우리에게 가구가 딸린 이 오두막을 빌려 준 사람은 에스테스 파크에서 56킬로미터 떨어진 곳에 위치한 보울더Boulder에 살았던 사업가로, 낚시를 굉장히 좋아하는 사람이었다. 이 집에서 우리는 사소한, 아니 최소한 사소한 것으로 여기게 된 몇 가지 불편에 적응해야만 했다. 프로판 가스를 연료로 사용하는 이동식 난로가 주요 난방 도구였지만 이것으로는 거실과 주방만 덥힐 수 있었기 때문에 다른 방에는 전기난로를 사용했다. 전기난로가 없었다면 7.2도의 추운 겨울 아침을 그대로 견뎌야 했을 것이다. 그곳에는 우물도 없어서 화물차로 물을 실어 와 집에 연결된 창고에 있는 3,700리터들이 플라스틱 물탱크에 담아 사용해야만 했다. 그 밖에 5,550리터들이 정화조가 있었는데, 오물이 강으로 흘러 들어가지 못하도록 봉인되어 있었다. (3.7리터당 7센트의) 물 값과 (3.7리터당 10센트의) 정화조 처리비를 지불해야 했기 때문에 우리는 열정적인 보존주의자로 변신했다. 하수구에 버려지는 액체란 액체는 모두 정화조로 흘러갔기 때문에 우리는 샤워, 요리, 설거지하면서 나오는 물을 모아서 식물에 주는 방식으로 버리는 물을 최소화했다. 화장실을 사용할 때도 "노란색이면 익도록 두고, 갈색이면 쏟아

버려라."는 금언을 생활 수칙으로 삼았다. 그곳에 머무는 동안 우리는 한 주에 370리터 정도의 물만 쓰면서 생활했다. 지붕 위에는 위성안테나가 있었지만 우리는 생애 처음으로 텔레비전 없이 지내 보기로 했다. 그랬는데 놀랍게도 텔레비전이 별로 그립지 않았다. 텔레비전 대신 라디오나 음악 시디를 듣고 우편 주문 배달망을 이용해 빌린 영화를 노트북에 달린 디브이디 플레이어로 감상했다.

마을은 높은 산봉우리로 둘러싸인 아름다운 계곡(혹은 로키산맥 인근 지역에서 이 계곡을 칭하는 말인 "공원")에 위치한다. 이곳은 "미국의 알프스"라고 알려진 지역이다. 맑은 날이면 언제나 3.2킬로미터가량 떨어진 마을에 나가 신문을 사는 등의 일상적인 일을 처리했는데, 그때마다 마주치는 경관에 경탄하곤 했다. 그중에서도 겨울 경치가 단연 최고였다. 눈 덮인 산은 냉랭한 안개나 흩날리는 눈 뒤로 숨어 버리곤 했다. 때때로 우리는 외팔이 퇴역 군인 존 웨슬리 파월[1]이 최초로 등정에 성공했던, 높이 4,345미터의 최고봉, 롱스 피크Long's Peak를 바라보면서 그곳에서 소용돌이칠 바람과 추위를 상상해 보곤 했다. 에스테스 파크는 로키 산 국립공원Rocky Mountain National Park의 관문 마을인데, 이와 비슷한 다른 관문 마을보다 훨씬 아름답다. 아마도 1982년 대홍수로 마을이 파괴된 뒤 마을을 재건할 때 설계를 잘 했기 때문일 것이다. 이

---

1) 존 웨슬리 파월Major John Wesley Powell은 미국의 민족학자이자 지질학자로, 1867년부터 로키산맥 조사를 시작해서 그랜드캐니언을 최초로 횡단한 사람이다.

곳은 여름이면 2백만 명도 넘는 방문객이 다녀가는 곳이고, 그 시기에는 평소 5천 명이던 인구가 3만 명 이상으로 늘어난다. 이곳 주민들은 화사한 꽃을 심어 인도를 장식하고 상점 출입구마다 장식용 꽃바구니를 걸어 놓는다. 모텔 숙박료는 비싸지만 야영장을 포함해 저렴한 가격으로 머물 만한 공간이 있고, 가족 단위 방문객이 상대적으로 저렴한 가격에 즐길 만한 오락거리가 많다. 국립공원은 입장료를 내고 들어가야 하지만 그만한 값어치를 한다. 국립공원에는 수백 갈래의 등산로와 수많은 폭포, 요란하게 흘러가는 시내, 빼어난 모양의 바위가 있고 수백 마리의 코요테, 엘크, 큰뿔양, 산양, 까치, 까마귀, 말코손바닥사슴, 흑곰, 퓨마가 산다. 3,658미터 높이에 위치한, 북아메리카에서 가장 높은 고속도로인

콜로라도 에스테스 파크의 젬 호수Gem Lake 등산

트레일 리지 로드Trail Ridge Road를 차로 달려 보라. 지칠 대로 지쳐 버린 여행객도 전율을 느낄 것이다. 눈과 거센 바람 때문에 10월부터 5월 말까지 폐쇄되는 이 도로는 로키산맥 분수계[2]를 가로지른다. 운전하다가 서쪽 사면에서 등산로를 만나면 차를 멈추고 거대한 콜로라도강Colorado River의 발원지를 향해 등산할 수 있다.

대부분이 중서부 출신인 이 지역 주민들은 매우 적극적으로 친절을 베푼다. 이런 태도는 미네소타 주 사람들을 두고 일컫는 "미네소타식 친절"[3]과 비슷하다. 우리처럼 마이애미비치Miami Beach 같은 도시 출신의 약아빠진 사람들은 이런 태도에 회의적인 반응을 보이겠지만, 그래도 그들의 친절은 우리를 기분 좋게 만들었다. 상점이나 우체국 점원, 체육관과 커피숍 직원, 스탠리 호텔에서 열리는 겨울 일요 콘서트 후원자, 수리점 사장, 비서, 공항 셔틀버스 운전사 등 직업을 불문하고 거의 모든 사람들이 친절하고 예의바르게 행동했다. 우편배달부는 업무 시간이 끝난 다음에도 우편물을 배달했고, 페덱스Federal Express 직원은 우리가 전화했을 때 자신이 이 지역에 있다면 돌아오겠다며 휴대폰 번호까지 남겨 두었다. 내가 매사추세츠 암허스트Amhurst에서 강의하기 위해 2주 동안 집을 비웠을 때, 빨래방을 운영하는 여성은 온갖 방

---

[2] 분수계Divide는 비가 내렸을 때 흘러가는 방향이 각각 반대 방향일 경우 그 경계를 표시하는 선을 일컫는 말이다. 로키산맥 분수계는 북아메리카 대륙에 위치해 있으며 동쪽으로 흐르는 수계는 캐나다의 허드슨만이나 미국의 미시시피강으로 흘러 들어가며 서쪽으로 흐르는 수계는 태평양으로 흘러 들어간다.
[3] 미네소타식 친절Minnesota nice이란 타인을 친절하고 공손하게 대하는 미네소타 주민의 전형적인 행동을 칭하는 말이다.

법을 동원해 아내를 도와주었다.

　우리나라를 오랫동안 여행하면서 우리는, 어떤 장소의 이면을 파헤치면 그 외면은 속임수에 불과했음이 드러난다는 사실을 알게 되었다. 에스테스 파크 역시 예외일 수 없었다. 이곳을 방문하는 사람들과 주민 사이에는 커다란 사회적·경제적 격차가 존재한다. 줄리 던Juile Dunn이 쓴 『덴버 포스트Denver Post』(2006년 7월 9일) 기사를 보자. 기사에 따르면 이곳에 하루 이상 머무는 여행객 31퍼센트의 2005년 연간 가구 소득은 12만5,000달러 이상이었던 반면 지역 주민들은 나날의 생계를 꾸리기 위해 분투해야 했다. 일상적인 일의 대부분은 브라질, 멕시코, 네팔, 벨로루시 출신 이민자들의 몫이다. 이민을 왔건 이곳 출신이건 상관없이 이곳의 모든 노동자들은 열심히 일해서 돈을 벌어도 표준 정도의 집에서 살아갈 비용을 대기가 어렵다. 표준 이하의 집이라도 구하려면 노동자들은 한 가지 이상의 일을 해야만 하는데, 그나마 일 년 내내 일이 있는 것도 아니다. 여름에는 보통 일주일에 80시간씩 일하지만, 겨울에는 일이 전혀 없을 수도 있다. 50대 이상의 노인들을 포함해 아주 많은 사람들이 내부에 화장실도 딸려 있지 않은 집에 살면서 청소부나 소규모 상점의 점원 일자리에 매달린다. 9월이 되면 주당 60시간에서 70시간씩 모텔 객실을 청소하면서 온종일 관광객의 시중을 드는 고된 일과에 지쳐 완전히 녹초가 되어 버린 이민 여성의 표정에는 삭신이 쑤시고 결리는 고통이 묻어 난다.

　에스테스 파크에 있는 대부분의 집과 콘도는 일 년 내내 거의 비어 있다. 방문객들의 별장으로 이용되기 때문이다. 우리는 위에 언급한 『덴버 포스트』 기사를 통해 "부동산 거래의 50퍼센트 이상이 별장 구매"라는 사실을 알게 되었다. 별장 대부분은 지역 주민들의 구매력을 넘어서는, 수백 평방미터의 매우 크고 값비싼 집들이다. "2년 전에는 백만 달러짜리 집이 다섯 채였지만 [2006년] 6월 하순에는 스물다섯 채로 늘어 대조를 이뤘다." 그래서 빈 집이 많은데도 집이 부족한 기막힌 상황이 펼쳐진다. 값비싼 집들이 새로운 개발 부지에 건설되고 있고 건설할 예정인 집도 많다. 이로써 일자리가 필요한 노동자들에게 건설 관련 일자리가 생기겠지만, 한편으로는 경관을 해칠 것이다.

해마다 유입되는 관광객 덕분에 마을의 예산에는 (1,300만 달러 이상의) 상당한 돈이 남게 되었다. 남아도는 예산 중 일부는 무료로 이용할 수 있는 빠른 속도의 인터넷 망을 갖춘 근사한 도서관을 짓고, 아이들과 성인들에게 오락거리를 무상으로 혹은 저렴하게 제공하고, 잘 정돈된 거리를 조성하는 등 공동체에 이로운 곳에 활용되었다. 하지만 여전히 더 많은 예산을 공동체를 위한 시설에 투입해야 할 필요가 있다. 이 마을은 자체 전기 설비를 가지고 있다. 그래서 이 마을의 전기 요금은 우리가 살아 봤던 어떤 곳보다도 저렴하다. 하지만 남는 예산을 투입한다면 가격을 더 낮출 수 있다. 지난겨울에 전기 요금이 올랐다. 하지만 인상 요인을 마을 공무원의 지나치게 높은 봉급, 이를테면 십만 달러에 이르는 경찰서장의 연봉을 주기 위한 자금 마련에 있었을 뿐, 다른 이유는 없었다. 무엇보다도 이주 노동자나 노인들을 위해 저렴한 주택을 제공하는 데 더 많은 예산을 집행할 수 있을 것이다. 간이 주택 부지에 이동 주택 임대 사업을 하던 사람이 사우스다코타South Dakota에 거주하는 아메리카 인디언에게 중고 이동 주택을 기부하자 사람들은 모두 그를 칭찬했다. 하지만 그 이면에는 다른 속셈이 숨어 있었다. 그가 소유한 간이 주택 부지가 비용이 많이 드는 또 다른 개발 부지로 활용될 예정이었기 때문에 쓸모없어진 이동 주택을 기부했던 것이다. 하지만 아무도 이 사실을 몰랐다. 그 결과 필사적으로 주택을 구하려고 애쓰는 사람들이 모여 있는 마을에 있던 저렴한 임대료의 이동 주택이 사라진 대신, 이 지역에서 집을 가장 필요로 하는 사람들 중 하나인 유색인종에게는 이동 주택이 생긴 셈이 되었다.

언뜻 보기에 에스테스 파크는 소박한 공동체처럼 보인다. 확실히 이곳은 우리가 살아 봤던 어떤 곳보다도 깨끗하다. 이곳과 비교해 보면 맨해튼이나 마이애미비치는 어디를 가나 오염, 혼잡, 소음, 쓰레기투성이인 도시였다고 할 수 있다. 그러나 이곳에서조차 문제를 일으킬 소지를 안고 있는 환경오염의 신호가 감지된다. 마을 동쪽, 로키산맥과 마주보고 있는 평원에 들어선 교외와 산업 시설은 로키산 국립공원 방향으로 오염 물질을 뿜어내, 가시거리를 줄이고 동식물의 생활에 악영향을 미친다. 러브랜드Loveland, 보울더, 덴버Denver 인근 마을을 둘러싼 스모그 띠도 심심치 않게 발견된다. 산림청U.S. Forest Service은 민간 개발 업자에게 상당한 규모의 토지를 매각할 계획을 수립하는 중이다. 그렇게 되면 공공자산이 줄어듦과 동시에 그 땅에 더 값비싼 집이 들어서면서 빈부 격차를 더 넓히는 결과가 나타날 것이다.

이것 말고도 이 동네에서 내가 싫어하게 된 것들이 더 있다. 마을에는 이라크 전쟁을 강력하게 반대하는 지역 평화 단체가 있지만, 그럼에도 마을의 정책 방향은 매우 보수적이다. 이곳에는 꽤 많은 수의 퇴역 군인이 있는데 다른 곳과 마찬가지로 이들 때문에 이곳의 민주주의와 관용이 줄어드는 경향이 있다. 그리고 콜로라도가 우리나라 극우 기독교의 중심지라는 사실은 공동체의 보수적 경향을 강화할 뿐이다. 우리는 규모가 작고 대부분 백인으로 이루어진 이 마을에서 인종차별적인 발언을 아주 여러 번 들었다. 그리고 이곳 사람들은 미국의 다른 지역이나 세계의 다른 곳에서 무슨 일이 일어나고 있는지에 대해 큰 관심을 보이지 않는다. 그래서 우리가 이곳 사람들과 친교를 맺기가 어려웠다. 이곳에서 할 만한 이야기라고는 날씨에 대한 것뿐이다.

그러나 전체적으로 볼 때, 이곳은 살기에도 좋고 책을 쓰기에도 좋은 곳이었다. 에스테스 파크는 조용한 곳이다. 겨울에는 할 일도 별로 없어서 온종일 생각하고 숙고하면서 시간을 보낼 수 있었다. 밤이 되면 별이 빛났고, 밝은 보름달이 눈 위에 드리워 놓은 내 그림자도 볼 수 있었다. 세상에는 강, 바위, 나무, 동물처럼 시간을 초월한 존재도 있다. 그러나 무엇보다 중요한 것은 바로 곁에 일하고 먹고 사랑하며 살아가는 사람들이 있었다는 점이다. 바라건대 모두가 나처럼 사물의 본질을 이해하기 위해 분투했으면 한다. 이 책은 내가 이해한 우리나라, 미국에 대한 기록이다. 이 책을 읽고 나서 책에 나오는 장소에 찾아가려는 독자도 있을 것이다. 하지만 이 책은 평범한 여행서가 아니다. 여행담과 경제 논평을 결합하려고 시도한 특별한 여행서다. 어떤 마을이나 지역을 방문하면서 그곳 사람들이 어떻게 생활하는지, 그들이 무슨 일을 하는지, 토지를 어떤 방식으로 이용해 왔는지, 그곳 사람들이 인종·성·계급에 따라 어떻게 나뉘는지 알려고 하지 않는다는 것은 말이 안 된다. 우리나라는 아름다운 나라지만, 방문한 지역의 경제적·정치적·환경적 배경을 충분히 이해하지 못하고서는 그 아름다움을 제대로 파악했다고 말할 수 없다. 이 책에는 내가 우리나라에 대해 이해한 내용이 개인적이고 구체적인 방식으로 표현되어 있다. 이러한 접근 방식이 유용하고 흥미롭다는 사실을 독자들도 알게 되기를 바란다.

■ 더 읽을거리
<<<<<<<<<<<<<<<<<<<<<<<<<<<<<<<

에스테스 파크와 앞으로 나올 각 장의 첫머리에 등장하는 각 마을의 인구 자료의 출처는 http://www.epodunk.com이다. 인종 비율의 합이 백 퍼센트에 미치지 않는 경우도 있는데, 특정 마을의 모든 인종이 포함된 것은 아니기 때문이다. 이따금 이 비율의 합이 백 퍼센트를 넘는 경우도 있는데, 인종 범주가 언제나 상호 배타적인 것이 아니기 때문이다. 이를테면 어떤 사람은 백인(혹은 흑인)이면서 동시에 히스패닉으로 분류될 수 있다. 다른 언급이 없는 한 이 자료는 모두 2000년 자료다.

01*

CHEAP MOTELS AND A HOT PLATE

<<<<<<<<<<<<<<<<<<<<<<<<<<<<<<<<

고향을 떠나 세상으로 나오다

펜실베이니아 존스타운(Johnstown, PA)

2000년 인구	23,906명
1970년 인구	42,476명
백인	86.3퍼센트
흑인	10.7퍼센트
2000년 가구 소득 중앙값	20,595달러(국가 평균의 50퍼센트)
2000년 임대 비용 중앙값	234달러
부대 비용을 포함한 주택 자금 대출 중앙값	606달러
빈곤선 이하 소득자	24.6퍼센트
1950년 철강 노동자	2만 명 이상
1990년대 말 철강 노동자	3,000명 이하

"2003년 미국 인구조사 자료에 따르면 존스타운은 우리나라에서 인구 유입이 가장 적은 곳이다." (위키피디아Wikipedia) 존스타운에는 세계에서 가장 가파른 곳에 설치된 경사면 운송 수단이 있다. 33 Lake Road, South Fork, PA 15956에 있는 존스타운 홍수 유적지Johnstown Flood National Monument를 방문하라. 전화 (814) 495-4643.

펜실베이니아 피츠버그(Pittsburgh, PA)

2000년 인구	334,563명
1970년 인구	529,167명
백인	67.7퍼센트
흑인	27.1퍼센트
2000년 가구 소득 중앙값	28,588달러
2000년 임대 비용 중앙값	414달러
부대 비용을 포함한 주택 자금 대출 중앙값	794달러
빈곤선 이하 소득자	16.1퍼센트
최대 고용주	보건 의료와 교육

피츠버그는 1,700개의 다리를 보유한 세계 교량의 수도 알레게니 카운티Allegheny County에 위치한다. 도로 1.6킬로미터당 한 개꼴로 교량이 있는 셈이다. 피츠버그는 철자가 틀리기 쉬운 도시 중 단연 1위를 차지한다. 피츠버그 출신 예술가 앤디 워홀의 작품을 전시하는 앤디 워홀 미술관Andy Warhol Museum을 둘러보라. 한 명의 예술가의 작품을 전시하는 미술관으로는 가장 큰 미술관이다. 117 Sandusky St., Pittsburgh, PA 15212에 있다. 전화 (412) 237-8300.

22번 고속도로[4]

　펜실베이니아 피츠버그와 존스타운은 120킬로미터쯤 떨어져 있다. 두 마을을 오갈 때는 대체로 칙칙하고 추한 펜실베이니아 서부 지역을 완벽하게 반영하는, 황량하고 우울하게 뻗은 22번 고속도로를 이용해야 한다. 22번 고속도로는 진 앤 부츠 사탕 가게Gene & Boots Candy Shop, 딕의 간이식당Dick's Diner, 딘의 간이식당Dean's Diner, 조일라의 서부식 간이식당Zoila's Western Diner, ("브로스터식"[5] 닭튀김을 제공하는) 시골 식당Country Kitchen, 최고의 유제품Dairy Queens, 크레스트 양로원Crest Nursing Home, 스파 양로원Spahr Nursing Home, 쎄븐-일레븐, 자동차 판매 영업소, 노천 탄광, 치즈 하우스, 모텔, 노천 상점, 성인 비디오 가게 두 곳(둘 중 한 곳의 점원이 살해당했으나 살인자를 찾지 못했다.), (절정Climax이라는 적절한 이름을 가진) 우리나라 유일의 드라이브 스루[6] "신사 클럽Gentlemen's Club", 내가 봤던 것 중 가장 작은 집, 사료 가게, 롱의 박제가게Long's Taxidermy, 몬로빌Monroeville, 머레이스빌Murraysville, 뉴 알렉산드리아New Alexandria, 블레어스빌Blairsville, 딜타운Dilltown, 알마Armagh, 클라이드Clyde, 시워드Seward, 찰스Charles, 위험한 굽은 길, 살짝 결빙된 도로, 쓰러진 나무, 버려진 대형 차량, 고속도로에 정차 중인 학교 버스, 이동 주택이 옹기종기 모여 있는 곳으로 느리게 걸어가는 아이들, 시골 오두막집, 팔려고 내놓은 조립식 주택, 먼 곳에서 연기와 증기를 내뿜는 발전소를 지난다. 1889년 존스타운 대홍수 때 흙탕물이 날뛰던 콘마우 갭Conemaugh Gap에 도착할 때까지 펼쳐지는 이런 광경은 그다

---

4) 미국의 고속도로는 크게 구舊고속도로 체계인 전국 고속도로망과 신新고속도로 체계인 주간州間 고속도로망으로 나뉘는데, 전국 고속도로망에는 주간 고속도로를 제외한 미국의 주요 고속도로가 포함된다. 번호가 붙는 고속도로 'Route'는 여기에서 '00번 고속도로'로 번역했으며, 주간 고속도로 'Interstate Highway'는 그대로 '00번 주간 고속도로'로 번역했다.
5) 브로스터 사社Broaster Company의 특허 조리법.
6) 드라이브 스루drive-thru는 차에 탄 채 구경하며 지나가는 방식을 말한다.

22번 고속도로의 진 앤 부츠 사탕 가게

지 유쾌한 광경은 아니다.

내가 젊었을 때는 이 고속도로의 일부가 3차선으로 되어 있어서 중간 차선으로는 어느 방향으로나 통행할 수 있었다. 동쪽으로 이동하면서 다른 차를 추월할 때 반대편에서 오는 차량도 같은 생각을 할지 모를 일이었다. 수많은 사고가 반복되고 나서야 세 번째 차선이 유턴 차선으로 바뀌었고 추후 네 번째 차선이 추가되었다. 진보란 이런 것이다! 당시 피츠버그와 존스타운은 철강 도시였고, 더럽기는 했지만 높은 임금을 받는 일자리가 있었다. 그리고 작으나마 자부심도 있었다. 이제 두 마을은 사양길을 걷고 있는 강철 산업 지대일 뿐이다. 앤드류 카네기가 만든 유에스 스틸U.S. Steel의 홈스테드 공장Homestead Works은 철거되었다. 이곳은 파업을 일으킨 노동자들이 파업을 방해하는 핑커튼 Pinkerton 사람들로 가득한 바지선에 불붙은 화살을 쏘아 불을 질렀던 홈스테드 파업[7] 현장으로 잘 알려진 곳이다. 지금 그 자리에는 부자들이 이용하는 복합 쇼핑 단지가 들어서 있다. 한때 철강 산업 기술 발전의 중심지였던 존스타운의 베들레헴 강철 Bethleham Steel 공장은 조금씩 매각되었다. 아직도 이 공장에서 기차 바퀴, 강철 막대, 철사가 생산되지만 작업장 규모는 내가 "홍수의 도시"에서 일하기 시작했을 때의 규모에 비하면 작은 조각이나 마찬가지다. 힘든 나날이 일상화되었다. 피츠버그와 존스타운에는 철강 노동자보다 마약중독자와 알코올중독자가 더 많을 것이라는 사실을 두고 내기해도 좋다. 아마 엄청나게 더 많을 것이다.

 나는 존스타운에서 19년을 살았지만 이곳을 고향이라고 생각해 본 적이 없었다. 무려 아홉 차례에 걸쳐 마을의 이곳에서 저곳으로 옮겨 다녔지만 그 장소들과 관련된 기억은 사라졌다. 내가 어디를 가든 고향처럼 느끼지 못한다는 사실을 알게 되기 전까지는 이런 내가 염려스러웠다. 나는 작은 공장 마을[8]에서 자랐고, 지금의 내 정체성은 그곳에서 살았던 18년 사이에 형성된 것이

---

[7] 홈스테드 파업은 1892년 6월 시작되었는데, 1892년 7월 파업 노동자들과 민간 보안 업체 사이에 전투가 벌어지면서 최고점에 달했다. 이 파업은 미국 역사상 가장 첨예했던 노동쟁의로 기록되어 있다.
[8] 7장에 지은이의 고향, 포드 시티Ford City에 대한 이야기가 등장한다.

다. 나는 대학에서 첫 두 달을 보낸 뒤 고향으로 돌아갔을 때를 생생하게 기억한다. 친구들과 자주 들락거렸던 클럽에서 당구를 치고 있었는데, 문득 가을밤의 정취가 물씬 풍기는 창문 밖을 바라보다가 내가 그저 방문객에 불과하다는 생각이 불현듯 스쳐 지나갔다. 지금은 고등학교 동창 중 연락하고 지내는 이가 한 명도 없다. 대학 생활을 즐기기는 했지만 동급생 중 누구와도 연락하지 않았고 동창회에도 참석하지 않았다. 2004년 대중 강연을 하기 위해 대학에 돌아왔지만 미련 없이 떠날 수 있었다. 장소 자체가 나를 짓눌렀다. 그것은 마치 묘지 속에 누워 있거나 내 묘비를 들여다보는 기분이었다.

존스타운과 피츠버그

나는 1969년에 존스타운에 왔다. 당시 나는 피츠버그 대학 University of Pittsburg 대학원에서 경제학을 공부하고 있었다. 정부가 대학원생의 징집 유예 혜택을 종결한 1968년, 지역 징병 사무소가 내 목을 조르기 시작했다. '엉클 샘' [9]에게는 베트남전의 총알받이가 필요했고 신체 건강했던 나는 1968년 가을, I-A등급(입대 가능)으로 분류되어 곧 징집되었다. 나는 등급 조정을 호소하고 징집 상담원을 만나고 소송을 제기하는 등 징집 위원회와 싸우며

---

9) 엉클 샘Uncle Sam은 미국을 의인화한 인물이다. 1812년 전쟁에서 처음 사용되었으며 1852년, 그림으로 형상화된다. 염소수염을 가진 신중한 백발노인의 모습으로 앤드류 잭슨Andrew Jackson 대통령을 닮았다. http://en.wikipedia.org/wiki/Image:Unclesamwantyon.jpg에서 확인할 수 있다.

다음 해를 보냈다. 다행히도 징집 위원회가 나에게 의무 이행을 통보할 때마다 나는 학기를 이수하는 중이었고, 위원회는 학기를 마치는 데 동의해 주었다.

1969년 여름, 또 다른 학기의 중간에 지도 교수가 한 가지 제안을 했다. 교사는 아직도 징집 면제 대상에 해당하니 대학 강사직에 지원해 보라는 것이었다. 나는 석사 학위도 없이 강사 자리를 얻을 수 있겠냐고 물었다. 지도 교수는 지원한다고 손해 볼 일은 아니지 않느냐고 대답했다. 나는 강사직에 지원했다. 피츠버그 대학 존스타운 캠퍼스에 생긴 일자리를 제안 받은 상급생이 지원하지 않았기 때문에 나에게 면접 기회가 돌아왔다. 나는 난생 처음으로 22번 고속도로를 탔다. 존스타운은 그리 멀지 않았지만 나에게는 언제나 머나먼 변경처럼 느껴졌다. 마을로 들어가려면 콘마우 갭으로 알려진 계곡이 굽어보이는 56번 고속도로로 갈아타야 했다. 22번 고속도로에서 갈라지는 56번 고속도로의 굽을길을 따라가다 보면 가장 먼저 고철 야적장이 보였고, 다음에는 먼 곳에서 연기를 내뿜는 강철 공장이 보였다. 존스타운에서 일했던 첫 해에는 거의 매주말마다 고향에 계신 부모님을 방문했고, 다시 존스타운으로 돌아온 일요일 저녁마다 베들레헴 강철 공장의 불타는 굴뚝을 바라보면서 엉엉 울었다. 처음부터 울지는 않았다. 허둥지둥하면서 면접 준비도 제대로 하지 못했던 나는 학장 마음에 들기 위해 그가 나에게 요청했던 여러 상이한 과목들(통계학, 미시경제학, 거시경제학, 노동조합론)을 가르칠 수 있다고 말했다. 면접을 마친 뒤 학장의 조교 한 명이 턱샵Tuck Shop이라

부르는 학교 안의 간이식당으로 나를 데려가 10센트짜리 콜라를 사 주었다. 일주일가량 지난 뒤 나는 7,200달러짜리 직업을 구했고, 기숙사 사감으로 일하면서 숙식을 해결하게 되었다. 징집 위원회는 내 등급을 I-Y등급(국가 비상사태 시 입대 가능)으로 재분류했다. 강의만 계속한다면 징집당할 일은 없을 것이었다.

나는 존스타운에 머물 생각이 눈곱만큼도 없었다. 나는 부와 명예를 꿈꿨고, 무엇보다도 여행을 동경했다. 그러나 우리 삶은 환경의 제약을 받는다. 베트남전쟁은 1975년이 되도록 끝나지 않았고, 전쟁이 끝나기 전 강의를 그만둘 경우 징집될 우려가 있었다. 내 힘으로 학문적 명성을 얻으려면 박사 학위가 필요했다. 하는 수 없이 나는 수업을 들으면서 강의를 하기 위해 존스타운에서 피츠버그를 잇는 22번 고속도로를 5년 동안이나 오가야 했다. 수업료는 학점당 5달러였다. 나는 가르치는 일을 즐겼고, 또 잘 가르쳤다. 내가 가르치기 시작했을 당시만 해도 대부분의 학생들은 나처럼 노동계급 출신이었기 때문에 나로서는 이들을 교육할 의무감마저 느꼈다. 친구도 생겼다. 일부 교수들은 노동조합을 조직하려고 했다. 처음에는 유지 관리 노동자만을 대상으로 했지만 나중에는 교사까지 포함해 모든 노동자를 포괄하는 조직을 만들고자 노력했다. 우리는 노동조합을 통해 대학을 변화시키려고 했다. 강의록을 작성하고 농구를 하고 노동조합을 홍보하고 동네 술집에서 먹고 마시는, 썩 불쾌하지는 않은 일들이 이어지면서 시간이 흘러갔다.

두 번째 해가 끝나 갈 무렵, 나는 고등학교 시절 친구와 전국을 여행했다. 사라져 가는 1960년대 문화에 푹 빠져든 우리는 비트족[10]과 히피족[11]에 경의를 표하고자 했고, 교회 묘지, 공원, 오리건Oregon의 해변에서 밤을 보내면서 근사한 시간을 보냈다. 몬태나Montana에서는 인디언들을 태웠는데, 이들은 우리에게 또르띠아와 마리화나를 나눠 주었다. 다음에는 샌프란시스코로 가는 부두 노동자를 태웠다. 샌프란시스코에 부두 노동자를 내려 주고 만에 자리 잡은 도시 주변을 어슬렁거리다가 필수 방문지인 헤이트-애시베리[12]에 들렀다. 우리는 스톡튼Stockton에 계시는 친구의 이모와 삼촌 집에서 이틀 밤을 지냈다. 뜨거운 열기 속에 치러졌던 카운티 박람회에 참석한 뒤 야구 경기를 보러 샌프란시스

---

10) 비트족Beats은 1950년대에 시작된 미국의 사회·문화운동인 비트 운동을 펼친 사람들을 통칭하는 말이다. 샌프란시스코, 캘리포니아, 뉴욕 등지에서 활동하던 보헤미안적인 문학가·예술가들이 주축을 이룬다. 이들은 자신들의 스타일을 비트(원래는 '기진맥진한'이라는 뜻이며 후에는 '행복에 넘친'이라고 해석되기도 했다.)라고 자처하면서 관습적이고 획일적인 사회에서 벗어났음을 보이기 위해 허름한 옷을 입고 히피 어휘를 받아들였다. 정치와 사회적 문제에는 별다른 관심을 보이지 않았으며 마약, 재즈, 섹스, 선불교의 수행을 통해 얻어지는 고도의 감각적 의식을 통한 개인적인 해방을 주창했다. 대표하는 인물로는 이 책에도 몇 차례 등장하는 앨런 긴스버그Allen Ginsberg, 잭 케루악Jack Kerouac 등이 있다. 비트 운동으로 인해 윌리엄 버로우스William S. Burroughs 같은 비정통적인 작가들이 인정받을 수 있는 계기가 마련되었다. 이 책에서는 앨런 긴스버그와 윌리엄 버로우스가 3장과 7장에 잠시 언급된다.
11) 히피족Hippies은 1960년대부터 미국 샌프란시스코를 중심으로 등장하기 시작했는데, 기성의 사회통념, 제도, 가치관을 부정하고 인간성 회복, 자연에의 귀의를 주장하며 완전한 자유를 추구한 젊은이들을 가리키는 말이다. 이들은 극단적인 자유주의를 추구하고, 기존 사회질서에 대한 개인적인 비판을 시도했으며, 전후 기술주의와 업적주의 등의 문명 맹신적인 문화에 대해 저항하고자 했다. 구체적으로는 미국의 베트남전쟁 개입과 참전, 사회 도처에 만연해 있던 인종적·계층적 갈등, 보수적인 이념 일색의 지배문화에 대한 저항으로 1960년대 미국의 학생운동 및 신좌파운동과 그 궤를 같이한다. 비둘기나 꽃을 상징으로 삼아 반전 의식을 표현하고자 했으며 이들의 파격적인 외관은 흔히 히피라는 용어의 대명사가 되었다. 그러나 히피는 허무주의와 초월주의를 주된 기치로 삼고 있기 때문에 기존 사회체계에 대한 실제적인 부정이 아닌 공허한 자기 탐닉에 머물고 말았다.
12) 헤이트-애시베리Haight-Ashbury는 1960년대 히피와 마약 문화의 중심지다.

코로 갔다. 날씨가 너무 추워서 (우리를 제외한) 모든 사람이 스웨터를 입고 왔고 뜨거운 초콜릿을 마셨다. 우리는 도로에 차를 주차하는 잘못을 저질렀다. 경기가 끝난 후 차로 돌아와 보니 누군가 트렁크의 잠금 장치를 말끔히 도려내고 우리 물건을 훔쳐가 버렸다. 이 도시의 절도에 관한 현장 연구를 했던 인류학과 동료 학생은 사모아 갱단의 짓일 거라고 했다. 다음날 우리는 마음을 가라앉히고 동쪽으로 이동했다. 여행 도중에 받았던 감동이 쉽사리 사라지지 않았기 때문에 나는 곧 다시 여행을 떠나리라고 마음먹었다. 하지만 아주 오랜 시간이 흐른 뒤에야 다시 여행을 떠날 수 있었다.

대학 강의는 편안했다. 아버지는 함께 경마장에 다니는 친구들에게 내가 일주일에 12시간밖에 일하지 않는다고 말하곤 했다. 나는 아버지에게 내 일이라는 게 12시간만 일한다고는 할 수 없는, 복잡한 일이라고 설명했다. 나는 강의를 준비해야 했고, 학생들을 만나 조언을 해 줘야만 했으며, 모임에 참석하고, 연구하고, 논문을 써내야 했다. 그러나 내 일에 대한 아버지의 믿음은 옳았다. 나는 내 시간과 내가 할 일의 내용을 스스로 통제했다. 일주일에 10시간을 가르쳤고, 교수실에서 6시간 동안 학생들과 만났다. 그렇게 일주일에 16시간을 제외한 나머지 시간은 오롯이 내 것이었다. 강의를 준비하고 논문이나 서평을 작성하면서 창의력을 충분히 발휘할 수 있었고 수업에서 활용할 만한 가치 있는 재료를 마련할 수 있었다. 강의 자체는 일종의 행위예술이었고, 좋은 강의를 할수록 중독에 가까운 도취감을 느꼈다. 작은 마을에서 교수란 중요한 인물이었고, 자연히 존경을 받았다. 사람들은 나를 알아보기 시작했고, 내가 하는 말에 귀를 기울이기 시작했다. 이런 상황은 나의 자신감을 고양시켰다.

일이 지겨워지다

십 년 정도가 지나자 좋게만 보였던 내 직업에도 나쁜 점이 나타나기 시작했다. 내 연구 분야 중에는 '노동'이 있다. 노동은 무엇인가? 우리가 지금의 방식으로 노동하는 이유는 무엇인가? 직업이 우리를 행복하게 만들 수 있는가? 나는 노동에 대해 많은 것을 알게 되면서 심히 의기소침해졌다. 특히 그러한 노동의 현실이 가르치는 일에도 예외 없이 적용된다는 사실에 더욱 침울해졌다.

솔직하게 말해 보자. 노동에 대한 수년간의 공부와 연구를 통해 나는, 노동이 정말 불쾌한 것임을 알게 되었다. 물론, 노동은 불쾌한 것이어서는 안 된다. 하지만 우리 사회에서는 그렇다. 우리는 자본주의 체제하에서 생활한다. 그리고 자본주의를 작동하도록 만드는 것은 회사를 통한 끝없는 이윤 창출의 욕구다. 자본주의 사회를 연구하는 사람들은 "돈을 따라가라"는 조언을 듣게 마련이다. 맞는 말이다. 삶의 어떤 측면이건, 살면서 수행하는 어떤 활동이건, 이윤 창출에 종속되지 않은 부분을 찾기는 어렵다. 노동도 예외가 아니다.

우리는 감언이설에 속아 노동을 수락해 왔다. 학교에 다니고, 좋은 직업을 얻고, 열심히 일하고, 돈을 모으고, 물건을 사라. 바로 그것이 아메리칸 드림American Dream이다. 안타깝게도 대부분의 사람들은 교육도 받지 못할 만큼 가난해서 첫 번째 장애물조차 넘을 수가 없다. 이런 사람들은 자신들의 직업이 좋은 직업이 아니라는 사실을 안다. 독창성을 발휘할 수 있는 직업은 거의 없다. 대부분의 직업이 반복적인 과업을 요구하며 냉정하고 비인격적인 위계질서에 우리를 강제로 편입시킨다. 안정적인 직업도 거의 없다. 내 직업도 예외는 아니었다. 물론 닭고기 처리 공장 종업원이나 칸막이 안의 전화 상담원만큼 끔찍하지는 않았지만 나는 내 직업이 점점 더 무의미하게 느껴졌다. 몇 년간은 정말 좋았다. 1960년대의 정신이 여전히 살아 있었고, 학생들 대부분은 가족 중 처음으로 대학에 입학했다는 자부심을 가진 노동계급 출신이었다. 나는 우리 경제 체제의 현실을 가르침으로써 학생들이 세상을 더 잘 헤쳐 나가기를 바랐고, 나아가서는 세상을 변화시키기를 원했다.

그러나 1970년대와 1980년대에 철강 공장이 도산하면서 존스타운도 파멸했다. 일부는 떠날 수 있었지만, 남은 대부분의 사람은 더 이상 자녀를 대학에 보낼 수 없었고, 본인의 대학 진학은 꿈도 꿀 수 없었다. 대학에 다니는 베트남 참전 용사도 사라졌다. 결국 학교 행정 당국은 학교를 유지하기 위해 피츠버그 인근 교외에 사는 중간계급 학생을 모집하기 시작했다. 더 보수적인 분위기에서 자라난 부유한 젊은이들은 내 취향에 맞지 않았다. 그들은 큰 노력 없이 학위를 따려는 경향을 보였다. 학사 학위는 일종의 상품으로 인식되었다. 그곳의 일원인 이상 나 역시 그들이 무리 없이 상품을 구매할 수 있도록 주선하는 데 일정한 역할을 담당할 수밖에 없었다.

　새로 들어온 학생들은 대부분 고집쟁이, 바보에 가까웠다. 나는 내 강의를 듣는 학생들에게 장시간의 노동이 개인의 지성에 미치는 해로운 영향을 지적하곤 했다. 칼 마르크스Karl Marx는 『자본론 1권Capital, Voulme I』에서 이와 관련된 훌륭한 사례를 제공한다. 마르크스는 어린이 노동자들을 대상으로 설문 조사를 한 영국의 공장 조사관의 말을 인용한다. 공장 조사관은 설문 조사를 통해 아이들이 사실상 아무것도 모른다는 사실이 드러났다고 말했다. 어떤 아이는 공주가 남자라고 답했고, 다른 아이는 자신이 영국에 산다는 사실조차 모르고 있었다. 허버트 굿맨Herbert Gutman은 『노동, 문화, 사회Work, Culture, and Society』에서 같은 경험을 한 뉴저지 조사관의 사례를 제시한다. 어느 소년은 유럽이 달에 있다고 생각했고, 다른 소년은 "소년"이라는 단어가 쉼표라고 생각했다. 나는 새로 들어온 학생들이 이 사례를 어떤 의미로 받아들일지 궁금해졌다. 마르크스 세미나에서 어떤 학생은 『공산당 선언Communist Manifesto』이 소설이라고 썼다. 강의를 소개하는 시간에 태연하게 "미햅중국The Unighted States"[13]이라고 기입하는 학생이 있는가 하면, (다른 조건이 동일하다면 소득이 증가할 때 구매가 줄어드는 상품을 뜻하는) "열등재inferior"의 반대말이 "등재ferior"라고 말하는 학생도 있었다.[14] 또 다른 학생은 "수요와 공

---

13) 미합중국The United States의 철자를 잘못 쓴 것이다.

급"인지, "공급과 수요"인지를 심각하게 질문했다.[15] 마르크스 세미나에서 마르크스의 노동력 가치 개념(노동력의 가치는 노동자가 노동을 유지하고 아이들이 노동자로 성장하도록 키워 내는 데 필요한 상품 가치와 동일하다.)을 설명한 뒤 마르크스가 노동력의 최저 가치에 대해 무슨 말을 했는지 질문했다. (원탁에 둘러앉은 열 명의 학생들을 데리고 진행하는 수업에서) 죽은 듯이 자던 학생이 일어나 무심결에 "5달러 15센트!"라고 외쳤다.

나는 학생들의 반지성주의를 주로 학생 개인의 탓으로 돌렸지만, 학생들 사이에 이런 태도가 만연하게 된 데는 이런 태도를 용인하는 사회의 탓도 있다는 것을 알고 있었다. 대략 레이건 정부 시절부터 대학은 이윤을 지향하는 일종의 회사로 변모되었다. 마케팅 전문가를 채용하고, 학교 직원의 직함을 기업에서 사용하는 것과 같은 직함으로 바꾸고, 특허권을 구매하고, 기업의 앞잡이가 되는 것이 공익을 위한 연구인 것처럼 포장하고, "배움"과 멀어지고, 가장 많은 수익을 내는 사람에게 비정상적으로 높은 봉급을 지급하고, 백만 달러짜리 운동 지도자를 영입하고, 교육을 상품화하고, 학생을 소비자로 모시고, 인문학과 사회과학을 위한 기금을 축소하고, 열심히 공부하는 일을 전반적으로 경시하는 현상이 나타났다. 기업적인 가치가 대학을 잠식할수록 학급 규모가 커졌

---

14) 열등재inferior goods의 반대말은 우등재superior goods다. 학생은 'inferior'의 정확한 반대말을 모르는 상태에서, 반대말을 만드는 접두어 'in'을 제거하면 'inferior'의 반대말이 될 것이라고 생각하고 말한 것이다.
15) 수요-공급의 법칙은 주류 경제학의 기본 법칙으로, 지은이는 대학생이 전공 학문의 기본 개념조차 모른다는 사실을 꼬집고 있다.

고, 더 많은 시간강사들이 고용되었다. 임금은 더 낮고 일은 더 고된 상황을 타개하기 위해 교사들은 안이한 태도로 가르치기 시작했고 교육 수준이 낮아졌다. 그래서 유능하지 않더라도 교사가 될 수 있었고, 그런 교사들은 어려운 일을 싫어하는 수많은 학생들의 구미에도 꼭 들어맞았다. 학생들은 쉽게 가르치는 교사들의 수업이나 경영학, 신문방송학 같은 쉬운 전공으로 몰려들었고 학교의 상황은 갈수록 악화되었다.

내가 가르친 학생들도 이 모든 상황이 빚어 낸 산물에 불과했다. 그렇더라도 나는 이 상황에 질려 버렸다. 나도 그 일부라는 사실이 당혹스러웠다. 기업형 학교에 저항하는 학생들이 있었지만 소수에 그쳤다. 대부분의 학생들은 이 상황을 그대로 받아들였고 아무 의문을 갖지 않았다. 돈을 벌되 생각하지 않는 것이 정상적일 뿐 아니라 나아가 칭송 받는 세계에서 성장했기 때문이다.

22번 고속도로의 치즈 하우스

55세, 은퇴 여행 계획을 세우다

고등 교육의 몰락에 대해서나 나의 정신적·신체적 건강의 저하 원인에 대해서나 아직 할 말이 많이 남아 있지만, 더 말하지 않아도 어떤 상황이었는지 모두들 이해했으리라 생각한다. 1988년 나는 존스타운에서 피츠버그로 이사했고, 이후 13년 동안 22번 고속도로를 타고 통근했다. 무슨 일이 일어날지 아마 알아차렸을 것이다. 나는 가르치는 일에 질렸고, 그래서 그만두기로 결심했다. 나는 2001년 1월에 55세가 되었는데, 55세가 되면 비과세로 모든 연금을 찾을 수 있었다. 네 명의 아이들은 독립했다. 지난 5년간 주식시장이 활황이었기 때문에 내 연금은 거의 두 배로 불어나 있었다. 아내와 나는 1997년과 1999년, 두 차례에 걸쳐 전국을 여행했는데, 여기저기 돌아다니면서 새로운 것을 접하는 일이 좋았다. 우리는 은퇴 계획을 세우기 시작했고, 그날이 오면 펜실베이니아 서부를 영원히 떠나기로 결심했다.

대망의 그날은 2001년 4월이었다. 원래는 2001년 4월에 맨해튼으로 옮겨 『먼슬리 리뷰Monthly Review』에서 일하기로 했지만, 2000년 12월에 뜻하지 않은 장애물을 만나 계획대로 진행할 수 없게 되었다. 계획이 어그러질 것이라는 생각을 해 보지 않았기 때문에 처음에는 당황했지만, 서둘러 계획을 수정했다. 과거 두 차례의 여행에서 우리는 국립공원에서 즐겁게 일하는 부부를 만난 적이 있었다. 우리도 그렇게 해 보면 좋겠다는 생각에 우리는 국립공원 다섯 곳에 이력서를 제출했다. 모두 우리에게 일자리를 제안했고, 우리는 그중에서 가장 큰 국립공원인 옐로우스톤 국립공원Yellowstone National Park을 선택했다.

  우리는 가볍게 여행하기로 마음먹고 옷가지와 노트북, 낡은 차를 제외한 나머지 소유물을 아이들에게 주기로 했다. 아이들이 원하지 않는 것은 친구들이나 굿윌[16]에 보냈다. 우리는 물건 목록을 작성해 복사본을 아이들에게 보냈고, 원하는 것을 고르면 그것을 근거로 최대한 공평하게 나눠 주기로 했다. 사람들이 평생 동안 모으는 가구, 침대, 책장, 컴퓨터, 오디오, 라디오, 서류함, 러그, 주방 도구, 사진이나 그림이 담긴 액자, 그 밖의 소형 가전이나 잡다한 물건을 몇 대의 화물차에 나눠 싣고 아이들의 아파트로 옮겼고 나머지는 포장해서 친구나 내 어머니 집으로 보냈다. 굿윌에도 수십 차례 다녀왔다. 학교 관리인이 보내 준 내 책과 잡지는 모두 상자에 담아, 대부분 학교 도서관으로 보냈다. 남은 것은 친구들과 내가 좋아하는 학생들에게 보내 주었다. 교수실의 손님 접대용 의자와 커피 탁자는 13년 동안 내 차로 함께 통근했던 여성에게 주었다. 크리스마스가 지난 어느 우울한 날, 나는 교수실에 가서 대부분의 강의록과 개인 서류를 버렸고 심지어 32년간 모아 왔던 학생 평가서마저 버렸다. 낡은 것을 마감하고 새로운 것이 시작되기를 원했다.

  같이 어울려 다니며 농구를 했던 30년지기 친구, 브루스 윌리

---

16) 굿윌Goodwill은 비영리 자선 단체다. 웹사이트 http://www.goodwill.org/page/guest/about을 참고하라.

엄스Bruce Williams는 4월의 마지막 날에 나를 위한 성대한 퇴임식을 열어 주겠다며 벼르고 있었다. 하지만 그는 2001년 3월 27일에 죽었다. 윌리엄스의 아내와 (나의 대녀이기도 한) 딸은 윌리엄스를 소생시키려 노력했지만, 그는 숨을 헐떡이다가 그냥 가 버렸다. 나는 장례식장에서 사람들과 몇 마디 말을 나눴고, 교회에서 추도사를 들었고, 무덤까지 관을 나르는 일에 참여했다. 나는 정신이 혼미한 상태로 2주를 보냈다. 친구들이 그래도 퇴임식은 해야 한다고 고집하는 바람에 대학에서 퇴임식을 치렀다. 학장은 전통적으로 퇴임한 사람에게 주는 (도금한) 은 접시를 주었고, 나는 명예교수가 되었다. 애정 어린 송사 뒤에 고별사를 건넸는데, 내 친구 이야기를 하다가 결국 울고 말았다. 다음 주에 우리는 학교에 다시 들렀다. 학교로 가는 길에 과거에 수도 없이 지나다녔던 펜실베이니아 도로변에서 내가 좋아하는 장소를 골라 기념사진을 찍었다. 세 곳의 양로원, 진 앤 부츠 사탕 가게, 치즈 하우스, 이동 주택이 달린 트랙터가 내 차를 받았던 대처스 모텔Thatchers Motel, 그리고 물론 클라이맥스 신사 클럽 앞에서도 사진을 찍었다.

4월 29일 우리는 플리머스 밴Plymouth van에 짐을 싣고 피츠버그의 아파트를 떠났다. 그리고 우리를 부르는 도로에 몸을 싣고 서쪽으로 향했다. 오래 전부터 지나다니던 도로였다.

나는 이 책을 시간순으로 기록했다. 그렇게 하면 관찰의 흐름이 끊기지 않아서 좋았고 자연스럽게 책의 주요 주제를 제시하고 논의할 수 있어서 좋았다. 우선 5년간의 여행 일정과 당면 주제들을 간략히 설명하려 한다. 우리는 2001년 여름 내내 옐로우스톤 국립공원에서 일했다. 나는 호텔 프런트 데스크 점원으로, 아내는 식당의 호스트[17]로 일했다. 옐로우스톤 국립공원에 머무는 동안 뉴욕에서의 업무에 대한 협상이 완료되었지만, 9월 11일의 사건 때문에 예정보다 두 달 늦은 2001년 11월, 맨해튼으로 갔다. 뉴욕에서 1년 정도 살다 보니 방랑벽이 도져서 마이애미비치에서 잠시 머문 뒤 쌍둥이 아들을 데리고 오리건의 포틀랜드로 가서 거기에서 14개월을 보냈다. 포틀랜드를 떠나기 전, 얼마 안 되는 소유물을 포틀랜드 외곽에 위치한 유-하울 사社[18] 보관소에 맡기고 북쪽으로 이동해 캘리포니아의 사막을 돌아본 뒤 동쪽과 북쪽으로 이동해 애리조나, 뉴멕시코, 콜로라도, 유타, 와이오밍, 몬태나를 지난 뒤 마지막으로 서쪽으로 이동해 아이다호와 워싱턴을 통과해 오리건으로 다시 돌아오는, 장장 11,265킬로미터에 걸친 4개월간의 여행길에 올랐다.

우리는 (신형 다지Dodge) 밴에 매달 작은 유-하울 사 트레일러를 빌려 포틀랜드 외곽의 보관소에 맡겨 두었던 짐을 싣고 펜실베이니아 서부의 내 어머니 집으로 갔다. 20여 개의 상자에 실린 짐을 어머니 집 지하실에 부려 두고 지금은 피츠버그와 버지니아 알링턴Arlington에 사는 아이들을 방문한 뒤 마이애미비치로 가서 대양을 굽어보며 7개월을 보냈다. 2005년 5월 1일, 플로리다를 통과

---

17) 식당 호스트restaurant host는 예약을 받고 매장을 찾은 손님을 맨 처음 맞이하여 자리로 안내해 주고 식사 만족도 등을 살피는 업무를 보는 직원이다. 이 책에 등장하는 식당 직원은 크게 네 부류로 나뉜다. 음식을 만드는 요리사나 주방장(가끔은 주인이 요리사와 주방장을 겸직한다), 호스트, 담당 식탁 손님의 여러 요구사항을 처리하는 웨이터, 설거지 등의 잡일을 하는 직원.
18) 유-하울U-Haul 사社는 화물차, 차 뒤에 매다는 트레일러, 화물 보관 창고를 임대하는 업체다.

한 우리는 곧 황폐화될[19] 걸프 해안을 따라 북서쪽으로 이동해, 광활한 텍사스를 가로질러 우리가 좋아하는 휴식처인 뉴멕시코와 콜로라도로 돌아갔다. 그해 7월 가족과 친구들을 만나러 다시 동쪽으로 갔지만 피츠버그와 워싱턴 디시Washington D. C. 주변의 덥고 오염된 지역에서 한 달도 못 버티고 서쪽으로 돌아갈 날만 손꼽아 기다렸다. 돌아가는 길에 미주리 조플린Joplin에 잠시 들러 카렌의 여동생을 방문한 뒤 애리조나 플래그스태프Flagstaff로 옮겨 1개월가량 머물렀다. 그러고 난 뒤 북쪽으로 가서 유타에 있는 친구를 방문하고 콜로라도의 에스테스 파크로 향했다.

여행하는 동안 우리는 싸구려 모텔에서 묵었고, 불구멍이 두 개 달린 휴대용 전열기를 이용해 음식을 해 먹었다. 바로 이 경험에서 이 책의 제목이 나오게 되었다.(이 책의 원제는 『Cheap Motels and a Hot Plate』다.) 직접 요리하게 된 까닭은, 우리가 먹는 것에 대해 특별히 신경 썼기 때문이다. 우리에게는 요식업에 종사하는 아들이 세 명이나 있기 때문에 최고를 제외한 대다수의 음식점에서 제공하는 음식의 품질에 대해 너무 많은 것을 알고 있다. 여행하는 동안 직접 음식을 해 먹지 않았다면 틀림없이 건강이 나빠지고 활력도 떨어졌을 것이다. 더불어 매일 밖에 나가서 식사를 했다면, 아무리 패스트푸드만 먹는다고 해도 그 비용을 감당할 수 없었을 것이다. 1990년대 후반의 강세장에서 내 연금이 많이 불어난 것은 사실이지만 우리 소득은 여전히 별로 많지 않았다. 그런 까닭으로

---

19) 이들이 걸프 해안Gulf Coast을 지나간 뒤 허리케인 카트리나katrina가 그곳을 덮치게 된다.

우리는 싸구려 모텔에서 지내기로 했다. 우리는 적당한 가격에 괜찮은 방을 구하는 방법을 빨리 체득했다. 보통은 방문객 센터에서 제공하는 모텔 할인권 모음집을 이용하는데, 물론 어느 마을에서든 여기저기 다녀 봐야 한다.

불평등, 노동문제, 그리고 환경 파괴

경제적 이유 때문에 싸구려 모텔에서 생활하면서, 휴대용 전열기를 이용해 음식을 만들어 먹는 사람들이 있다는 사실은 기막힌 일이다. 그런데 우리는 우리나라를 여행하면서 이런 기막힌 현실을 접하게 되었다. 우리는 캘리포니아 레딩Redding의 황폐한 모텔에서 2층 난간에 빨래를 널고 있는 히스패닉 이민자를 보았다. 그 뒤 얼마 지나지 않아 인력 감축으로 실직한 컴퓨터 프로그래머의 생활을 다룬 『워싱턴 포스트Washington Post』 기사를 읽었다. 그 프로그래머는 현재 하청 작업을 하며 생계를 유지하고 있는데, 싸구려 모텔을 전전하며 전국을 떠돈다고 했다. 그리고 전국 공공 라디오[20]는 조지 포먼George Foreman 그릴이 조리 도구 없이 살아가는 사람들에게 얼마나 인기 있는지를 다룬 방송을 내보냈다.

미국의 여러 가지 주거 형태를 일렬로 배치해 보면 한쪽 끝에는 (노숙자나) 모텔에 거주하는 사람들이 자리 잡고 있다. 우리나

---

20) 전국 공공 라디오National Public Radio는 공적·사적으로 마련되는 기금으로 운영되는 비영리 회원제 방송 조직으로, 미국 전역의 공공 라디오 방송국을 한데 연결하는 전국 조직이다. 린든 존슨Lyndon Johnson 대통령이 1967년 서명한 공영방송법에 따라 1970년에 설립되었다.

라의 주거 형태와 관련된 불평등은 심하다 못해 기괴한 형상을 띤다. 부자와 가난한 사람 사이의 격차가 특유의 풍토병처럼 유행하는 나라에서 주택이란 불평등의 한 형태에 불과하다. 허리케인 카트리나가 지나간 뒤 각종 신문은 경제적 분리 현상이 뚜렷하게 나타나고 있다는 이야기를 쏟아냈다. 기자들이 시간을 내서 미국이 어떻게 돌아가는지 직접 경험했으면 좋겠다. 살펴볼 의지만 있다면 불평등은 쉽게 감지되기 때문이다. 내가 옛날에 가르쳤던 학생들처럼 의도적으로 외면하지 않는 한, 불평등의 현실을 피할 수는 없다.

　이 책의 여러 주제 중 하나는 방금 지적한 불평등이고, 다른 하나는 노동이다. 역시 인지하고 싶지 않아도 인지되는 현상이다. 식료품점, 월마트, 약국, 모텔, 음악가들의 전국 콘서트 여행, 병원, 편의점, 음식점 그리고 오피스 디포Office Depot, 서킷 시티 Circuit City, 로우즈Lowe's, 홈 디포Home Depot, 먀셜스Marshalls, 갭 Gap 같은 할인 소매점 및 스타벅스, 서점, 귀금속 가게, 국립공원과 천연기념물 보존 구역, 빵집, 은행, 빨래방, 우체국, 아파트 건물, 주차장, 해변, 술집, 고객 만족 센터, 부동산, 방문객 센터, 자동차 판매소, 보험회사, 주 정부 및 연방 정부 사무실, 농장과 목장, 고기잡이 배, 대학, 내과·치과·안과 병원, 건설 현장 등 전국 곳곳에서 수천만 명의 사람들이 즐겁지도 않고 제대로 보상해 주지도 않는 노동을 하고 있다. 여행 도중에 만난 수백 명의 노동자 가운데 높은 임금을 받았던 사람은 극소수에 불과했다. 나머지 대부분의 노동자들은 겨우 참을 만한 조건에서 일하는 것이

다반사였다. 우리는 더 귀찮은 노동일수록 유색인종이 그 일을 맡아서 하는 경향이 있다는 사실을 금세 알 수 있었다. 주방에서 허드렛일을 하는 백인이나 농장에서 일하는 백인이 드물듯이, 백인 모텔 청소부 역시 드물었다. 주택 차별이 존재하듯이 노동의 세계에서도 역시 피부색에 따른 차별이 분명히 존재한다.

   이 책의 세 번째 주제는 자연환경의 파괴다. 우리나라의 경관과 관련해 가장 두드러지는 특징 두 가지는 단일성 증가와 아름다움에 대한 경시 풍조다. 한두 가지 예외를 제외한 대부분의 중소 마을은 다른 중소 마을로 대체할 수 있다. 마을로 들어오고 나가는 고속도로변에는 일렬로 늘어선 상점가와 똑같은 모습의 패스트푸드점이 늘어서 있고, 도로는 상점을 이용하려는 차량으로 미어진다. 한때는 사회적·상업적 중심지로 번영했던 도심에는 과거 이곳이 아름다운 곳이었음을 알려 주는 흔적만 남았다. 과거의 자아가 사라지고 껍데기만 남은 도심의 상점 앞은 판자를 둘러쳐 막아 놓았고, 가난한 사람들과 문제를 가진 사람들만이 그곳에 산다. 거리는 초저녁이 되도록 비어 있다. 아름다운 경관을 자랑하는 애리조나 플래그스태프, 뉴멕시코 산타페Santa Fe, 워싱턴의 포트 앤젤레스Port Angeles는 서로의 다양성을 뽐냈지만 이런 곳조차 엇비슷한 모습을 가지게 되었다. 아름다운 플래그스태프 중심부에 있는 석조 가옥은 잘게 쪼개져 소규모 기업으로 바뀌거나 아파트로 변했다. 기업으로 변했든 아파트로 변했든 그곳이 지녔던 총체성과 매력은 사라져 버렸다. 관광객은 넘쳐나지만 거주하는 사람은 적다. 산타페의 도심은 거의 부유한 관광객으로

만 채워진다. 산타페에 있는 유명한 중앙 광장 인근 어디에서도 식료품이나 잡화를 구입할 수 없다. 카트리나가 엄습하기 전의 뉴올리언스 프렌치 쿼터French Quarter처럼 산타페의 중심 공간은 지역민들이 살아 숨 쉬는 곳이 아닌, 도시의 테마파크로 변모해 간다. 플래그스태프와 산타페로 들어가는 주요 도로는 교통 체증에 시달리고, 자동차 매연으로 오염된다. 플래그스태프 도심의 석유 공장과 포트 앤젤레스 도심의 목재 공장은 두 마을의 공기를 더럽힌다.

우리나라 전역에서 도시의 불규칙한 확장이 진행되고 있다. 캘리포니아 투웬티나인 팜스Twentynine Palms, 몬태나의 보즈맨Bozeman과 칼리스펠Kalispell, 오리건의 뉴포트Newport 같은 곳에서도 이런 현상이 나타날 줄은 몰랐을 것이다. 도심은 교외에 그 자리를 내주었고, 과거에 시골이었던 지역은 준교외로 변모해 왔다. 준교외를 개발하는 것만이 능사가 아닌데도 『뉴욕타임스New York Times』 특별 기고가인 데이비드 브룩스David Brooks는 준교외에서의 생활을 격찬한다. 더 많은 사람, 더 많은 도로, 비슷한 모양의 더 많은 주택 개발, 쇼핑몰, 산업 단지 등이 계획 없이 무분별하게 들어서면서 조화를 찾아볼 수 없게 되었다. 경관은 사라진다. 나무를 베고 전력망과 발전소를 건설한다. 댐을 건설하고 언덕을 깎아 평지를 만든다. 도로 보수와 무분별한 건설이 밤낮을 가리지 않고 이루어진다. 끊임없는 "개발"은 숲, 산, 사막, 시내, 강, 대양을 잠식한다. 지난 수십 년 동안 이루어진 마이애미 외곽의 주택 개발 때문에 에버글레이즈Everglades의 면적이 줄어들었다. 피닉스Phoenix, 로스앤젤레스, 라스베이거스가 확장되면서 사막, 강, 산, 계곡이 파괴되었다. "진보"를 피할 수 있는 것은 없다. 우리의 찬란한 국립공원마저도 해마다 점점 더 오염되어 간다.

우리는 여행을 하면서 불평등이 증가하고, 노동의 가치가 폄훼되고 소외되며, 환경이 파괴되는 것을 목격했다. 아름답고 기분을 상쾌하게 만들어 주는 경이로운 장소를 많이 보았지만 이런 좋은 장소를 누구나 즐길 수는 없다는 사실을 알게 되면서 기분이 조금 상했다. 그리고 파괴를 피할 수 있는 곳이 없기 때문에 그 아름다운 장소들이 앞으로도 존속할 것인지, 지금처럼 사람들에게 즐거움을 줄 수 있을 것인지 전혀 확신할 수가 없다.

■ 더 읽을거리

존스타운에 대해서는 David McCullough, *Johnstown Flood*(New York, NY: Simon & Schuster, 1987), Jack Metzger, *Striking Steel*(Philadelpia: Temple University Press, 2000)을 참고하라. 피츠버그의 철강 산업과 철강 도시의 몰락에 대해서는 William Serrin, *Homestead: The Glory and Tragedy of an American Steel Town*(New York, NY: Vintage, 1993)을 참고하라. 고등 교육에 대해서는 Michael D. Yates, "Us Versus Them: Laboring in the Academic Factory," *Monthly Review*, January 2000을 참고하라.

2001년 5월~2001년 9월

CHEAP MOTELS AND A HOT PLATE

02*

< < < < < < < < < < < < < < < < < < < < < < < < < < < < < < <

옐로우스톤 국립공원

와이오밍 잭슨(Jackson, Wyoming)

2003년 인구	8,825명
2000년 인구	
백인	89.4퍼센트
흑인	0.2퍼센트
히스패닉(인종 무관)	11.8퍼센트
2000년 가구 소득 중앙값	47,757달러
2000년 임대 비용 중앙값	642달러
부대 비용을 포함한 주택 자금 대출 중앙값	1,316달러
빈곤선 이하 소득자	6.8퍼센트
고도	1,893미터

잭슨에 새로 짓는 주택 가격은 평균 백만 달러를 넘는다. 요즘 이곳에서는 억만장자가 백만장자를 몰아내고 있다는 말이 돈다. 2820 Rungius Road, Jackson, Wyoming 83002에 있는 국립 원시예술박물관National Museum of Wildlife Art을 방문하라. 전화 (800) 313-9553. 이곳의 모텔 숙박료는 비싸지만 편안히 머물기에 안성맞춤이다. 좀 저렴한 곳으로는 260 N. Cache Drive, Jackson, Wyoming 83001에 매력 넘치는 쿠다르 모텔Kudar Motel 오두막이 있다. 전화 (307) 733-2823.

와이오밍 코디(Cody, Wyoming)

2003년 인구	8,973명
2000년 인구	
백인	96.9퍼센트
흑인	0.1퍼센트
히스패닉(인종 무관)	2.2퍼센트
2000년 가구 소득 중앙값	34,450달러
2000년 임대 비용 중앙값	383달러
부대 비용을 포함한 주택 자금 대출 중앙값	1,195달러
빈곤선 이하 소득자	13.9퍼센트

위대한 서부 예술을 만나 보려면 720 Sheridan Ave., Cody, Wyoming 82414에 있는 버팔로 빌 역사 센터Buffalo Bill Historical Center에 꼭 방문하라. 입장료가 비싸지만 이틀 간 사용할 수 있는 입장권이므로 아주 비싼 것도 아니다. 전화 (307) 587-4771. 작은 마을 개봉관은 우리나라에 몇 개 안 남았는데, 그중 하나인 코디 영화관Cody Theatre에서 영화 한 편 보는 건 어떨까. 1171 Sheridan Ave., Cody, WY 82414에 있다. 전화 (307) 587-2712. 토요일 밤이면 거의 모든 마을 사람들이 그 영화관에 모인다. 내가 영화를 보러 갔던 밤에는 예고편만 열두 편이었다.

몬태나 보즈맨(Bozeman, Montana)

2003년 인구	30,753명
2000년 인구	
백인	94.7퍼센트
흑인	0.3퍼센트
아메리카 인디언	0.2퍼센트

히스패닉(인종 무관)	1.6퍼센트
2000년 가구 소득 중앙값	32,156달러
2000년 임대 비용 중앙값	494달러
부대 비용을 포함한 주택 자금 대출 중앙값	1,005달러
빈곤 선 이하 소득자	20.2퍼센트

908 W. Main St., 59715에 있는 공동체 식품 협동조합Community Food Co-op은 훌륭하다. 전화 (406) 587-4039. 아름다운 몬태나 주립대학Montana State University에 방문하는 것도 좋다.

    옐로우스톤 국립공원은 신비롭고도 무서운 곳이다. 이곳은 우리나라 최초의 국립공원이자 가장 큰 국립공원에 속한다. 이곳을 가볍게 본다면 오산이다. 도처에 위험이 도사리고 있기 때문이다. 산을 둘러싸고 있는 평화롭고 아름다운, 계곡처럼 보이는 곳을 걷다가 갑자기 발밑의 땅이 푹 꺼지면서 뜨거운 물웅덩이에 빠져 죽을 수도 있다. 옐로우스톤 호수Lake Yellowstone의 뼛속까지 에이는 차가운 물가를 운전하다 보면 호숫가에 피어오르는 연기를 볼 수 있는데, 가까이 가 보면 그 연기가 작은 화산처럼 생긴 구멍으로 올라오는 증기임을 알게 된다. 표지판에는 어부들이 이 구멍을 이용해 잡은 물고기를 요리했다는 내용이 담겨 있다. 하지만 그러다 화상을 입는 사람이 너무 많아서 이제는 금지하고 있다.

    목가적인 숲을 산책하다가 새끼를 데리고 돌아다니는 어미 회색곰과 마주칠 수도 있으니 호신용 분사기를 분사할 수 있는 상태로 준비해 두는 것이 좋다. 만일 뚜껑이 닫힌 분사기가 허리띠에 매달려 있다면 곰이 공격하기로 마음먹은 순간, 당신은 죽은 몸이다. 3초도 안 걸릴 것이다. 저녁을 먹은 뒤 어두운 길을 한가로이 거닐다가 잠들어 있는 물소와 갑자기 마주칠 수도 있다. 운이 좋다면 안전하게 호텔방으로 돌아와 『옐로우스톤에서 발생한 사망 사고Death of Yellowstone』를 읽으며 잠들 수 있을 것이다. 책을 읽다 보면 곰을 속일 수 있다고 생각했거나, 애완견을 구하려고 뜨거운 물웅덩이에 뛰어들었다가 죽은 어리석은 관광객들이 실제로 있었다는 사실에 놀라게 될 것이다.

카렌과 나는 2001년 5월부터 9월까지 옐로우스톤 국립공원에서 일하면서 생활했다. 나는 레이크 호텔Lake Hotel의 프런트 데스크 점원이었고, 아내는 식당 호스트였다.

여행의 시작

우리는 2001년 4월 29일에 피츠버그를 떠났다. 꼭 크리스마스 전야를 맞은 아이 같은 기분이었다. 낡은 것을 버리고 새것을 만난다니! 우리는 꼬박 나흘을 운전했다. 그동안 위스콘신 잭슨빌(Jacksonville, 거대한 제너럴모터스 자동차 공장의 고향. 일부 공장은 멕시코로 이전했다.), (미주리강Missouri River과 사우스다코타의 황량한 경관이 굽어보이는) 사우스다코타 체임벌린Chamberlain, 몬태나 빌링스(Billings, 마을을 둘러싼 벼랑이 멋진데, 그 위로 풍선이 날 때면 더욱 멋지다. 번개 치는 여름밤은 장관이다.), 옐로우스톤의 북부 관문이자 유명한 석조 아치문[21]이 있는 몬태나 가디너Gardiner의 모텔에서 묵었다. 석조 아치문이 어찌나 인상적이던지, 22번 고속도로의 기억은 머릿속에서 말끔히 사라졌다

가디너에서는 3일을 보냈다. 가디너는 옐로우스톤을 찾는 관광객에 의존하는 (2001년 인구 851명5인) 작은 마을로, 특별히 쾌적하지도 않고 특별한 매력도 없다. 가디너는 텔레비전 드라마 〈북향〉[22]에 등장하는 마을을 떠오르게 했는데, 다른 점이 있다면 말코손바닥사슴 대신 엘크가 돌아다닌다는 것 정도다. 모텔 숙소 전화로 인터넷 접속이 안 된다는 사실을 알았을 때 익숙했던 도시 생활이 고통스러울 정도로 멀게 느껴졌다. 모텔 관리인에게 인터넷에 대해 문의했지만 모텔의 전화 체계가 낡아서 안 된다는 말만 돌아왔다. 관리인의 말대로 우리가 야생 지역에 들어왔음이 실감났다. 하지만 모텔 숙박료는 "야생 지역"답지 않았다. 다행히도 근처에 인터넷 접속이 되는 전당포가 있었다.

실제로 공원에서 일하면서 생활한다고 생각하니 신경이 예민해졌다. 또 집도 없이 차에 실린 소유물만 가지고 여행한다는 현실도 우리 기분을 가라앉게 했다. 그래서 오래 산책하거나 운전

---

21) 루즈벨트 아치Roosevelt Arch라고 부른다. 아치를 건설할 당시 루즈벨트 대통령이 이곳을 방문하여 머릿돌을 놓았다. 사진은 http://www.nps.gov/yell/planyourvisit/hmammoth.htm에 들어가서 확인할 수 있다.
22) 〈북향Northern Exposure〉은 에미상 수상에 빛나는 텔레비전 코미디 드라마 시리즈다. 가상의 공간인 알래스카 시실리로 이사 온 뉴욕 출신 의사와 이 마을 사람들 사이에 빚어지는 문화적 충돌을 유쾌하면서 서정적으로 다룬 작품이다.

하면서도 침묵으로 일관했다. 등산로 입구까지 차를 몰아갔지만 회색곰을 만날 수 있다는 경고에 등산은 엄두도 내지 못했다. 우리는 마을 외곽의 오래된 묘지를 방문한 뒤 버려진 금광이 있는 광산마을 자딘에 들렀다. 자딘은 가디너에서 몇 킬로미터 정도 떨어진 곳으로 지저분한 도로 끝에 있었다. 우리는 이렇게 외롭고 황량한 곳에서의 생활이 어떤 것일지 떠올려 보려고 노력했다.

나흘째 되던 토요일에 우리는 몇 블록 건너에 있는 회사 본부에 가서 노동 계약서에 서명했다. 그러고는 신병 훈련소의 신병처럼 근무복을 입어 보기 위해 한 줄로 서서 차례를 기다렸다. 마음속으로는 점원이 우리에게 던져 주는 셔츠, 바지, 넥타이, 재킷 등의 근무복이 맞기만을 바랄 뿐이었다. 다리가 긴 카렌은 맞는 옷이 나올 때까지 여러 번 탈의실을 들락거려야 했다. 우리는 노동 계약서에 서명했고 직원 명찰에 쓸 사진도 찍었다. 담당 직원은 우리에게 '맘모스 핫 스프링스Mammoth Hot Springs'로 가서 점심 식사를 하고 예비 교육을 받으라고 지시했다. 우리는 서쪽으로 여행을 떠난 이래 처음으로 옐로우스톤 국립공원에 들어갔다. 암팩 사[23]의 공식 종업원으로서, 특별 출입문으로 들어가도 좋다고 허가를 받자 흥분이 고조되었다.

나는 맘모스 핫 스프링스에서 받은 예비 교육에서 뭘 배웠는지 별로 기억나지 않는다. (그저 날뛰는 동물을 조심하라고 경고하는 짧은 영상물만이 기억날 뿐이다.) 하지만 이곳에서 처음으로 옐로우스톤

---

23) 저자는 이 장의 후반부에서 암팩 사社Amfac Corporation에 대해 자세히 다룬다.

의 낯선 풍경과 웅장함을 경험했다. 분출되는 뜨거운 증기와 흘러가는 뜨거운 물은 노란색과 갈색 침전물의 흔적을 남기며 강한 유황 냄새를 풍겼다. 끓어오르면서 불꽃을 내뿜는 대지를 보며, 언제라도 자연재해가 일어날 수 있겠다는 생각을 했다.

예비 교육이 끝난 뒤 우리는 새 보금자리가 될 호수를 향해 공원 안으로 더 깊이 들어갔다. 옐로우스톤의 주요 도로는 8자 모양으로 나 있다.[24] 레이크 호텔은 8자의 아래 동그라미 동쪽 중간에 있는데, 맘모스 핫 스프링스에서 차로 90분가량 걸린다. 옐로우스톤 호수는 호텔 남쪽으로 32킬로미터 이상 뻗어 있다. 고도 2,134미터 이상에 위치한 호수 가운데 북아메리카 최대 호수인 옐로우스톤 호수는 옐로우스톤 대부분을 형성한 고대의 무시무시한 화산 폭발이 만든 것이다. 이 화산 폭발은 오리건의 크레이터 호수 Crator Lake를 만든 화산 폭발과는 비교도 안 될 만큼 거대한 폭발이었다.

호수 지역에는 거대한 복합 단지가 있다. 여기에는 진료소, 해밀턴 쇼핑센터(Hamilton Store, 위탁 운영자가 바뀐 뒤 선물 가게, 간이식당, 식료품점, 잡화점이 입점했다.), 관리 사무소, 종업원 숙소인 레이크 로지 Lake Lodge, 손님용 오두막, 우리 일터인 레이크 호텔이 자리하고 있다. 레이크 호텔은 1891년에 지어진 크고 위풍당당한 목조 건물로, 옆으로 길쭉하게 생겼다. 우리는 인사과 사무실을

---

[24] 옐로우스톤 국립공원 지도는 http://www.nps.gov/archive/yell/interactivemap/index.htm에서 확인할 수 있다. 이 책에 등장하는 공원 내 주요 지명이 표기되어 있으며 지도의 각 부분을 눌러 상세 지도를 볼 수 있다. 오른쪽 하단 호수 북쪽 변에 저자가 일했던 레이크 호텔 표시가 보인다.

찾아가 젊은 책임자를 만났다. 몇 년 뒤 우리는 플로리다의 키웨스트Key West에서 아침을 제공하는 민박집을 운영하는 그를 다시 만나게 된다. 그는 레이크 호텔의 업무 진행에 관련된 몇 가지 사항을 우리에게 말해 주었다. 하지만 우리가 질문을 하자 그와 그보다 더 젊은 부책임자는 다른 일에 정신이 팔린 듯 우리가 하는 여러 질문을 듣는 둥 마는 둥했다. 우리는 호텔에서 400미터가량 떨어져 있는, 낡은 창고 같은 기숙사에 숙소를 배정 받았다. 인력담당자는 그곳이 독립된 조립식 주택을 원하지 않는 직원 가운데 기혼자들이 일반적으로 묵는 숙소라고 말해 주었다.

우리는 다른 사람들보다 일찍 도착한 편이었기 때문에 깨끗하고 조용한 방을 배정 받기를 기대했는데 사정은 그렇지 않았다. 방은 작고 우중충했다. 게다가 복도 맞은편에는 기숙사 유료 전화도 있었다. 창밖으로는 주차해 놓은 직원들의 레저용 차량이 정면으로 보였다. 국립공원에 살면서 나무 한 그루조차 제대로 볼 수 없다니! 우리는 숲을 끼고 있는 복도 끝 방을 찾아냈고, 즉시 인사과 사무실로 돌아가 방을 바꿔 달라고 했다. 틸 홀Teal Hall 112호실이 우리 방이 되었다.

새로 배정 받은 방은 처음 배정 받은 방보다는 나았지만 역시 방이라는 말이 무색한 방이었다. 사방 3미터의 공간에 작은 샤워실 겸 화장실이 들어서 있었다. 작은 벽장이 있었지만 벽장 절반은 온수기가 차지하고 있었다. 그렇다고 온수가 넉넉히 공급되는 것도 아니어서 둘 중 한 사람이 샤워할 정도밖에 제공되지 않았다. 침대 곁에 있는 세면대는 침대에 앉아 이를 닦아도 될 정도로 침대와 가까웠다. 가구도 거의 없어서 우리는 빈 방을 뒤져 우리의 새 방을 더 편안하게 만드는 데 필요한 것들을 챙겨 왔다. 비닐을 씌운 작고 편리한 의자, 경대 두 개, 책상 의자, 거울, 못 서너 개가 새로 생겼다. 우리는 바닥과 벽을 닦고 스탠드 두 개를 꺼내 설치한 뒤 집에서 가져온 사진과 그림을 걸었다. 경대 중 하나는 진열용 "제단"으로 사용했다. 가정용품, 자질구레한 물건, 우리 아이들이 크리스마스에 선물해 준 값비싼 윌리엄스 소노마 Williams-Sonoma 커피 메이커·원두 분쇄기를 진열했다. 최소한 매일 훌륭한 커피를 마실 수 있을 터였다. 우리는 와이오밍 잭슨에 라디오 방송국이 있다는 사실도 알아냈다. 텔레비전은 물론, 요리할 공간도 없었다. 방에는 냉난방 겸용 장치가 있었다. 주거 공간의 품질에 대해 말하자면 대체로 우리는 1, 2등급, 아니 한 20

우리가 묵었던 틸 홀의 사방 3미터짜리 방

등급쯤 미끄러져 내려온 것이 확실했다. 매우 초라해진 느낌을 안고 침대에 누워 옐로우스톤에서의 첫날밤을 보냈다. 아주 어둡고, 아주 조용하고, 아주 외로웠다. 카렌이 울기 시작했다. 아내를 달래려고 했지만 나도 울고 싶기는 마찬가지였다. 여기서, 고작 9.2평방미터밖에 안 되는 이 방에서, 도대체 우리가 뭘 하고 있단 말인가? 이때 일을 떠올리면서, 그때 이혼하지 않았으니 앞으로도 이혼은 절대 못 할 거라고 농담을 했다.

다음날 아침에는 기분이 좀 나아졌다. 날씨는 상쾌하게 맑았고 공기는 우리가 마셔 봤던 어떤 공기보다도 맑았으며 직원 식당의 음식은 먹어 줄 만했다. 봄이여 영원하라! 일요일 신문을 사기 위해 북쪽으로 40분을 가야 하는 캐니언Caynon의 매점에 다녀오면서도 불편하다는 생각은 들지 않았다.

며칠이 지나자 동료 직원을 만나 볼 수 있었다. 미국 사람이 대부분이었지만 유럽이나 아프리카에서 온 사람도 있었다. 우리처럼 나이 든 부부도 있었는데 기숙사에 묵는 이들도 있었지만 주방 기구가 완비되고 위성안테나를 갖춘, 크고 값비싼 조립식 독립 주택에 사는 이들도 있었다. 독립 주택은 확장도 가능했다. 이들은 대부분 레저용 차량에 몸을 싣고 해마다 이곳을 찾는 사람들이었다. 이들은 이곳에서 작은 공동체를 이루고 살았다. 야외 요리 파티를 열었고 애완동물을 보기 위해 서로의 집에 방문하기도 했다. 아내의 직속상관인 70대 중반 여성처럼 나이 든 독신자들도 있었다. 그녀는 벌써 몇 년째 아이오와의 농촌에 있는 집에서부터 이곳까지 손수 운전해서 찾아왔다고 한다. 대학생이나 20대

후반의 젊은이들도 있었고, 옐로우스톤을 정기적으로 찾아오는 30대도 몇 명 있었다.

접객 직원이 되기 위한 교육

카렌은 다음 주에 있을 호스트 교육을 기다렸다. 그동안은 느긋하게 산책을 즐기면서 밝고 따뜻한 태양에 검게 그을렸고, 우리 방에 관한 새로운 정보도 찾아냈다. 또 (레이크 우체국이 열 때까지 당분간) 세 시간을 운전해 편지를 찾아오기도 했다. 한편 나는 직무 교육에 돌입했다. 내가 맡은 업무는 호텔의 프런트 데스크 점원이었는데, 점원보다는 접객 직원으로 불러 주기를 바랐다. 점원은 열 명 남짓했는데, 본격적인 여행철로 접어들면 더 많은 인원이 배치될 예정이었다. 나는 이 업무가 생각했던 것보다 더 까다롭다는 것을 이내 깨달았다. 교육은 하루 8시간씩 2주일 동안 이루어졌고, 두꺼운 교육 교재가 제공되었다. 내용이 많아서 밤에 따로 공부를 해야 했다. 우리는 날마다 새로운 업무를 몇 가지 배웠는데, 컴퓨터 입력 코드와 조작법을 모두 외우는 일이 가장 어려웠다. 방의 종류와 각종 체험 활동에 따라 내가 활용해야 하는 코드가 모두 달랐기 때문이다. 호텔 객실에 대해 내가 알고자 했던 것보다 훨씬 많은 내용을 배우게 되었다.

나는 젊은 점원일수록 컴퓨터에 더 빨리 익숙해진다는 사실을 깨달았다. 반면 나이 든 사람들은 업무를 배우는 데 더 진지하게 임했다. 나는 날마다 저지르는 실수 앞에서 초라해졌지만, 나에게 업무를 완수하려는 의지가 있다는 사실에 놀랐다. 한번은 격려 방문차 이곳에 들른 회사의 높은 사람들이 모든 사람들에게 일일이 이곳에 온 동기에 대해 물었던 적이 있었다. 나는 그때 울먹이면서 32년간 내가 해 왔던 일 말고 다른 일을 할 수 있다는 사실을 확인하고 싶었고, 조직의 일원으로서 여러 사람과 어울려 일하기를 바라고 있다고 말했다. 그런 내 모습에 나도 놀랐는데, 아직도 내가 그랬다는 사실이 믿어지지 않는다.

나는 나와 함께 데스크 점원으로 일할 사람들이 대부분 대학생이기를 기대했지만, 그렇게 되지는 않았다. 라스베이거스의 사설 마권 제조 업체에서 관리자로 일했던 여성도 있었고, 보험 대리인으로 일하다가 은퇴한 사람도 있었다. 이 직업, 저 직업을 전전하는 유랑자인 듯한 남성도 있었고, 인구조사국Census Bereau 관리자로 근무하다가 열렬한 간헐천 관찰자("간헐천"은 영어로 쓰이는 유일한 아이슬란드 단어다.)[25]이자 예보자가 된 특이한 사람도 있었다. 대부분은 숙달된 등산가처럼 보였다. 나는 동료 직원들을 좋아하게 됐다. 카렌과 나는 옐로우스톤을 떠난 뒤에도 세 명의 동료와 연락하고 지내 왔다. 그 가운데에는 흥미로운 사람임이 밝혀져 좋은 친구가 된 "유랑자"도 있다. 32년 동안 대학 교수로 지내면서도 가까운 관계를 유지한 동료는 세 명뿐이었는데, 고작 넉 달을 함께 일한 호텔 직원들과 강력한 유대를 형성했다는 사실이 의아할 뿐이다.

---

25) 간헐천geyser은 아이슬란드 단어 geysir에서 유래했다.

우리를 가르친 강사는 회사의 여러 지점에서 여러 직무를 거치며 몇 년간 일해 온 30대 초반의 여성이었다. 교육이 끝나면 그녀는 관광만큼이나 매력적이고 독창적인 디자인의 차량을 운전하면서 버스 관광 안내원으로 일할 예정이었다. 열정으로 가득해 생기가 넘치는 그 강사는 뛰어난 접객 직원이 되는 일보다 더 중요한 일은 세상에 없다고 믿는 것처럼 보였다. 컴퓨터 앞에서 같은 업무를 줄기차게 연습시켰고 과거에 수백 번도 넘게 주워섬겼을 국립공원과 호텔에 대한 내용을 반복해서 들려주었다. 최근에 결혼한 그녀는 네덜란드인 남편과 함께 조그마한 기숙사 방에 살았다. 그녀의 남편은 선장 복장을 하고 호수의 보트 관광을 이끌었기 때문에 우리는 그를 '제독'이라고 불렀다. 이런 곳에서 시작하는 결혼 생활은 어떤 것일까, 궁금했다.

　우리의 관리자 역시 교육을 맡고 있었다. 그는 몬태나에서 온 젊은 사람이었는데 내 눈에는 수염도 깎아 본 적 없는 애송이 젊은이 같았다. 다른 강사들처럼 그 역시 열정적인 성품을 지녔고 실수에 관대했다. 그는 비슷하게 보이는 방이지만 각각의 방이 어떻게 다른지 쉽게 알 수 있도록 그가 제시하는 실마리를 가지고 해당 방을 찾아내는 게임을 창안했다. 나는 열성적으로 이 게임에 참여했는데, 손님과 점원이 되어 역할극을 함으로써 교실에 앉아서 듣는 수업을 잠시 면할 수 있다는 사실이 반가웠기 때문일 것이다.

　내 급료는 시간당 6.25달러였다. 머무는 방 값과 식비 일부가 급료에서 공제되었고, 지역 진료소를 이용하는 데 필요한 최소한의 의료보험료가 추가 공제되었다. 그 밖의 다른 혜택은 없었다. 카렌의 시급은 6달러였기 때문에 나는 내가 0.25달러 더 번다고 자랑했다. 일정한 능력을 갖춘 사람들이 이곳에서 일하게 된 것을 행운으로 여겨 낮은 임금에도 아랑곳하지 않고 자비를 들여 이 먼 곳까지 오는 것을 보고, 이 모든 사람을 관리해 내는 회사의 능력에 감탄했다. 근무 환경이나 방세, 식비 일부를 각자 부담하는 것도 물론 이런 회사의 관리 능력과 관련된다. 회사는 우리 모두가 국립공원관리국National Park Service의 협력자로서, 국립공원을 보존하는 데 일조하고 있다는 관념을 심어 주려고 노력한다. 그리고 회사의 이런 노력은 특히 환경을 걱정하는 사람들을 끌어들이는 데 도움이 됐다.

훈련이 2주차에 접어들었을 때 한 관리자가 프런트 데스크의 보직 두 개를 공개했다. 교대 책임자와 관광 담당자였다. 이 보직을 맡는 사람은 1시간에 25센트의 급료를 추가로 받는다. 교대 책임자는 나머지 사람들보다 30분 일찍 업무를 시작해야 한다. 추가 서류 업무를 수행하고 관리자들이 자리에 없을 때는 손님들의 문제를 해결해야 한다. 관광 담당자는 매일 호텔에 도착하는 수많은 관광버스를 관리해야 한다. 이 보직을 맡는 사람은 새로운 컴퓨터 코드를 배워야만 하고 복잡한 서류 작업 요령을 철저히 습득해야 한다. 업무를 맡겠다고 나선 젊은이가 세 명이나 된다는 사실은 놀라웠다. 그들은 분명 이 직무를 맡는 것이 경력 관리에 유리하다고 생각했을 것이다. 이 호텔은 복잡한 작업이 필요한 큰 호텔이고, 아무리 작은 직책이라도 권위 있는 보직을 맡았다는 사실이 이력서를 빛내 줄 것이기 때문이다.

암팩 사의 인사관리

암팩 사의 고용 전략은 흥미로웠다. 직원의 상당수가 50세 이상이었다. 식당의 "고참" 호스트는 78세의 여성이었다. 그녀는 육체적인 한계 때문에 일반적인 식당 업무를 수행하기 어려운데도 고분고분 일했고, 저임금에 의문을 가져 본 적이 없었다. 이곳에서 그녀는 유용한 사람이었다. 회사는 생산성에 손실을 입는 대신 회사 지시에 기꺼이 따르고자 하는 직원의 충성심과 열의를 얻었다. 나이 많은 노동자 중에는 퇴역 군인도 있었다. 이들은 각기 다른 성품을 지녔지만 (우리 옆방에 묵었던 사람도 퇴역 군인이었지만, 노동조합 찬성론자였다.) 모두 회사의 전형적인 명령 체계에 큰 기여를 하는 군대식 정서를 공유했다. 육군과 해군을 두루 거친 뒤 퇴역한 어떤 군인은 보안 요원으로 일했는데, 군대 교관 특유의 거들먹거리는 태도를 지녔고, 때로는 쇼핑몰 경비에게 볼 수 있는 과장된 허세도 부렸다. 비번일 때조차 공공장소에서 포도주를 마시면 안 된다며 주제넘은 참견도 마다하지 않았다. (그때 나는 기숙사의 복도 전화로 누군가와 통화 중이었다.) 얼마 지나지 않아 그는 누군가를 죽여 버리겠다고 위협을 했고, 그 바람에 해고되고 말았다.

여름철에 일하는 노동자들은 대부분 젊은이들이다. 돈을 많이 벌 수 있는 직종은 식당 웨이터와 사환뿐이었다. 호텔은 언제나 손님들로 가득했고, 비싼 식당은 매일 밤 6백 개의 식탁에서 매출을 올리기 때문이었다. 그 밖의 나머지 노동자들의 벌이는 불충분했다. 회사는 젊은이들을 고용함으로써 두 가지 방식으로 이득을 얻었다. 우선 젊은이들은 임금이나 노동조건에 큰 관심을 갖지 않았다. 두 번째로 상당수 젊은이들이 경력을 신중하게 관리했기 때문에 회사는 그들을 살펴본 뒤 전일제 일자리에 가장 적합한 신입 직원을 모집할 수 있었다.

이런 일자리가 필요했던 노동자들도 있었다. 이들은 여름과 겨울마다 이 공원에서 저 공원으로 돌아다닐 자유를 누렸다.(회사는 여러 공원 및 휴양지와 계약을 맺는다.) 게다가 이들에게는 주거 공간이 제공됐고, 상대적으로 저렴한 가격에 식사를 할 수 있었다. 푸에르토리코 원주민으로 브롱크스Bronx에서 성장한 조지도 이런 일자리가 필요했던 사람 중 하나였다. 조지는 직원 식당과 공원 식당의 요리사였지만 주방의 잡다한 업무도 수행했다. 조지에게는 푸에르토리코에 살고 있는 이혼한 전부인과 열다섯 살짜리 아들이 있었다. 조지에게는 이 직업이 여러 모로 좋았다. 회사 편에 선 직원은 아니었지만 일자리를 놓치고 싶은 것은 아니었다. 과테말라 출신인 조지의 친구 조르제 역시 주방에서 일했다. 겨울에 조르제는 키웨스트에서 일했고, 조지는 데스밸리[26]에서 일했다. 도시의 비싼 물가를 감당하느라고 곤란을 겪었던 이들에게 지금의 직업은 살 길을 열어 준 것이나 다름없었다.

마지막으로 이주 노동자가 있다. 회사는 유럽이나 아프리카 출신 노동자를 적극적으로 채용했다. 이주 노동자에게 들은 바에

옐로우스톤 국립공원의 우리 보금자리였던 틸 홀

따르면, 약속했던 것은 거의 지켜지지 않았다고 한다. 직원 대부분은 폴란드, 체코, 우크라이나 같은 동유럽 나라나 가나, 나이지리아 같은 아프리카 나라에서 모집된다. 이 지역의 젊은 남녀들이 돈을 벌면서 영어도 배우고 관광도 할 수 있다는 희망을 가지고 미국으로 날아왔다. 이들은 귀국하기 전 우리나라를 여행할 수 있을 만큼 많은 돈을 벌기를 원했다. 회사를 대표해서 이들을 모집한 사람은 이들에게 전일제 일자리를 약속했고 초과 근무도

---

26) 데스밸리Death Valley는 미국 캘리포니아 주 남동부에 있는 구조분지로, 남북 길이는 225킬로미터, 동서 길이는 8킬로미터에서 24킬로미터에 달한다. 북아메리카에서 가장 덥고 건조한 지역이며 서반구에서 고도가 가장 낮은 곳으로 해수면보다 82미터 낮은 지역도 있다. 지형적인 특징 때문에 개척에 어려움을 주어 '죽음의 계곡'이라는 뜻의 이름이 붙었고 1933년 국립공원으로 지정되었으나, 봉사 개발로 관심을 받기 전까지는 이곳을 찾아오는 사람이 거의 없었다. 지금은 극과 극을 달리는 자연환경 덕분에 관광객들과 과학자들의 관심이 집중되고 있다.

가능하다고 말했다. 굉장히 다양한 직무를 제시하면서 누구에게나 적합한 업무가 있다고 말했다. 이곳까지 오는 데 소요되는 항공료나 기타 이동 비용은 모두 자부담이었다. 이곳에 오기 위해 이미 빚을 낸 사람도 있었다. 자기 차를 소유한 사람은 없었다. 가장 가까운 마을이라도 최소한 두 시간은 걸리기 때문에, 아무도 엄청난 규모의 공원 탐험이나 마을 구경에 나서지 못했다.

많은 수의 이주 노동자는 여러 가지 방식으로 회사에 이득을 가져다주었다. 어쩌면 미국인 노동자들보다 더 많이 기여할지도 모를 일이었다. 우선 외국인 직원들은 이곳을 떠날 수 없는 처지였다. 해고되면 어디 가서 무엇을 하겠는가? 게다가 이들은 최소한 귀국하기 위해서라도 돈을 모아야만 했다. 또한 이들은 우리나라 노동자들이 가장 쉽게 그만두는 경향이 있는 방 청소나 호텔 음식 판매소 근무 같은 최악의 직무를 배정 받았다. 청소부는 대부분 외국인이었다. (그중에는 국립공원 운영에 대해 배울 수 있다는 약속을 받고 가나에서 온 사람도 있었다).

나는 이들이 손님과 상호 작용하는 직무를 수행할 만한 영어 구사 능력이 없어서 청소 업무를 배정 받았다고 생각했지만 사실은 달랐다. 음식 판매소의 담당 직원이 그만두자 (영어를 잘 못 하는) 폴란드 여성이 그 일을 맡았기 때문이다. 나는 그곳에서 음식을 자주 사 먹었는데, 점심을 주문하려는 관광객들이 만든 긴 줄을 보고 충격을 받았다. 주문을 받고 음식을 만드는 등의 모든 업무를 그 폴란드 여성 혼자서 처리하고 있었다. 나는 최대한 간단한 음식을 주문했고 많은 사례금을 주었다. 점심을 먹고 밖으로 나갔는데, 울분을 억누를 수 없었다.

엘로우스톤에서 만난 손님들

근무는 5월 18일, 금요일에 시작되었다. 나는 긴장과 흥분을 동시에 느끼며 5시 30분에 일어났다. 검은 바지에 검은 구두를 신고 주머니 위에 직원 명찰을 패용한 녹색 셔츠를 입는 근무 복장이 쑥스러울 것이라고 생각했지만 그렇지 않았다. 여름 내내 뭘 입을지 걱정할 필요가 없었고, 특히 습도가 낮아서 같은 옷을 며칠 동안 계속 입어도 된다는 점에서 참 편했다. 샤워를 하고 근무복을 입고 아침을 먹으러 직원 식당으로 달려갔다. 식사를 마치고 주차장을 천천히 가로질러 옆문을 통해 호텔 로비에 들어섰다. 나는 33년 만에 처음으로 '출근 표'라는 것을 찍었다. 나는 각자 사용할 "현금함"이 보관되어 있는 체크인 카운터 뒤의 작은 방으로 들어갔다. 그러고는 내가 맡은 돈을 챙겨서 확인한 뒤 금전등록기에 넣었다. 동료 점원에게 인사했고, 필요할지 모르는 안내 전단을 순서대로 정리한 뒤 필기구와 메모장을 제자리에 놓고 컴퓨터에 접속했다. (나는 내 고유 접속 코드를 명찰 뒤에 적어 놓았다.) 머릿속으로는 필요할 법한 컴퓨터 입력 코드를 떠올리면서 가장 복잡한 거래의 처리 방법을 되뇌어 보았다. 나는 목을 상쾌하게 만들어 주는 리콜라 사탕을 먹으면서 첫 고객을 기다렸다. 아내가 지나가다 잠시 들러 사진을 찍어 주었다. 순간 여기가 아닌 다른 곳에 있으면 좋겠다는 생각이 스쳐갔다. 내가 아는 사람이 손님으로 오면 어떨까 궁금했다. 부끄럽지는 않겠지만, 내 친구들은 분명 내가 미쳤다고 생각할 것이다.

  첫날부터 줄곧 바빴다. 본격적인 여행철의 초입이라서 공원이 부분 개장했을 때조차 바빴다. 뒤에서 내 직무에 대해 간략하게 설명할 것이지만, 이 일을 견디는 데는 무엇보다 고객과의 상호작용이 중요했다. 옐로우스톤은 광대한 영역에 걸쳐 있어서 하루 이틀 사이에 이곳이 어떤 곳인지 제대로 파악할 수는 없었다. 그저 어렴풋이 파악할 수 있을 뿐이었다. 이 말은 방문객들이 호텔에 돌아올 때쯤이면 피곤에 절어 의지를 상실하게 됨을 의미했다. 어린 아이들을 동반한 손님이라면 특히 더 그랬다. 호텔 숙박료는 비쌌다. 호수가 보이는 방은 169달러에 부가세 별도였다. 게다가 비슷한 가격대의 다른 호텔에는 다 있는 편의시설이 하나도 없었다. 텔레비전도 수영장도 운동 시설도 없었다. 이 때문에 손님들의 기운은 더 빠졌다. 나는 손님들과 대화를 나누면서 이들이 많이 지쳤고 호텔에서 제공하는 봉사 수준이 참으로 형편없다는 사실을 잊도록 도와주었다. 투숙 준비가 끝난 방은 드물었고 초저녁이 되도록 청소가 마무리되지 않는 방도 있었다. 수건과 비누는 사라지기 일쑤였다.

  나는 우리나라의 거의 모든 주를 다녀 봤고, 다른 많은 나라들에 대한 정보를 접해 보았기 때문에 손님들과 이런저런 이야기를 나누면서 그들을 편안하게 하고 웃게 만들 수 있었다. 몇 주 만에 나는 20여개 주에서 온 투숙객들과 일본, 독일, 네덜란드, 영국, 캐나다, 인도, 프랑스에서 온 투숙객들을 만났다. 내가 사카키바라Sakakibara 전前 일본 재무장관에 대해 묻자 예일 대학에서 경영학 석사 과정MBA을 밟고 있던 젊은 일본인 손님은 놀라움을 감추지 못했다. 사카키바라 전 장관은 피츠버그 대학에서 공부했고, 나의 친한 친구와 알고 지냈다. 나는 간단한 스페인어를 구사해 우루과이에서 온 손님의 마음을 사로잡기도 했다. 내가 "열쇠"를 의미하는 스페인어 단어를 안다는 것이 그 손님들에게 좋은 인상을 남겼다. 버지니아의 뉴포트 뉴스Newport News 출신의 은퇴한 선박 건조업자는 내가 그의 이름과 직업을 기억해 주자 기분이 좋았는지 나를 볼 때마다 미소를 지었다.

나는 가능하면 합당한 불만 사항을 토로하는 손님들 편이 되어 주었다. 예약 오류, 더러운 방, 작은 침대, 고장난 전화, 부정확한 객실 요금, 기타 등등 불만 사항은 많았다. 최악의 문제는, 호텔에서 임대해 주기는 하지만 호텔 본관 건물에 속해 있지는 않은 인근 오두막에서 발생했다. 오두막에서는 곰팡내가 나기도 했고, 기물이 고장나도 고치지 않고 내버려두는 경우도 많았다. 그리고 어떤 오두막은 여행사에게 속은 외국인들에게 허위로 임대되었다. 그 과정은 이렇다. 호텔은 미국 여행사에 오두막을 매각했다. 우리나라 여행사는 자신이 거래하는 유럽의 여행사들에게 이 오두막을 재매각했다. 유럽의 여행사들은 고객에게, 오두막이 오래된 호텔에 붙어 있다고 소개했다. 오두막 사용료는 하룻밤에 87.98달러였지만 손님들은 호수가 내려다보이는 널찍한 숙박 시설을 기대하면서 3백 달러를 지불했다. 가능하다면 그들에게 호텔방을 제공했지만 (차액은 그들이 추가로 지불해야만 했다!) 나는 그 사람들에게 여행사를 상대로 소송을 제기하고 그들을 기만했던 담당자에게 격렬하게 항의하라고 강력하게 주장했다.

고객과의 유대 관계 형성은 모든 직원에게 이름과 출신 주(또는 출신국)가 기재된 명찰을 패용하도록 하는 직원 수칙 덕분에 더 쉬워졌다. 손님들은 명찰을 보고 즉시 모종의 개인적인 관계를 형성했다. 사람들은 이곳이 미국과 세계 여러 지역에서 온 다양한 연령대의 사람들이 모여 있는 용광로라고 생각했다. 우리나라에서 온 사람들에게는 나라에 대한 자부심을 높여 주었고, 그것은 회사에도 긍정적으로 작용했다. 겉보기에 우리 회사는 일반 사업장과는 다르게 보였지만, 전형적인 미국 회사였다. 우리나라의 공원을 둘러보도록 도와줌으로써 사람들의 욕구를 충족시키고, 인력도 대부분 미국 사람으로 채워졌다. 외국 사람은 회사와 우리나라의 관대한 정신을 강조하기 위해 고용된 것일 뿐이었다.

손님들과의 대화는 내 일을 더 편안하게 만들어 주기도 했지만 한편으로는 내 인내심을 시험하는 일이기도 했다. 점원은 교수들이 받는 존경을 받을 수 없다는 사실을 이내 깨달았다. "펜실베이니아 출신 마이클"이라고 쓴 명찰이 달린 근무복을 입은 백발노인을 본 손님들의 머릿속에 존경심을 가져야 한다는 생각이 자동적으로 떠오를 리 만무했다. 오히려 손님들은 (아마도 동정심이 섞였을) 우월감을 느꼈다. 명찰을 패용한 사람은 시중드는 사람임을 의미했다. 손님들은 무례했고, 생색내는 오만 가지 방법을 찾아냈다. 어떤 부부는 내가 고참 점원에게 도움을 청하러 가자, 내가 자기들을 "지겨운 놈"이라고 불렀다며 비난했다. 나는 그런 말을 한 적이 없었지만, 그들은 관리자에게 그렇게 말하면서 오랜 시간 대화를 나눴다. 별다른 일 없이 지나가긴 했지만 이유야 어찌 되었든 고객에게 나쁜 인상을 주면 나에게나 모든 노동자들에게나 불리하다는 것은 분명했다. 어떤 프랑스인에게 프랑스 어느 지역에서 왔는지 물었더니 "파리에서 왔는데, 어딘지는 아시나요?" 하고 말했다.

일부 손님들이 직원을 어떻게 생각하는지를 보여 주는 일화를 하나 소개해 보자. 카렌과 나는 옐로우스톤을 떠난 뒤 맨해튼으로 이사할 예정이었다. 우리는 과거 맨해튼을 여러 차례 방문했기 때문에 대강의 지리를 알았다. 나는 맨해튼에서 온 손님을 볼 때마다 그 손님이나 손님의 이웃이 잘 가는 곳에 대해, 그들이 사는 곳에 관해 질문했다. 그러면서 가을에 맨해튼으로 떠날 계획이라고 말해 주었다. 그런데 이 말을 들은 사람들은 하나같이, 아이들이 있을 법하지 않은 주장을 펼칠 때 어른들이 짓는 표정 비슷한 얼굴로 나를 쳐다봤다. 우리가 맨해튼으로 간다는 것이 믿어지지 않는다는 표정으로 "저기요, 맨해튼에서는 생활비가 진짜 많이 들어요." 하고 말하는 사람도 있었다. 이런 일을 몇 차례 겪고 난 뒤에는 그렇게 말하는 사람에게 "우리는 돈이 아주 많거든요."라고 말해 주었다. 그러자 그 여성은 지체 없이 "그곳에서 잘 지낼 수 있겠네요." 하고 말했다.

그래도 이 사람은 최소한 나에게 말이라도 건넸다. 하지만 수많은 손님들이 나를 감정이 있는 실제 인물로 취급하는 수고조차 하지 않았다. 내가 교수였을 때 학생들은 나를, 앞으로 더 많은 돈을 벌기 위해 자신들이 구매한 "교육" 상품의 일부로 생각했는데, 이 직업도 비슷했다. 우리는 "오락" 상품의 한 조각에 불과했다. 손님 대부분은 우리와 눈도 마주치지 않으려 했고, 과도한 요구를 하며 무례하게 굴었다. 그들은 심술궂고 야비했다. 개인적인 이야기를 하는 고객은 드물었다. 우리 일에 대해, 즉 우리가 공원 어디쯤 사는지 등에 대해 물어보는 사람은 없었고 우리가 곤경에 처했을 때 공감해 주는 사람은 더더욱 없었다. 사람들은 대부분 접객 직원의 일에 신경 쓰지 않았다. 그들은 휴가를 보내기 위해 돈을 썼으므로, 그들의 유일한 의무는 지불한 돈에 걸맞은 여가를 즐기는 것뿐이다.

하지만 손님들은 자연과 인간이 창조한, 광휘로 가득한 국립공원에 와서도 상당히 불행해했다. 이런 손님들의 태도는 나를 짜증나게 했다. 이들은 무뚝뚝한 표정으로 체크인 카운터에 도착했고 대부분의 시간을 그런 식으로 보냈다. 그들은 휴대폰이 안 터진다거나 수영장이나 운동 시설이 없다는 사실을 잘 극복하지 못했다. 어떤 남자는 이곳에서 보낸 대부분의 시간을, 자신 앞으로 팩스가 도착했는지 묻는 것으로 보냈다. 그는 차로 두 시간가량 걸리는 곳에 있는 소규모 별장에서 열리는 서부식 야외 요리 파티 입장권을 가지고 있었는데, 하루 종일 팩스 도착 여부를 묻다가 파티 시작 30분을 남겨 놓고 입장권을 집어 들고 호텔 밖으로 뛰어나갔다. 사람들은 호텔 밖에서, 그들이 다시는 보지 못할지 모르는 경이로운 일이 벌어질 때도 아무 상관없다는 듯 호텔 주위를 어슬렁거렸다. 많은 사람들이 사진을 찍기 위해 이곳에 온 것처럼 보였고 차에서 멀리 떨어져서는 지낼 수 없는 것처럼 보였다.

노동자에 대한 새로운 시각

 노동을 분석하는 일과 실제로 노동하는 것은 다른 것이다. 우리나라만 해도 수백만 명의 점원이 있고, 우리는 일상적으로 그들과 자주 마주친다. 하지만 우리 대부분은 점원으로 일한다는 것이 무엇을 의미하는지 잘 모른다. 그래서 이곳에서 내가 체험한 것을 털어놓으려 한다.

 점원 업무는 많은 노력을 요구했다. 공장에서 노동하는 것과는 달랐지만, 피곤하고 스트레스가 많은 일이라는 점에서는 매한가지였다. 나는 하루 6시간에서 8시간을 쉬지 않고 서 있었던 덕분에 다리가 아팠다. 전몰장병기념일[27] 전날이었던 일요일에는 쉬지 않고 8시간을 일했다. 휴식 시간도 식사 시간도 없었다. 손님들은 끊임없이 도착했다. 이들은 오만 가지 질문을 쏟아냈고, 해결해야 할 복잡한 금전적 문제를 안고 있었다. (청소부가 부족해서) 저녁이 되도록 입실 준비를 마치지 못한 방도 있었다. 오두막 지붕에서는 물이 샜고 사람들은 침대가 모자란 방을 배정 받았다.

---

27) 전몰장병기념일Memorial Day은 원래 남북전쟁에서 전사한 군인들을 추모하는 날이었으며 그 후 미국이 참전한 모든 전쟁의 전사자를 기리는 날로 확대되었다. 대부분의 주에서는 1971년부터 5월 마지막 월요일을 공휴일로 지키는 연방 정부의 관례를 따르고 있으나 일부 주에서는 오래전에 기념일로 정한 5월 30일을 공휴일로 하고 있다.

이미 배정이 끝난 방을 다른 손님에게 또 배정하는 사태도 벌어졌다. 영문을 알 수가 없었다. 컴퓨터 화면에는 그 방이 비어 있고, 청소가 끝난 상태라는 표시가 떴다. 그래서 그 방을 누군가에게 배정한 것일 뿐인데, 얼마 지나지 않아 프런트 데스크로 사람들이 돌아와 침대 위에 누워 있는 사람을 밟고 지나갔다며 고함치곤 했다. 프런트 데스크 점원에게는 최악의 악몽이었다. 나는 끝없이 밀려드는 손님들의 불평에 휩쓸려 다니느라 방을 구하려는 사람들의 일을 제대로 처리하지 못하고 있었다. 한편에는 관광은 어떻게 하면 되는지, 또 공원에서 볼 만한 것은 무엇인지 물어보려는 사람들이 있었다. 그러는 와중에도 전화는 끊임없이 울려 댔다. 내 근무 시간에만 5백 통 이상의 전화가 걸려왔던 것 같다. 호텔 지배인이 처리해야 할 불만 사항은 너무 많았다. 지배인 역시 그날이 최악의 밤이었다고 회고했다. 지배인은 우리에게 미안했던지 어느 날 저녁, 그날 못 먹은 식사 대신이라며 피자를 대접했다. 그날 밤과 관련해 유일하게 좋았던 점은, 그렇게 힘든 날이 다시는 없었다는 것이다. 그랬다. 최악의 상황은 지나갔다.

　나는 날마다 이런 식으로 일했다. 나는 사람들의 입실 절차를 처리했는데 보통은 똑같은 일의 반복이었지만 늘 그랬던 것은 아니다. 사람들은 때로 방의 등급을 높이거나 복잡한 방식으로 비용을 분할 지불하기를 원했고, 특별한 주문을 했다. 손님들은 오늘이 아니면 내일이라도 예약을 잡아 주기를 기대했기 때문에 나는 레이크 호텔 이외의 8개 호텔 각각의 빈 방 목록도 작성해 두었다. 내가 받는 전화의 대부분은 손님을 바꿔 달라는 내용이었

와이오밍의 그랜드 테튼 산맥

지만(외부에서 객실로 직접 전화할 수 없었다.) 가끔은 성가신 질문에 답하다가 하루가 갔다. 우리나라 사람 중에는 이곳의 물을 마셔도 안전한지 질문하는 사람도 있었다. 식당 호스트로 일하던 카렌이 로스앤젤레스에서 이곳까지 오는 길을 묻는 전화에 응대하는 날도 있었다. 나는 끝없는 질문의 집중포화에 시달렸다. 화장실은 어디 있는지, 오늘 날씨는 어떤지, 방을 바꿀 수 있는지, 제빙기는 어디 있는지, 저녁 식사 예약은 어떻게 하는지, 어떤 체험 활동을 할 수 있는지, 공원 안의 간헐천인 올드 페이스풀Old Faithfu은 언제 분출하는지, 이곳까지 오는 데 얼마나 걸리는지, 엘리펀트 백Elephant Back 등산로는 어디에 있는지, 낚시하기 좋은 장소는 어디인지, 그랜드 테튼Grand Teton 국립공원은 어떻게 가는지, 와이오밍 코디로 가는 가장 좋은 방법은 무엇인지, 잭슨에 있는 자동차 대여 회사는 몇 개인지, 프런트 데스크에 있는 장식용 꽃은 누가 장식했는지 등 사람들은 우리가 모르는 게 없다거나 못 찾아내는 정보가 없다고 생각하는 것 같았다. 근무 시간이 끝나면 나는 불가해하고 바보 같은, 수많은 질문을 처리했다는 사실에 뿌듯함을 느끼곤 했다.

나는 공원에서 제공하는 다양한 체험 활동에 대한 표를 팔거나 예약을 받았다. 버스 관광, 보트 관광, 공원의 여러 지점에서 할 수 있는 승마 체험, 야외 사진 촬영 체험, 취사 차량을 이용한 야외 식사, 야생 체험 등이 마련되어 있었다. 가족 단위 손님들의 입실 절차를 진행하고 그들이 선택한 체험 활동을 예약하거나 표를 끊어 주는 일은 많은 시간이 소요되는 지루한 일이었다. 특히 그들이 해당 체험 활동에 대해서 질문이라도 시작하는 날에는 그 뒤로 손님들이 장사진을 이뤘다.

방이나 호텔의 다른 부분에 발생한 문제를 청소부나 유지 보수원에게 알려 주는 것도 내 업무였다. 나는 사람들의 퇴실 절차를 처리했는데, 역시 반복적인 일이었지만 늘 그랬던 것은 아니다. 대부분의 사람들은 계산서의 항목을 주의 깊게 보지 않았지만, 주의 깊게 살펴보는 사람들이 있었고 이들이 특정 요금 항목에 대해 물어보면 나는 답을 해 주어야 했다. 이 일은 식사 영수증을 몽땅 살펴봐야 하는 노역이 될 수도 있었다. 적은 봉사료에 불만을 품은 어느 웨이터가 영수증의 숫자 0을 8로 바꿔 놓았던 적이 있었다. 도둑을 찾아내는 일은 흥미로웠지만 그 때문에 청구서 문제를 해결하느라 많은 시간을 보내야 했다.

나는 모든 현금 거래 계정을 주의를 기울여 작성했다. 현금 거래는 오른쪽 계정에 기입되어 있어야 하는데, 그렇지 않을 경우 교대할 때 장부 잔액이 맞지 않을 수 있었기 때문이다. 우리 조 근무가 끝나면 우리는 예비 보고서를 작성한 뒤 잔액이 맞는지 확인했고, 확인이 끝나면 최종 보고서를 작성했다. 그러고 난 뒤 금고에 현금을 넣고 각자 사용하는 "현금함"을 따로 보관했다. 실수할 여지도 많았고 실수할 가능성도 높았다. 하루는 내 현금 계정에서 2백 달러의 차액이 발생했다. 해당 거래를 현금 거래 란에 기입하는 것을 잊어버리는 바람에 2백 달러가 신용카드 거래로 나타났던 것이다. 현금 거래를 기록하면서 현금을 낸 손님의 이름도 함께 기록해 두어서 다행이었다.

모든 직업은 결국에는 일상화된다. 프런트 데스크 점원 업무도 예외는 아니었다. 그러나 언제나 일상을 잠식하는 위기는 있게 마련이고, 위기가 닥치면 우리는 우리가 아는 것이 얼마나 보잘 것없는지 깨닫게 된다. 6월 어느 날, 눈이 내리기 시작해 다음날 아침에는 30센티미터 가량 쌓였다. 공원 전체가 폐쇄되어 아무도 나가거나 들어올 수 없었다. 동시에 3백여 개의 호텔 방과 오두막 예약이 꽉 들어찼다. 그날 아침 6시 30분에 일을 시작한 나는 오후 12시 30분까지 쉬지 않고 일했다. 손님들은 무엇을 해야 하는지 알아보려고 프런트 데스크로 몰려들었고 대소동이 벌어졌다. 공원 밖으로 나갈 수 있는지, 비행기를 잡을 수 있는지, 하룻밤을 더 보내야 하는지, 눈은 계속 내릴 예정인지, 그렇다면 얼마나 오랫동안 더 내릴 예정인지, 지금 기온은 얼마인지, 얼마나 많은 눈이 내린 건지, 각종 체험 활동은 취소된 것인지, 기타 등등 기타 등등 끝없는 질문이 쏟아졌다. 손님들의 질문 공세에 최대한 맞춰 주려고 노력하는 사이에도 전기는 몇 분 간격으로 나갔다 들어왔고 전화는 끊임없이 울려 댔다. 누군가의 휴대폰을 주웠다는 손님, 욕실에 물이 안 빠진다는 손님, 깨워 달라는 시간에 전화를 하지 않은 이유를 묻는 손님 등 전화 내용도 다양했다.

이 혼란의 한복판에서 영국에서 걸려온 전화 한 통을 받았다. 전화를 건 남자는 자기 아버지가 이곳의 손님이며, 아버지 앞으로 팩스를 전송했는데 제대로 도착했는지 물었다. 그가 긴급 사항이라고 말한 팩스 문서 문제로 나는 오랜 시간 통화를 했다. 결국 그 남자가 잘못된 번호로 문서를 전송했음이 밝혀져, 올바른 번호를 다시 알려 주었다. 그는 팩스 문서가 잘 도착했는지 확인 전화를 해 달라고 했다. 30분쯤 뒤 전화가 울렸고 나를 찾는 장거리 전화라며 동료 직원이 바꿔 주었다. 나는 즉시 우리 아이들에게 무언가 나쁜 일이 생겼을 것이라는 생각을 했고, 두려움에 떨며 수화기를 들었다. 그러나 그 전화는 팩스에 대해 묻는 영 씨Mr. Young의 전화였다. 나는 팩스 문서가 도착했으며 아직 입실 절차를 밟지 않은 그의 아버지를 만나게 되면 팩스가 와 있다는 사실을 알려 주겠노라고 말했다. 그러자 그는 나에게 팩스 문서의 내용을 봐 달라고 말했다. 나는 팩스 문서를 집어 들고 영 씨와 대화했다. (좁은 공간에서 대여섯 명의 점원이 이리저리 뛰어다니며 내는 소음 때문에 잘 들리지도 않는 상황에서, 오른쪽 어깨에 전화를 끼고 왼손에 필기도구를 들고 있는 내 모습을 떠올려 보라.) 그는 다섯 쪽의 문서가 알아볼 수 있도록 잘 도착했는지 확인해 달라고 했고, 특정 내용을 살펴봐 달라고 요청하고는 형광펜으로 "이하에서"로 시작해 "노란색"으로 끝나는 문장에 밑줄을 그어 달라고 했다. 나는 시키는 대로 했고, 그는 내가 일을 훌륭하게 잘해 냈다며 칭찬했다. 영 씨의 부모가 입실한 그날 저녁, 아내 역시 영 씨가 건 장거리 전화를 받았다. 그는 부모님이 저녁을 드시러 왔는지 알 수 있느냐고 물었다. 그는 부모님과 꼭 연락을 취해야 한다고 했고, 직원을 시켜 부모님을 찾아봐 줄 수 있는지 물었다. 어렵다고 답하자 그는 무슨 수를 써서라도 부모님과 통화하게 해 줘야 한다며 무례하게 말했다. 결국 아내는 영 씨의 부모를 찾기 위해 온 식당을 돌아다니며 식탁마다 들러 (이 식당이 수백 명을 수용하는 축구장만 한 크기라는 점을 기억해야 한다.) 손님에게 "영 부부이신가요?" 하고 물어볼 수밖에 없었다. 결국 한 영국인 부부가 나섰지만 아들이 전화했다는 사실을 알자마자 심한 흥분에 휩싸였다. 전화를 받은 영 씨는 아들과 사업상의 대화를 나누었는데 (팩스 문서와 전화 통화는 선박 구매에 관련된 내용이었다.) 마지막에 아버지는 아들에게 휴가 중이므로 다시는 전화하지 말라고 말했다. 아버지는 이런 일을 더 이상 참아 줄 수 없다고도 했다. 그러고 나서 전화를 바꾼 어머니는 크고 호소력 있는 목소리로 아들에게 다시는 전화하지 말라고 부탁했다. "아버지가 신경쇠약에 걸리실 지경이니 부디 다시는 전화하지 말려무나. 아버지가 더 이상은 견디시지 못할 것 같구나." 많은 손님들이 무슨 일인지 궁금해했다. 영 부부는 아들의 전화를 바꿔 준 것에 대해 누구에게도 감사 표시를 하지 않았을 뿐더러, 기괴한 대화로 다른 손님에게 불편을 끼친 점에 대해서도 사과하지 않았다.

재미있는 일화다. 눈 폭풍이 몰아치던 날, 나는 많은 스트레스를 받았지만 평정심을 잃지는 않았다. 눈 폭풍은 모든 노동자들에게, 특히 대소동의 최전선에서 손님들을 대해야 했던 프런트 데스크 점원들에게 긴밀한 유대감을 느끼게 해 준 경험이었다. 나는 소동의 한복판에서 일하는 와중에도 일을 마치고 카렌을 만나 오늘 있었던 일에 대해 이야기를 나누며 즐거운 시간을 보낼 생각을 했다. 나는 호텔 바에서 맥주를 마시며 아내의 일이 끝나기를 기다리곤 했다. 나는 노동이 주는 스트레스만이 줄 수 있는 고유한 맛에 곧 길들여졌던 것이다. 열악한 임금을 받으며 일하는 수백만 명의 일용직 노동자 역시 틀림없이 그럴 것이다.

6월 말, 나는 감기몸살에 걸렸다. 춥고 열이 나고 으스스했다. 덕분에 하루 일을 빠지고 말았다. 그 전날 나는 기침, 재채기, 콧물에 시달리면서 프런트 데스크에서 고된 노동을 했다. 자연히 손님들이 직면한 문제에 일일이 신경 쓰기가 어려웠다. 근무가 끝났을 때 나는 모든 현금 거래를 기록한 "예비" 보고서를 출력했다. 잔액을 맞추는 것이 중요했다. 내가 손님에게서 받았다고 기록한 현금 총액과 내 "현금함"에 들어 있는 현금 총액이 같아야 했다. 나는 또한 내가 손님에게 판매한 모든 체험 활동이 해당 수입 항목에 기록되었는지를 확인해야만 했다. 이를테면 보트 체험 활동권이나 승마 체험 활동권을 판매했다면, 이 내용은 수입 항목 중 "체험 활동" 항목에 기록되어야 하고, 버스 승차권을 판매했다면 이 내용은 "수송" 항목에 기록되어야 한다. 예비 보고서 때문에 몇 차례 문제를 겪은 뒤 나는 모든 현금 거래와 체험 활동권 판매를 꼼꼼하게 기록하는 법을 익혔다. 감기에 걸리던 날, 나는 수백 달러어치의 현금 거래를 했고 체험 활동권을 판매했다. 보고서를 출력하려 했지만 프린터가 고장나는 바람에 출력할 수 없었다. 예비 보고서를 검토하지 못하면 최종 보고서를 작성할 수 없었고, 집에 갈 수도 없었다. 이런 일은 자주 일어났지만 하필이면 그날따라 프린터를 고칠 수 있는 사람마저 없었다. 시간이 흘러갈수록 감기는 점점 더 심해졌다. 너무 아파서 그냥 집에 가서 이불이나 뒤집어쓰고 싶은 생각이 간절했다. 나는 투덜거리다가 그냥 방으로 돌아와 버렸다. 하지만 감기가 훨씬 심해진 상태에서 보고서 작성을 위해 다시 돌아가야만 했다. (급여가 지급되지 않는) 5분의 시간만 투자하면 되는 일이었지만 나는 분노했다. 나는 평생 처음으로 노동자들이 일하면서 생긴 아주 사소한 불만으로도 쉽게 분노하는 이유를 깨달았다. 할 수만 있었다면 프린터를 창밖으로 던져 버리거나, 성가신 손님에게 욕을 퍼붓거나, 바보 같은 소리를 하는 관리자를 공격했을지도 모를 일이었다.

프린터가 작동하지 않았던 날은 월급날이기도 했다. 내 친구 브루스 윌리엄스는 대학에서 받는 월급을 "달마다의 모독"이라고 부르곤 했다. 윌리엄스가 여기에 있었다면 이곳에서 받는 월급을 뭐라고 불렀을까? 2주간의 전일제 노동의 대가로 카렌과 내가 받은 대가는 6백 달러에도 미치지 못했다. 우리에게는 의지할 연금이라도 있었지만 이 직업 말고는 의지할 생계 수단이 없는 사람들은 어떻게 살아간단 말인가? 6백 달러는 모독보다 더한 것이었지만, 나에게는 하루치 급료를 포기할 만한 여유가 없었다. 그나마 나는 운이 좋은 편이었지만 대부분의 사람들은 그렇지 못했다.

노동 1
<<<<<<<<<<<<<<<<<<<<<<<<<<<<<<<<<<<<<<

내 노동을 더 깊이 들여다보자

점원으로 일한 경험은 내가 가진 노동에 대한 특정 관념을 강화시켰다. 지금의 경제 체계에서는 숙련을 요구하는 직업이 극히 드물다. 고용주는 (노동을 반복적인 부분으로 나누고 기계를 도입함으로써) 가능하면 숙련 노동을 제거하려고 한다. 그렇게 하는 것이 더 싸기 때문이다. 그러나 경영학자들과 일부 진보주의자들은 오늘날의 작업장에는 새로운 기술이 필요하고 기계 조작공, 기계 수리공, 목수 등의 숙련공을 고용하지 않는 공장에서조차 고용주들은 여전히 기술을 가진 사람들을 고용해야만 한다고 논의해 왔다. 이를테면 그들은 근대의 작업장에서는 인간관계 형성 능력이 뛰어난 사람이 필요했고, 조를 이루어 일할 때 협력할 의사가 있는 사람이 필요했다고 말한다. 그러므로 타인과의 효율적인 상호 작용 능력이나 의사소통 능력이 새로운 기술이라는 것이다. 컴퓨터로 운영되는 작업장에서 일하는 사람들은 컴퓨터 전문가여야만 한다고 그들은 말한다.
이런 말의 대부분은 완전히 엉터리다. "접객 직원"이라는 내 직업만 해도 그렇다. 나는 주로 손님들과 원만한 관계를 유지해야만 한다. 나는 이들을 화나지 않게 하는 방법을 알아야만 하고 그들과 짧은 대화를 나누는 방법을 알아 뒀다가 유용하게 써먹는다. 이것도 기술이라면 기술이겠지만 마음만 먹으면 웬만한 점원들은 쉽게 터득할 수 있는 기술이다. 나는 대부분의 동료 노동자에 비해 나이를 더 먹었고, 세상에 대해 더 알기 때문에 이 기술을 더 쉽게 습득할 수 있겠지만 큰 차이는 없다. 또 이 기술의 유무에 따라 업무나 회사 이윤에 큰 영향을 미치지도 않는다. 또한 나는 교대 시간별로 짜여진 "조"에 속해 다른 노동자들과 함께 일해야 했다. 이 방식은 우리가 서로를 도와주도록 엮인다는 점에서 회사에 이득이 된다. 만일 누군가에게 문제가 생기면 우리는 서로 도울 것이다. 그것은 인간의 본성이고 나 역시 그럴 것이다. 노동은 서로의 협력을 강제하도록 구조화될 뿐, 기술은 아니다. 우리 모두는 다소간 기계적으로 서로를 도울 뿐이다. 나는 직업상 필요한 컴퓨터 명령어를 습득해야만 하지만 이것은 단순 암기와 반복일 뿐 기술은 아니다. 누군가는 다른 이들보다 더 잘 하겠지만, 역시 문제가 생기면 아무라도 그 문제를 쉽게 해결할 것이다.

근대의 작업장은 노동자들이 집중적으로 일하지 않을 수 없도록 만들고, 자신의 시간을 회사에 제공할 수밖에 없도록 만드는 방식으로 완성되었다. 여기서 교사와 점원이라는 내 직업은 큰 차이를 보인다. 교사였을 때 나는 일하는 동안 내가 하는 일의 상당 부분을 통제했다. 내가 선호하는 것을 가르칠 수 있었고, 내가 적합하다고 생각하는 강의를 준비해 가르칠 수 있었다. 학교에 근무했을 때는 노동시간보다 자유 시간이 더 많았다. 나를 직접 관리하는 사람도 없었다. 하지만 호텔에서는 지배인이 내 시간표를 짜고 은밀하게 감시하며, 근무 시간 중에는 자유 시간이 거의 없다.

출근 표도 있었다. 월급을 받으려면 출근 표를 사용해야만 했다. 출근 표를 찍고 특정 시간대에 일하도록 강요당한다는 사실이 나에게는 충격이었다. 옛날에 공장에서 사용되던 호루라기처럼, 아주 교묘한 도구임에 틀림없었다. 매우 정확하고 노동자들이 당연하게 받아들인다는 점에서 출근 표는 호루라기보다 더 교묘한 도구라고 할 수 있다.

일단 출근 표를 찍었다면 내가 나태하지 않았는지, 종일 근무를 했는지에 대한 고용주의 감시를 피할 수 없었다. 고용주는 카이젠[28] 또는 지속적인 능률 촉진이라는 일본식 개념을 이해하고 있음이 틀림없었다. 근무 중인 점원이 충분히 많으면 절대로 달성될 수 없는 목표였다. 우리는 신속하게 업무를 수행했지만, 그렇다고 자유 시간이 생길 정도는 아니었다. 가끔 고객의 요구 사항이 없을 때

---

28) 카이젠(改善, kaizen)은 지속적인 공정 개선을 통해 원가 절감을 이룬다는 경영 기법을 말한다.

가 생기면 새로운 과업이 배정되었다. 그래서 우리는 지속적으로 "스트레스"를 받았고 그럼으로써 온종일 꾸준히 업무에 임하도록 강제되었다. 한번은 어느 젊은 여직원이 숙취를 안고 출근했고, 출근하자마자 피곤을 호소했다. 일을 시작한 지 채 한 시간도 지나지 않아 대부분의 손님들이 퇴실하고 나자 그녀는 휴식을 취했다. 그 즉시 다음과 같은 생각이 내 머리를 채웠다. 이게 뭐하는 거람? 자신의 일을 우리에게 떠넘기고 있어. 일해야 하는 것을 뻔히 알면서도 왜 일할 준비도 되지 않은 상태에서 출근했을까? 이것이 정상적인 사고방식이다. 하지만 이렇게 생각하는 순간, 고용주의 술수에 넘어가는 것이다. 우리는 전체 작업 구조에 잘못된 점이 무엇인지를 생각하는 대신, 일을 회피하는 사람에게 개인적인 앙심을 품는다.

이 일의 또 다른 측면은 우리가 개방된 공간에서 업무를 본다는 것이었다. 숨을 곳은 없었다. 일하는 도중 게으름을 피우면 그 즉시 백일하에 드러났다. 우리는 규정된 휴식 시간이나 식사 시간을 넘겨서 사용함으로써 시간을 훔칠 수 있지만, 그렇게 할 경우 우리의 일을 같은 조의 다른 구성원에게 떠넘기게 되기 때문에 그들을 실망시키게 된다. 승산이 없었다. 유일한 희망은 노동조합을 결성하는 일이었지만, 호텔이라는 작업장의 본질상 노동조합 결성 가능성은 희박했다. 과거 나는 행정 직원과 교수단 사이에 갈등이 빚어질 때마다 대학 교수들이 행정 직원 편에 서는 것을 보고 놀라워했다. 그리고 행정적 지위에 오른 교수들이 얼마나 빨리 고용주와 자신을 동일시하게 되며, 불과 얼마 전 자신들이 했던 일을 쉽게 잊어버리는지를 보면서 다시 한 번 놀라워했다. 점원들도 다르지 않았다. 위에서 설명한 대로 각 교대 조에는 (선임이라 불리는) "조장"이 있었는데 이들은 추가 임무를 맡는 대신 시간당 급료가 아주 조금 높았다. (19세, 20세, 23세의) "선임"들이 관리직의 편에 서서 우리에게 지시를 내리고 공개적으로 힐난하게 되는 데는 그리 오랜 시간이 걸리지 않았다. 그들은 우리를 위해 문제를 해결해 주었고, 이런 의미에서 선임들의 존재는 우리에게 유용했지만, "선임"들이 재고해 보지도 않고 자신들을 명령 체계의 일부로 편입시키는 것을 목도하는 일은 충격이었다.

반복적인 일을 수행하는 직업의 특성 중 하나는, 일이 끝났을 때 다음날의 일을 준비할 필요가 없다는 점이다. 내가 교사였을 때는 언제나 준비하는 일로 시간을 보냈다. 내가 읽거나 대화하는 내용은 장래의 수업 시간에 도움이 될 수 있었고, 내가 쓰거나 이야기해 줄 소재가 될 가능성이 있었다. 이러한 상황은 내 정신을 깨어 있게 했지만 때로는 그만한 대가를 치렀다. 휴식을 취할 수 없었던 것이다.

호텔에서는 내가 내일 일을 걱정하지 않아도 되는 호사를 누릴 수 있다고 생각했다. 물론 그런 점에서는 맞는 말이었다. 하지만 이곳에서는 그날의 업무만으로도 충분히 대가를 치렀다. 날이 저물면 나는 자유로웠지만 너무 지쳐서 아무것도 할 수 없었다. 7시 무렵의 이른 저녁부터 잠에 빠지는 날이 많았다. 책을 읽으려 했지만 쉽지 않았다. 노동 강도가 높고 고객의 불만 사항이 많다는 점에서 최악의 요일이었던 일요일 같은 날은 아예 잠들지 못하기 일쑤였다. 하루 종일 내가 컴퓨터에 입력했던 명령어들이 끝없이 순환하며 내 머리 속에서 계속 맴돌았고, 성난 손님과 나눴던 대화는 나를 괴롭혔다. 월요일 아침이면 7시까지 일하러 가야 했으므로 수요일 저녁까지도 부족한 잠을 보충하지 못하기 일쑤였다. 가르치는 일은 많은 불안을 느끼게 만들었지만, 현재의 일은 육체와 정신을 동시에 쇠약하게 만들었다. 이런 일은 32년 동안 상상도 못 해 본 일이었다.

우리는 매주 수요일마다 주급을 받았다. (우리가 식사하는 동안에) 급여 담당 부서 사람들이 직원 식당 식탁 뒤에 돈을 쌓아 놓고 앉아 있었다. 그리고 탄광촌에서나 볼 수 있는 풍경, 즉 급여 명세서를 손에 든 노동자들이 현금을 지급받기 위해 급여 담당 부서 직원들 앞에 한 줄로 서는 진풍경이 펼쳐진다. 급여를 받은 노동자들은 근로자를 위한 술집으로 향했다. 그럼으로써 자기 돈을 도로 회사에 반납했다. 술 취한 근로자들은 밤늦게까지 퍼마셨고 다음날 결근했다. 노동자들 사이에는 술고래가 많았다. 회사가 제공하는 얼마 안 되는 혜택 가운데는 약물중독이나 알코올중독 노동자들을 위한 재활 프로그램이 있었다.

< < < < < < < < < < < < < < < < < < < < < < < < < < < < < <

엘로우스톤의 놀라운 자연환경

노동에 대한 보상은 적었지만 그 대신 나는 공원과 공원 주변에서 많은 보상을 받았다. 서부도 동부와 다르지 않다. 지나치게 많은 교통량, 지나치게 많은 중공업 시설, 너무 많은 사람, 지나친 오염은 짜증나는 현실이다. 하지만 서부에는 동부에는 없는 장엄한 경관과 탁 트인 공간이 있다. 우리는 옐로우스톤에서 생애 처음으로 야생을 탐험하고 누릴 시간을 가졌다.

옐로우스톤은 1872년, 미국 최초로 국립공원에 지정되었다. 그러나 국립공원이라는 사고는 그보다 수십 년 전에 이미 모습을 드러냈다. 필립 번햄Philip Burnham은 『인디언의 나라, 신의 나라: 아메리카 원주민과 국립공원Indian Country, God's Country: Native Americans and the National Parks』에서, 서부를 찾아가 그곳에서 그림을 그렸던 예술가 조지 캐틀린[29]의 말을 인용한다. 조지 캐틀린은 "전통 의상을 입고 튼튼한 활, 방패, 창으로 무장하고 야생마를 탄 인디언 원주민이 엘크와 버팔로 무리 사이를 지나가는 모습을 후세 사람들도 볼 수 있도록 하기 위해 그 모습을 보존한 웅장한 공원" 조성을 꿈꿨다. 나는 이 책의 뒤에서 아메리카 인디언에 대해서 다루려 한다. 옐로우스톤과 다른 여러 국립공원 지역에 살던 인디언들은 쫓겨났지만 그곳에는 아직도 엘크와 물소가 다른 동물들과 함께 동물원이 아닌 자연 속에서 살아간다. 공원에 입주한 뒤 3주 동안 우리는 회색곰 여섯 마리(그중에서 세 마리는 6미터 정도밖에 떨어져 있지 않았다.), 코요테 두 마리, 수많은 물소,

---

[29] 조지 캐틀린George Catlin은 미국인 화가, 작가이자 여행가였다. 개척기에 서부 지역의 아메리카 원주민의 초상을 주로 그렸다.

오리, 거위, 엘크, 송어, 펠리컨, 호저, (물고기를 잡아먹는 큰 맹금류인) 물수리를 보았고 옐로우스톤의 그랜드캐니언 지역[30] 위를 날아다니는 독수리 한 마리를 보았다.

우리는 2,700미터 높이에 난 산길 던레이븐 패스Dunraven Pass를 이용해 호수 북쪽에 위치한 루즈벨트[31] 까지 다니곤 했다. 좁은 길을 따라가면 칼데라 지형[32] 이 나타난다. 이 칼데라 지형을 형성한 최초의 화산 활동이 옐로우스톤의 대부분의 지형과 옐로우스톤강Yellowstone River이 흐르는 거대한 골짜기를 형성했다. 옐로우스톤강은 본토에 있는 강 가운데 댐이 건설되지 않은 강으로는 가장 긴 강이다. 야생화가 찬란하게 피어오르는 7월에 우리는 워시번 산Mt. Washburn의 화재 감시탑까지 오르는 장거리 등산을 했다. 꼭대기 근처에서 큰뿔양 떼가 우리를 반겼다. 그중 한 마리가 나무 있는 쪽으로 올라갔다가 내려와서는 나무껍질에 등을 비비고 있었는데 마치 춤추는 것처럼 보였다. 꼭대기에 올랐을 때 우리는 검독수리 네 마리를 보았다. 그중 두 마리는 우리 머리 바로 위에서 날고 있었다. 검독수리는 인디언 토템 기둥[33] 에 새겨진 모양과 똑같아 보였는데, 인디언들이 이 위대한 조류의 힘과 아름다움을 이해하고 있었다는 훌륭한 증거였다. 우리는

---

30) 옐로우스톤의 그랜드캐니언Grand Caynon 지역은 캐니언에서 타워 폴스Tower Falls 사이에 있는 타워-루즈벨트Tower-Roosevelt 지구에서 옐로우스톤 강을 따라 난 계곡을 말한다. 앞서 얘기한 옐로우스톤 국립공원 지도에서 확인할 수 있다.
31) 캐니언에서 타워 폴스 사이에 있는 타워-루즈벨트를 말한다. 역시 지도에서 확인할 수 있다.
32) 칼데라 지형caldera은 화산 폭발 등으로 생긴 대규모 함몰지를 말한다.
33) 인디언 토템 기둥Indian totem pole은 자연 숭배 대상인 토템상을 세우기 위한 기둥으로, 북아메리카 인디언들이 사용했다. 보통 세 개의 반인반수 상이 새겨지며 꼭대기에 토템상이 놓인다.

쌍안경으로 반투명의 아름다운 노란색을 띤 독수리 날개 아래쪽을 볼 수 있었다. 상상력을 동원한다면 하늘로 높이 치솟아 오르는 거대한 나비처럼 보였을 것이다.

어느 날 저녁 우리는 텔레비전에 방송해도 좋을 만한 광경을 목격했다. 옐로우스톤 강가에서 덩치 큰 수컷 회색곰 한 마리가 죽은 물소를 먹고 있었다. 강가에 사는 회색곰은 배고플 때면 얕은 물로 뛰어들어 먹이를 사냥했다. 회색곰은 옴짝달싹 못 할 정도로 배불리 고기를 먹었다. 우리가 지켜보는 사이 회색곰은 잠들었다. 그러자 저쪽 숲에서 회색 코요테가 나와 회색곰 왼편 강가로 살금살금 다가와서는 물소의 사체 쪽으로 천천히 다가갔다. 잠에서 깬 회색곰은 코요테를 쫓아 버렸다. 쫓겨난 코요테는 숲으로 돌아갔다가 회색곰에서 15미터쯤 떨어진 하류로 내려가 회색곰의 오른편을 서성거렸다. 이 상황을 알아차린 회색곰은 먹이 도둑을 내쫓으려고 다시 일어났다. 이러는 동안 물소의 사체에 근접해 있던 회색곰은 자리를 이탈하게 되었다. 회색곰을 자리에서 이동하게 만드는 데 성공한 코요테는 회색곰의 왼편으로 다시 한 번 교묘하게 다가왔고 이번에는 물로 들어가 물소의 사체에 훨씬 더 근접하게 되었다. 코요테가 고기를 물었다 싶었던 순간 회색곰이 덮쳤고 코요테는 달아나 다시는 돌아오지 않았다. 놀라운 속도였다. 사람이 회색곰을 만났을 때 달아날 수 있으리라는 생각은 싹 사라져 버렸다.

여름이 깊어 가면서 우리는 틈날 때마다 시간표를 조정해 노동 시간을 줄이기 시작했다. 카렌의 시간표 조정이 더 쉬웠다. 주방과 식당에는 언제나 직원이 넘쳐났기 때문이다. 나는 다른 점원들이 요청할 때마다 내 시간을 내주기 시작했다. 이 때문에 나는 부지배인에게 싫은 소리를 들었다. 그는 내가 아주 적게 일하는 나쁜 직원의 전형이라고 말했다. 나는 누가 뭐라든 하던 대로 했다. 우리는 산에 오르고, 공원을 탐색하고, 주변 마을이나 자연의 매력을 감상하고 싶었다. 우리는 곧 등산의 매력에 푹 빠지고 말았다. 돌아다니지 않는다면 자연 세계에 대한 피상적인 지식조차 습득할 수 없다. 차에서 나와 돌아다녀 보라. 합당한 보상이 기다리고 있을 것이다. 소풍을 다니면서 우리는 신기한 것들을 많이 보았다. 우리는 흰머리독수리 두 마리가 키 큰 로지폴소나무 꼭대기에 둥지를 틀고 두 마리 새끼독수리를 돌보는 광경을 보았다. 어른 독수리 한 마리는 망을 보면서 다른 어른 독수리가 먹이를 물고 돌아오기를 기다렸다. 먹이를 물고 온 독수리가 둥지에 내려앉으면 다른 독수리가 날아올랐다. 장엄한 광경이었다. 불행히도 어떤 관광객이 차에서 망치를 가져와 나무 둥치를 거듭 내리치는 일이 발생했다. 산림 경비대는 독수리가 당황해서 둥지를 버리고 떠나지 않도록 나무 주위에 울타리를 쳤다.

 우리는 말코손바닥사슴 수컷이 나뭇잎을 우적우적 씹어 먹는 모습을 가까이에서 보았고, 자주 들르는 헤이든 밸리Hayden Valley에서 밝은 갈색의 송아지를 데리고 있는 물소 여러 마리도 보았으며, 강에서 뛰거나 강을 헤엄쳐 건너서 저편의 길가로 올라와서는 곧장 우리 앞으로 다가오는 거대한 물소 떼도 보았다. 물소 떼는 발을 굴러 먼지를 일으키며 지나가기 시작했다. 이 동물들에 대한 이야기와 이 동물을 사냥했던 아메리카 인디언의 이야기를 들으면 깊은 인상을 받게 될 것이다. 물소를 죽이고, 가죽을 벗기고, 내장을 제거하고, 생존을 위해 물소의 각 부위를 활용하는 일은 고된 작업이었음에 틀림없다. 한때 6천만 명의 인디언이 이 평원에서 살아갔음을 기억해야 한다.

동부보다 훨씬 늦게 모습을 드러냈음에도, 다양한 종류의 아름다운 야생화가 꾸준히 피었다. 우리는 67세의 나이에도 우리보다 체구가 좋았던 친구 드와이트Dwight와 함께 등산했다. 드와이트는 우리에게 페인트브러쉬, 왁스 커런트, 산마호가니, 톱풀, 엉겅퀴, 프레리 해바라기, 메역취, 쑥국화, 참매발톱꽃, 참제비고깔, 야생 당근, 블루벨 등 야생화와 야생 식물의 이름을 알려 주었다. 드와이트가 알려 준 이름을 모두 기억할 수는 없었지만, 우리가 막 알게 된 식물들이 꽃을 피우는 모습을 구경하는 일은 즐거웠다. 예측 불가능한 날씨 덕분에 소풍이 더욱 흥미진진했다. 갑자기 폭풍우가 몰아치거나 우박이 쏟아졌고, 심하면 눈이 내리기도 했다. 갑자기 비바람이 불기도 하고, 밤에는 바람이 나무들 사이를 휘감고 지나가기도 했는데, 바다에서 강풍이 부는 소리처럼 들렸다. 큰 호수의 절반가량을 어둑한 하늘이 뒤덮는 동시에 나머지 절반가량에서는 태양이 빛나는 날도 있었다. 굉장히 큰 무지개가 생겨나, 보는 사람들의 마음을 즐겁게 했다. 보름달이 뜨는 밤이면 우리는 항상 호숫가를 산책하거나 차를 타고 달렸다. 수면 위로 비치는 보름달빛이 어찌나 밝은지, 보트에서 노를 저으면서도 달빛으로 책을 읽을 수 있을 것만 같았다.

옐로우스톤은 고립된 장소다. 호텔에서 동쪽으로 몇 킬로미터 떨어진 곳에 위치한 부테 오버룩Butte Overlook의 안내판을 보면 이곳이 우리나라 48개 주를 통틀어 (공원 도로를 제외한) 정규 도로 와 가장 멀리 떨어져 있는 곳임을 알 수 있다. 공원은 광대하고, 몇몇 주보다도 넓으며, 양끝 간의 거리는 상당하다. 공원 밖에는 마을이 있지만 가장 가까운 마을도 공원에서 차로 90분을 달려야 만날 수 있다. 때로 저녁 늦게 도착하는 방문객들이 빈 객실이 있기를 바라면서 프런트 데스크에 들르기도 했다. 이런 일은 휴일에도 발생했다. 하지만 우리에게 빈 객실이 있는 날은 드물었다. 예약은 끝없이 이어졌고 때로는 한 달 전에 예약이 마감되는 경우도 있었다. 누군가 빈 객실이 있느냐고 물으면 나는 공원의 모든 호텔을 검색해 빈 객실을 확인했고 이따금 빈 방이 나오기도 했다. 그러나 대부분의 경우 사람들은 몬태나 가디너나 웨스트 옐로우스톤West Yellowstone, 와이오밍 잭슨이나 코디 같은 공원 외부 마을로 돌아갈 수밖에 없었다. 어느 마을로 가든 위험한 장거리 야간 운전을 감수해야 했고 도로 보수, 화재, 진흙 사태, 눈 때문에 도로가 폐쇄되었을 경우 두 시간이면 갈 거리도 대여섯 시간씩 운전해야 하는 마라톤 길로 변할 수 있었다. 이런 일은 심심찮게 일어났다.

우리는 특히 코디가 좋았다. 전몰장병기념일은 지났지만 본격적인 여행철이 시작되기 전인 5월 말, 우리는 코디에서 사흘을 묵었다. 코디에는 옐로우스톤 노동자들에게 오두막을 할인해 주는 모텔이 있었다. 코디라는 이름은 서부의 "영웅"이자 무법자였던 버팔로 빌 코디[34]의 이름을 딴 것이다. 마을의 주요 도로는 서부적인 소품과 아메리카 인디언의 "예술 작품"을 판매하는 가게로 가득하다. 그러나 도로 뒤편에는 공예풍의 매력적인 집과 어떤 것은 백 년도 넘었을 법한 굉장히 큰 미루나무가 줄지어 서 있다. 마을에는 아직도 코디의 전설이 차고 넘친다. 그리고 그가 지어서 (딸의 이름을 붙인) 이르마 호텔the Irma도 여전히 건재하다. 그곳은 가짜 카우보이들이 "총격전"을 벌이는 곳이다. 카우보이의 특징은 꾀죄죄하다는 것인데 때로는 술을 지나치게 많이 마셔 취한 것처럼 보이기도 했다. 여름밤마다 6시가 되면 공연이 시작되는데, 마지막은 항상 총격의 향연으로 장식되었다. 사람들이 죽어 넘어졌고 때로는 이르마 호텔의 2층 특별석에서 떨어지는 장면이 연출되기도 했다.

코디 최고의 볼거리는 버팔로 빌 역사 센터였다. 버팔로 빌 역사 센터는 거대한 복합 문화 시설로(부유한 동부인들은 서부의 거의 모든 것에 간섭하는 데 성공했다.), 위트니 서부 예술 전시관Whitney Museum of Western Art도 이곳에 있다. 역사 센터에는 위트니 전시관 말고도 버팔로 빌 박물관Buffalo Bill Museum, 평원 인디언 박물관Plains Indian Museum, 거대한 도서관, 코디 총기 박물관Cody Firearms Museum이 있었다. 총기 박물관은 세계에서 가장 많은 총기류 관련 소장품을 자랑했다. 총기 제작 과정을 묘사해 놓은 전

---

[34] 버팔로 빌 코디Buffalo Bill Cody의 본명은 윌리엄 프레데릭 코디William Frederick Cody로 철도 건설 노동자들에게 식량을 공급하기 위해 18개월 동안 4,280마리의 버팔로를 사냥한 탓에 '버팔로 빌'이라는 별명이 붙게 되었다.

시물은 환상적이었다. 그중에서도 조립 라인도 없이 호환 가능한 부속들을 만들어 내는 복잡한 노동 분업 체계를 보여 주는 전시물이 특히 인상적이었다. 나는 총 자체에는 별 흥미를 못 느꼈지만 이러한 무기의 역사가 우리의 경제 체계의 발전과 밀접하게 연관되어 있다는 것은 분명하다. 인디언에게 물어보라.

우리는 위트니 전시관에 걸려 있는 많은 그림, 조각, 판화, 삽화를 사랑했다. 비어슈타트Bierstadt, 캐틀린, 모란Moran, 러셀Russell, N. C. 와이어트N. C. Wyeth 등 이 지역의 위대한 예술가들이 잘 표현되어 있었다. 프레드릭 레밍턴Fredrick Remington의 작품도 눈에 띄었다. 전시관에는 레밍턴의 작업실도 함께 전시되어 있었는데, 사실 이 예술가는 서부에서 그리 많은 시간을 보내지는 않았다. 더 초기에 그려진 작품에서는 인디이 "진보"를 방해하는 야만인으로 묘사되어 있다. 서부와 인디언을 이상적으로 묘사한 작품도 있었고 인디언에 대한 존중, 또는 나아가 존경심을 표현한 작품도 있었다. 그러나 소수의 아메리카 원주민 예술가를 제외한 나머지 예술가들은 원주민을 과거로부터의 유산, 고결한 문화였으나 아쉽게도 사라져 버린 과거로만 취급했을 뿐, 현재에도 살아 숨 쉬는 존재로 다루지 않았다. 평원 인디언 박물관에서는 때로 감동적인 현재의 목소리를 들을 수 있었지만 이곳의 전시품도 비슷한 인상을 풍겼다. 아무튼 박물관에는 인디언과 미합중국의 정치적 관계를 보여 주는 내용은 없었다고 말하는 것이 적절하다. 유용한 서적(과 훌륭한 서부 음악 모음집) 같은 상품을 판매하는 상점과 종합 도서관을 뒤져 그 간극을 메울 수 있다면 다행이다.

불평등 1
<<<<<<<<<<<<<<<<<<<<<<<<<<<<<<<<<

와이오밍 잭슨의 변화

우리가 와이오밍 잭슨을 처음 방문한 것은 1997년 늦은 봄이었다. 우리는 눈에 파묻힌 옐로우스톤 국립공원을 통과하는 장거리 여행 끝에 잭슨에 도착했다. 잭슨은 그랜드 테튼 국립공원의 가장 중요한 지형을 구성하는 테튼 산맥의 남쪽 바로 아래에 위치한다. 테튼 산맥은 파란 하늘로 우뚝 솟은, 깎아지른 듯한 봉우리가 연속되어 있는 전형적인 서부의 산맥이다. 과거에는 그랜드 테튼 국립공원의 대부분이 록펠러 가문의 사유지였다. 옐로우스톤에 잠시 머무르는 동안 우리는 딕 체니Dick Cheney 부통령을 보호하는 잭슨의 경호 요원들과 마주쳤다. 록펠러 가문이 옐로우스톤 강 주변에 있는, 가문이 마지막 사유지인 목장을 기부하자 체니 부통령은 이 선물을 받기 위해 고향 땅을 찾았던 것이다. 한때 록펠러 가문의 사유지였던 곳은 이제 모두 공원의 일부가 되었다.

30여년 전 잭슨은 조그만 카우보이의 고장이었다. 그림 같은 스네이크강Snake River에 인접해 있고 산으로 둘러싸여 있는 잭슨은 아름다운 자연 풍광으로 그 매력을 발산했다. 1997년에는 싸고 적당한 모텔을 찾을 수 있었고, 적당한 가격으로 식사할 수 있었으며, 공원의 풍광을 감상하면서 마을 주변에서 여유 있는 산책을 즐길 수 있었다. 공원 입구는 엘크 뿔로 장식되어 있었고 공원의 탁 트인 건조한 언덕에서는 잭슨 거리가 내려다보였다. 래프팅, 등산, 스키 같은 야외 활동도 즐길 수 있었다. 마을 바로 옆에는 풍경화와 자연 조각을 전시하는 훌륭한 예술품 전시관이 있었다.

그러나 모든 것이 극적으로 변했다. 1970년대 중반 이후 발생한 경제적 불평등이 그 일차적 원인이었다. 소득과 부가 점점 더 한쪽으로 치우치기 시작했다. 쉽게 말해 가난한 사람의 돈이 부자에게로 넘어갔다. 예를 하나 들어 보자. 우리나라 사람들은 미국이 세계에서 가장 부유한 국가라고 생각한다. 그 생각대로 1979년부터 2000년 사이 우리나라의 소득은 상당히 증가했다. 그러나 이 소득 증가분은 누구에게 돌아갔을까? 전체 가구 중 부유한 1퍼센트가 모두 가져갔다. 이들의 소득원은 주로 배당금, 이자, 임대 수입, 이윤, 자본 소득이다. 이들은 21년간 생산된 소득 증가분 가운데 무려 38.4퍼센트를 거머쥐었다. 전체 가구 중 가장 가난한 20퍼센트는 0.8퍼센트를 차지하는 데 그쳤다. 2003년 미국에는 1억1,127만8,000가구가 있었다. 그 중 1퍼센트면 111만2,780가구에 해당한다. 이 부유한 1퍼센트 가구가 차지한 몫은, 가장 가난한 20퍼센트의 가구를 구성하는 2,225만5,600가구가 차지한 몫의 48배(38.4를 0.8로 나눈 수치)였다. 오늘날의 전반적인 소득 분배 상황은 1920년대 이래 그 어느 때보다도 더 불평등하다.

부의 분배는 소득 분배보다 훨씬 더 불평등하다. 가장 부유한 가구 1퍼센트가 자산의 대부분을 소유한 상황에서 점점 더 많은 자산을 잠식하고 있다. 미국에는 백만장자와 억만장자가 믿을 수 없을 만큼 많아졌다. 한 예로 2004년, 주택을 제외한 순자산이 3천만 달러 이상인 가구는 대략 7만7,500가구였는데, 이 수치는 1990년대 이래 급격히 증가해 왔다. 우리나라에는 문자 그대로 수백만 명의 백만장자가 있고, 2004년 억만장자는 350명을 넘어섰을 것으로 추정된다. 물론 이러한 수치는 추정치일 뿐이므로 이를 그대로 받아들이는 우를 범해서는 안 되겠지만, 부유한 사람과 매우 부유한 사람의 수가 극적으로 증가해 왔다는 사실만은 틀림없는 사실이다. 여기서 중요한 점은 이들이 일반적인 소비재 구매에 필요한 돈보다 더 많은 돈을 가진다는 점이다. 그래서 이들은 이 돈을 가지고 자신들의 돈을 불릴 방법을 찾을 뿐 아니라 자신들에게 즐거움을 주는 일에 소비할 방법을 찾는다. 그 하나의 수단이 부동산이다. 그래서 거주하기에 적합하다 싶은 장소마다 자산을 찾아다니는 부자들과 방문객들이 몰려든다. 이렇게 몰려든 돈은 마을을 변형시킬 수밖에 없다. 고층 건물 건축 바람이 불고, 더 많은 도로가 건설된다. 상류층을 상대로 한 상점과 식당이, 지역을 기반으로 했던 상점과 식당을 대체한다. 주택 가격은 치솟는다. 더 부유한 사람들에게 봉사할 이주 노동자들이 모여든다. 정치권력도 다른 곳으로 넘어간다.

잭슨이 속한 테튼 카운티Teton County의 주택 가격 중앙값은 지난 5년간 세 배 상승해 이제는 60만 달러를 넘는다. 새로 지어진 주택의 평균 가격도 150만 달러를 넘어선다. 매물 목록에 오른 5백만 달러 이상의 주택 수는 2003년에서 2005년 사이 세 배 증가했다. 체니 부통령, 제임스 울펜슨James Wolfensohn 전前 세계은행World Bank 총재, 영화배우 해리슨 포드 등 많은 부자들이나 저명인사들이 잭슨에 주택을 소유하고 있다. 이들 대부분이 잭슨이나 테튼 카운티에서 보내는 시간은 일 년에 몇 주도 채 되지 않는다. 그리고 이들이 소유한 주택은 주인이 없을 때는 잠겨 있다. 지역 주민들은 이 특권층을 싸잡아 "2-2-8 인간들"이라고 불렀다. 한 쌍의 남녀(2)가 일 년에 2주(2)를, 이 마을에 있는 743평방미터(8,000평방피트)(8)의 집에서 머문다는 의미다. 나는 이 마을 최고의 직업은 부동산 업자일 거라는 생각을 했다. 잭슨에는 식당 수만큼이나 많은 부동산 업자가 있다. 주택 가격이 급등하자 토지와 주택에 대한 믿지 못할 과장 광고도 생겨난다. "고대의" 토지를 판매한다는 광고도 나왔다. 광고를 낸 부동산 업자는 이 땅이 인디언의 사냥터였으며 금 캐는 사람들과 그 밖의 서부 개척 시대의 낭만을 지닌 사람들의 작업장이었음을 보증했다.

복합 위락 시설인 테튼 빌리지Teton Village 스키장은 잭슨에서 북쪽으로 몇 킬로미터 거리에 있다. 우리가 처음 방문했을 때 이곳은 초라한 모습의 전형적인 스키장이었다. 식당, 선물 가게, 리프트, 콘크리트와 벽돌로 지어진 콘도 등, 대부분의 시설이 평범했다. 그러나 최근 수리를 마친 테튼 빌리지는 가처분 소득이 아주 많은 사람들에게 적합한 모임 장소로 거듭나게 되었다. 이제 테튼 빌리지에는 최고의 주방장을 고용하는 포시즌스Four Seasons 레스토랑이 있다. 잭슨 홀 마운틴 리조트Jackson Hole Mountain Resort는 난방이 되는 수영장과 16개의 치료실이 있는 1,086평방미터의 온천 시설을 갖췄고 호텔 손님을 위해 스키 부츠를 발에 맞도록 조정해 주는 룸서비스를 운영한다. 마을에서 더 가까운 곳에 위치한 호텔의 하루 숙박비는 7백 달러다. 그 밖에도 차별화된 여행객을 위한 근사한 관광 목장이 있다.

마을이 고급화되면 호텔 객실 청소부, 부잣집 가정부, 식당 웨이터와 설거지 담당 종업원, 새 주택과 고층 건물 건설 노동자 같은 저임금 노동자들이 필요해진다. 대부분의 서부 지역에서 이런 일은 히스패닉 노동자들이 처리한다. 잭슨 인구의 10퍼센트가 멕시코 사람이다. 이주 노동자들, 그리고 교사, 간호사, 경찰관을 포함한 거의 모든 사람들은 주택을 구입하거나 임대할 만한 능력이 없다. 그래서 이들은 임시변통으로 호텔이나 모텔이 소유한 이동 주택에서 살거나 보통은 마을 바깥, 즉 아이다호를 지나는 위험한 도로인 테튼 패스Teton Pass 건너편에 산다.

가난한 노동자들은 사람들 눈에 띄지 않는다. 그들의 경제적 환경과 그들이 모시는 사람들의 경제적 환경 사이의 간극은 막대할 뿐더러 점점 더 커져 간다. 나이 든 중산층 주민은 잭슨 같은 마을이 겪고 있는 변화를 초래한 일차적인 요인인 경제 체계에 대해서는 생각하지 않은 채, 주로 외국 태생의 노동자들을 상대로 분노를 표출한다.

<<<<<<<<<<<<<<<<<<<<<<<<<<<<<<<<<<

형편없는 음식과 노동조건

날이 갈수록 나는 지쳐 가기 시작했다. 국립공원에서의 근무에 대한 낭만적인 기대는 단조롭고 힘든 노동을 하며 사방 3미터의 방에서 생활하면서 사라져 갔다. 다른 모든 회사와 마찬가지로 우리 회사도 언제나 낮은 노동 가격을 유지하기 위해 노력했다. 우리가 도착한 지 한 달도 지나지 않아 직원 식당 음식의 질이 현저히 떨어져, 나는 식사를 거르곤 했다. 심지어는 우리가 마시는 음료에 물을 타기도 했다. 그 사실은 내가 아팠을 때, 카렌이 가져온 손님용 오렌지주스를 마셔 본 뒤에야 알게 됐다. 우리의 식사를 만드는 사람들을 요리사라고 부른다면, 그것은 다른 요리사들에 대한 모독이다.

카렌과 나는 물기가 남아 있는 플라스틱 쟁반에 접시도 없이 음식을 담아 주는 배식 방식에 혐오감을 느꼈다. 마치 감옥에서 식사를 나눠 주는 것 같았다. 우리는 종이 접시를 사서 거기에 음식을 담아 달라고 요구했는데, 많은 사람들이 우리의 행동을 비평하면서 왜 그러는지 궁금하게 여겼다. 나는 감옥의 죄수들만이 접시 없이 쟁반에 담긴 음식을 먹는다고 말해 주었다. 우리의 용기가 가상하다고 말한 사람들도 있었지만 많은 사람들은 우리의 행동이 환경적으로 올바른 태도가 아니라고 말했다. 한 젊은이는 담배를 피우면서 이런 말을 늘어놓기도 했다! 게다가 그는 세계에서 무슨 일이 벌어지는지 전혀 몰랐다. 그래서 자신이 몸담고 일하는 회사를 포함해 세상을 오염시키는 기업을 비판하는 대신 우리 꽁무니나 쫓아다녔던 것이다. 그 젊은이는 나와 함께 일하는 젊은이들 가운데 캘리포니아 키니Keene에 있는 전미농업노동조합United Farm Workers Union에 소속된 젊은이들이 있다는 사실을 일깨워 주었다. 그들은 누더기 옷을 입고 더러운 방을 치우지 않으며 건강도 돌보지 않는다. 그들은 이런 행동이 가난한 농업 노동자들과 가까워지는 길이라고 생각했다. 우리 동료 중 일부는

우리가 음식을 담아 먹었던 직원 식당 쟁반

공원에 머물면서 등산을 하고 플라스틱 쟁반에 음식을 담아 먹는 행동이 환경주의자가 되는 길이라고 생각하는 것처럼 보였다.

부적절한 임금을 받으면서 산간벽지에 살고 있다는 사실 또한 우리 마음을 어지럽혔다. 방세와 식비를 제하고 나면 우리 수중에는 시간당 3달러가 남았다. 이곳에서 묵는 방과 규모가 비슷한 방을 도시에서 빌려서 생활한다면 이곳에서 공제하는 월 544달러의 방값과 식비보다 생활비를 더 적게 들이면서 생활할 수 있었다. 때로 우리는 고립감을 극복하지 못해 힘들어했다. 도시에 머물면서 다양한 사람을 만나고 집에서 요리한 품위 있는 식사를 하면서 우리도 인류의 구성원임을 느끼고 싶었다. 이곳의 많은 사람들은 세계에서 분리되어 있다는 사실에 즐거움을 느꼈지만, 내 생각에는 한 개인의 모든 행위는 정치적 생활에 연결되고 통합되어야 한다. 우리는 우리가 수행하는 모든 일이 의미를 갖도록 그 일들을 더 큰 사회문제와 잠재력에 연관시키려고 노력해야 한다. 일부 노동자들은 이러한 규범을 실천했고 환경 정치학과 연계를 맺고 있었지만, 대부분의 노동자들은 우리의 종이 접시에 대해 논평하는 것으로 만족했다. 그러는 동안 회사는 식당 웨이터와 사환을 제외하고는 아무도 저축할 수 없는 수준의 보잘것없는 임금을 지급했다. 회사, 회사와 국립공원관리국의 관련성, 그 지저분한 역사에 대해 조금이라도 알려고 하는 사람은 거의 없었다.

큰 병에 걸리면서 고된 일, 열악한 음식, 동료들 때문에 생기는 짜증이 더욱 심해졌다. 7월 중순 어느 날 나는 왼쪽 복부에서 느껴지는 심한 통증과 위경련 때문에 4시 30분에 일어났다. 이런 중

상은 나를 20년 이상 괴롭혀 왔던 결석의 전형적인 증상이었다. 카렌은 진료소 응급실로 나를 데려갔다. 그곳에서 나는 데메롤 주사와 코데인 알약[35]을 받았다. 코디에 있는 한 병원 소속인 이 진료소는 의료보험을 취급하지 않았고[36] 자신들이 "돈을 벌기 위해 진료하는 것은 아니지만 진료하려면 돈이 있어야만 한다."는 사실을 상기시키는 안내문을 곳곳에 배치해 두었다. 의사는 신속하게 약을 주었다. 동료 노동자는 진통제를 얻으려고 꾀병을 부리는 직원도 있다고 말해 주었다. 알레르기 질환이 퍼졌을 때 의사는 모두에게 스테로이드를 처방해 주기도 했다.

데메롤 주사를 맞고 침대에 누웠지만 찌르는 듯한 고통은 계속되었다. 나는 몸 안에서 결석이 빠져 나가고 있어서 생기는 통증이라고만 생각했다. 그러나 며칠 뒤 다시 고통이 찾아왔다. 요로 감염인 듯한 증상이 나타났기 때문에, 나는 다시 의사에게 달려갔다. 내가 감염되지 않았음을 의사에게 알려 주는 지표인 소변은 깨끗했지만, 내가 전에 요로 감염으로 고생한 적이 있었다는 사실을 의사에게 이야기했던 것이 불행의 씨앗이었다. 의사는 이번에도 내가 요로 감염에 걸렸다고 추정하고는 박트림Bactrim이라는 설파제 계통의 약[37]을 처방했다. 그 약은 느리게 작용하는 것처럼

---

35) 데메롤Demerol 주사와 코데인 알약 모두 진통제다.
36) 미국은 전 국민 의료보험 제도가 없고 민간 의료보험제로 운영되기 때문에 의료보험에 선택적으로 가입할 뿐더러 병원도 의료보험을 선택적으로 취급할 수 있어, 의료보험 가입자라도 병원에서 의료보험을 받지 않으면 혜택을 누릴 수 없다. 미국 의료 체계의 현실을 고발한 마이클 무어 감독의 〈식코Sicko〉를 참고하라.
37) 설파제sulfa는 술폰아미드계의 합성약으로 거의 모든 세균성 질환의 치료에 쓰인다.

보였고, 구역질을 일으켰다. 음식이 메스껍게 느껴져 거의 아무 것도 먹지 못했다. 경미한 열이 났고 헛기침이 났다. 나는 온종일 잠만 자고 싶었다.

부실한 영양 공급에 질병이 겹치면서 거동조차 어려웠다. 몸을 질질 끌면서 겨우 일하러 다니는 지경이었다. 내가 처한 상황은 아마 세계의 다수가 직면한 상황과 비슷했을 것이다. 다만 나는 그들에게 없는 돈이 있고, 과거에 건강한 생활을 영위해 왔다는 점이 다를 뿐이다. 사람들은 가난한 사람들이 자력으로 성공하지 못하는 이유를 궁금해한다. 그들도 깨끗한 물과 공기를 마시고 품위 있고 건강에 좋은 음식을 먹는다면 가난하지 않은 사람들과 똑같이 성공할 수 있을 것이다.

내 상태는 더 악화되었다. 도시에 가면 더 나은 치료를 받을 수 있으리라는 기대를 품고 몬태나 빌링스로 네 시간을 달려갔다. 응급실 의사는 컴퓨터 단층 촬영을 권했고, 몸속에 남아 있는 결석이 사진에 나타났다. 몸속에 있는 결석은 특히 민감한 부위에 박혀 있어 심한 불편을 초래했다. 게다가 혈액 검사 결과 간 손상이 의심되었는데, 의사는 내가 간염일지도 모른다고 우려했다. 그는 박트림 복용을 중단하라고 지시했고, 다음 주에 전문의 진찰을 받도록 예약을 잡아 주었다. 그 주의 중반이 되자 열이 내렸고 나머지 증상도 사라지기 시작했다. 전문의는 간의 효소 수치가 여전히 비정상이지만 일주일 전보다는 훨씬 나아졌다는 진단을 내렸다. 간 손상의 원인이 박트림일 것이라는 의심이 확인된 것이다.

우리나라의 많은 노동자들처럼 옐로우스톤의 노동자들도 열악한 노동조건과 생활 조건 때문에 병에 걸릴 확률이 높은데도 훌륭한 의료 혜택에 쉽게 접근하지 못했다. 이들 중 상당수가 의료보험이 없었다. 회사는 유상으로 의료 할인 혜택을 주었지만, 아픈 노동자가 의료 혜택을 제대로 받을 만큼의 할인 혜택은 아니었다. 그들이 진료소에 가려면 현금이 있어야만 한다는 사실을 기억하라. 두 시간의 응급실 진료에 대한 청구 금액은 8백 달러가 넘었다. 그나마 제한적 의료보험을 적용한 233달러를 공제한 액수였다. 만일 내 옛날 고용주가 제공한, 그해 8월말까지 유효한 의료보험이 아니었다면 나는 빌링스에서 받은 병원 치료비로 수천 달러를 지불해야만 했을 것이다.

알코올중독자인 호텔의 주방 총책임자는 심장마비를 두 번 겪었다. 창백한 피부색 때문에 아무리 더워도 목까지 올라오는 티셔츠와 재킷을 걸치고 다녔지만, 돈이 없어서 병원에서 제대로 된 치료를 받을 수 없었다. 그의 친구는 관리자에게 그가 죽을 것 같다는 걱정을 털어놓았지만 관리자는 회사가 알아서 처리할 거라며 걱정하지 말라고 했다. 그러나 회사는 아무 조치를 취하지 않았다. 그가 아직도 살아 있을지 궁금하다. 여름이 끝나 갈 무렵 한 프랑스 관광객이 극도로 흥분한 채 프런트 데스크로 뛰어 들어와 남편이 심장마비를 일으켰다고 말했다. 점원은 진료소에 전화를 걸어 구급차를 불렀다. 그 남자는 단순한 고산병에 걸린 것으로 판명되었으나 구급차로 두 블록을 이동했던 탓에 구급차 이용료 8백 달러가 청구되었고, 즉석에서 현금으로 지불해야만 했다.

환경 1

암팩 사의 역사

우리를 고용한 회사의 이름 암팩 사는 아메리카 팩터America Factor 사社의 준말이다. 암팩 사의 모체는 하와이에서 출발했다. 초기에 하와이 섬에 발을 딛었던 백인 이민자 가운데는 독일인들이 있었는데, 그중에는 독일계 미국인 루터교 선교사들이 끼어 있었다. 백인이 하와이 섬을 개발하고 하와이 원주민들의 토지를 빼앗아 전유하기 시작했을 때, 선교사들은 원주민을 기독교도로 개종시키고 제국주의 열강을 이념적으로 지원하기 위해 하와이 섬을 누비고 다녔다. 독일인이었던 하인리히 하크펠트Heinrich Hackfeld 선장이 하와이에 도착할 무렵에도 하와이 섬에 대한 도둑질은 차근차근 진행되고 있었다.

1849년 하크펠트는 호놀룰루에 하크펠트 포목점Hackfeld Dry Goods을 열었다. 그는 이 상점을 기반으로 큰 회사를 차려 소매업과 설탕 산업에 뛰어들었다. 하크펠트는 사탕수수 재배자와 구매자를 연결하는 사탕수수 재배자의 "중개인" 혹은 알선인이 되었다. 사탕수수 중개인들은 이문을 보는 설탕 시장에 대한 지배를 사탕수수 재배 농장 자체에 대한 지배로 확대해, 넓은 토지와 경제적·정치적 권력을 거머쥐었다. 하크펠트의 친구 아들이 릴리우오칼라니[38] 하와이 여왕의 남편이었기 때문에 하크펠트는 여왕과도 긴밀한 연계를 맺고 있었다. 결국 "빅 5"라고 불리는 5대 기업이 하와이 경제와 정치를 지배하게 되었고 하와이 왕국 전체는 사실상 기업 도시가 되었다. 회사들은 억압과 박애를 조합해 하와

---

38) 릴리우오칼라니Liliu' okalani는 하와이 왕국의 여왕(재위 1891~1895)으로, 미국과의 합병에 격렬히 맞섰다. 하와이의 전제정치를 회복시키려고 애쓰는 한편 진주만을 미국에 양도한다는 갱신 상호 호혜 조약에 반대함으로써 분명한 입장을 밝혔다. 1893년 1월 샌퍼드 돌Sanford Ballard Dole이 이끄는 선교당의 요구에 따라 퇴위하였다. 왕당파가 여왕의 이름을 앞세워 반란을 일으켰으나 진압되었고, 여왕은 투옥된 지지자들을 석방시키고자 공식 퇴위서에 서명했다.

이를 지배했는데, 박애는 회사 설립자들의 뿌리에 살아 있는 선교사 전통이 반영된 결과였다. "빅 5"에는 H. 하크펠트 앤 컴퍼니H. Hackfeld & Company도 있었다.

설탕 생산은 하와이 원주민들의 문화와 하와이 섬의 토양을 파멸로 몰아넣었다. 회사가 일본인, 중국인, 필리핀인 노동자를 수입하기 시작하면서 하와이 원주민들은 곧 사탕수수 농장과 설탕 공장에서조차 일자리를 얻을 수 없게 되었다. 결국 사탕수수가 토지의 건강과 노동자의 건강을 파괴하고 만 것이다.

미국이 제1차 세계대전에 참전하게 되면서 하크펠트에게 재앙이 찾아왔다. 하크펠트가 적국 동맹에 속한 국가 출신이었기 때문에 정부는 하크펠트 회사 자산을 몰수해 나머지 네 개 회사에 팔아 버렸고, 이들은 하크펠트의 회사를 재조직했다. 이름도 아메리칸 팩터 사, 줄여서 암팩 사로 변경하고 회사의 소매점 이름도 리버티 하우스Liberty House로 변경했다. 전쟁이 끝난 뒤 암팩 사는 번창했지만 1970년대와 1980년대에 하와이산 설탕에 대한 정부 보조금이 사라지면서 국제시장에서의 경쟁력을 잃어버리자 쇠퇴하기 시작했다. 암팩 사는 자산을 매각했고 결국 시카고에 근거지를 둔 제이엠비 부동산 회사JMB Realty Company에 인수되었다. 제이엠비 부동산 회사는 하와이에서 철수했고 제이엠비 부동산 회사의 일부가 된 암팩 사는 서비스 산업에 뛰어들었다. 중점 사업은 국립공원 위탁 운영이었다. 2002년 암팩 사는 회사명을 크산테라Xanterra 사社로 바꿨다. 아마도 과거의 사업에서 완전히 단절하고 새로운 중점 사업에 매진하려는 의도였을 것이다. 크산테라라는 이름은 '지상terra의 이국적이고 아름다운 장소Xanadu'라는 의미를 전달하기 위해 지은 이름이었다.

오늘날 크산테라 사는 옐로우스톤, 그랜드캐니언, 지온Zion, 브라이스Bryce, 에버글레이즈, 크레이터 레이크Crater Lake 등 여러 국립공원과 주립공원의 위탁 운영권을 가지고 있다. 회사는 오랫동안 국립공원의 민간 위탁 사업을 해 왔다. 처음에는 관광객을 수송하는 철도가 부를 일으켰다. 그들이 묵을 호텔 건설도 돈이 되는 사업이었다. 그리고 곧 다른 사업들이 그 뒤를 따랐다. 오늘날에는 이윤 지향적인 사업이 공원의 필수 불가결한 요소로 자리 잡고 있다. 무분별한 상업화는 우울하다. 호수에 비친 수많은 별들 사이로 눈부시게 빛나는 아름다운 보름달, 산란을 위해 상류로 거슬러 올라가는 송어, 산기슭으로 자취를 감추는 말코손바닥사슴을 볼 수 있는데 촌스러운 역마차 승차 체험 같은 활동에 매력을 느끼겠는가?

과거 H. 하크펠트 앤 컴퍼니 및 암팩 사는 하와이의 환경을 파괴하고 하와이의 사회 혼란을 야기했으며 노동자와 자원을 착취할 수 있는 상품으로 취급했던 회사였다. 이런 회사를 모체로 하는 오늘날의 크산테라 사는 스스로를 공원의 청지기, 환경의 파수꾼이라고 홍보한다. 어처구니없는 일이다. 그 밖에도 이 회사는 노동자와 손님에게 자신을 환경 친화적 기업 활동의 선두 주자라고 소개한다. 재활용, 퇴비 사용, 친환경 소재의 호텔 청소 용품, 관광버스의 오염 통제, 임대용 설상차에 청정 엔진 장착, 난방 연료로 프로판 가스 사용, 어패류 남획 금지, 식단에 포함된 유기농 식품 등이 이들이 내세우는 환경 친화적 활동이다. 싸게 먹히는 환경주의다. 회사의 환경 프로그램에는 '에콜로직스Ecologix' 라는 이름이 붙었다. 물론 회사가 이런 일을 하지 않는 것보다 하는 편이 낫겠지만, 비영리적인 공공 기관이 국립공원을 운영하는 편이 훨씬 낫다. 크산테라 사가 존재해야 할 사회적 필요는 없다.

< < < < < < < < < < < < < < < < < < < < < < < < < < < <

 국립공원을 방문한 사람들은 많은 것들을 놓치고 만다. 그들은 원시 자연을 경험하고 있다고 생각하겠지만 그렇지 않다. 나중에 이와 관련된 이야기를 할 것이다. 공원이 설립되었을 때 이곳에는 많은 인디언이 살았고, 농업에 종사하는 백인 농부들이 이따금 살았다. 공원 설립자들은 사람이 살지 않는 공원처럼 보이도록 이곳에 살던 사람들, 특히 인디언을 강제로 쫓아냈다. 또한 관광객들은 공원이 거대한 사업, 그것도 아주 거대한 작업장이라는 사실을 깨닫지 못한다. 관광객들은 공원의 산림 경비대와 위탁 운영소 근무자들을 만나지만, 이들이 지독한 작업 조건에서 불쾌한 저임금 노동을 하는 노동자들을 대변할 수는 없다. 관광객들

은 점원 마이클이 아니라 "펜실베이니아 출신 마이클"이라는 사내를 만난다. 하지만 펜실베이니아 출신 마이클은 하루 종일 서서 일하고, 도저히 참기 어려운 조건의 방에서 생활하며, 더러운 음식을 먹고, 손님들의 욕설에 시달리며 일하는 노동자다.

여름이 끝나 갈 무렵 "노동자를 위한" 저녁 만찬이 열렸다. 앞서 말했듯이 이곳에서 내가 어떻게 먹고 살았는지를 생각해 본다면 이 행사가 요식행위에 불과하다는 것을 알 것이다. 여기 머무는 동안 나에게는 직원 식당 음식에 대한 혐오감이 생겼기 때문에, 직원 식당에 갈 생각을 하니 두려웠다. 그러나 그날은 지위 고하를 막론하고 지배인들이 식당 근무복을 입고 노동자들의 시중을 들었다. 도기 접시에 담긴 음식이 나왔다. 지배인들은 우리 식탁 곁을 지키며 물을 따라 주었다. 우리가 보통 지불하는 식대를 초과하는 식사가 제공되었고 소스, 신선한 야채, 다양한 후식이 딸려 나왔다. 이보다 더 역겨운 장면은 상상하기 어려웠다. 하지만 "왜 우리는 평소에 이렇게 식사할 수 없을까?", "왜 우리는 늘 접시에 담긴 음식을 먹지 못했을까?" 하고 말하는 사람은 아무도 없었다. 대신 모두들 식사가 얼마나 훌륭했는지에 대해 말했다. 이제 떠나야 할 때가 되었다.

우리는 노동절 주말 근무에 동의했지만 딸이 우리를 방문했기 때문에, 카렌이 근무에서 빠지려 했다. 카렌의 상사가 허락하지 않았기 때문에 우리는 사직서를 제출하고 휴일이 되기 전에 떠났다. 인사 책임자는 인사과 사무실에 근무복을 반납하라고 말했다. 그러나 우리가 아침 일찍 인사과 사무실에 찾아갔을 때, 부책임자는 근무복은 관리부에 반납하는 것이라고 말했다. 심한 말다툼 끝에 우리가 졌기 때문에, 관리부의 업무가 시작될 때까지 꼼짝도 못 하고 기다릴 수밖에 없었다. 당신이 무엇을 하든 어디에 있든 임노동은 고통스럽다. 임노동을 뒤에 남겨 두고 떠나는 일은 언제나 즐거운 일이다.

■ 더 읽을거리

이 책에서 사용되는 대부분의 경제 관련 수치는 노동 통계청Bureau of Labor Statistics 웹사이트(www.bls.gov), 인구조사국 웹사이트(www.census.gov), Lawrence Mishel, Jared Bernstein and Sylvia Allegretto, *The State of Working America*(Ithaca, NY: Cornell University Press, 2005)에서 가져온 것이다. 국립공원에 대해 유용하고 흥미로운 내용을 담은 책으로는 Philip Burnham, *Indian Country, God's Country: Native Americans and the National Parks*(Washington D.C.: Island Press, 2000), Robert H. Keller and Michael F. Turek, *American Indians and National Parks*(Tucson, AZ: University of Arizona Press, 1998)가 있다. 관광객이 얼마나 어리석을 수 있는가를 보여 주는 책으로는 Lee Whittlesey, *Death in Yellowstone: Accidents and Foolhardiness in Our First National Park*(Lanham, MD: Roberts Rinehart Publishers, 1995)를 읽어 보길 권한다. Barbara Ehrenreich, *Nickel and Dimed: On (Not) Getting By in America*(New York, NY: Henry Holt and Company, 2001)[『빈곤의 경제』(바바라 에렌라이히, 홍윤주 옮김, 청림출판, 2002)]는 나쁜 직업을 제대로 기록한 훌륭한 책 중 하나다. "5대" 설탕 회사의 역사가 수록되어 있는 하와이의 사회사 책으로는 Lawrence H. Fuchs, *Hawaii Pono: A Social History*(New York, NY: Karcourt, 1984)를 읽어 보면 좋다.

2001년 11월~2002년 10월

CHEAP MOTELS AND A HOT PLATE

03*

< < < < < < < < < < < < < < < < < < < < < < < < < < < < < < <

맨해튼

맨해튼Manhattan

2000년 인구	1,537,195명
백인	54.4퍼센트
흑인	17.4퍼센트
아시아계	9.4퍼센트
히스패닉(인종 무관)	27.2퍼센트
2000년 가구 소득 중앙값	47,030달러
2000년 임대 비용 중앙값	796달러
부대 비용을 포함한 주택 자금 대출 중앙값	3,615달러
빈곤선 이하 소득자	20퍼센트

우리가 좋아하는 전시관은 1133(43번가) 6번로,[39] 10036에 있는 국제 사진 전시관 International Center of Photography Museum이다. 전화 (212) 857-0000. 우리가 좋아하는 빵집은 (최근 그랜데이지 베이커리Grandaisy Bakery로 이름을 바꾼) 설리반가 베이커리Sullivan Street Bakery다. (소호Soho의) 73 Sullivan St., 10012에 있다. 전화 (212) 234-9435. 비앙코 피자bianco pizza나 펑가이 피자funghi pizza를 먹어 보라. 과거 먹어 봤던 어떤 피자와도 다를 것이다. 편한 신발을 신고 도시의 거리를 걸어 보라. 거의 모든 거리에서 나름의 매력을 느낄 수 있을 것이다.

9 · 11 이후

우리는 레이크 호텔에서 나와 남쪽의 와이오밍 잭슨 방향으로 차를 몰았다. 도중에 공원의 남쪽 입구에 들러 마지막 사진을 찍었다. 잭슨을 하루 만에 다 돌아본 뒤 작은 공항에 들러 딸을 내려주고 그 아이가 탄 비행기가 산 사이로 이륙하는 모습을 지켜봤다. 잭슨을 떠날 때 우리는 머리 위로 활공하는 독수리를 보았고, 앞으로의 일에 대한 길조라고 생각했다. 남쪽과 동쪽으로 이동해 아들이 정착하기로 결정했던 콜로라도 보울더에 들렀다. 우리 아들은 도시 근처에 천막을 치고 야영하면서 직업과 아파트를 구하고 있었는데, 결국 직업과 아파트를 모두 구했고 우리는 아들이 새 집을 정리하는 일을 도와주었다. 아이들 중 처음으로 우리 곁을 멀리 떠나 살았던 아이였다. 우리는 안타까운 작별 인사를 고하고 펜실베이니아 피츠버그 북부에 있는 내 어머니 집까지 2,414킬로미터를 운전해 갔다. 동부로 돌아간다!

시카고 근처에 이르렀을 무렵 우리의 마음은 가라앉기 시작했는데, 이런 일은 앞으로 4년 동안 자주 겪을 일이었다. 시골의 매력은 점점 사라져 갔다. 우리는 심한 교통 정체를 겪으며 도시로 접어들었다. 최근까지도 농부들의 들판이었던 곳에는 교외 개발이 한창이었다. 우리는 오염된 공기 때문에 숨이 막히기 시작했고, 탁 트인 서부의 파란 창공이 사라졌다는 사실에 탄식했다. 시

---

39) 남북 방향의 길을 지칭하는 Avenue는 '로路'로, 동서 방향의 길을 지칭하는 Street는 '가街'로 번역했다.

카고에서 피츠버그로 가는 동안 줄곧 납빛의 우중충한 하늘과 빛바랜 파란 하늘이 이어졌다. 서부에 머물 때는, 피츠버그나 존스타운에 살 때 왜 하늘을 올려다보지 않았는지 궁금했는데, 답은 간단했다. 동부의 하늘은 쳐다볼 가치가 없었던 것이다.

나는 레이크 호텔에서 일할 때 뉴욕시에 사는 손님을 알게 되었고 그에게서 쓸 만한 아파트에 대한 정보를 들었다. 어머니 집에 머물면서 전화하려고 그 손님의 이름과 전화번호를 적어 두었다. 이왕이면 그 아파트를 먼저 본 뒤에 새 집을 구하러 다닐 생각이었다. 집을 구하는 동안에는 91번가 동쪽의 고층 건물에 세 들어 사는 친구 신세를 지기로 했다.

나는 그 손님에게 전화를 걸었고, 그는 나에게 집주소와 집주인의 전화번호를 가르쳐 주었다. 치료받았던 이의 충전재가 빠지는 바람에 9월 11일 화요일에 피츠버그에서 치과 진료를 받아야만 했다. 첫 번째 비행기가 세계무역센터와 충돌했다는 소식을 들었을 때 카렌은 운전 중이었고 나는 맨해튼의 거리를 블록 단위로 표시한 지도를 들여다보며 아파트 위치를 확인하는 중이었다. 다른 모든 사람들처럼 며칠 동안 우리는 뉴욕시, 워싱턴 디시, 펜실베이니아 섕크스빌Shanksville의 참혹한 광경을 방영하는 텔레비전에서 눈을 떼지 못했다. 펜실베이니아에 떨어진 비행기의 추락 지점은 내가 재직했던 학교에서 그리 멀지 않은 곳이었다. 친지와 친구들이 직접 실종자를 찾아 나섰고 공포와 불안이 고조되었다. 주식시장은 급격하게 추락했고, 정부는 이 위기를 이용해 우리나라를 경찰국가에 몇 걸음 더 다가가게 만들 가혹한 계획을 시행하기 시작했다. 우리는 맨해튼으로 이사하는 게 좋은 생각인지 궁금했지만, 마땅히 대체할 만한 계획이 없었고 어머니 집에 무작정 머물 수도 없는 노릇이었다. 그래서 원래 생각대로 일을 진행하기로 했다. 한편으로는 맨해튼의 임대료가 떨어지지 않았을까, 하는 이기적인 기대도 있었다.

맨해튼에서 아파트를 구한다는 것은

　맨해튼은 정말 놀라운 곳이다. 어떤 경로를 통해 뉴욕으로 들어왔건, 살아 숨 쉬는 인간 군상 속에 파묻히게 된다. 우리는 대개 링컨 터널을 통과해 뉴욕의 혼란 속으로 들어갔는데, 허드슨강Hudson River 아래 어딘가에서 멈추게 될까 봐 두려워서 신경이 곤두서곤 했다. 터널을 빠져나온 우리는 뉴욕 북쪽에 있는 친구의 아파트로 갔다. 마침내 호텔 손님이 알려 준 아파트 집주인과 연락이 닿았고 집 구경 날짜를 잡았다. 이미 펜실베이니아에 있을 때부터 인터넷으로 집을 알아보고 있었기 때문에 호텔 손님이 알려 준 그리니치빌리지Greenwich Village의 전설적인 크리스토퍼가Christopher Street의 아파트 구경을 시작으로, 본격적인 집구하기에 돌입했다. 뉴욕의 신문도 샅샅이 뒤지기 시작했다.
　우리는 부동산 업자와 아파트 주인을 만나면서 시내에서 닷새를 보냈다. 매일 8시간 이상을 집을 구하는 데 투자했다. 특별히 준비할 것은 없었다. 맨해튼에서는 자동차로 이동하는 것보다 버스·지하철·택시를 이용하거나 걸어 다니는 게 낫고, 또 수요가 항상 공급을 초과하기 때문에 부동산 업자와 건물 소유자들의 처분에 따르는 수밖에 없기 때문이다. 한편 맨해튼은 새로 온 사람들이 주눅 들기 쉬운 곳이다. 세계 어느 곳보다도 걸음이 빠른 수천 명의 보행자들이 밤낮을 가리지 않고 거리를 누빈다. 모든 것은 순식간에 지나가 버리며, 모두들 나보다 세련되고 도시 사정에 정통한 것처럼 보인다. 어느 지역 출신이건 뉴욕에 처음 도착한 사람은 무조건 자신이 촌스럽다고 느끼게 된다.

얼마 전 도시를 강타했던 대참사로 임대료가 낮아지긴 했지만 아주 많이 내린 것은 아니었다. 우리가 만났던 부동산 업자와 소유자들은 아무 일도 없었다는 듯이 행동했다. 내는 돈에 비해 제공되는 집의 크기가 얼마나 작은지를 생각하면, 맨해튼의 임대료는 믿을 수 없을 정도로 높았다. 크리스토퍼가에 있는 집은 조건이 괜찮아 보였다. 방이 세 개 딸린 아파트에 한 달 임대료가 3천 달러였고, 아파트 소유자는 협상 의사를 분명히 했기 때문이다. 예상보다 훨씬 넓은 집을, 그것도 맨해튼에서 헐값으로 임대할 수 있다는 생각에 우리는 흥분했다. 그러나 세상에 공짜란 없다. 너무 좋아서 비현실적으로 느껴지는 것이 있다면, 그것은 절대 존재하지 않는 것이다.

우선 처음 고른 이 아파트는 3층까지 계단을 이용해야 했다. 도시에서는 흔한 엘리베이터가 없어서 6층까지 걸어 다니는 세입자도 있었다. 놀랄 일은 더 있었다. 내부에 있는 침실 세 개는 그보다 더 작을 수 없을 만큼 작았다. 그중 두 개는 더블침대조차 들어가지 않을 만큼 작았고, 가장 큰 침실도 우리가 옐로우스톤에서 묵었던 방보다 작았다. 수리해야 할 곳도 상당히 많았다. 집주인은 12월이면 수리가 끝난다고 했지만, 그럴 법해 보이지 않았다. 집주인은 수리하는 동안의 임대료는 받지 않겠다고 말했다. 하지만 인부들이 바닥을 뜯고 벽지를 벗겨 내고 주방과 목욕탕에서 작업하고 페인트 묻은 걸레가 온 사방에 널려 있는 집에서 몇 달을 사는 게 가당키나 한가. 우리는 크게 실망했지만 다시 연락하겠노라고 말하고 그곳을 떠났다.

이때부터 모든 일이 내리막길이었다. 임대 광고를 보고 문의 전화를 할 때마다 우리는 그들만의 고유한 매물 목록을 가진 새로운 부동산 업자를 만나야 했다. 그리니치빌리지에서 만난 부동산 업자는 오스트레일리아 출신으로, 말이 아주 빨랐다. 그는 거실에 냉장고가 갖춰진 집을 보여 주기도 했고 맞은편 가장자리로 공이 굴러갈 정도로 바닥이 심하게 기운 집을 보여 주기도 했다. 그날 나는 바보같이 정장용 구두를 신고 갔다가 발이 너무 아파서 집 구경을 하다 말고 운동화를 새로 사 신고 말았다.

다음에 우리는 엠파이어 스테이트 빌딩의 한 사무실에서 일하는 부동산 업자 두 명을 만났는데, 그중 가슴이 트인 셔츠를 입고 금목걸이를 한 부동산 업자는 우리가 가진 돈보다 비싼 임대료의 집을 구해 주려고 했고 그들의 서비스를 이용하는 특권을 누리는 대가로 수수료 천 달러를 받으려고 했다. 그가 우리에게 보여 준 더러운 아파트 주방에는 한 번에 한 사람만 들어갈 수 있었고, 침실은 금욕하는 수도사에게나 적합할 것 같았다. "새로 수리했다"고 광고하는 집의 낡은 싸구려 나무 바닥에서는 새로 붙인 고무 냄새가 났다. 매물 가운데 두어 개는 건물 자체가 너무 낡은데다가 주위에 쓰레기로 가득해서 아예 들어가 보지도 않았다. 낯선 사람들이 공동으로 집을 빌리기에 적합하도록 거실에 칸막이를 쳐 양쪽에서 주방으로 진입이 가능하도록 배치한 아파트도 있었다. 화려한 매디슨로Madison Avenue에 있는 주택의 번쩍이는 현관에 들어서자 1층 응접실에서부터 매니큐어 제거제 냄새가 코를 찔렀다. 매디슨로의 다른 집은 구경조차 하지 않았다. 어디를 가든지 9·11을 떠오르게 하는 것들과 마주쳤다. 행방불명된 사람들의 가족과 친구들이 붙여 놓은 "실종" 벽보에 있는 수많은 얼굴들이 우리를 응시했다. 사람들은 평소와 달리 침울했고, 평상시라면 정신없이 돌아갔을 뉴욕의 속도는 한층 느려졌다.

    나흘째 되던 날 우리는 이스트 빌리지East Village에 있는 아파트의 임대 광고를 보았다. 주인에게 전화를 걸어 당장 집을 보러 가도 괜찮을지 물었고, 옥신각신한 끝에 결국 동의를 얻어 냈다. 우리는 1.6킬로미터 정도 떨어진 이스트 10번가까지 걸어가서 혼잡한 2번로와 3번로 사이의 가로수 길에 위치한 아파트 주변을 둘러보았다. 이날 알게 된 사실이지만, 원래는 6층짜리인 이 아파트에 한 가족이 살았다고 한다. (또한 이 건물을 산 사람이 구입한 뒤 로버트 프로스트의 딸을 쫓아냈다는 사실도 알게 되었다). 아파트 옆에는 세인트 마크 교회의 푸르른 안뜰이 있었다. 길 건너편은 스터이비슨트Stuyvesant가와 10번가의 교차로였다. 이곳은 모든 길이 다 다니기 편하도록 직사각형으로 배치된 맨해튼에서는 보기 드문 장소였다.[40] 또한 이곳은 새벽 세 시에 교통 체증이 일어나고, 택시

이스트 10번가 세인트 마크 교회St. Mark Church 안뜰에서 바라본 우리 아파트 건물

의 거친 경적 소리가 울리는 곳이기도 했다.

현관 통화 장치에 집주인의 번호를 입력하고 들어가자 살찌고 머리가 벗겨진 고압적인 사내가 우리를 맞이했다. 그와 그의 아내가 건물 소유자였다. 우리는 계단을 이용해 3층으로 올라갔는데, 3층에는 숫자 "4"가 표기되어 있었다. 나중에 그것이 일종의 아파트 보안 조치였음을 알게 되었다. 문을 두드리자 지금 살고 있는 사람이 나와 우리를 안내했다. 엄청 어질러진 집에 부부와 갓난아이가 살고 있었다. 지저분한 것을 보고 놀란 것은 우리뿐이었다. 다들 아무렇지도 않았다. 임대할 공간을 둘러보고 세부 사항을 파악하는 데는 그리 오랜 시간이 걸리지 않았다. 입구에

---

40) 맨해튼은 거의 직사각형의 구획을 이루는데, 스터이비슨트가는 직사각형 모양의 구획을 대각선으로 가로지른다. 지은이가 임대한 아파트는 삼각형 모양의 구획 안에 위치하고 있고, 이는 맨해튼에서는 보기 힘든 구획이다.

짧고 좁은 현관이 있었고 내부에는 적당한 크기의 주방, 넓은 거실, 좁은 욕실, 작은 침실이 있었고 벽난로, 책꽂이, 높은 천장, 붙박이 벽장 위로 접근이 조금 어려운 넓은 수납 공간이 있었다. 46평방미터가 조금 안 되는 공간이었지만, 우리가 보았던 임대물 가운데 가장 훌륭한 아파트였다. 위치도 좋았다.

우리는 집주인 부부에게 상의해 보고 다시 오겠다고 말했고, 늘 그랬듯이 이 문제를 진지하게 검토했다. 우리는 결국 그 집을 임대하기로 결정했고, 다음날 보증금과 재무 관련 서류를 가지고 91번가에서 10번가까지 6.4킬로미터나 되는 거리를 걸어가 집주인을 만났다. 우리 소득이 임대료에 비해 상대적으로 낮았기 때문에 나는 3번로에 위치한 연금 사무소에 가서 연금 관련 서류를 발급받아야 했다. 우리는 이제까지 보았던 도시의 아파트 중 가장 화려한 아파트의 연회장 식탁에 앉았다. 전문가의 손길이 느껴지는 고풍스러운 장식으로 치장된 두 개의 넓은 마루와 4.5미터 높이의 천장, 건물 뒤편의 정원은 흡사 박물관 같은 인상을 주었다. 이 모든 것이, 우리를 움츠러들게 해 압도하려는 주인 부부의 의도에서 비롯된 것이었고 그대로 되었다.

집주인은 임대 계약에 관련된 까다로운 조항을 완벽하게 준비해 두고 있었다. 우리는 거실에 둘 커다란 러그와 침실에 둘 작은 러그를 구입해야만 했는데, 우리가 이 집을 나갈 때 집주인 부부가 그 러그를 구입가에서 10퍼센트를 제한 가격으로 되사기로 했다. 또한 우리가 이 집에서 반드시 한 달 이상을 살아야 한다는 조건도 붙었다. 집주인 부부는 우리의 인적 사항과 신용을 확인하려고 했다. 이들은 마치 어린아이를 다루는 듯한 태도로 우리에게 집세를 지불할 능력이 확실히 있는지 물었다. 빚을 확실히 갚을 수 있는지 묻는 고리대금업자와 비슷했다. 상대의 마음을 상하게 할 의도는 아니었겠지만 당하는 사람은 상처를 받는다. 서명하기 전 집주인 부부는 1년짜리 계약을 2년짜리 계약으로 바꿨다고 말했다. 우리는 모든 것에 동의하고 펜실베이니아의 우리 집 전화번호를 적어 준 뒤 약간의 피곤함과 왠지 모를 불편한 기분을 안고 그곳을 떠났다. 5일 동안 39채의 아파트를 둘러본 끝에 드디어 집을 구하고야 말았다.

놀라움으로 가득한 맨해튼에서

내가 카렌을 맨해튼에 데리고 왔던 해는 1993년이었다. 카렌으로서는 첫 번째 맨해튼 방문이었다. 미드타운Midtown에 있는 교회에서 80회 생일을 맞는 친구이자 조언자를 위한 조촐한 파티가 열렸고 우리는 당시 십대였던 쌍둥이 아들 둘을 데리고 참석했다. 연회가 시작되기에 앞서 약간 긴 축사가 이어지자 아이들이 지루해하기 시작했다. 그래서 파티 준비나 도우라고 아이들을 밖으로 내보내면서 예의 바르게 행동하라고 한마디 보탰다.

손님들 대부분의 연령대가 높았기 때문에 우리가 마실 만한 것이 없을까 봐 염려했지만 그럴 필요는 없었다. 주인공에 대한 긴 축사가 끝난 뒤 우리는 연회장으로 나갔다. 아이들은 자신들이 차려 놓은 많은 샴페인 병들을 자랑스럽게 보여 주면서 우리를 반겼다. 아이들은 나에게 사람들을 소개해 주었다. 내가 소개 받은 사람 중에는 곧 발간될 나의 새 책을 편집하는 편집자도 끼어 있었는데, 거기서 그녀를 처음 만났다. 즐거운 저녁 시간을 보낸 뒤 아이들이 연회장 준비를 도운 대가로 받은 샴페인 세 병을 들고 자리를 떠났다. 샴페인 병이 담긴 가방을 들고 그래머시 파크 Gramercy Park 인근에 있는 호텔로 돌아가기 위해 버스에 올라, 들뜬 기분으로 몇 명의 승객과 대화를 나누기 시작했다. 대화를 나누던 승객 중에는 우리가 피츠버그에 정착하기 전에 거기서 몇 년 동안 일했던 사람도 있었고, 우리가 내릴 정류장을 가르쳐 주는 손님도 있었다. 비인격적인 도시일 것으로 생각했던 맨해튼 시민들의 친절함에 고양되어 우리는 시끌벅적하게 떠들며 호텔로 돌아갔다. 부끄러운 이야기지만, 호텔에 도착하기 전에 도저히 오줌을 참을 수 없어서 맨해튼 유일의 개인 소유 공원을 둘러싼 울타리에 소변을 보고 말았다.

피츠버그로 돌아왔을 때 아내는 맨해튼이야말로 자신이 살고 싶었던 바로 그런 곳이라고 말했다. 농담이겠거니 생각했지만 아내는 진지했다. 아무리 좋게 말하려 해도 불우한 환경이라고밖에는 말할 수 없는, 폐석탄으로 가득 찬 가난한 광산 마을에서 성장했던 소녀만이 가질 수 있는 진지한 태도였다. 일반적인 사람들은 작은 마을이 지닌 매력을 만끽하고 싶겠지만 우리는 작은 마을이 편협한 시각을 가진, 고집쟁이로 가득한 지루하고 숨 막히는 곳이라는 사실을 안다. 나는 아버지의 공장 동료들을 사랑했고 경마장에서 그들과 즐거운 저녁 시간을 보내기도 했다. 하지만 그들과 어울려 살아간다는 것은, 또 다른 문제였다.

결국 2001년 11월 5일, 우리는 맨해튼으로 이사했다. 피츠버그에서 옐로우스톤으로 갈 때 가재도구들을 모두 처분했기 때문에 모두 다시 채워야 했다. 새 물건을 나르기 위해 우리는 유-하울 사 화물차를 빌렸다. 우리는 새벽 세 시에 어머니 집을 떠나 내가 유년기를 보냈던 마을을 통과해 북쪽을 향해 차를 몰았다. 키타닝Kittanning, 루럴 밸리Rural Valley, 데이튼Dayton, 뉴 베들레헴New Bethleham, 브루크빌Brookville. 이 마을은 모두 펜실베이니아 서부 곳곳에 자리 잡고 있는, 특징 없는 마을을 대표한다. 그러고 나서 우리는 텅 비어 있는 널찍한 80번 고속도로를 타고 동쪽에 있는 델라웨어 워터 갭Delaware Water Gap과 뉴저지로 향했다. 95번 주간 고속도로 근처와 조지 워싱턴 다리에 접근하자 교통 정체가 시작되었다. 다리를 건너서 헨리 허드슨 파크웨이로 내려갔다. 헨리 허드슨 파크웨이는 남쪽에서 웨스트사이드 고속도로로 이름이 바뀌는데, 남쪽으로 쭉 내려가다가 14번가에서 동쪽으로 꺾어 마을을 가로질러 3번로까지 가서 남쪽으로 꺾으면 10번가가 나온다. 우리는 위험을 무릅쓰는 뉴욕의 택시 운전사들조차 5.4미터 길이의 유-하울 사 화물차와 부딪히지 않으려고 피해 다닌다는 사실을 눈치 챘다. 그래서 차선 변경 신호를 내기 어려울 때는 신호를 주지 않고 바로 차선을 바꾸며 운전했다.

떠나던 날 밤에 잠을 이루지 못했던 나는 뉴욕의 거리에 주차할 방법을 머릿속에 그려 보았다. 주차 공간을 찾기 어려운 맨해튼에 유-하울 사의 차량을 댈 데가 있을까? 다른 화물차가 지나가지 않기를 바라면서 이중 주차를 해야 할 터였다. 다행히 10번가는 맨해튼의 다른 도로들처럼 일방통행이기 때문에 양방향에서 달려드는 차를 걱정하지는 않아도 됐다. 맨해튼에서 몇 달 살고 나서는 빈 주차 공간은 절대 지나치면 안 된다는 중요한 규칙을 배우게 되었다. 맨해튼의 통상적인 운전 방식과 운전 예절 중 가장 중요한 규칙이었다. 한번은 주차 공간을 차지하려고 10번가의 교통 정체를 뚫고 내 차와 부딪히지 않으려고 갈지자로 운전하는 다른 차들 속에서 반 블록을 후진한 적도 있었다. 그러나 최소한 이사하던 날 밤에는, 주차 문제가 큰 걱정거리였다. 그러니 우리 건물 바로 앞에서 주차 공간을 발견했을 때 얼마나 기뻤을지 상상할 수 있을 것이다. 그날은 거리를 청소하는 날이었고, 청소 때문에 이동했던 차량이 아직 다 돌아오지 않았던 것이다. 희망적인 신호였다. 기적이었을지도 모른다. 아무튼 우리는 화물차 문을 잠그고 아파트로 향하는 계단을 올라갔다.

    나는 기쁜 마음으로 현관의 통화 장치를 눌렀다. 집주인 부부 중 한 사람이 나와서 아직 정리가 덜 끝났다는, 듣기 거북한 말을 던졌다. 도대체 얼마나 정리가 덜 되었다는 말인지 궁금해하면서 3층으로 올라갔다. 놀랍게도 집안은 전혀 정리가 안 되어 있었다. 건축 도구들, 페인트 붓, 페인트 깡통, 낡은 탁자, 선풍기, 주방 의자, 더러운 주방, 여기저기 널린 먼지와 쓰레기, 마감이 덜 된 나무 바닥 등이 어수선하게 뒤섞여 있었다. 집주인이 사과했지만 기분이 나아지지 않았다. 오늘 중으로 유-하울 사 측 담당자에게 화물차를 돌려주어야 했기 때문에, 반드시 오늘 중으로 아파트에 짐을 부려야만 했다. 우리는 폴란드 노동자들을 시켜 짐 나르는 일을 도와주겠다는 주인의 제안을 거절했다. 화물차의 짐과 세 시간을 씨름한 끝에 짐을 부릴 만한 유일한 공간인 주방과 욕실에 짐을 한가득 채워 넣었다. 액자는 목욕통에 두었다. 가구가 없었던 것이 천만다행이었다.

　우리는 지치고 말았다. 당황한 주인이 다시 한 번 사과했고, 하루 묵을 수 있도록 호텔을 잡아 주었다. 그리고 다음날 아침까지는 모든 것을 진짜 완벽하게 준비해 두겠다고 말했다. 의심스러웠지만 걱정한다고 달라질 것도 없었다. 우리는 화물차를 돌려준 뒤 버스를 타고 호텔로 가서 입실 절차를 마친 후 식사를 했다. 그리고 둘 다 정신없이 잤다. 다음날 아침 아파트 공사는 끝나 있었다. 훌륭하다고는 말할 수 없었다. 나무 바닥의 마감은 최악이었지만, 아무튼 여기는 뉴욕시 아닌가!

　다음 몇 주 동안은 새로운 일을 처리하느라 정신없이 지나갔다. 침대, 침대 매트, 침대 스프링, 거실용 의자, 주방 탁자, 의자, 구입하기로 약속했던 러그, 높은 천장 벽에 어울리는 그림을 살 만한 상점과 먹을거리를 살 만한 상점을 찾아다녔다. 우리는 미국에서 가장 인구가 적은 와이오밍에서 인구가 가장 많은, 그리고 재앙으로 인해 술렁이며 위험스러운 경제적 폭락의 수렁에 빠진 이곳 맨해튼으로 이사했다. 우리는 다른 사람이 떠나는 도시로 들어왔다. 떠난 사람들은 새로운 도시에서 뭔가 별다른 것을 만날 수 있을까? 맨해튼은 밤낮 없이 자동차 경보기가 날카롭게 울리고 거리에 넘쳐나는 사람들이 떠들어 대는 곳이다.

전화번호부를 구하기 위해 몇 주를 보냈는대 결국 페덱스를 통해 배달받았다. 덩치 큰 가재도구들은 택시로 배달받았다. 가게에서 물건을 구입하면 점원이 택시를 불러 주었고, 택시가 오면 가게 밖으로 나가 새로 산 물품을 트렁크에 넣었다. 구입했던 물건을 배달시키면 물건 값보다 배달비가 비싼 경우도 있었다. 놀랍지 않은가! 이곳에서는 우리만이 빨래를 직접 했다. 다른 사람들은 수거해 가고 배달해 주는 세탁소를 이용했다. 우리 아파트 문이 너무 좁아서 피츠버그에서 주문했던 거실용 의자와 일반 의자를 집안으로 들일 수 없어서 결국 반품하고 말았다. 5주 동안 바닥에 담요를 깔아 놓고 지냈고 아이를 밀실 공포증에 걸리게 만들 것 같은 작은 침실에서 잠을 잤다. 충격적인 일이었다.

그러나 혼란한 일상에 대한 보상도 있었다. 나는 일터까지 걸어갈 수 있었고, 가는 도중에 저렴한 아침 샌드위치를 파는, 50개도 넘는 빵집 중에 하나를 골라잡는 호사도 누렸다. 엠파이어 스테이트 빌딩을 올려다보면서 아침 식사를 할 수도 있었다. 한가로이 거닐면서 알렌 긴스버그[41]가 살았던 곳이나 윌리엄 버로우스[42]가 살았던, 저 유명한 벙커가 있었던 장소를 구경할 수도 있었고 가까이에 있는 수백 개의 상점, 박물관, 극장, 식당, 도서관, 서점, 그 밖의 상상할 수 있는 모든 종류의 상점에도 갈 수 있었다. 인근에는 최소한 스무 개의 일본 음식점이 있었다. 나는 카렌

---

41) 알렌 긴스버그는 비트족 대표주자로, 비트 세대를 추모하고 당시 미국의 물질주의를 공격하는 내용을 담은 시집 『아우성』(시문학사, 1990)이 번역되어 있다.
42) 윌리엄 버로우스 역시 비트족 일원. 그의 전위적 문학은 대중문화와 문학에 영향을 주었다.

의 생일날 아침 8시에 나가서 난초 화분, 축하 엽서, 품질 좋은 빵, 크로와상, 레몬케이크를 살 수 있었다. 불과 15분밖에 안 걸렸다. 자동차가 없어도 아무 문제없었다. 버스 운전사와 택시 운전사는 친절했다. 미용실이 없는 거리가 없었다! 하늘 아래 존재하는 것들에 대한 서로 다른 견해를 갖거나 언어로 표현하는 다양한 사람들이 함께 살아갔다. 어느 도시에서 "종교적 성행위" 같은 간판을 내건 상점을 볼 수 있겠는가? 또 어느 도시에서 손에 든 긴 지팡이에 로자리오 묵주[43]를 걸어 놓고 판매하는 남자를 만날 수 있겠는가? 그렇다. 맨해튼은 놀라움으로 가득한 곳이다.

먼슬리 리뷰 편집자가 되어

옐로우스톤에 머무는 동안 나는 『먼슬리 리뷰』의 협동 편집자에 임명되었다. 『먼슬리 리뷰』는 유서 깊은 좌파 잡지로, 폴 스위지Paul Sweezy와 레오 후버만Leo Huberman이 창간했다. 스위지는 하버드 대학교의 급진 경제학자였고, 후버만은 저술가이자 노동 교육가였다. 폴은 자신의 정치적 입장 때문에 대학의 종신 재직권을 얻을 수 없음이 분명해지자 교수직을 포기했다. 그리고 나서 얼마 뒤 레오와 함께 잡지를 창간하기로 결심했다. 좌파로 산다는 것 자체가 쉽지 않던 시절이었다. 급진적 잡지를 발간하는 일은 말할 것도 없었다. 그러나 몇몇 친구들의 도움과 문학비평가 F.

---

[43] 로자리오 묵주rosary는 천주교에서 묵주 기도를 드릴 때 쓰는 성물이다.

O. 매티슨이 희사한 돈으로 1949년 5월 『먼슬리 리뷰』가 창간되었다. 알버트 아인슈타인의 「왜 사회주의인가?Why Socialism?」가 가장 먼저 실렸다. 『먼슬리 리뷰』의 운영이 순조로웠기 때문에 잡지 창간자들은 출판 사업으로 사업을 확장했다. 첫 번째 책으로 I. F. 스톤의 『한국전쟁의 감춰진 역사Hidden History of the Korean War』가 출판되었다. 먼슬리 리뷰 출판사는 이후 수십 년 동안 사회주의 사상의 고전이 될 만한 책을 많이 출판했다.

나는 교단에 서던 첫 해인 1969년에 『먼슬리 리뷰』를 알게 되었다. 나는 아주 대단한 수업을 마친 뒤에서 스포츠 잡지나 읽으면서 머리를 식히려고 대학 도서관에 갔는데, 때마침 이 작은 "독립 사회주의" 잡지가 우연히 내 눈에 들어왔다. 나는 그 자리에서 논문을 다 읽었고 서가에서 과월호를 찾아다 읽었다. 그리고 1970년에 후원회원이 되었고, 1972년에 첫 번째 논문을 투고했다. 내 투고 논문은 잡지에 실리지 못했지만 폴 스위지는 반송 원고에 격려 쪽지를 동봉해 보냈고, 나는 아직도 그 쪽지를 보관하고 있다. 글을 써 본 사람이라면, 잘 알지도 못하는 악필가에게 개인적인 회신을 한다는 것이 흔치 않은 일이라는 사실을 알 것이다. 결국 내가 쓴 서평 몇 개가 잡지에 실리게 되면서 나는 『먼슬리 리뷰』와 한 배를 타게 되었다. 나는 공동 편집자인 스위지와 해리 맥도프Harry Magdoff를, 우리 대학에서 열리는 컨퍼런스의 강연자로 초청했다. 맥도프는 후버만의 후임이었다. 첫 만남이었지만 유쾌한 시간이었다. 두 사람은 경제학자였고 나는 『먼슬리 리뷰』를 통해 나타나는 그들의 경제 분석을 수년간 수업에 활용했다.

나는 『먼슬리 리뷰』에 점점 더 깊이 관여하게 되었다. 더 많은 서평이나 논문을 기고했고 엠알(MR, 『먼슬리 리뷰』를 사랑하는 전 세계 애독자들이 사용하는 애칭)이 후원하는 컨퍼런스에 토론자로 참석했으며, 여름 특별호[44] 공동 편집자로 활동했고, 이 장의 서두에 언급했던 해리 맥도프의 여든 번째 생일 파티에 참석하기 위해 맨해튼에 왔을 때 사무실에도 방문했다. 나는 은퇴한 뒤 뉴욕시로 이사해 『먼슬리 리뷰』에서 일하기로 결심했다. 약간 지연되기는 했지만 결심한 대로 이루게 되었다.

아파트로 이사한 다음날부터 업무에 돌입했다. 이사 문제로 정신적인 충격을 받았지만 일찍 일어나 아파트를 나섰고 2.5킬로미터 떨어져 있는 사무실까지 걸어갔다. 카렌이 사진을 찍어 주었고, 나는 10번가를 힘차게 걸어 3번로로 갔다.

사무실까지 가는 방법은 여러 가지였는데, 출근 첫날 어느 길로 걸어갔는지는 기억나지 않는다. 유니온 스퀘어Union Square를 통해 북쪽의 브로드웨이 27번가로 걸어간 날도 있다. 『먼슬리 리뷰』 사무실은 뉴욕 주립대 패션 학교에서 멀지 않은, 6번로와 7번로 사이에 있었다. 뉴욕 주립대 패션 학교는, 유명한 노동조합민주주의 활동가의 지루한 생일 파티에 참석하느라 와 본 적이 있는 곳이었다. 어떤 날은 아파트에서 나와 곧바로 서쪽의 6번로로 이동해 17블록을 걸어 북쪽의 27번가로 이동하기도 했다. 어느

---

[44] 『먼슬리 리뷰』는 월간지이지만, 여름에 발간되는 7~8월호는 2개월치를 합본으로 내므로 일 년에 열한 권이 발간된다.

맨해튼 최초의 마천루, 플래
티론 빌딩Flatiron Building

방향으로 가든 흥미로웠다. 유니온 스퀘어는 사람으로 가득한 곳이었다. 지하철 타러 가는 사람, 신문 파는 사람, 연중 무휴로 운영되는 농민 장터에 물건을 진열하는 사람 등 이른 아침부터 사람으로 북적였다. 6번로 위에는 차량과 배달용 화물차가 끝날 줄 모르는 공사 현장을 교묘하게 피해 다녔다. 유대교 루바비쳐 분파Lubavitcher sect of Judaism 기념행사의 일환으로, 백여 개의 탱크 모양 차량이 행진하는 것을 구경한 적도 있다. 화물차에 매달린

확성기에서 음악이 울려 퍼졌다. 각 차량의 양 옆에서는 메시아의 도래를 선포하는 목소리가 울려 나왔다. 이중 주차된 화물차가 가득하고, 아시아계·라틴계 의류 노동자들이 분주한 손놀림으로 의류를 차에 싣고 내리는 27번가는 소음으로 왁자지껄했다. 어떤 날은 돈으로 바꿔 주는 공병을 일륜차에 한가득 실은 노숙자가 도로 한복판을 점령하기도 했다.

독자들은 『먼슬리 리뷰』에서 내가 맡은 업무와 레이크 호텔에서 내가 했던 일이 다른 종류의 일이라는 사실을 이미 눈치 챘을 것이다. 『먼슬리 리뷰』에는 지배인도, 선임도, 정해진 업무 시간표도 없었다. 나에게 할당된 연구 과제도 없었다. 나는 팔방미인이 되었다. 나는 매월 출판되는 잡지의 준비 작업을 도왔다. 투고 원고를 읽고 수요일마다 열리는 출판 회의에 참석했다. 추가 작업이 필요한 미진한 원고를 싣기로 결정할 때가 많았다. 나는 그중에서도 최악의 논문을 골라 출판할 만한 논문으로 바꿔 놓는 일을 했다. 논문을 복사해서 한 권으로 엮어, 뉴욕 외부에 사는 편집위원들에게 발송했고, 해마다 열리는 크리스마스 파티 계획을 세우는 데 참여했으며, 책 주문 전화를 받기도 했다. 우리 책에 대한 의견이나 의문을 품은, 장래성 있는 저자나 독자들은 아무 때나 연락을 취해 왔는데, 이러한 부정기적인 문의에도 응대했다. 잡지에 논문을 기고할 만한 저술가들의 목록을 작성해 그중 일부에게 연락을 취하기도 했다. 편집자를 보조해 출판될 책 중 한 권을 책임지고 편집하는 일도 했다. 책 홍보 문안이나 기금 마련을 위한 편지 초안 작성도 도왔고, 동료들과 함께 책 제목을 뽑기도 했다. 무슨 일이든 주어진 일은 모두 수행했다. 또한 개인적으로는 잡지에 실을 원고를 쓰기도 했다. 이곳에 오자마자 먼슬리 리뷰 출판사는 나에게 새 책을 써 달라고 했다. 나는 이미 두 권의 책을 출판했고, 공동 편집한 책도 한 권 있었다. 내 책은 잘 팔려서 출판사에 돈을 좀 벌어 주었기 때문에 내가 또 다른 책을 기획해 제안하자 모두들 좋아했다.

글을 쓰고 편집하는 일은 고된 작업이다. 영어를 주언어로 사용하지 않는 지역의 저술가들이 원고를 투고하는 경우가 있는데, 만일 그 원고를 싣기로 결정하게 되면 누군가 그 원고를 반드시 "영어답게 바꿔 놓아야" 했다. 그 일은 참으로 진저리나는 일이다. 한편 『먼슬리 리뷰』가 경제 분석으로 유명하기 때문에 경제학자들의 학술 논문이 자주 들어온다. 하지만 경제학자들의 글은 학술적인 글의 특성상 딱딱한데다가 사람의 마음을 답답하게 만든다. 보통 경제학자들은 경제학이라는 우울한 과학에서만 사용하는 특수한 언어를 독자들이 알고 있다고 가정하고 글을 쓴다. 하지만 경제학 용어에 익숙한 독자는 거의 없다. 나는 글을 쓴 사람부터가 자신이 쓴 글의 의미를 분명히 파악하지 못하기 때문에 불명확한 용어를 사용한다고 생각한다. 이유야 어찌 되었든 경제학 논문은 보통 상당히 많이 뜯어 고치고 편집하지 않으면 잡지에 실을 수 없다.

이곳에서의 일도 곧 반복적인 일로 전락했다. 나는 7시 30분도 되기 전인 이른 아침 사무실에 나왔지만 사무실 책임자는 언제나 나보다 먼저 나와 있었다. 사무실 문을 열려면 외부 출입문용 열쇠 두 개, 엘리베이터용 열쇠 한 개, 사무실 출입문용 열쇠 한 개가 필요했는데, 책임자가 일찍 나오기 때문에 이 많은 열쇠를 일일이 쓰지 않아도 되어서 좋았다. 나는 가벼운 잡담을 나눈 뒤 책상으로 갔다. 오래된 건물이었지만 사무실은 겨울에도 따뜻했다. 배관에서 삐걱거리는 소리나 수상한 소음이 나기도 했지만, 사이렌 소리를 제외하고는 외부의 소음이 들리지 않았다. 바닥의 절반을 차지하는 사무 공간은 넓고 아늑했다. 곳곳이 책과 잡지로 채워져 있었다. 안락한 의자, 손님 접대용 의자, 넓은 회의 탁자 등이 사무 공간 중앙에 계획성 없이 배치되어 있었다. 단행본과 과월호 잡지가 책상과 책장에 가득했다. 내가 쓴 책과 내가 쓴 논문이 실린 잡지가 보이면 남모르게 흐뭇함을 느꼈다. 나를 응원하는 편지가 오면 희열을 느끼기도 했다.

노동 2
<<<<<<<<<<<<<<<<<<<<<<<<<<<<<<<

자본주의 수도에서의 수고로움

맨해튼은 세계적인 상업 중심지이자 은행과 금융의 중심지이며, 온갖 거래의 중심지다. 대부분의 사람들은 뉴욕 하면 "빅애플"[45)]이라는 낭만적인 관념을 떠올

---

45) 빅애플Big Apple은 뉴욕의 상징이다.

린다. 빅애플이라는 관념은 〈해리가 샐리를 만났을 때When Harry Met Sally〉, 〈공원 산책A Walk in the Park〉 같은 영화나 〈프렌즈Friends〉, 〈섹스 인 더 시티Sex in the City〉 같은 드라마가 창조해 낸 것이다. 또한 사람들은 뉴욕이라는 말에 엠파이어 스테이트 빌딩, 자유의 여신상, 록펠러 센터의 크리스마스트리와 스케이트장, 센트럴 파크, 라디오 시티 음악당Radio City Music Hall, 42번가, 타임 스퀘어를 떠올린다. 그리고 예술을 위해 모든 것을 희생하는 보헤미안과 아메리칸 드림을 꿈꾸며 자녀들을 교육시키는 로우어 이스트사이드Lower East Side의 이민자들을 떠올린다. "뉴욕에서 꿈을 이룰 수 있다면 어디에서든 이룰 수 있다."는 말처럼 뉴욕시는 무엇이든 이루어지는 장소로 부풀려졌다.

현실은 사뭇 다르다. 돈이 세계를 움직인다는 말을 자주 하지만, 맨해튼만큼 그 말이 딱 들어맞는 곳도 없다. 심지어 현직 시장조차 억만장자다. 돈을 가진 남성과 돈을 가진 소수의 여성이 도시를 통제한다. 이들은 거래를 하고 나머지 사람들은 결과를 받아들인다. 거래 이면에는 그 거래를 떠받치는 막대한 인간 노동이 있다. 그 돈을 만들어 내기 위해 매시간, 매일, 매년 힘든 노동이 이어진다. 우리가 살아 봤던 어떤 곳의 노동보다도 힘든 노동이다. 하지만 옐로우스톤에서처럼 대부분의 방문객들은 그 노동을 인식하지 못한다.

맨해튼의 노동은 임금 수준, 인종, 민족, 성별에 따라 뚜렷하게 구분된다. 영어가 유창한 백인이 의류나 화훼 업종이 들어찬 구역에서 화물차의 짐을 부리거나, 택시를 운전하거나, 한국인 소유의 야채 가게 지하실에서 야채를 다듬고 있거나, 식당 뒤편에서 접시를 닦거나, 노동을 착취하는 의류 제조 공장에서 노역에 시달리거나, 리무진을 운전하거나, 어퍼 이스트사이드Upper East Side에서 보모로 일하거나, 식료품이 담긴 수레를 옮기거나, 잡화점 점원으로 일하거나, 식탁 위의 접시를 치우거나, 거리에서 불법 복제물을 판매하거나, 세탁소에서 세탁·다림질·옷 개는 일을 하거나, 병원 잡역부로 일하거나, 병원 식당에서 일하는 경우는 없다. 그렇다고 유색인종만이 이런 일을 하는 것은 아니다. 우리 집 근처인 이스트 빌리지 인근에만도 최근에 동유럽에서 도착한 수백 명의 노동자들이 있었기 때문이다. 이런 직종의 임금은 모두 낮다. 미국 전체 평균보다 높은 경우도 있지만, 뉴욕의 높은 주거 비용과 여타 생필품 비용이 반영된 때문이지, 임금 자체가 높다고 할 수는 없다.

중간급의 노동력으로 눈을 돌려 보자. 중간급의 노동력군群에는 피부색이 더 흰 남성이 지배적이다. 건설 노동자, 중간 관리자, 부동산 업자, 식당 웨이터, 경찰관, 소방관, 버스 운전사, 지하철 차량 운전사는 일부 예외를 제외하고는 남부럽지 않은 임금을 받는 백인 남성일 가능성이 높다. 공공 작업장의 소수 인종 근로자는 한 세기 전보다 많아졌지만 (그 사례로는 흑인 지하철 차량 운전사를 들 수 있다.) 특히 보안 관련 직업에서 흑인이나 히스패닉 노동자들이 차지하는 비중은, 이들이 전체 인구에서 차지하는 비중에 비해 낮다.

임금 위계의 꼭대기를 차지한 노동력은 훨씬 단일한 양상을 보인다. 거의 모두가 백인 남성이다. 부동산 개발 업자, 월스트리트의 주식 분석가와 주식 중개인, 대부분의 회사의 고위 관리자, 브로드웨이 제작자와 감독, 오케스트라 음악 단원 등이 좋은 사례다. 이 직군에서 백인 남성이 아닌 경우는 일부 직업 운동선수나 예능 산업 종사자뿐이다.

최상위 노동력과 최하위 노동력 사이의 격차를 파악할 수 있는 몇 가지 수치를 검토해 보자. (마르크스는 실업자, 노숙자, 심각한 장애를 가진 사람들을 일컬어 "노동계급의 나사로층"이라고 불렀는데 이 계층은 고려 대상에서 제외되었다.) 2005년 유색인종과 이민자들이 주로 일하는 맨해튼의 레저 산업과 서비스 산업의 주당 평균 임금은 678달러였다. 백인 남성이 주로 일하는 금융 산업의 주당 평균 임금은 6,199달러였다. 이 수치는 각 부문의 최고와 최저가 아닌 평균치라는 점을 기억해야 한다.

맨해튼의 총체적인 소득 불평등은 미국의 어느 곳보다 크며 이러한 현실은 직업의 분화에 기여한다. 수만 명의 사람들이 고소득층의 시중을 드는 직종에서 일한다. 개를 산책시키거나, 값비싼 식당의 직원으로 일하거나(맨해튼은 우리나라에서 값비싼 식당이 가장 많이 모여 있는 곳이다.), 리무진 운전사로 일하거나, 식료품을 배달하거나, 손톱 손질을 하거나, 최고급 상품 전문점에서 점원으로 일한다. 소득 분배가 지나치게 한쪽으로 치우치면서 생겨난 직종이다.

이사하기 몇 년 전 이곳에 방문했을 때, 나는 가난한 노동자와 부유한 노동자 사이에 사회적인 균열이 있다는 사실을 감지했다. 『먼슬리 리뷰』의 부편집자였던 친구의 초청을 받아 맨해튼 차이나타운에 있는 중국인 노동자 협회(Chinese Staff and Workers Association, CSWA)를 방문했을 때였다. 중국인 노동자 협회는 체불 임금, 초과 근로, 최저임금 위반, 부당 해고 등 작업장과 이웃에서 벌어지는 불평등 타파를 위해 일하는 노동자 센터인데, 문제를 안고 있는 주민들이 찾아와 가입할 수 있는 단체다. 윙 람Wing Lam 센터장은 카렌과 나에게 폭탄 공격을 받은 사무실을 보여 주었다. 성난 고용주들이 저지른 짓이 분명했다.

센터 회원과 센터가 돕고 있는 사람들은 주로 취업 증명서가 없는 중국인 이민자들이었다. 이들은 아시아에서 우리나라로 이동하는 경비로만 2만5,000달러 이상을 지불한 사람들로, 차이나타운의 식당이나 노동을 착취하는 의류 제조 공장에서 일했다. 웡은 자신이 겪는 부당 행위를 제소하는 일에 적극적으로 참여하거나 다른 사람의 제소를 돕는 고충 조정 신청자만이 센터를 이용할 수 있다는 조직 철학을 가지고 있었다. 이런 조직은 꼭 필요한 조직이었다. 웡의 말에 따르면 식당 근로자들은 시간당 2달러를 받으며 보통 일주일에 백 시간을 일했지만 조직 노동자들은 이들을 도우려 하지 않았다고 한다. 노동조합이 있는 작업장에서 일하는 노동자들조차 최저임금에도 미치지 못하는 임금을 받았다. 그들은 그 얼마 되지 않는 소득으로 빚을 갚고 생필품도 구입해야 했다. 침실 하나를, 얇은 합판을 이용해 여러 개로 나눈 집에서 15명가량이 함께 살기도 한다. 이런 공간에 사는 사람들의 유일한 사생활이라고는 머릿속 생각뿐이었다.

센터에 대해 이야기를 나눈 뒤 웡과 함께 근처 식당에서 점심을 먹었다. 웡은 한사코 자신이 계산하겠다고 했다.

나는 컬럼비아 대학에서 열렸던 세미나 참석차 맨해튼에 온 적도 있었다. 교수진과 외부 학자들은 광범위하고 다양한 주제로 세미나를 구성했다. 한 주제를 가지고 여러 해에 걸쳐 세미나가 열릴 수도 있었다. 내가 발표할 주제는 완전고용이었다. 나는 약간의 전율을 느끼며 브로드웨이와 116번가에 위치한 커다란 대학 정문으로 들어갔다. 이른바 아이비리그에 속하는 대학에서 발표해 본 적이 없었으므로 참석자들이 내가 상상해 온 대로 영민할 것인지 궁금했다. 우리는 행사가 열릴 예정인 패컬티 하우스Faculty House로 향했다. 그곳에서 나를 초청한 친절한 명망가 노인을 만났는데, 그가 우리를 보자마자 맨 먼저 꺼낸 말은 아내의 저녁 만찬 비용을 내야 한다는 말이었다. 우리는 그 말에 깜짝 놀랐다. 거절해야 마땅했지만, 돈을 주고 말았다.

저녁 만찬은 진수성찬이었다. 음식도 훌륭했고 식탁도 잘 차려놓았다. 이스트 할렘East Harlem의 빈민촌이 내려다보이는 연회장의 사람들은 시중드는 사람들을 제외하고는 모두 백인이었다. 대화는 주로 이 상류층 학자들의 여행담이나, 현재 진행 중인 연구에 관한 것이었다. 자녀에 대한 이야기로 화제가 옮겨 갔다. 우리의 세 아들이 모두 요리사라고 말하자 일순 좌중이 조용해졌다. 대학

교수의 자녀가 그런 직업을 가졌다는 것을 믿지 못하겠다는 분위기였다. 식사가 끝난 뒤 발표가 이어졌고, 모든 일이 순조롭게 진행되었다. 난해한 학술적인 질문이나 아주 사소한 질문만이 오갔다.

세미나가 끝난 뒤 우리는 센트럴 파크가 내려다보이는 교수 아파트에 억지로 끌려가, 우리나라 소비자들의 초과 지출을 다룬 텔레비전 프로그램을 보았다. 주최자가 싸구려 맥주를 내놨고 나는 반 잔 정도 마셨다. 다 보고 나서 차례대로 논평을 해야만 했다. 학술 공동체에서나 사용하는 전문용어가 난무하는 상황인데다가, 사람들의 뒤틀리고 이기적인 분위기 때문에 카렌과 나는 무슨 말을 해야 할지 난감했다. 나는 카렌의 차례가 먼저 돌아온다는 사실에 안도감을 느꼈다. 카렌이 프로그램이 피상적이었다고 말하자, 사람들은 다시 한 번 침묵 속으로 빠져들었다. 고맙게도 우리는 곧 그곳을 떠날 수 있었다. 문밖으로 나오는데 등 뒤로 대학에서 아파트까지 오는 데 들어간 택시비 1달러를 가지고 서로 수군거리는 소리가 들려왔다.

< < < < < < < < < < < < < < < < < < < < < < < < < < < < < < <

맨해튼 거리를 활보하다

우리는 배터리 파크Battery Park에서 할렘의 주요 거리인 125번가까지, 허드슨강에서 이스트강East River까지 걸어서 돌아다녔다. 우리는 관광객이 하는 모든 일을 해 봤고, 또 즐겼다. 딸과 함께 쾌속선을 타고 섬 주위를 한 바퀴 돌았다. 허드슨강을 따라 올라갔다가 할렘을 가로질러 이스트강을 통해 배터리 파크로 내려가 다시 선창으로 돌아왔다. 생전 처음 양키 스타디움을 보면서 감격했다는 사실을 말해도 전혀 부끄럽지 않다. 그곳을 지나갈 때 나는 꾀병을 부려서라도 월드 시리즈[46]에서 유일하게 퍼펙트게

임⁴⁷⁾을 달성했던 돈 라센의 경기를 기어이 보고 마는, 열 살짜리 소년으로 돌아갔다.

카렌과 나는 연락선을 타고 자유의 여신상, 엘리스 섬, 스테이튼 섬을 둘러봤다. 우리는 도시의 소음으로 지친 상태에서 엘리스 섬에 갔다. 초봄치고는 상당히 따뜻하고 화창한 날이었다. 박물관을 구경했고 이탈리아와 우크라이나에서 이 섬으로 이민 온 일가족을 보았다. 박물관이 소장한 배편 안내 포스터에 감탄했고, 태양빛을 받으며 빈둥거렸으며, 이곳의 조용함을 만끽했다.

또 다른 날에는 가장 좋아하는 길을 따라 나들이를 나섰다. 아파트에서 나와 남서쪽 방향 워싱턴 스퀘어 파크Washington Square Park로 갔다. 그곳에는 언제나 볼거리들이 있었다. 거리 음악가의 공연일 수도 있고, 예술 작품 전시일 수도 있고, 초막절⁴⁸⁾ 기념식에 쓸 초막을 꾸미는 유대인일 수도 있다. 초막절은 현세의 삶이 임시적이라는 유대민족의 신앙을 되새겨 보는 유대인의 절기다. 이 기간 동안 많은 유대인들은 집 안마당에 임시 거처인 장막 또는 "판잣집"을 짓고 거기에서 생활한다. 피츠버그에서도 이러한 행사를 봤지만, 그때는 무슨 행사인지 몰랐다. 공원에서 나와 그

---

46) 월드 시리즈World Series는 아메리칸 리그와 내셔널 리그의 우승자가 승자를 가리는 경기로, 7전 4승제로 진행된다.
47) 퍼펙트 게임perfect game은 안타, 볼넷 출루, 사사구 출루, 실수에 의한 출루 등 타자를 전혀 출루시키지 않고 매회 세 명씩 차례로 아웃시킨 경기를 말한다. 돈 라센은 1956년 월드시리즈에서 브루클린 다저스를 상대로 퍼펙트 게임을 달성한다.
48) 초막절Sukkot, the Feast of Tabernacles은 유월절, 칠칠절과 더불어 이스라엘의 3대 절기 중 하나다. 40년 동안 광야에서 방랑하면서 장막에서 살았던 선조들을 기념하는 절기로, 1주일 동안 이어진다.

리니치빌리지로 갔다. 브리커가Bleecker Street에 있는 지토스 베이커리Zito's Bakery에 들러 살라미 샌드위치를 샀고, 매그놀리아 베이커리Magnolia Bakery에서 유명한 컵케이크를 샀다. 아쉽게도 지토스 베이커리는 이제 사라지고 없다. 웨스트 빌리지의 좁고 오래된 거리를 통과한 뒤 남서쪽으로 방향을 틀어, 우리가 애용하는 산책로인 허드슨가까지 곧장 걸어갔다. 우리는 같은 모양의 커튼이 드리워진 창의 개수로 아파트의 넓이를 가늠해 보면서 부유하고 조용한 트리베카[49]를 통과해 허드슨가의 남쪽으로 갔다. 고故 존 케네디 2세와 마틴 스콜세지 같은 유명 인사들이 이곳에 살았다. 다시 서쪽에 위치한 강으로 이동해, 배터리 파크 시티를 관통하는 강변 산책로를 따라 섬의 남쪽 끝에 위치한 배터리 파크까지 갔다. 정말 멋진 나들이였기 때문에 집으로 돌아갈 때마다 아쉬워지곤 했다. 하지만 이날은 카렌의 재촉으로 스테이튼 섬 선착장으로 가서 막 떠나려는 배를 뛰어가서 잡아탔다. 선장은 작은 배들 사이로 배를 몰아갔고, 우리는 배의 이물에서 멀어지는 맨해튼을 바라보았다. 더 넓은 바다로 나가자 거대한 컨테이너 선박과 거버너스 섬의 윤곽이 보였다. 스테이튼 섬에 도착한 배에 그대로 타고, 돌아갈 때를 기다렸다. 고작 몇 킬로미터인데도 맨해튼 섬에 있는 집에서 멀리 떠나 왔다는 사실에 얼마나 흥분했는지, 지금 생각해 보면 그저 놀라울 뿐이다.

 돌아갈 때는 올 때와 다른 경로를 택했다. 맨해튼 남부를 뒤로

---

[49] 트리베카TriBeCa는 커널가 남쪽 삼각지대Triangle Below Canal Street의 약칭이다.

하고 브로드웨이로 들어섰다. 브로드웨이는 맨해튼 전체를 남북으로 가로지르는 유일한 길이다. 브로드웨이를 따라 금융 구역을 통과해 북쪽으로 이동했다. 폐허가 된 세계무역센터를 지나 브로드웨이 동쪽의 '리틀 이탈리아' 와 차이나타운으로 갈 수 있었다. 리틀 이탈리아에는 이탈리아인은 별로 없고 중국어가 더 많이 들린다. 리틀 이탈리아는 관광객을 위한 공간이다. 멀베리가 Mulberry Street에는 관광객을 상대로 장사하는 파스타 음식점과 관광객을 상대로 영업하는 행상이 즐비하다. 9월에는 나폴리의 수호성인을 기념하는 산 젠나로San Gennaro 축제가 열리고, 이탈리아 동포들이 축제를 구경하러 이곳에 모여든다. 하지만 수많은 뜨거운 소시지 가판대 외에는 특별할 것 없는 행사였다.

반면 차이나타운은 흥미진진하다. 상인을 상대로 물건 값을 깎고, 아무데서나 먹고, 이국적인 사탕에서부터 전화카드까지 없는 것이 없는, 사람들로 북적이는 곳이다. 우리는 너무 작아 경찰도 위치를 잘 모르는 반원형의 도이어스가Doyers Street에 있는 베트남 식당에서 식사를 하곤 했다. 우리는 베트남 식당다운 이름을 가진 이 식당에서 항상 구운 돼지고기를 사 먹었다. 돼지고기에 민트, 고수 잎, 쌀국수를 곁들여 상추에 싸서 맛있는 소스에 찍어 먹었다. 우리는 리틀 이탈리아와 차이나타운을 떠나 소호까지 걸어갔다. 딘 앤 데루카Dean & DeLuca 식료품점에 들러 무료 홍보용 상품을 집어 들고 호화롭지만 가격이 지나치게 비싼 상품, 고기, 생선, 치즈, 디저트를 사는 데 수백 달러를 쓰는 단골손님들을 구경했다. 우리는 유명인을 만날지도 모른다고 생각하면서 집으로 향했다.

우리는 이와 같은 나들이를 자주 즐겼다. 나는 우리를 찾아온 아이들과 함께 엠파이어 스테이트 빌딩 꼭대기에 올라갔다. 이 건물은 피츠버그 철강 공장에서 생산된 철강재를 이용해 건설되었다. 기차를 이용해 신속하게 운반되었다고 하는데, 어찌나 빨리 운반되었는지 철이 식기도 전에 도착했다고 한다. 엠파이어 스테이트 빌딩은 대공황 때 지어졌다. 13개월 만에 완성된 이 훌륭한 건물은 아무리 쳐다봐도 질리지 않았다. 나는 걸어서 돌아다녔던 맨해튼의 수백여 지점에서 이 건물이 보인다는 사실을 알아냈다. 꼭대기 근처에 있는 방문객 전망대에서 난폭하게 불어오는 바람을 맞으며 내려다본 맨해튼의 모습은 장관이었다. 한편으로는 지상에서 이렇게 높은 곳에 설치된 좁은 철근 위를 걸어 다니며, 이 건물을 지은 노동자가 된다는 것은 어떤 느낌일지 상상해 볼 수 있다.

나는 돈을 조금 더 벌어 볼 생각으로 코넬 대학 맨해튼 캠퍼스에서 운영하는 노동연구소Labor Studies에서 노동자 학생들을 가르치는 일을 시작했다. 이곳은 이스트 34번가의 5번로와 매디슨로 사이에 있었다. 나는 세계에서 가장 유명한 마천루의 그늘에서 가르치는 내 모습을 떠올리면서 즐거워했다.

맨해튼에는 걷기에 적합하지 않은 곳도 있었다. 상업 지구와 주택 지구 중간에 위치한 7번로를 걷다 보면 거리의 소란스러움에 묻힐 것이다. 공기가 너무 더러워서 기침을 심하게 하는 바람에 그랜드 센트럴 역Grand Central Station에 가지 못한 적도 있었다.

그보다 더 매력적인 산책로조차 때로는 인파와 소음에 묻혔다. 이따금 우회할 만한 거리를 찾아야 했는데 그러다 괜찮은 우회로를 두 개나 찾아냈다. 하나는 도심으로 가서 브루클린 다리를 가로지르는 길이었다. 방문객이라면 모름지기, 아래로 이스트강과 차량 행렬이 보이는 다리를 건너 봐야 한다. 남북으로 보이는 경관은 장관이다. 맑은 날에는 걷는 사람과 자전거를 타는 사람으로 넘쳐난다. 누군가 "사진 좀 찍어 주시겠어요?" 하고 물을 것이다. 차량 행렬을 잘 살펴보면 다리를 가로지르는 버스가 없다는 사실을 깨닫게 될 것이다. 금지 사항이기 때문이다. (그런데 지하철을 이용하면 이스트강 아래를 지나 브루클린으로 갈 수 있고 노선의 끝인 코니 섬Coney Island과 브라이튼 비치Brighton Beach로 여행할 수 있다. 브라이튼 비치는 수천 명의 러시아 이민자의 고향이다. 간이식당 의자에 앉아 저렴한 러시아 음식을 사 먹거나 아니면 화려하게 장식한 넓은 러시아 연회장을 방문할 수도 있다. 밤이 되면 엄청난 양의 보드카를 먹고 마시며 춤추는 지역 주민들과 관광객들로 가득 찬다.)

다리에서 가까운 곳에 조그만 상업 구역인 브루클린 하이츠가 있다. 나무와 뉴욕시의 전통적인 벽돌 건물이 늘어서 있는 조용한 거리와 브루클린 하이츠 프로미나드Brooklyn Heights Promenade 공원이 아주 매력적이다. 오토바이가 경적을 울리면 상당한 벌금이 부과된다는 안내문이 있다. 카렌과 나는 꿈인 듯, 거리를 따라 흘러 다녔다. 이웃들의 대화 내용도 들을 수 있었다. 유니온 스퀘어에서는 온종일 "노숙자를 도웁시다!" 같은 누군가의 비명이나 외침이 들려오지만, 이곳에서는 그런 일을 상상할 수 없는 듯했다. 골목길 안쪽에는 산책로도 있다. 이 길은 길고 넓은 인도로, 나무가 무성한 공원과 큰 창문이 달린 비싼 아파트 사이에 있었다. 강이 내려다보였고 물 건너편으로는 지나치게 조용하고 고요해 보이는 휘황찬란한 맨해튼 남부가 보였다. 엄마와 유모들이 자녀나 돌봐 주는 아이들을 데리고 산책했다. 나이 든 주민들은 신문을 읽었고, 연인들은 난간 곁에서 손을 맞잡고 있었다. 작고 시끄러운 우리 아파트에 살다 보면 브루클린 하이츠가 그리워질 때가 있었다.

우리의 두 번째 우회로인 센트럴 파크에 대해서는 이미 많은 이야기들이 오갔는데, 다 그럴 만한 이유가 있다. 도시의 오아시스인 센트럴 파크는 그 존재 자체로 위대하다. 우리는 보통 지하철을 타고 공원의 북쪽 끝 110번가 스패니시 할렘Spanish Harlem으로 간 뒤 백 블록, 즉 약 8킬로미터 떨어져 있는 우리 아파트까지 걸어서 돌아왔다. 북쪽 끝의 거의 모든 사람들은 구릿빛으로 그을린 피부를 하고 있지만 남쪽으로 걸어 내려오다 보면 사람들의 피부색이 밝아지는 것을 알 수 있다.

나는 센트럴 파크에 있는 모든 것을 사랑했다. 예술가, 거리 음악가, 어릿광대, 공놀이하는 사람, 수영하는 사람, 저수지 주변을 달리는 사람, 낚시꾼, 소풍 나온 사람, 야외 활동을 즐기는 사람, 노 젓는 사람, 핫도그 먹는 사람, 소프트볼 경기하는 사람, 동물원, 인근의 기계식 시계, 스케이트장, 원형 극장, 스케이트보드 타는 사람, 배회하는 시인들, 콘서트, 오페라, 시위자, 행진, 아파트 건물 지붕에 둥지를 튼 붉은꼬리매를 볼 수 있도록 설치된 망원경, 원격 조종 나룻배까지, 그 모든 것을 사랑했다. 미국 최대의 공원인 센트럴 파크를 따라올 공원은 없다. 우리는 센트럴 파크 남쪽 끝 59번가에 있는 플라자 호텔에 들어가서 부자들이 브런치를 즐기는 것을 구경했고, 화장실을 이용했다. 호텔 안내원에게 지불한 사례금은 하루 동안 공짜로 즐긴 여흥에 비하면 소소한 액수였다.

불평등 2
<<<<<<<<<<<<<<<<<<<<<<<<<<<<<<

백만장자의 거리, 거지의 거리

나는 유니온 스퀘어를 지나 브로드웨이를 통해 일터로 걸어가는 길에 자고 있는 노숙자를 지나치곤 했다. 그는 코미디언 제리 사인펠트Jerry Seinfeld가 좋아하는 상점인 에이비시 카펫 앤 홈ABC Carpet & Home 길 건너편에 있는 문 닫힌 건물 정문 앞에서 자고 있었다. 제리 사인펠트는 어퍼 웨스트사이드에 자신이 수집한 클래식 차를 보관할 차고를 지을 만큼 많은 돈을 벌어들인 인물이다. 그 노숙자는 에이비시 상점에서든 맨해튼의 상류층이 다니는 커다란 상점에서든 물건을 사 본 적이 없을 것이다. 나는 중년의 백인 남성인 그 노숙자가 잠에서 깨어나 있는 날이면 약간의 돈을 주었다. 그는 나에게 고맙다는 인사나 다른 어떤 말도 하지 않고 묵묵히 현금만 챙겼다. 보통 오전 7시에 그를 보았다.
그 시간에는 공산품, 가금류, 생선, 꽃, 그 밖의 품목을 취급하는 상인들이 유니온 스퀘어에 있는 농민 장터에 상품을 진열한다. 이 시장에는 품질 좋은 식품이 풍성하다. 오늘의 특선 요리에 필요한 식재료를 구입하러 온 요리사와 마주칠 수도 있다. 개량하지 않은 토마토, 유기농 샐러리, 닭고기, 달걀, 신선한 생선,

이국적인 식재료 등 다양한 상품이 있다. 카렌과 나는 자가용 리무진에서 내려 시장에 들르는 여성을 본 적도 있다.

시장은 사각형 모양으로 공원을 에워싸고 있다. 따뜻한 날이면 도로변에 있는 긴 의자에는 항상 앉을 자리가 없고, 인도를 메운 행상들은 저렴한 상품을 판매해 몇 달러라도 벌기 위해 노력한다. 젊은 흑인 남성은 도로변에 있는 긴 의자를 차지하고 앉은 사람들에게 부드러운 음성으로 "겁내지 마세요."라고 말하며, 1달러짜리 묶음 건전지를 팔았다.

미국의 경제적 불평등을 정의하는 장소를 꼽으라고 한다면, 그곳은 단연 맨해튼이다. 천만 달러에 가까운 아파트가 판매되는가 하면, 쓰레기로 버려진 깡통을 소변기로 활용하는 노숙자도 있다. 어떤 노동자들은 일 년에 1만 달러 미만의 수입으로 세금까지 내야 하는 반면 조지 소로스George Soros 같은 금융 전문가는 일 년에 10억 달러를 벌어들인다. 미식가를 위한 햄버거 하나가 40달러에 판매되는데도 손님이 줄을 잇는다.

앤드류 베버리지Andrew Beveridge는 2003년 6월 『고담 가제트Gotham Gazette』의 기사[50]를 통해 다음과 같은 사실을 알려 준다. 2000년 인구조사 자료에 따르면 "오늘날 맨해튼은 우리나라의 카운티 가운데, 소득 격차가 가장 큰 곳이다. 맨해튼의 소득 격차를 능가하는 카운티로는 1989년 하와이에 있었던 나환자 수용소뿐이다." 2000년 인구조사 자료에 기초한 분석에 따르면, 1999년 맨해튼의 상위 20퍼센트 가구 소득은 하위 20퍼센트 가구 소득의 50배를 넘었다. 상위 20퍼센트 평균 가구 소득은 36만6,000달러였고, 하위 20퍼센트 평균 가구 소득은 7,054달러였다. 상위 집단의 평균 소득은 14만 달러 증가한 반면, 하위 집단의 평균 소득은 겨우 7달러 증가하는 데 그쳤다." 나아가 베버리지는 "인구조사 표준 지역인" 49번가부터 96번가까지, 5번로를 따라 걸어가면서 "만날 수 있는 가구들의 1999년 평균 소득은 20만 달러 이상이었다. 맨해튼 중에서도 이 지역은 진짜 부자들이 가장 많이 모여 사는 곳이다. 5번로 공동 주택의 가격은 2천만 달러 이상이다. 이곳의 호화 주택은 3천만 달러 이상에 팔린다. 이곳에 위치한 건물의 현관 안내인은 겨울에 털가죽 깃이 달린 겉옷을 입는다. 상류층만을 위한

---

50) 원문은 http://www.gothamgazette.com/article/demographics/20030611/5/421에서 볼 수 있다.

의상실과 특별한 상점들이 매디슨로에 포진하고 있다. 이곳을 이용하려면 예약은 필수이며 들어가려면 초인종을 누르고 기다려야만 한다. 2000년 하반기에 시작된 경제 하강이 2001년 9월 11일의 사건으로 악화되었을 때 부자들은 자산에 상당한 손실을 입었지만 몇 년도 지나지 않아 다 회복되었다.

미국에서 가장 부유한 도시에서 2003년 전체 가구의 7분의 1과 전체 가족의 11분의 1의 연간 소득은 1만 달러에도 미치지 못했다.(가구는 독신자를 포함할 수 있지만, 가족은 그 정의상 최소한 한 사람 이상의 소득자를 가졌을 확률이 높다.) 2003년 가족의 18퍼센트와 개인의 19.6퍼센트는 빈곤했다. 그중 18세 미만의 자녀가 있는 경우는 31.5퍼센트였다. 2003년 미국에서 빈곤을 결정하는 4인 가족의 소득 기준은 세전 1만8,660달러였다. 빈곤선 기준 소득에도 못 미치는 금액으로 일가족이 맨해튼에서 생활한다는 것은 상상을 초월하는 일이다. 또한 전체 세입자의 27퍼센트가 소득의 35퍼센트를 임대료로 지불하는 도시에서 1만 달러에도 못 미치는 돈으로 생활한다는 것 역시 상상을 초월하는 일이다.

< < < < < < < < < < < < < < < < < < < < < < < < < < < < < <

이상한 저녁 만찬

지금부터 하는 이야기에 등장하는 사람들의 행동 양식에 주목해 주었으면 좋겠다. 이 이야기에 등장하는 사람들의 행동 양식이 전형적이라고 할 수는 없지만 우리가 만났던 맨해튼 사람들에게 만연한 특정 행동 양식을 반영하기 때문이다. 이 사건은 우리의 뉴욕 생활의 전환점이 되었고 우리가 이곳을 떠나기로 결심하도록 만드는 데 크게 기여했다.

카렌과 나는 저명한 좌파 저술가와 그녀의 남편을 저녁 식사에 초대했다. 나는 그 저술가를 몇 년 전에 알게 되었고, 그 뒤로 가끔 연락하고 지냈다. 나는 수업 시간에 그녀의 책을 교재로 활용하곤 했다. 그녀의 책에는 치열한 자본주의적 경쟁에 사로잡힌 보통 사람들의 딱한 처지에 공감하는 연민의 목소리가 담겨 있었다. 그녀는 인세를 받는 저술가였고 나는 그녀에게 출판계 인사를 만나는 요령을 배울 수 있을지 모른다는 기대와 그녀를 통해 저술가들을 소개받을 기회가 생길지 모른다는 기대를 가지고 있었다. 대화가 늘어지면 그녀가 쓴 책을 대화의 소재로 활용할 수 있도록 우리는 그녀의 최근작을 읽기 시작했고, 카렌은 그녀의 책을 다 읽었다. 나는 그 책에 대한 서평을 써서 잡지에 실을 수 있다고 그녀에게 말해 줄 생각이었다. 만찬에 내놓을 재료를 사는 데 반나절이 걸렸다. 신선한 야생 연어, 작은 감자, 푸른 채소, 푸른 콩, 집에서 만든 올리브 후머스,[51] 구운 붉은 고추, 전채요리용 크로스티니,[52] 후식용 치즈케이크를 샀다. 치즈케이크는 1번로 11번가에 있는 유명한 베니로스 베이커리Veniero's Bakery에서 샀다. 좋은 와인도 몇 병 구입했다.

  손님은 시간 맞춰 도착했다. 그들은 집에서 만든 모과젤리를 선물했고, 나는 손님들을 3층의 우리 집으로 안내했다. 서로 소개하는 중에 그 저술가는 우리가 소유물을 모두 처분했다는 사실에 깊은 인상을 받았다고 말했다. 하지만 그녀가 거실용 의자와 일

---

51) 후머스hummus는 이집트 콩을 삶아 양념한 중동 요리다.
52) 크로스티니crostini는 전채 요리로 사용되는 이탈리아 음식이다. 이탈리아어로 작은 토스트를 의미한다.

반 의자에 대해 지적했기 때문에 우리는 아파트에 사는 데 필요한 몇 가지를 구입할 수밖에 없었다고 말해 주었다. 아무래도 그녀는 우리가 맨바닥에서 생활하지 않는다는 데 실망한 눈치였다. 그녀는 자리에 앉는 대신 거실을 샅샅이 살펴보기 시작했다. 창문의 블라인드를 올려 보기도 하고 그림, 책, 사진을 들여다보기도 했다. 침실 문을 열고 들어가서는 침실도 살펴보았다. 카렌이 음식을 가지고 나오려고 주방으로 들어가자 저술가도 따라 들어갔다. 그녀는 말아 놓은 생선을 건드려 보고 포장한 상품의 냄새를 맡아 보기도 했다. 카렌과 나는 첫 번째 와인 잔을 비웠다.

  내가 볼 때는 사람들이 집에서 음식을 잘 만들어 먹지 않는 것 같다. 손님을 초대해 요리를 대접해 보면 마치 마지막 식사라도 되는 듯 맛있게 먹었기 때문이다. 이 사람들도 예외가 아니었다. 그들은 전채 요리를 게걸스럽게 먹어치우더니, 마치 굶주린 사람들처럼 저녁 식사를 비웠다. 저술가는 접시를 깨끗이 비우더니 자리에서 일어나 샐러드 그릇을 가져와서는 그릇째 먹기 시작했다. 치즈케이크는 아예 주방 한 귀퉁이에 서서 파이 접시째로 먹었다. 그녀는 식기에 난 홈을 용케 찾아내서는 영국 제품이 우리나라 제품보다 낫다는 말도 덧붙였다.

  식사를 하면서 우리는 이들이 (결혼한 지 몇 년 되었는데도) 각자 이름으로 된 아파트를 보유하고 있음을 알게 되었다. 그 두 채의 아파트 모두 임대료 통제를 받는 아파트였다. 두 사람은 차도 세 대나 가지고 있었다. 그 말은 그 차를 모두 유지할 만큼의 돈을 달마다 벌어들인다는 말이었다. 뉴욕시에는 50년의 역사를 자랑하는 임대료 통제법이 있는데, 아주 복잡하고 도저히 납득할 수 없는 불가해한 법이다. 뉴욕 사람들에게 임대료만큼 흥미진진한 이야기는 또 없을 것이다. 뉴욕 시민들은 누가 어떤 집에 얼마를 지불하는가에 대한 이야기를 너무 좋아했다. 우리는 이들이 주택 거래에 대해 하는 말을 듣고, 임대료 통제를 혐오하게 되었다. 그래서 그들이 했던 이야기를 여기에 적어 보려 한다. 저술가는 고군분투하는 예술가에게 주도록 지정된 방이 포함된 건물에 살았다. 젊은 저술가, 음악가, 미술가 등의 예술가들은 보조금이 없다면 우리나라의 문화 중심지인 뉴욕에서 집을 구할 수 없을 것이다. 시 당국은 이런 예술가들이 뉴욕에 모여들도록 하기 위해 보조금을 지급했다. 적절한 생계 수단을 갖추지 못한 사람들도 뉴욕에서 살아갈 수 있도록 하자는 것이 임대료 통제의 본래 취지였다.

    그러나 자본주의 경제에서는 가격을 통제하기가 어렵다. 정부가 지속적으로 주의를 기울이지 않고, 교묘하게 법을 피해 가는 사람들을 처벌할 의지를 가지지 않고, 임차인의 소득이 증가함에 따라 임대료를 올리도록 허락하지 않고, 적당하면서도 저렴한 주거지를 건설하지 않는다면 임대료 통제는 혜택이 필요 없는 사람을 보조해 주는 제도로 전락하게 될 가능성이 크다. 그리고 보편적 보조금이 아니라면 막대한 불평등이 생겨날 것이다. 우리 집 바로 아래에 사는 부부는 우리와 같은 크기의 집에 살았지만 임대료는 우리가 내는 돈의 5분의 1만 낸다. 그 집은 임대료 통제를 받는 집이고, 우리 집은 임대료 통제를 받는 집이 아니기 때문이다. 뉴욕시 전체를 들여다보면, 근사한 아파트 건물과 그 동네에 사는 안정된 가구에게 제일 많은 보조금이 돌아간다. 이들은 주로 독신이나 부부만 거주하는 부유한 백인 노인들이다. 동시에 가장 가난하고 가장 소수자에 속하는 가족, 특히 자녀를 둔 대가족 가구들은 임대료 통제의 혜택을 전혀 받지 못한다.

불평등의 규모를 파악하기 위한 많은 연구가 이루어졌다. 이 연구들은 지역과 인종과 가구 형태가 각기 다른 뉴욕 시민들이 누리는 보조금 액수, 즉 통제되는 아파트의 최대 임대료와 통제받지 않은 아파트의 실제 임대료 차이를 계산했다. 하버드 조인트 주택 연구 센터Harvard's Joint Center for Housing Studies는 퀸즈Queens같이 맨해튼의 고소득층이 모여 사는 몇 안 되는 지역에서, 뉴욕의 임대료 보조금을 가장 많이 가져간다는 사실을 밝혀냈다. 가령 1989년 어퍼 이스트사이드의 전형적인 할인 금액은 한 달에 432달러였지만, 이스트 뉴욕East New York과 브롱크스 및 브루클린 대부분 지역의 할인 금액은 사실상 마이너스였다. 이 말은 보조금이 지급되는 임대료조차 지불할 수 있는 세입자가 없다는 말이다. 1986년 아서 리틀 자문 회사Arthur D. Little Associates는, 뉴욕이 임대료 통제 보조금으로 매년 7억5,400만 달러를 지불한다고 산정했다. 그중 95퍼센트가 세입자의 56퍼센트에 불과한 백인 가구에게 돌아갔고, 흑인과 히스패닉 가구에게는 2퍼센트만이 돌아갔다. 이 연구는 1인 또는 2인 가구가 임대료 통제 보조금의 74퍼센트를 받았던 반면, 자녀를 둔 가족들은 1퍼센트 미만의 보조금을 받았다는 사실도 밝혀냈다.

최근 존 티어니John Tierney는 「부자들과 임대료 통제를 받는 집에 사는 사람들의 착각Delusions of the Rich and Rent-Controlled」(『뉴욕 타임스』, 2006년 6월 3일)이라는 칼럼을 썼다. 제목을 잘 뽑은 이 칼럼에서 티어니는 우리의 저녁 만찬 손님과 우리가 맨해튼에서 만난 일부 고소득 좌파들이 보여 주는 태도를 완벽하게 묘사한다. 티어니는 영화감독이자 작가인 노라 에프런Nora Ephron 때문에 드러난 우리의 잘못에 대해 말해 준다. 노라 에프런은 "브로드웨이와 웨스트 79번가에 있는 호화 건물인 앱소프Apsorp의 방 여덟 개 딸린 아파트에 한 달에 1,500달러 비용으로 입주하기 위해 뇌물을 썼다."[53]고 했다. 에프런이 사는 아파트의 시장 임대료는 한 달에 1만 달러였다. 하지만 "새로 제정된 법은 에프런의 연간 가구 소득이 25만 달러를 넘기 때문에 에프런의 임대료 보호권을 박탈"했다. 에프런은 그 당시 분노를 느꼈다고 회상한다. 티어니는 문제의 핵심을 찌른다.

무너져 가는 성채에 사는 유럽의 귀족들처럼 임대 귀족들도 악착같이 돈을 모은다. 이들은 긴 수명과 미덕 때문에 집을 소유할 자격이 있다. 이들은 임대료 통제 보조금을 자격 있는 지식인이나 예술가에게 지급되는 장학금인 풀브라이트 장학금[54]에 비긴다. 이들은 자신들이 건물에 광범위한 "정서적 투자"를 했기 때문에 아파트를 유지할 권리가 있다고 정색을 하고 말할 것이다.

여하튼 카렌은 그날의 『뉴욕타임스』 기사에 대해 말했다. 임대료 통제를 받는 아파트 주인을 다룬 기사로, 집주인은 세입자를 내보내기 위해 폭력배를 동원했다고 한다. 여전히 터무니없이 낮은 임대료를 지불하면서 끝까지 버티는 사람들에 대한 이야기도 있었다. 우리 손님들은 이 기사에 큰 흥미를 보였고, 바로 신문을 가져다 달라고 했다. 카렌이 쓰레기통에서 신문을 찾아오자 음식을 먹던 손님들은 기사를 읽으면서 이런저런 논평을 했다. 저술가의 남편은 신문을 더 잘 보기 위해 일어나기도 했다. 몇 분이나 지났을까, 저술가는 『선데이 매거진Sunday magazine』의 낱말 맞추기를 가져다 달라고 했다. 카렌이 잡지를 찾아오자, 한때 예술가였던 이 여자는 잡지를 들고 화장실로 사라졌다. 우리는 거실에 둘러앉아 아무 일도 없었다는 듯이 행동하려고 했고, 저술가는 30분이 넘도록 화장실에 틀어박혀 낱말 맞추기를 풀었다. 간간이 우리의 대화에 큰 소리로 반응했다.

    그녀가 화장실에서 나오자 상황이 훨씬 나빠졌다. 그녀는 주방으로 가서 남은 음식을 잡히는 대로 먹어 대기 시작했다. 그녀가 우리 침실로 다시 들어간 뒤 벽장문 열리는 소리가 들렸다. 우리는 "조용히 있자"는 눈짓을 주고받았다. 자정 무렵 그들이 돌아가기 전까지 우리 대화는 간간이 이어졌지만, 책에 대한 이야기는 한마디도 없었다. 나에 대한 격려의 말도 전혀 없었다. 그들은

---

53) 아파트 사진은 http://www.thecityreview.com/uws/bway/apthorp.html에서 볼 수 있다.
54) 풀브라이트 장학금Fulbright scholarships은 국제교육원Institute of International Education에서 운영하는 장학 프로그램이다. 미국뿐 아니라 해외 학생들에게도 장학 혜택이 주어진다. http://www.fulbrightonline.org에서 정보를 얻을 수 있다.

저녁 식사에 초대해 주어서 고맙다거나 하는 안부 전화나 메모 한 장 남기지 않았다. 답례 형식의 초청도 없었다. 나는 그녀가 쓴 책이나 앞으로 쓸 책에 대한 서평을 쓰지 않겠다고 맹세했다. 그녀의 책을 아예 내다 버렸다.

맨해튼을 떠나다

맨해튼은 흥미진진한 일이 많이 일어나는 곳이었고『먼슬리 리뷰』도 즐겁게 일할 수 있는 일터였다. 그러나 아무리 흥미롭다 해도 일은 결국 일이었다. 맨해튼은 사람의 정신 건강과 신체 건강을 해친다. 시도 때도 없이 시끄러운 소리가 들리기 때문에 집중도 안 되고 잠자는 데도 방해된다. 웨스트 14번가 주변 최첨단 유행을 선도하는 미트패킹 구역[55]에 몇 개의 클럽을 소유한 한 여성은 첨단 기술을 이용해 작은 보석상자같이 생긴 "누에고치" 침대를 제작했다. 누에고치 침대는 그녀가 편안한 밤을 보낼 수 있도록 모든 소리를 사라지게 만들었다. 독일 과학자들이 수행한 최근의 연구 결과에 따르면 끊이지 않는 소음은 정상적인 생활 주기를 파괴할 뿐 아니라 심장마비를 일으킬 위험성 또한 상당히 높인다고 한다. 맨해튼은 절대 잠들지 않는 도시다. 소음은 수면

---

[55] 미트패킹 구역meatpacking district은 맨해튼 웨스트 14번가에서 젠스볼트가, 그리고 허드슨강 동쪽에서 허드슨가에 이르는 구역을 말한다. 1900년대에 이곳에 250여 개의 도살장과 푸줏간이 모이면서 이런 이름이 붙었다. 그러나 1990년대 들어 최고급 의상실, 최고급 음식점, 나이트클럽이 들어서면서 유행의 최첨단을 달리는 거리로 변모했다.

을 방해하고 사소해 보이는 여러 가지 손실을 입힌다.

근대적 도시 생활에서 해로운 측면 중 하나는 빛이 너무 많다는 점이다. 대도시에서는 거의 불이 꺼지지 않는다. 우리는 별을 볼 수 없고, 빛 때문에 또다시 적절한 수면을 취할 수 없다. 우리 아파트가 위치한 거리는 영화와 텔레비전 프로그램 촬영지로 잘 알려진 곳이라서 이런저런 촬영이 많다. 해가 진 뒤 촬영하는 감독들은 거대한 크레인을 동원해 지붕 위에서 밝은 조명을 비추기도 한다. 촬영진들의 소음과 한낮처럼 보이도록 만들어 주는 찌르는 듯한 밝은 빛줄기 때문에 한밤중에도 잠을 잘 수가 없다. 캘리포니아 남부에 위치한 조슈아 트리Joshua Tree 국립공원처럼 외딴 곳에서는 차량의 불빛조차도 동물에게는 해로울 수 있다고 한다. 그러니 맨해튼의 불빛이 수많은 생명체에게 미치는 해악이 어떨지 상상해 보라.

수천 대의 택시와 수만 대의 자동차, 화물차, 버스가 맨해튼을 밤낮 없이 돌아다닌다. 차량은 소음을 내고 빛을 방출할 뿐 아니라 공기를 오염시킨다. 옐로우스톤의 맑은 공기와 뉴욕시의 공기는 비교가 안 된다. 우리는 9월 11일의 사건이 있은 직후 맨해튼으로 왔기 때문에 그라운드 제로[56] 주변의 오염은 특히 해로웠다. 테러리스트의 공격이 끝난 지 몇 달이 지났지만 연기 냄새는 사라지지 않았다. 폭발이 건강에 미친 충격에 대한 연구가 아직

---

56) 그라운드 제로ground Zero는 핵포탄이 투하된 지점을 일컫는 용어로 대참사를 이를 때 쓰이던 말이다. 9·11 사태 이후, 세계무역센터 건물 자리를 의미하는 말이 되었다.

도 진행 중이지만 아주 해로운 것이라는 점에는 의심의 여지가 없다. 9·11 사태가 일어나지 않았다고 해도 맨해튼 사람들은 온종일 마시는 미세먼지 때문에 일련의 호흡기 질환에 시달릴 것이 틀림없다. 도시의 흑인 아이들 사이에 유행하는 천식의 주범은 일상적인 오염일 가능성이 높다. 옐로우스톤을 떠날 때 우리는 건강했고 내 어머니 집에 있을 때도 18킬로미터 정도의 등산을 가뿐하게 해냈다. 도시에서도 우리는 항상 걸어 다녔다. 하지만 운동한 뒤 일반적으로 느끼는, 신체적인 가뿐함은 없었다. 걷고 나서 집으로 돌아올 때는 언제나 씩씩거리거나 숨을 헐떡거렸다. 목구멍이 긁힌 것처럼 따가웠고, 만성 부비강염에 시달렸다. 폐가 손상된 것은 아닌지 걱정스러울 지경이었다.

마지막으로 나를 당황스럽게 한 것은 맨해튼의 무관심한 정서였다. 도시가 너무 크고 비인격적이어서 사람들은 서로에게 신경을 쓰지 않았다. 물론 매일매일 여기저기에서 수많은 사람들이 개인적인 호의를 베푼다. 그리고 맨해튼 사람들은 전형적인 도시 거주자들이 보이는 무심함에 어울리지 않는 행동도 한다. 하지만 수만 명의 맨해튼 사람들은 문을 걸어 잠그고, 자신만의 작은 세계에 들어앉아 크고 작은 걱정들을 하느라 시간과 힘을 소비하는 바람에 인간 존재에 영향을 미치는 더 근본적인 문제들에 헌신할 틈을 잃어버렸다.

카렌과 나는 좌파 지식인과 활동가들의 모임에 참여하기를 기대했지만, 그런 일은 일어나지 않을 것임을 금세 깨달았다. 겉치레로 지나가는 일들이 수없이 많았다. 한 달쯤 지나자 우리는 우리 머릿속에 들어 있는 낭만적인 뉴욕에서 사는 것이 아니라, 우리가 살아 있거나 죽어 있거나 상관하지 않는 사람들 속에서 살고 있음을 깨달았다. 우리 아파트 건물 주민들은 우리가 이사 나갈 때 딱 한 번 우리에게 작은 관심을 보였다. 아마도 새로 비게 된 공간에 대한 정보를 모으기 위해서였을 것이다. 맨해튼 사람들은 임대료와 다른 생필품을 사는 데 필요한 돈을 벌기 위해 아주 힘들게 일하기 때문에 아이들처럼 이웃에게 관심을 기울이면서 서로 익숙해질 여유가 없다. 신경에 거슬리는 소음을 안고 사는 도시의 작은 아파트에서 생활하기 위해 아주 많은 시간을 일하지만, 그나마 임대료도 벌어들이지 못하는 생활로는 굳건한 사회적 관계가 형성될 수 없다.

  우리는 젊은 연인을 저녁 식사에 초대한 적이 있다. 내가 은퇴하기 한 달 전 세상을 떠났던 내 친구 브루스의 아들과 여자 친구였다. 브루스의 아들은 음악가였고 그에게 뉴욕은 그의 창의적 재능을 자극하는 천국과도 같았다. 하지만 그의 여자 친구는 2번로에 있는 우리 아파트 근처의 작은 식당에서 호스트로 일했다. 그녀와 그녀의 동료들은 장시간 심한 스트레스에 시달리면서 일하기 때문에 친밀한 관계를 형성할 여유가 없었다. 가까운 스타벅스에서 커피 한 잔을 같이 마시려 해도 미리 약속을 잡아야 하는 상황이었다. 내 친구 아들의 생활은 보헤미안 예술가가 도시로 와서 명성을 얻는다는 뉴욕식 전설의 소재가 된다. 만일 그가 성공한다면 그의 성공은 하나의 예외가 되겠지만 여자 친구의 생활은 전형적인 일상일 뿐이다.

나는 직장 동료들과 우정을 쌓았고, 투고 원고를 읽고 편집했고, 저자들과 연락을 취했고 사무실에서 진행 중인 기획을 도와 일하는 게 즐거웠다. 하지만 책상머리에 앉아서 정해진 시간을 채우며 일하는 데 익숙하지 않았다. 불편한 의자에 장시간 앉아서 일하다 보니 등과 엉덩이가 아팠다. 겨울의 사무실은 답답했다. 내가 볼 때 사무실 사람들은 우스꽝스러울 정도로 많은 시간을 사무실에서 보냈다. 나는 그렇게 일할 생각이 없었기 때문에 한편으로 죄책감을 느꼈다.

　맨해튼이 굉장한 도시라는 것 외에도 내가 이곳에 온 이유는 또 있었다. 맨해튼은 진보 정치와 진보적 사상의 중심지다. 진보 정치의 목표는 온갖 종류의 불평등을 끝장내는 것이다. 또한 노동하는 남녀를 해방시키고 자신의 역량을 최대한 발휘하도록 격려하는 것이다. 마지막으로 모두가 함께 잘살 수 있는 공간을 만드는 것이다. 나는 이런 창조적인 소동의 일원이 되고 싶어서 이곳에 왔지만 이곳에서 내가 만났던 지식인들은 내 기대에 부응하지 않았다. 그들은 뉴욕 외의 다른 지역은 무시했다. 또 이곳에 있는 자신의 친구들이 생각하고 실천하는 것이 다른 모든 사람들의 생각이고 실천이라고 생각했다. 이런 태도는 나를 당황하게 만들었다. 그 모임에 속한 사람들은 아주 부유하고 고립된 이기주의자에 불과했다.

　2002년 5월, 6개월 동안의 일을 마치면서 내가 불행했다는 말은 아니다. 다만 맨해튼에서 머물 만한 곳을 찾지 못했을 뿐이다. 내가 젊은 교사였을 적에는 다른 몇 명의 선생들과 함께 학교에 노동조합을 결성하고자 노력했고, 사회를 비판적으로 생각하는 학생을 배출하려고 노력했다. 그때의 삶은 흥미진진했다. 시간이 흘러 캠퍼스 안팎이 하나로 융화되면서 삶이 완전해졌다. 안식년이었던 1976년, 캘리포니아의 전미농업노동조합에 합류해서 일했을 때도 비슷한 경험을 했다. 농장에서 일하는 수천 명의 이주노동자들에게는 공동의 목적이 있었다. 나는 숭고한 조직의 일원으로서 회의에 참석하고, 파티에 가고, 그들의 집을 방문했다. 옐로우스톤의 호텔에서도 나는 직원이 많은 기업의 일원이었다. 나와 다른 점원은 매일 함께 일하며 서로 협조했고, 함께 먹었고, 생활했다. 나는 언제나 일이 제대로 진행되고 있다고 느꼈다. 그러나 이곳 뉴욕에서는 외롭고 초라해졌다. 나를 실망시키는 게 좌파 지식인이라면, 저술가와 그녀의 남편처럼 행동하는 게 급진주의자라면, 우리가 만들 훌륭한 사회는 어떤 모습일지 궁금해졌다.

우리는 아주 오랫동안 맨해튼에서 살기를 꿈꿔 왔다. 그러나 곧, 맨해튼에서는 모든 일이 거꾸로 돌아간다는 것을 알게 되었다. 터무니없는 임대료를 계속 지불하기 위해서는 다른 일을 추가로 해야 했다. 첫 번째 여름이 돌아왔을 때 우리는 더 이상 일할 필요가 없다는 생각이 들었다. 더 싸고 더 깨끗하고 덜 열광적인 장소로 이사하면 그만이었다. 피츠버그에서 노동하던 나날을 버리고 맨해튼까지 와서 새로운 노동을 이어 갈 필요가 있었던가? 우리는 여름을 근사하게 보냈다. 이곳에서 보려고 했던 모든 것을 보았다. 살기 빡빡한 이곳에서 살아남았기 때문에, 어디에서든 살아남을 수 있다는 확신이 생겼다. 우리는 계획을 세우기 시작했다. 『먼슬리 리뷰』에 내가 계속 협동 편집자로 남을 수 있는지 물어보았다. 내가 책임지고 있던 일부 과제들을 이사회에 넘기고 내가 어디에 있든 처리할 수 있는 과제만 맡기로 했다. 나는 급료를 받지 않기로 하는 대신 『먼슬리 리뷰』는 우리의 건강보험료를 납입해 주기로 했다. 내 제안에 엠알 사람들은 모두 놀랐지만 제안을 받아들였다. 그들은 약간의 돈으로 역량 있고 헌신적인 노동자를 얻었다. 내 입장에서는 얻은 것보다 준 것이 더 많을지도 모른다. 대신 곧 다시 자유로워질 것이다. 떠나기로 결심하기 전 나는 잡지에 짧은 글을 실었다. 전문은 다음과 같다.

그래서 지금 나는 여기 맨해튼에 살면서 『먼슬리 리뷰』에서 일한다. 점원으로 일하는 것보다 훨씬 즐겁고 활기찬 일이다. 나는 흥미로운 사람들을 만났고, 잡지에 훌륭한 논문을 기고해 달라고 청탁했고, 문제 있는 논문을 좋은 논문으로 편집했고, 책 한 권의 초안 작성을 거의 마쳤고, 세계에서 위대한 도시로 손꼽히는 도시에서 살아 보았고, 세계에서 가장 훌륭한 진보적 잡지와 출판사에서 일했다. 나는 엠파이어 스테이트 빌딩 인근에 위치한 코넬 대학의 노동연구소에서 잠시 가르치기도 했다. 그러나 차갑고 비인격적인 거리를 다니고, 더러운 공기를 마시고, 우리나라에서 내가 본 것 중 가장 지독한 불평등을 일상적으로 마주하면서 여전히 서부를 그리워한다. 산에서 흘러내려오는 시냇물과 자유롭게 날아다니는 독수리가 그립고, 내 동료 점원들이 그립다!

어쩌면 이미 알고 있었을지도 모른다. 도시를 떠나기 전 사무실 동료 두 명과 함께 근처 식당에서 술을 마시면서, 좀 더 자주 이런 회식 자리를 만들지 못한 이유에 대해서 생각해 보았다.

환경 2
<<<<<<<<<<<<<<<<<<<<<<<<<<<<<<<<<
9·11이 소방관에게 미친 영향

2002년 봄, 나는 코넬 대학의 노동연구소 프로그램에서 뉴욕시의 공공 부문 노동자를 대상으로 수업을 했다. 학생 중에는 소방관 노동조합에서 간부직을 맡고 있는 뉴욕시 소방관이 있었다. 우리는 쉬는 시간마다 그가 대표하고 있는 노동자들이 9월 11일의 여파로 겪고 있는 일에 대해 이야기를 나눴다. 장례식에 참석하기 위해 수업 도중에 나가는 일도 종종 있었다. 그는 그라운드 제로의 두터운 잔해 아래에서 일했던 소방관은 아무도 십 년 이상 생존하지 못할 것 같다고 말했다. 그러면서 그는 몇 년 전 발생했던 발전소 화재에 대해 자세히 말해 주었다. 화재 당시 화학물질이 흘러나왔는데, 당시 현장에 있었던 소방관 중 2002년 현재 생존자는 없다. 지금 연방 정부는 9월 11일 이후 사용된 소방차들을 청소하고 소독하는 데 필요한 돈조차 지급하지 않는다. 시 정부는 노동조합에게 조금만 양보해 달라고 부탁했다. 언론은 노동자들을 영웅으로 치켜세웠고, 이들은 진정한 영웅이었다. 그러나 이것은 영웅주의로 끝났다. 연방 정부와 주 정부는 노동자들을 일개 상품으로, 즉 자신의 비용을 품고 있는 상품으로 취급했다.

회계 감사국(Government Accountability Office, GAO) 보고서는 9·11이 소방관에게 미친 충격을 다음과 같이 묘사한다.

9·11 공격을 수습하기 위해 나섰던 뉴욕시 소방청(Fire Department City of New York, FDNY) 소속 소방관 대부분이 호흡기 질환에 시달리고 있었고, 세계무역센터에서 얻은 호흡기 질환 때문에 수백 명이 소방관직에서 물러나야 했다. 공격 직후 48시간도 지나지 않았던 시점에서 뉴욕시 소방청이 세계무역센터에 있는 소방관과 긴급의료센터(Emergency Medical Service, EMS) 직원을 조사했다. 그 결과 1만 116명의 소방관과 긴급의료센터 직원 중, 약 90퍼센트가 극심한 기침에 시달리고 있음이 밝혀졌다. 뉴욕시 소방청 보건의료국FDNY Bureau of Health Services 또한 현장에 있었던 소방관 중에는 씩씩거림, 부비강염, 인후염, 천식, 대부분 만성 호흡기 질환에 관련되는 위식도 역류 질환(GERD, gastroesophageal reflux diease)을 호소하는 사람이 있었다고 기록했다.

공격 직후 6개월 뒤, 뉴욕시 소방청은 세계무역센터가 무너진 뒤 7일 이내에 현장에 있었던 9,914명의 소방관을 관찰했다. 그 결과 332명이 세계무역센터에서 얻은 기침에 시달리고 있음을 밝혀 냈다. 세계무역센터에서 기침 질환이 발병한 소방관 중 87퍼센트가 위식도 역류 질환 증상을 호소했다. 뉴욕시 소방청 보건의료국에 따르면 보통 만성 기침 환자의 25퍼센트 정도가 위식도 역류 질환 증상을 보인다고 한다. 뉴욕시 소방청 소속 소방관 중 일부는 세계무역센터에서 얻은 기침이 너무 심해 4주간 병원 치료를 받아야 할 정도였던 것으로 나타났다. 모든 증상에 대해 대처했음에도, 세계무역센터에서 기침 질환을 얻은 332명의 소방관 중 173명과 1명의 긴급의료센터 직원만이 약간 호전되었을 뿐이었다. 뉴욕시 소방청은 또한 이들이 반응성 기도 기능 이상 증후군reactive airway dysfunction syndrome에 걸리거나 자극물 유도성 천식irritant-induced asthma에 걸릴 수 있다는 사실을 발견했다.

세계무역센터에서 얻은 기침은 노출 강도에 따라 달라졌다. 노출 강도는 현장에 도착한 시간으로 규정된다. 더불어 뉴욕시 소방청은 처음 7일에서 10일 사이, 호흡기 관련 보호 장구를 갖추지 못하고 하루 16시간씩, 13일간 일했던 소방관 한 명이 흔하지 않은 종류의 폐렴에 걸렸다고 보고했다. 이런 종류의 폐렴은 갑자기 고농도의 먼지에 노출되었을 때 발병했다. 뉴욕시 소방청 보건의료국 관리에 따르면 호흡기 질환 유무가 소방관의 재직 기준에 들어 있기 때문에 세계무역센터 현장에 노출된 뒤 호흡기 질환이 발병한 약 380여 명의 소방관이, 2004년 3월 이후 소방관직에서 물러나게 되었다.

회계 감사국 보고서는 쌍둥이 빌딩의 붕괴로 발생한 쓰레기를 치우다가 신체적 질환과 정신적 질환을 앓게 된 많은 다른 노동자들에 대해서도 기록하고 있다. 기막힌 일은 이번 사태를 이용하는 연방 정부의 태도다. 연방 정부는 이번 사태를 계기로 노동하는 사람들에게 상처를 주는 법과 정책을 시행했다. 여행하면서 우리는 노동하는 사람들이 설 자리를 잃고 대신 돈을 가진 사람들이 더 많은 돈을 가지는 광경을 목도해 왔다. 2001년 9월 11일 이후 뉴욕시와 미국에서 벌어졌던 일은, 여행하면서 우리가 보았던 일들의 모범 사례다.

< < < < < < < < < < < < < < < < < < < < < < < < < < < < < <

10월 말에 맨해튼에서 이사하기로 한 것은 잘못된 결정이었다. 맨해튼에서는 분수를 틀 수 없을 정도로 몇 달 동안 계속 건조한 날이 이어지지만, 그 뒤에는 매일같이 비가 내렸다. 이사하는 날 우리는 새벽 5시부터 일어나 이삿짐을 1층으로 옮기기 시작했다. 그리고 나서 택시를 타고 우리가 빌린 이사용 화물차를 가지러 갔다. 시작은 순조로웠다.

하지만 아파트로 돌아오는 길에 사이드미러를 도로 표지판에 부딪혔다. 그래도 계속 운전할 수밖에 없었다. 세인트 마크 교회 앞에 불법으로 주차한 뒤 현관에 있는 소유물을 화물차와 다지 밴까지 끌어서 날랐다. 가랑비가 내리는 쌀쌀한 날씨였다. 우리 아파트에 세 들어 살았던 폴란드 노동자는 이사를 도와주는 대가로 시간당 50달러를 받기로 했지만 나타나지 않았다.

한 시간가량 이삿짐을 날랐을 때 비상등이 안 꺼졌다는 사실을 카렌이 눈치 챘다. 얼른 차로 달려가 보니 비상등을 켜 둔 채 내렸다는 사실을 알게 되었다. 배터리가 나가 버렸다. 우리는 유-하울 사 긴급 전화를 통해 수리 기사를 요청했지만 수리 기사가 10번가까지 오는 데 1시간 30분이 걸렸다. 9 · 11 사태 당시 구조 활동을 하다가 사망한 소방관을 추모하는 행렬 때문에 늦었다고 했다. 배터리를 충전하는 동안 누군가는 가속 페달을 밟고 있어야 했기 때문에 한 사람만 짐을 날랐다. 길가에서는 한 아시아 남성이 은행 열매를 줍고 있었고 좁은 공간에 차를 댈 수 있도록 화물차를 이동시켜 달라는 운전자도 있었다. 우리가 말없이 그 운전자를 쳐다보자, 그는 가 버렸다.

우리는 새로 세 든 사람에게 거실 가구들을 팔았다. 그렇지 않았으면 크고 무거운 짐들을 여러 개 날라야 했을 것이다. 침대, 침대 매트, 침대 스프링을 화물차에 싣고 나자 텔레비전만 남게 되었다. 들어서 나르기에는 너무 크고 무거워서 계단 모서리를 이용해 끌어다가 복도 저편으로 밀어냈고 한 번에 한 계단씩 내리는 방식으로 1층까지 내려왔다. 1층에 도착하니 기운이 다 빠져서 이 골치 덩어리를 어찌해 볼 도리가 없었다. 카렌이 인도에 나가서 처음 마주친 남성을 불러 세워 텔레비전을 밴까지 옮기는 일을 도와주면 20달러를 주겠다고 제안했다. 텔레비전을 옮기는 데 30초도 안 걸렸다. 돈을 받은 남자는 "훌륭한 분이군요." 하며 감사를 표했다.

짐을 다 실었다. 카렌은 화물차를, 나는 밴을 운전했다. 나는 카렌의 뒤를 따랐지만 곧 헤어졌다. 아내를 따라잡기 위해 뉴저지까지 32킬로미터를 부지런히 운전했다. 우리는 에이 앤 더블유 루트 비어A & W Root Beer 식당에서 식사를 했다. 다시 여덟 시간을 더 운전해 밤늦게 어머니 집에 도착했다. 펜실베이니아 주립대학의 미식축구 경기 중계방송을 들으면서 펜실베이니아의 외로운 도로를 지나갔고, 다음에는 무슨 일이 생길까 생각해 보았다.

■ 더 읽을거리
<<<<<<<<<<<<<<<<<<<<<<<<<<<<<<<<<<<<

뉴욕시의 역사는 Edwin G. Burrows and Mike Wallace의 명저 *Gotham: A History of New York City to 1898*(New York: Oxford University Press, 2000)을 참고하라. 이 도시의 과거 노동계급의 문화에 대해서는 Joshua Freeman, *Working Class New York: Life and Labor since World War II*(New York: New Press, 2001)을 참고하라. 새로 이민 온 노동자들의 모습은 Immanuel Ness, *Immigrants, Unions, and the New U.S. Labor Matket*(Philaselphia: Temple University Press, 2005)에 잘 나타나 있다. 맨해튼 구석구석을 알고 싶다면 John Tauranac의 경이로운 책 *Manhattan Block by Block: A Street Atlas, 3판*(New York: Tauranac Maps, 2004)을 잘 살펴보라. 이 장에서 언급된 임대료 통제의 불공정성에 관련된 내용은 Peter B. Salins, "Rent Control's Last Gasp," *City Journal*, Winter 1997에서 인용한 것이다. http://www.cityjournal.org/html/7_1_rent_controls.html에서 전문을 구할 수 있다.

2003년 2월~2004년 4월

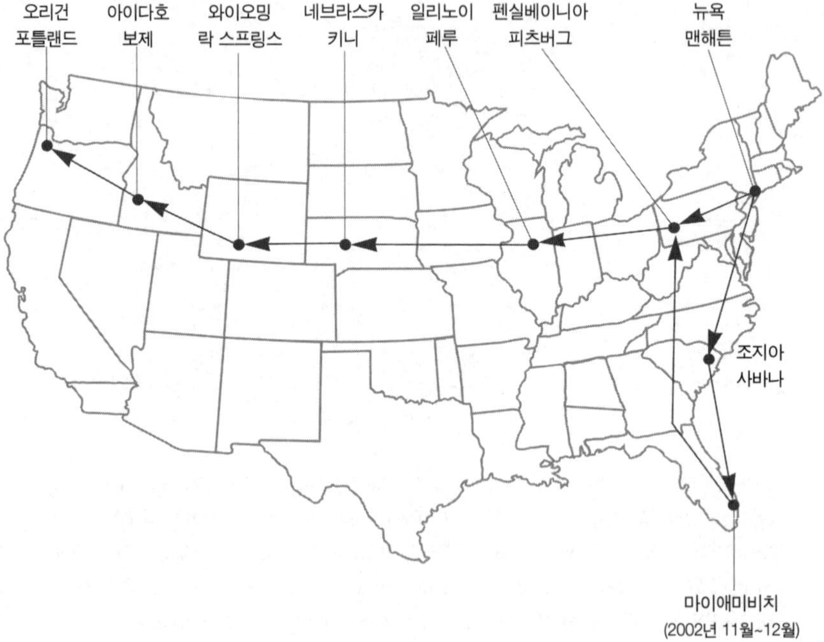

오리건
포틀랜드

아이다호
보제

와이오밍
락 스프링스

네브라스카
키니

일리노이
페루

펜실베이니아
피츠버그

뉴욕
맨해튼

조지아
사바나

마이애미비치
(2002년 11월~12월)

CHEAP MOTELS AND A HOT PLATE

04*

포틀랜드와 북서부 태평양 연안

포틀랜드Portland

2003년 인구	538,544명
2000년 인구	
백인	77.9퍼센트
흑인	6.6퍼센트
아시아계	6.3퍼센트
히스패닉(인종 무관)	6.8퍼센트
2000년 가구 소득 중앙값	40,146달러
2000년 임대 비용 중앙값	562달러
부대 비용을 포함한 주택 자금 대출 중앙값	1,158달러
빈곤선 이하 소득자	13.1퍼센트

포틀랜드 농민 장터는 독보적이다. 주로 포틀랜드 주립대학Portland State University 인근의 사우스 파크South Park 지역에서 열린다. 웹사이트 www.portlandfarmersmarket.org를 참고하라. 도시 생활의 단면을 살펴보려면 도심 한복판에 있는 주요 공공장소인 파이오니어 코트하우스 스퀘어Pioneer Courthouse Square를 방문하라. 후드 산Mt. Hood의 장관을 보고 싶다면 피톡 맨션Pittock Mansion을 방문하라. 3229 NW Pittock Drive, 97210, 전화 (503) 823-3624.

오리건 플로렌스(Florence, Oregon)

2003년 인구	7,583명
2000년 인구	
백인	95.9퍼센트
흑인	0.3퍼센트
아메리카 인디언	0.9퍼센트
히스패닉(인종 무관)	2.4퍼센트
2000년 가구 소득 중앙값	30,505달러
2000년 임대 비용 중앙값	456달러
부대 비용을 포함한 주택 자금 대출 중앙값	821달러
빈곤선 이하 소득자	14.4퍼센트

꽃으로 가득한 올드 타운Old Town은 방문해 볼 만한 곳이다. 고풍스러운 다리를 지나기 직전에 101번 고속도로를 빠져나오면 만날 수 있다. 101번 고속도로를 타고 마을에서 16킬로미터쯤 남쪽으로 내려가 고속도로를 빠져나가면 오리건 듄스 오버룩[57]을 만난다. 포장된 등산로를 따라 꼭대기까지 올라가서 모래언덕 아래로 내려다보이는 바다를 감상하라. 타케니치 크릭 루프 트레일Tahkenitch Creek Loop Trail을 이용해 오버룩에서 대양으로 갔다가 해변 남쪽을 돌아 다시 오버룩으로 돌아올 수 있다. 모래언덕에 박아 둔 나무 말뚝을 주의해서 따라가지 않으면 길을 잃기 쉽다.

쌍둥이 아들들과 함께 포틀랜드로

맨해튼을 떠나기로 결심했을 때 우리는 어디든 따뜻한 곳에 가서 휴가를 보내기로 합의했고 맨해튼 10번가를 떠나기 전 마이애미비치에 있는 아파트를 임대했다. 마이애미비치 오션 드라이브 Ocean Drive에 위치한 아르데코풍[58)]의 호텔 가운데 하나였다. 우리는 예전에 그곳에서 낭만적인 크리스마스를 보낸 적이 있었기 때문에 실물을 살펴보지 않고 임대했다. 남쪽 플로리다로 향하는 도중에 우리는 조지아 사바나Savannah에 들러 이틀을 보냈다. 사바나는 미국에서 가장 유럽적인 외양을 한 곳이라는 말도 있다. 우리는 열아홉 개나 되는 도심의 공원에서 즐거운 시간을 보냈다. 모든 공원에는 키 큰 고목나무들이 그림자를 드리우고 있었다. 많은 공원에는 영웅상이 세워져 있었고 오래된 교회와 역사적인 집들이 공원 주위를 에워싸고 있었다. 우리는 이 공원들을 파괴하고 토지를 "개발"하려는 시도가 있었다는 사실을 알게 되었다. 그렇게 된다면 대재난이나 다름없는 일이다. 사바나의 오래된 거리를 걸어가면서 나는 셔먼 장군General Sherman에게 고마움을 느꼈다. 셔먼 장군이 이 도시를 온전하게 보존하여 링컨 대통령에게 크리스마스 선물로 주었기 때문이다.[59)]

  이 책의 다른 장에서 마이애미비치와 플로리다를 자세히 다룰 예정이므로 여기서는 간단히만 언급하려 한다. 맨해튼 생활을 마

---

57) 오리건 듄스 오버룩의 지형도는 http://www.oregon.com/hiking/oregon_dunes.cfm에서 볼 수 있다.
58) 아르데코art deco란 20세기 초를 풍미한 건축 양식으로 공업적 생산방식을 미술과 결합시켜 기능적이고 고전적인 직선미를 추구했다.
59) 남북전쟁 당시 사바나는 남군의 주요 물자 공급 기지였다. 1864년 12월 21일, 북군의 셔먼 장군이 사바나를 함락시켰을 때 셔먼 장군은 대통령에게 드리는 크리스마스 선물이라며 도시를 파괴하지 않았다. 그 덕에 이곳의 본래 모습이 그대로 보존되었으므로 다행이라는 의미다.

무리한 뒤 대양이 내려다보이는 발코니를 가진 마이애미비치의 아파트에서 7주를 보낸다는 사실이 기뻤다. 우리는 넓은 해변을 오랫동안 거닐고 링컨 로드 몰Lincoln Road Mall에 모이는 사람들 틈바구니에서 즐거움을 느꼈다. 우리 건물 길 건너에 있는 리츠 칼튼 호텔은 유명한 마이애미비치의 건축가 모리스 라피더스[60]가 설계했는데, 몇 년 동안 폐점 상태였다가 지금은 재건축 중이었다. 덕분에 낮 시간에는 소음이 심했다. 우리는 부동산 업자에게 가격 할인을 요구했고, 약간의 승강이를 한 끝에 할인을 받았다. 세 아이가 방문했고 우리는 마이애미비치의 경관을 구경시켜 주었다. 거의 매일 따뜻하고 맑았다. 한밤중에 발코니에 나가 이웃한 건물 꼭대기에 붙은 거대한 시계 겸 온도계를 보곤 했다. 12월에도 21도가 넘는 따뜻한 날씨였다.

 다음에는 어디에 가서 살아 볼까? 우리는 몬태나 미술라 Missoula, 캘리포니아 퍼시픽 그로브Pacific Grove, 오리건 포틀랜드, 이렇게 세 곳으로 선택지를 좁혔다. 산으로 둘러싸인 분지인 대학 도시 미술라는 겨울에도 온화한 날씨가 이어졌다. 미술라는 한가로운 "1960년대" 풍으로 유명세를 탔으며, 신문의 여행 란에서 호평을 받은 지역이었다. 우리는 샌프란시스코 남쪽 태평양 연안에 자리 잡은 반원형의 몬터레이 만Monterrey Bay 남쪽, 몬터레이에 인접한 작은 마을인 퍼시픽 그로브에 방문한 적이 있다.

---

[60] 모리스 라피더스Morris Lapidus는 1950년대 '마이애미비치 리조트 호텔 양식'이라고 불렸던, 곡선미와 화려함을 강조하는 신바로크 양식의 근대적 호텔을 지었다.

퍼시픽 그로브는 자매도시인 대서양 연안 델라웨어의 르호보스 비치Rehoboth Beach처럼 감리교인들의 은신처로 출발했다. 신앙심 깊은 이들이 처음 지었던 작은 가옥들이 줄지어 서 있는 거리가 남아 있었고 그들의 이름이 역사를 간직한 문패에 새겨져 있었다. 우리는 대양이 앞에 보이는, 예스럽고 작은 바이드-아-웨 Bide-A-Wee 모텔에 투숙했다. 모텔 객실에는 전화가 없었다. 그래서 태평양 연안 시간으로 새벽 4시 30분에 밖으로 나가 공중전화를 이용해 클리블랜드 라디오 방송국과 인터뷰를 한 적도 있었다. 방송 진행자는 내가 대양의 파도소리를 들으며 통화하고 있다는 사실을 부러워했다.

포틀랜드는 과거의 산업 중심지이자 특별할 것 없는 항구도시로, 서부 해안의 잊혀진 도시가 되어 가고 있었다. 그러나 1970년대 첨단산업이 부상하면서 캘리포니아의 집값이 오르고 인구밀도가 높아지자 포틀랜드는 살기 좋은 장소로 탈바꿈했다. 현명한 지도자들은 도심을 깨끗하게 치우고, 값싼 수송 체계를 갖추고, 교통을 적절히 통제해 매력적인 도시 생활이 가능하도록 만들었다. 무분별한 교외 확장을 막는 엄격한 법규가 시행되었다. 마을 변방에는 많은 산책로와 등산로를 갖춘 숲이 거대한 녹지대를 형성하고 있으며, 도처에 훌륭한 공원과 나무들이 있다. 주거 지역에도 "유산"으로 보호되는 고목들이 있다. 행인이 지정된 자전거 주차소에서 자전거를 꺼내 타고 다니다가 해당 주차소나 다른 자전거 주차소에 반납하는 무료 자전거 프로그램에 대한 내용을 읽고 우리는 마음을 빼앗겼다. 우리는 포틀랜드가 살기 좋은 곳이기를, 그리고 우리가 태평양 북서안에 대해 탐구하고 이해하는 데 편안한 기지가 되어 주기를 희망했다.

우리 집 막둥이는 쌍둥이다. 우리가 마이애미비치에 있을 때 쌍둥이들은 피츠버그에서 일하면서 생활하고 있었다. 우리는 아이들에게 그곳을 떠나도록 종용했다. 아이들은 피츠버그에서 15년을 살아왔지만, 피츠버그에서의 직업 전망은 밝지 않았다. 피츠버그는 젊은이들이 성공할 수 있을 만한 곳이 아니다. 피츠버그는 늘 재정적 곤란에 시달리는 퇴락한 공업 도시다. 1990년대에 들어 제2의 전성기를 맞이한 첨단산업도 피츠버그에게 새 생명을 주지는 못했다. 지난 5년간 도시의 공공 부문에서 제공하는 혜택이나 공공 부문의 일자리는 급격하게 줄어들었다.

피츠버그는 미국 전체에서 가장 노령화된 지역이며, 가장 유동성이 적은 지역이다. 사망률이 출생률을 넘어섰기 때문에 사람들이 다른 곳으로 이주하지 않는다고 해도 인구는 줄어들 것이다. 특히 대학 졸업장이 없는 젊은이들이 남부럽지 않은 직업을 구할 만한 업종은 제조업 정도뿐이다. 펜실베이니아 서부 대부분 지역에는 부모의 경제적 도움에 의존해 사는 어른아이adult children가 많다. 우리 쌍둥이들에게는 몇 년간 꾸준히 일했던 직업이 있었지만, 노후되어 위험한 지역에서 생활했다. 고급 주택 지역으로 변했다고 하지만 거리는 여전히 초라했다. 아이들이 떠날 준비가 되었고, 포틀랜드에 함께 가겠다고 말한 것은 12월이었다.

이제 짐을 나르는 일이 아주 복잡해졌다. 우리는 플로리다로 오기 전 먼저 고향에 들러 내 어머니의 집에 우리 소유물을 보관해 두었다. 플로리다를 떠난 뒤에는 매사추세츠 암허스트에 들러 노동조합 간부들을 위한 강의를 하며 춥고 적막한 2주를 보냈다. 그러고 난 뒤 우리는 어머니 집으로 돌아가 이사 채비를 했다. 우리는 거대한 유-하울 사의 차량을 빌렸고, 전화로 포틀랜드 인근 교외 지역인 비버튼Beaverton에 장기 임대가 가능한 가구가 딸린 아파트가 있는지 알아보았다. 1월 말 이른 아침, 우리는 유-하울 사의 차량을 타고 피츠버그로 가서 아들들의 집 앞 눈 쌓인 가파른 거리에 주차했다. 바깥 온도는 영하 12도였고, 인도에는 얼음이 얼었다. 아이들이 이사할 준비를 거의 해 놓지 않았기 때문에 우리는 몇 시간에 걸쳐 아이들의 물건을 포장하고 화물차에 싣는 일에 미친 듯이 매달렸다. 그러고 나서 우리 소유물을 보관해 둔 장소로 돌아가기 위해 72킬로미터를 운전했다. 날씨가 어찌나 추운지 한 시간 정도 일하고 나자 옴짝달싹할 수 없게 되었다. 그래서 아이들이 대부분의 일을 처리해야만 했다.

우리는 내 어머니의 집에서 하루를 보냈다. 빨래를 한 뒤 우리는, 내가 30년 동안 한 번도 가 보지 못했던 주점에서 맥주를 마시고 소시지 샌드위치를 먹었다. 우리는 그곳에서 내 아버지를 아는 노인을 만나 대화를 나눴다. 노인의 아들은 내가 가르쳤던 대학에서 농구선수로 활약하는 중이었다.

미국 대륙을 가로질러 피츠버그에서 포틀랜드로 이동하는 데는 닷새가 걸렸다. 두 명은 화물차를 몰고, 두 명은 밴을 몰았다. 겨울이었지만 우리는 운이 좋았다. 우리는 와이오밍 남부에서 모진 바람에 시달렸고, 유타를 지날 때는 뒤쪽 타이어에 테니스 공만 한 구멍이 났고, 포틀랜드에서는 심한 비를 만났다. 하지만 우리는 기어이 해내고 말았다. 나는 여행하는 동안에도 마이애미에서 시작한 사이버 대학 강좌를 진행했기 때문에 밤마다 묵었던 모텔에서 인터넷에 접속해야 했다. 나는 일리노이의 페루Peru, 네브라스카의 키니Kearney, 와이오밍의 락 스프링스Rock Springs, 아이다호의 보제Boise, 오리건의 힐스보로Hillsboro에 머물면서 학생들의 질문에 답을 달아 주었는데, 학생들이 이 사실을 알면 무슨 생각을 할까 궁금했다. 우리는 임시 주거지에 들어가 유-하울 사의 차량에 실었던 가재도구를 옮겼다. 아이들은 직업을 구하기 시작했고, 우리는 집을 알아보러 나섰다.

비 내리는 날들

포틀랜드는 두 개의 산악 지대 사이에 위치한다. 서쪽에는 코스트 레인지Coast Range가 있고 동쪽에는 캐스케이즈Cascades가 있다. 동쪽의 산들은 드물게 있는 동서 간 협곡인 컬럼비아 협곡 Columbia Gorge으로 끊어져 있다. 컬럼비아 협곡은 처음에는 자연천이었으나, 지금은 많은 댐이 건설된 컬럼비아강을 따라 흐른다. 바다로 향하는 루이스와 클락[61]의 마지막 경유지가 컬럼비아

---

61) 메리웨더 루이스Meriwether Lewis와 윌리엄 클락William Clark은 1804년부터 1806년까지 이루어진 미대륙 탐험대의 대장이었다. 이 탐험은 토마스 제퍼슨 대통령의 지시에 따라 이루어졌는데 세인트루이스에서 출발하여 로키산맥 분수계를 거쳐 컬럼비아강을 통해 지금의 포틀랜드를 지나 태평양 연안까지 이르렀다. 그곳에서 겨울을 난 뒤 이듬해 무사히 귀환했다.

강이었다. 포틀랜드의 높은 위도에 비추어 보면 날씨는 상대적으로 온화했다. 숲에서는 일 년 내내 양치류가 푸르게 자랐고, 유명한 로즈가든Rose Garden에서는 5월부터 11월까지 장미꽃이 피었다. 앞마당에 유칼립투스 나무를 길렀던 여성도 있었다. 지난 4년간 얼음이 얼 정도로 추운 겨울이 찾아오지 않았기 때문에 유칼립투스 나무가 9미터 이상 자랐다. 안타깝게도 그 나무는 우리가 그곳에 가서 두 번째로 맞은 겨울에 툭 하고 넘어지더니 죽어 버렸다. 우선 2004년 1월에는 폭설이 내렸다. 그리고 그해 겨울에는 유칼립투스 나무로서는 견디기 어려울 만큼 많은 진눈깨비가 내리고 얼음이 얼었다. 이런 악천후를 대비한 조치가 전혀 없었기 때문에 며칠이나 나다닐 수 없었다. 가게 주인들은 가게 앞 인도의 눈을 치우지 않았고, 주택 소유자들도 집 앞 도로의 눈을 치우지 않았다. 피츠버그에서라면 사소한 불편함으로 끝났을 만한 눈보라에도 포틀랜드에서는 공항과 프로농구 경기를 포함한 모든 것이 기능을 멈췄다.

하지만 이곳의 겨울은 아주 춥지 않은 대신 비가 내린다. 세찬 비가 그칠 줄 모르고 내린다. 여기 도착한 첫 번째 주의 날씨는 좋았다. 2월이었고, 노천 까페에 앉아서 커피를 마셔도 좋을 만큼 따뜻하고 맑은 날씨였다. 아이들을 데리고 대양에 나갔는데, 아이들은 이날 처음으로 태평양을 보았다. 우리는 치즈를 제조하는 틸라묵Tillamook 마을 서쪽 케이프 메어스Cape Meares에 위치한 오션사이드Oceanside 마을에 들러, 밝은 태양빛을 받으며 가벼운 재킷 차림으로 해변을 따라 산책했다. 이곳 갈매기는 마이애미비치에서 보았던 갈매기보다 훨씬 컸다. 우리는 봄이 되면 더 따뜻한 날이 찾아오리라 기대하기 시작했다.

2003년 5월, 우리는 포틀랜드 도심에서 서쪽으로 한 블록 떨어진 곳에 있는 8층짜리 아파트로 이사했다. 창문이 많은 아파트에서는 맑은 날이면 (오리건에서 가장 높은) 후드 산, 아담스 산Mt. Adams, 세인트 헬렌 산Mt. St. Helen's, 레이니어 산Mt. Rainier이 보였다. 후드 산을 제외한 나머지 세 산은 워싱턴 주에 속했다. 포틀랜드는 워싱턴의 남쪽 주 경계선 바로 아래 위치했다. 워싱턴의 남쪽 주 경계선은 오리건에서 워싱턴으로 흐르는 컬럼비아강을 가로지르는 다리 중간에 있다. 이 산들은 모두 화산으로 태평양 전역에 걸쳐 뻗어 있는 환태평양 화산활동 지대에 속하는 일련의 화산 일부를 이룬다. 아이들은 여전히 구직 활동 중이었기 때문에 우리와 함께 이사했다. 조금 작은 공간이었지만 며칠만 함께 살면 될 것이라고 생각했다.

3월이나 4월에는 산을 보기가 힘들었다. 3월에는 27일 연속으로 비가 내렸고 4월에는 25일 연속으로 비가 내렸다. 소나기와 폭우가 함께 내렸다. 파랗던 하늘은 불과 몇 초 사이에 회색으로 변했다. 침실에는 작은 에어컨이 있었는데 창문을 두드리며 억수같이 내리는 비 소리가 에어컨 소리를 잠재웠다. 비 소리는 마치 자동차 세차장에 와 있는 듯한 느낌을 주었고, 덕분에 매일 밤, 잠을 설쳤다. 우리는 이 비가 영원히 그치지 않으면 어쩌나, 하고 절망했다. 그러면서 이곳으로 오기로 결정한 스스로를 원망했고, 우산을 경멸하는 지역민들을 저주했다. 비를 사랑한다는 둥, 액체 햇빛이라는 둥, 피부에 좋다는 둥, 아파트에서 잠옷을 입고 안락함을 누리는 것보다 나은 것은 세상에 없다는 둥의 말을 하는 이웃들에게 소나기나 퍼부으라며 악담을 했다. 비가 내리는 울적한 기간 동안 술을 많이 마시는 이웃들이 있다는 사실을 알게 되었다.

5월이 되자 비가 그쳤다. 어둑한 하늘이 물러가자 우리가 맞이했던 여름 중 최고로 좋은 날씨가 찾아왔다. 매일같이 태양이 빛났고 기온도 상승했다. 6월에는 32도까지 오르는 날도 많았다. 더욱 좋았던 점은 덥지만 건조했다는 점이다. 포틀랜드의 따뜻한 날씨는 컬럼비아 협곡을 통과해 불어오는 동풍 때문이다. 협곡을 따라 동쪽으로 160킬로미터쯤 떨어진 도시에서는 사막에서 내리는 것 같은 폭우가 내린다. 이 지역에서 비를 다 뿌린 바람이 포틀랜드로 불어 와 도시를 따뜻하면서 건조하게 만든다.

포틀랜드는 산책을 위해 존재하는 도시라고 해도 과언이 아니다. 우리가 원하는 모든 것을 걸어 다니면서 구할 수 있다. 포틀랜드는 신선하고 건강에 좋은 음식을 원하는 사람들의 안식처다. 괜찮은 식료품점이 많은데다가 미국에서 최고일 것으로 여겨지는 농민 장터가 있다. 농민 장터는 5월 초에서 11월 말까지 열린다. (그해에는 120개였던) 시장의 상품 진열대에는 채소, 과일, 견과류, 버섯, 생선이 가득 쌓여 있다. 무엇이든 이름을 대면 그곳에 있다고 보면 된다. 생각해 낼 수 있는 모든 종류의 딸기류 열매가 팔린다. 검은딸기, 다양한 종류의 블루베리, 나무딸기 두 종류, 붉은까치밥나무 열매, 까막까치밥나무 열매, 월귤나무 열매, 매리온베리, 딸기, 말오줌나무열매, 그 밖에도 내가 기억하지 못하는 서너 종의 딸기류 열매가 더 있다. 시장은 거대한 나무들이 그늘을 이루며 포틀랜드 주립대학 인근에 있는 공원으로 이어지는 길게 뻗은 거리인 파크 블록스Park Blocks에 펼쳐진다. 시장에서 그리 멀지 않은 곳에는, "래"에 강세를 두어 발음하는 윌래메트강 Willamette River이 있다. 우리는 햇볕을 즐기거나 조깅하는 사람, 자전거 타는 사람, 보트 타는 사람을 구경하면서 리버 워크River Walk에서 즐거운 시간을 보냈다. 우리 아파트에서 천천히 걸어서 금세 갈 수 있는 거리에는 로즈가든, 미로 공원, 놀이터, 나들이할 만한 곳, 원형 극장, 시립 동물원이 있었다. 잉어가 가득한 연못이 있는 거대한 제패니즈 가든Japanese Garden은 진짜 일본 정원 같았다. 이 지역 인근에는 1.6킬로미터가량의 등산로가 이어진 언덕이 있다. 우리는 근사한 산책을 즐기려고 이곳에 자주 들렀다. 우리는 정원 주변을 어슬렁거리는 코요테를 만나지 않도록 조심하거나 침입자에게 자극받아 깍깍 소리 내어 우는 까마귀의 분노를 사지 않도록 조심하면서 식물과 동물을 관찰했다.

꽤 오래 등산하면 피톡 맨션까지 갈 수 있다. 포틀랜드의 사업가가 지었다는 피톡 맨션은 오래된 가옥으로, 지금은 박물관으로 사용된다. 맑은 날에 보는 후드 산의 경관은 독보적이며 맨션 주변의 풍경도 아름답다. 피톡 맨션에서 집으로 돌아오다가 누군가의 마당에 공작새 한 마리가 자리 잡고 있는 것을 본 적이 있었다. 우리를 본 공작새는 날개를 펼쳤다. 그때는 그 공작새가 누군가의 애완동물이거니 생각했다. 하지만 이웃 사람에게 들으니 이 새가 동물원에서 탈출해 정원과 잔디밭을 망쳤다고 했다. 공작새의 존재 자체가 주변에 민폐였음이 분명했다. 포식자에게 잡아먹히는 경우를 제외하면 공작들은 온화한 겨울을 나고 봄을 맞는다고 한다. 우리가 새를 본 지 얼마 지나지 않아 지역 신문은 공작새 때문에 생긴 지역의 피해를 다룬 기사를 실었다. 공작새들은 사람들의 부동산 자산에 피해를 주었을 뿐 아니라 차 안으로 뛰어들어 어지럽히는 일을 즐겼다. 보험회사는 아직도 피해 보상과 관련된 조사를 하고 있을 것이다.

태평양 북서안

포틀랜드에서 가장 좋은 것은 단연 아름다운 풍경을 지닌 장소들과 가깝다는 점이다. 우리는 날씨가 좋을 때마다 태평양 북서안으로 나들이를 갔다. 컬럼비아 협곡은 언덕과 절벽으로 둘러싸여 있고 협곡 사이로 시내와 강이 흐른다. 컬럼비아 협곡 중간 중간에는 폭포가 많은데, 미국의 어떤 강보다도 많은 폭포가 있다. 옛 컬럼비아 협곡 고속도로historic Columbia Gorge Highway를 타고 가면서 폭포를 구경할 수 있다. 이 고속도로를 타고 가면서 볼 수 있는 폭포 중에는 (최근 오리건에서 가장 많은 여행객을 끌어들이는 카지노로 탈바꿈한) 멀트노마 폭포Multnomah Falls도 있다. 우리는 4월에 처음으로 협곡 등산에 나섰는데 강의 북쪽인 워싱턴 주 쪽에서 등산을 시작했다. 비를 피해 강을 따라 동쪽으로 128킬로미터를 더 이동했다. 다리를 건넌 뒤 방향을 틀어 좁고 건조한 언덕에 오르니 등산로 입구가 나타났다. 우리는 일찌감치 꽃을 피운 야생화를 감상하며 등산했다. 건조한 기후 때문에 젖을 염려나 진흙탕에 빠질 염려가 없어 행복했다. 고도가 높아질수록 우리를 맞이하는 바람이 점점 거세졌다. 언덕배기에 오를 즈음에는 온몸이 꽁꽁 얼었지만 맑은 하늘에 눈 덮인 아담스 산을 보는 순간 너무나 즐거웠다.

포틀랜드에 머무는 동안 우리는 컬럼비아 협곡을 특별하게 여겼다. 협곡을 따라가며 나 있는 등산로 가운데 우리가 가장 좋아했던 등산로는 보네빌 댐Bonneville Dam 서쪽에 있는 이글 크릭 Eagle Creek에 있었다. 보네빌 댐은 1930년대의 뉴딜 정책 시행 기간 동안 값싼 전력을 공급하기 위해 서부에 건설된 많은 댐 중 하나다. 우디 거스리[62]는 "흘러라 흘러, 컬럼비아강이여" 하고 노래했다지만, 이 거대한 강에 댐이 건설되는 바람에 유속이 상당히 느려졌다. 이글 크릭은 남북으로 이어진 깊은 협곡을 따라 흐르다가 컬럼비아강으로 합류한다. 등산로를 따라가면서 우리는 세차게 흐르는 물, 엄청 큰 소나무, 급경사면, 기기묘묘한 바위, 바위틈으로 스며 나오는 물을 머금고 자라나는 꽃과 이끼, 폭포 같은 장관에 경탄했다. 어느 날은 한 무리의 십대 소년들이 족히 12미터는 되어 보이는 폭포 아래로 침낭을 먼저 던지고는 몸을 던져 물속으로 뛰어드는 광경을 보았다. 무섭기도 했고 짜릿하기도

---

[62] 우디 거스리Woody Guthrie는 포크 음악가로, 미국 전역을 여행하며 전통 포크와 블루스를 배웠다. 오클라호마에서 캘리포니아에 이르는 여정에서 만난 이주 노동자들에게 영감을 받아 노동자에 관한 포크 음악을 만들었다. 말년에 병에 시달리면서도 포크의 새 세대를 열어 갈 음악가들에게 영감을 불어넣은 포크 음악 운동의 대표주자였으며 밥 딜런에게 많은 영감을 주었다.

했다. 우리는 깊은 곳으로 가라앉았던 아이들이 떠올라 서로를 바라보면서 즐겁게 헤엄쳐 멀어지는 모습을 보며 흐뭇해했다.

북서부는 산악 지역이다. 숲으로 덮인 가파른 경사면은 바다를 향해 흘러간다. 또 어디서나 화산 봉우리가 눈에 들어온다. 눈부시게 아름다운 일들이 너무 많아서 어디서부터 말해야 할지 모를 지경이다. 우리는 옐로우스톤에서의 생활을 계기로 우리나라 자연의 아름다움을 감상하기 시작했지만, 포틀랜드에 와서야 그 아름다움을 사랑하고 우리 삶의 일부로 통합하게 되었다. 협곡으로, 국립공원으로, 오리건 해안으로 떠나는 여행 일정을 짜고 여행을 준비하고 실행에 옮기는 일로 매주를 채워 갔다. 우리는 점심 도시락을 싸들고 숲에서 하루를 보내는 일이 그렇게 환상적인 일인지 모르고 살았다. 목적지를 정하고 그곳에 관련된 내용을 최대한 찾아 읽은 뒤 이동 경로를 정하고 떠났다. 모든 것이 새롭고 놀라웠으며 나를 변화시키는 일이기도 했다. 나는 내 인생의 아주 많은 시간을 주로 일하며 보냈지, 주변의 아름다움을 보고, 관조하고, 즐기면서 보낸 적은 거의 없었다. 포틀랜드에 머물렀던 14개월 동안 나는 내 인생에서 무엇이 잘못되었는지 알게 되었다. 부끄러울 것 하나 없는 아름다움, 관조, 향유 같은 정서는 단순한 인생의 부속물이 아니었다. 그것이 바로 인생이었다.

우리가 사랑했던 곳, 그리고 방문자라면 놓쳐서는 안 될 장소 몇 곳을 소개하고자 한다.

후드 산의 오두막 | 동쪽으로 차로 한 시간 거리에 있는 후드 산은 포틀랜드시를 굽어보고 있다. 물론 악명 높은, 구름 낀 하늘 뒤에 가려져 숨어 있는 경우가 많다. 사람들은 "오늘날에 이르러서야 후드 산이 사람들에게 알려졌다."고 말한다. 도시에 살면서 고적한 화산 꼭대기를 바라보고 있노라면 보호자에게서 느낄 수 있는 편안함이 느껴진다. 물론 일단 폭발하면 후드 산은 보호자에서 파괴자로 변모할 것이라는 점을 염두에 두어야 한다.

등산로가 많은 후드 산은 훌륭한 스키장으로도 활용된다. 스키를 즐기는 사람들은 한여름에도 후드 산 경사면이 스키장으로 사용된다는 사실을 알 것이다. 후드 산은 우리나라 유일의 사계절 스키장이다. 우리가 가장 매력을 느꼈던 것은 스키장에 있는 돌 오두막이다. 돌 오두막은 대공황 당시 민간 환경 보존단[63]이 건립한 것이다. 돌 오두막을 건설한 이들은 평범한 노동자였지만, 이 훌륭한 구조물을 짓는 데 필요한 다양한 기술을 폭넓게 훈련받았다. 나는 거대한 오두막의 이 방 저 방을 돌아다니면서 돌로 지은 벽난로나 복잡한 금속 가공물을 보며 감탄했고 그들이 가졌던 자부심을 느낄 수 있었다. 나는 나 같은 보통 사람들이 이런 위업을 달성했다는 사실이 자랑스러웠다.

민간 환경 보존단은 도로, 철도, 선물, 다리를 건설하는 등 서부 전역에서 많은 업적을 달성했다. 우리에게 의지만 있다면 공공사

---

[63] 민간 환경 보존단(Civilian Conservation Corps, CCC)은 실업 가정의 젊은이들에게 일자리를 주는 구호 프로그램이다. 1933년 프랭클린 루즈벨트 대통령이 뉴딜 정책의 일환으로 설립했다.

업도 많은 일을 해낼 수 있다. 이들의 장인정신은 공공사업의 가능성을 보여 주는 귀감이다.

크레이터 호수 | 크레이터 호수는 오리건 남부에 위치한 국립공원으로 해안에서 내륙으로 약 세 시간 거리에 있다. 엄청난 화산 폭발의 결과로 생성된, 깊이 609.6미터의 크레이터 호수는 당신이 본 그 어떤 호수보다 아름다운 파란색을 띤다. 처음 이 호수를 접하면서 느꼈던 경이로움은 잊혀지지 않을 것이다. 나는 1971년에 이곳에 처음 왔고 카렌을 만난 뒤 이곳 이야기를 해 주었다. 카렌도 이곳을 보게 되었다고 생각하니 마음이 떨렸다.

지역 인디언들은 이 호수를 신성한 장소로 여겼기 때문에 이곳이 백인 정착자들에게 드러나지 않도록 50년 동안이나 호수의 존재를 비밀로 했다. 하지만 우연한 기회에 백인들이 이곳을 발견하게 되었다. 특히 매력적인 것은 한여름에도 호숫가가 눈으로 덮여 있다는 것이다. 이곳에는 작고 매력적이며 북서부에서는 흔한 양식으로 지어진 오두막이 있는데, 옐로우스톤 국립공원을 위탁 운영하는 크산테라 사가 운영한다. 크산테라 사는 크레이터 호수에서 여러 가지 체험 활동을 운영하고 있다. 그중에는 호수 안의 작은 섬으로 보트를 타고 가는 체험 활동도 있다. 보트를 타지 않는다면 위태로운 길을 따라 걸어서 내려가야 한다.

크산테라 사는 기존의 관광 보트를 저공해 보트로 대체한다는 쉽지 않은 결정을 내렸는데, 마침 그날이 보트를 교체하는 날이었다. 카메라를 매단 삼각대를 든 영화 촬영진이 이곳에 나와 있었다. 우리는 보트를 매단 헬리콥터가 날아와 호수 위에 보트를 내려놓는 광경을 지켜봤다. 사람들은 헬리콥터 조종사가 〈쥬라기 공원Jurassic Park〉을 찍을 때 일했던 그 조종사라고 말했다. 헬리콥터는 기존에 있던 보트를 매달고 날아가 버렸다. 우리는 화재 감시탑까지 올라갔다. 기온이 32도까지 오르는 유난히 더운 날이었지만 꼭대기에는 그늘이 드리워졌고, 미풍이 불었다. 우리의 등 뒤로 보이는 언덕사면에는 아직도 눈이 쌓여 있었다. 우리는 자연의 장관을 구경하면서 한 시간가량을 보냈다. 까마귀들은 매년 다시 돌아오는 잠자리들을 게걸스레 잡아먹고 있었다.

   우리는 크레이터 호수 국립공원에서 이틀을 보냈는데, 그중 하룻밤을 잊혀진 마을 클라마스 폴스Klamath Falls에서 보냈다. 카렌은 모텔 데스크 점원에게 폭포로 가는 길을 물었고, 이제는 폭포가 존재하지 않는다는 사실을 알게 되었다. 공원에서 서쪽으로 이동하면 노스 움프쿠아강North Umpqua River이 만들어 낸, 빛나는 협곡이 바람 부는 해안 마을인 밴든Bandon으로 뻗어 있다.

세인트 헬렌 산 | 우리는 폭발한 지 23년 된 이 화산을 처음으로 가까이에서 보았다. 워싱턴에 있는 세인트 헬렌 산은 포틀랜드에서 북동쪽으로 2시간 30분 정도 거리에 있다. 폭발의 참상이 도처에 남아 있지만 생명이 되살아나고 있다는 흔적도 발견되었다. 주요 관광지를 연결하는 도로에는 폭발이 있을 시 어디로 피난할지를 알려 주는 도로 표지판들이 서 있다. 우리들끼리 등산하기도 했고 아이들과 함께 등산하기도 했다. 떨어지는 바위에 아들

하나가 너무 놀라는 바람에 바위 측면에 난 좁은 길을 따라 그대로 돌아온 적도 있었다. 카렌과 나는 꼭대기가 없는 산 주변을 돌며 물먹은 통나무들이 가득한 호수 너머 경관 감상에 유리한 위치로 올라갔다. 이 호수는 화산 폭발을 알고도 집에서 죽기로 작정한 여든 살의 숙박 시설 주인, 해리 트루먼Harry Truman이 최후를 맞이했던 곳이다. (폭발 지점에서 27킬로미터쯤 떨어진 곳에서 발견되는 불타 버린 나무, 본래의 물줄기에서 훨씬 벗어나 화산재 사이로 흐르는 시내 같은) 황량한 경관 앞에서 우리는 최후의 날을 맞이하는 느낌에 흠뻑 젖었다. 그리고 계곡에서 풀을 뜯고 있는 엘크와 다시 자라기 시작한 야생화와 나무들을 보면서 희망을 느꼈다.

레이니어 산 | 이곳도 워싱턴에 위치한 국립공원으로 포틀랜드에서 3시간가량 걸린다. 4,267미터 높이의 레이니어 산은 외따로 우뚝 솟은 산으로, 빙하에 완전히 둘러싸여 있다. 항상 빛나는 빙하는 보름달빛을 반사할 때 가장 멋지다. 우리는 찬란히 빛나는 10월 말 무렵의 레이니어 산을 찾아 보름달빛 아래 빛나는 레이니어 산의 빙하를 보았다. 우리는 공원 안의 롱마이어 로지Longmire Lodge에서 하룻밤을 보냈고, 팩우드Packwood 마을 인근에서 하룻밤을 보냈다. 이 작은 마을은 전형적인 국립공원 관문 마을과는 사뭇 달랐다. 모텔도 몇 개 없고 (우리가 가장 선호하는 모텔은 엄청 깨끗한 크레스트 트레일 로지Crest Trail Lodge로 가격도 저렴하고 정말 추천할 만한 곳이다.) 식당은 모텔보다 더 적었으며, 빨래방은 아예 없었다. 지역 주민들이 물건을 구입하려면 바람 부는 산길

을 차로 한 시간 이상 달려 아키마Yakima까지 가야 한다. 우리는 롱마이어Longmire에서 19킬로미터나 떨어진 파라다이스Paradise의 오두막 주변에서, 우리나라에서 가장 아름다운 야생화의 물결 속을 거닐었다. 붉은색, 갈색, 노란색이 어우러진 주위 경관은 뉴잉글랜드의 가을 낙엽들이 만들어 내는 알록달록함에 필적할 만했다. 가파른 계단을 올라가자 레이니어 산에 도전할 만한, 더 대담한 영혼을 가진 등반가들에게 허락된 등산로가 나타났다.

우리는 그로부터 일 년 뒤인 2004년 8월, 레이니어 산 국립공원을 다시 찾았다. 그때 추락할 경우에 대비한 동작을 눈 위에서 훈련 중인 등반가들을 보았다. 레이니어 산 선라이즈Sunrise에 있는 오두막에는 손님용 객실이 없다. 우리는 에몬스 빙하Emmons Glacier를 감상하기 위해 버로우스 트레일Burroughs Trail에 올랐다.

워싱턴의 레이니어 산 국립공원

에몬스 빙하는 가까이 다가갈수록 푸른빛을 낸다. 산 사이를 가로지르는 협곡 사이로 저 멀리 96킬로미터쯤 떨어져 있는 시애틀과 타코마Tacoma가 보였다. 조망이 좋은 곳으로 가기 위해 동토대를 통과해 바위가 많은 길로 들어서자 털복숭이 산양 떼가 태양빛을 받으며 서 있었다. 꼭대기에서 부는, 살을 에는 찬바람으로부터 땀에 젖은 몸을 보호하기 위해 코트를 벗을 수 없었다. 돌로 만든 의자에 앉아 점심을 먹으려고 했을 때 줄다람쥐가 나타나 성가시게 굴었다.

올림픽 국립공원 | 워싱턴 북서부에 위치한 이 공원에는 없는 것이 없다. 포트 앤젤레스 마을 주변의 허리케인 리지Hurricane Ridge를 따라 눈 덮인 산이 있고 공원의 서쪽 편에는 진정한 열대우림도 있다. 몇 킬로미터에 걸쳐 있는 해안선은 보존이 잘 되어 있는데, 거대한 헤이스택 락[64]이 유명하다. 그 밖에도 조수가 만들어낸 물웅덩이에는 보라색, 파란색, 오렌지색, 푸른색, 노란색 불가사리와 말미잘이 가득하다. 우리가 가장 좋아했던 해변은 마카 인디언Makah Indians 보호구역까지 뻗어 있는 시시 비치Shi Shi Beach다. 이곳에서는 야영하면서 밤을 보낼 수 있다. 우리는 (시시 비치를 우리나라의 10대 해변에 속하는 해변이라고 소개했던) 트래블 채널[65]을 통해 이곳에 대해 처음 알게 되었다.

---

64) 헤이스택 락haystack rocks은 뒤에 소개될 캐논 비치Cannon Beach에 있는 거대한 바위로, 관광명소다.

해변 산책로 입구에 가까이 가면 도로가 좁아지면서 끝나는데, 그 끝에 앞마당을 주차장으로 바꾼 틸리 플린Tillie Flynn의 집이 있다. 덕분에 소액으로 (우리가 갔을 때 주차료는 5달러였다.) 차를 안전하게 주차할 수 있다. 마련되어 있는 봉투에 주차료를 넣고 봉투를 상자에 넣으면 되기 때문에 틸리와 마주칠 일은 없다.

마카 인디언 보호구역에는 우리나라 본토의 북서쪽 끝에 해당하는 케이프 플래터리Cape Flattery도 있다. 곶을 에워싼 바다는 거칠고, 해안은 파도가 만든 동굴 때문에 침식되고 있다. 마카 족이 지어 놓은 전망대에 올라 밴쿠버 섬Vancouver Island을 굽어보고 있자니 나무배를 타고 고래를 사냥했던 인디언의 모습이 떠올랐다. 피폐해져 버린 마카 족은 최근 사냥할 권리를 되찾았다. 고래 사냥은 마카 족이 젊은이들에게 마카 족 문화를 전수하는 방법의 일환이다. (마카 족은 살아남기 위해서만 고래를 잡았고 자연세계의 질서에 맞춰 고래를 잡았기 때문에 고래의 생존에 위협을 가한 적이 없었다.) 마카 족에게 고래를 잡을 권리를 되돌려주자, 일부 (백인) 환경주의자들은 강력하게 항의했다. 하지만 이들 가운데 그들의 백인 조상이 인디언의 사회와 문화를 초토화했던 일을 두고 고귀한 눈물 한 방울 흘려 본 사람은 아무도 없었다.

올림픽 국립공원에 있는 또 다른 색다른 장소로는 호Hoh 열대우림을 꼽을 수 있다. 호 열대우림은 폭스Forks의 벌목마을에서

---

65) 트래블 채널Travel Channel은 여행 관련 정보를 제공하는 텔레비전 채널이다. 웹사이트 http://www.travelchannel.com을 참고하라.

101번 고속도로를 타고 가면 남쪽으로 30킬로미터 거리에 있다. (폭스 마을은 포트 앤젤레스 말고 모텔을 찾을 수 있는 얼마 안 되는 마을 중 하나다.) 우리는 호 열대우림에서 짧은 등산을 두 번 즐겼다. 이끼 덮인 고목림과 열대우림에서 시작해서 호강Hoh River으로 흘러 들어가는 투명한 시냇물이 정말 멋있었다. 진흙더미가 퇴적된 강변에서 엘크가 나뭇잎을 뜯어먹었다. 우리는 아직도 얼음장처럼 차가운 물에서 "암분岩粉"을 건져 냈다. 암분이란 인근 빙하의 힘으로 산산이 부서진 바위를 뜻한다. 카렌은 이 암분을 피부 각질 제거제로 시장에 내다팔 수 있을 거라고 생각했다. 폭스로 돌아오는 길에 길옆에 자생하는 관목에서 야생 검은딸기를 땄다. 그날 저녁 우리는 바닐라 아이스크림을 사서 검은딸기를 듬뿍 넣고 과일아이스크림을 만들어 먹었다.

올림픽 국립공원은 뿔뿔이 흩어져 있다. 올림픽 국립공원을 이루는 땅에는 개인 소유지와 인디언의 땅을 빼앗아 형성된 정부 소유의 땅이 뒤섞여 있기 때문이다. 덕분에 공원을 이루는 공유지 중간 중간에 거대한 사유지가 자리 잡고 있다. 사유지의 숲은 벌목으로 파괴되어 거의 사라졌다. 폭발물을 사용하는 바람에 인근의 모든 나무들이 파괴되었고, 토지는 토지대로 망가졌다.

폭스에서 남쪽으로 운전하다 보면 공원 밖으로 나갔다가 다시 들어오기를 수차례 반복하게 된다. 공원 안에 있는지, 공원 밖에 있는지 구별하기는 쉽다. 공원 밖의 토지는 나무 그루터기, 나무 덤불, 진흙만이 가득한 버려진 땅이기 때문이다. 너무나도 대조적인 공원 안팎의 풍경에 깜짝 놀라게 된다. 이러한 광경은 회사가 이윤 추구 앞에서 어디까지 무분별해질 수 있는지를 보여 준다. 벌목에 의존해 생계를 꾸려 가는 마을의 모습은 내가 어릴 적 보았던 광산 마을의 모습과 비슷하다. 더럽고 그을리고 오염이 심하며 가난하다. 워싱턴 주는 내가 보았던 그 어떤 주보다도 생태 파괴가 심한 곳이다. 워싱턴 외에 생태 파괴가 심한 곳으로는 웨스트버지니아와 앞으로 보게 될 플로리다를 들 수 있다.

오리건 해안 | 101번 고속도로는 오리건 북쪽의 아스토리아 Astoria에서 오리건 남쪽 브루킹스Brookings까지 이어지며 오리건 전역을 가로지른다. 여름에는 고속도로가 붐비지만 비교 상대가 될 만한 지역인 캘리포니아에 비하면 그리 붐비는 것도 아니다. 오리건 해안의 날씨는 이따금 비가 내리고 쌀쌀하다. 그리고 해안에는 백사장이 드물다. 이 두 가지 특성 때문에 해변에 비교적 큰 규모의 공동체가 형성되지 못했다.

해안을 따라 점점이 이어진 마을은 대체로 규모가 작고 특별히 매력적인 구석이 없다. 아스토리아에서 남쪽으로 몇 킬로미터 떨어진 시사이드Seaside에 백사장이 있기는 하나 무척 빈약하다. 사탕 가게나 지나치게 화려한 골동품 가게만 잔뜩 있는 뉴저지 와일드우드Wildwood에 버금가는 수준이다. 그럼에도 사람들은 널빤지로 된 산책로를 거닐거나 8인승 자전거를 타고 거리를 질주하거나 인스턴트 식품을 먹으며 재미를 느끼는 것 같았다. 땀에 젖은 바지와 셔츠를 입고 일광욕을 즐기는 사람들을 구경하는 재미도 있었다. 오리건의 해변은 대양에서 즐길 수 있는 전통적 활동보다는 연날리기 같은 활동에 더 적합하다. 시사이드에서 남쪽으로 10분 정도 떨어진 캐논 비치에는 숙박과 조식을 제공하는 오두막과 (숙박료가 상당히 비싼) 모텔이 있다. 해변은 넓고 모래가 풍부하며 앞바다의 바위들은 장엄한 자태를 뽐낸다. 그러나 절벽 아래를 내려다보면 담장에 에워싸인, 지나치게 화려하고 커다란 저택과 저택에서 해안가로 내려오는 길에 설치된 곧 무너질 듯한 사다리가 있는데, 이들이 경관을 망치고 있다.

오리건 해안은 공유지라서 해변에 더 이상의 가옥이 들어서는 일은 없을 것이다. 오리건 해안에는 사용에 제약이 없고 유지 보수가 잘 된, 열 개 남짓한 주립공원이 있다. 대부분 무료입장이다. 입장료가 있는 공원도 부담 없는 입장료를 받고 있으며 비싸지 않은 연간 입장권을 팔기도 한다. 고속도로를 빠져나와 소풍 도시락을 먹으며 날아다니는 바닷새를 구경하거나 벼랑에 부딪혀 부서지는 파도를 감상할 만한 장소를 어렵지 않게 찾을 수 있다. 바위가 많은 해안을 따라 걷거나 산으로 등산갈 수도 있다.

운이 좋은 날에는 일 년에 한 번씩 북쪽이나 남쪽으로 이동하는 고래 떼를 볼 수 있다. 봄철에는 자원 봉사자들이 고속도로 곳곳에 서서 고래 구경에 대한 정보를 제공한다. 우리는 케이프 룩아웃Cape Lookout에 가서 3.2킬로미터 정도 되는 곶 주위를 돌며, 고래를 볼 수 있는 곳을 찾아 돌아다녔으나 허사였다. 우리는 이런 산책을 자주 다녔다. 이곳은 대양 쪽으로 불쑥 튀어나온 지형으로, 맑은 날이면 음식을 먹으며 낮잠을 즐길 완벽한 장소였다. 우리는 한 시간가량 앉아 작은 고깃배를 구경하거나, 파란빛에서 푸른빛으로 바뀌는 물빛을 감상하기도 하고, 해안가로 다가오는 폭풍의 조짐을 느끼거나, 그냥 공상에 빠져들기도 했다.

밴든 인근에는 연계된 주립공원이 세 개나 있다. 케이프 아라고 Cape Arago 주립공원, 쇼어 아크레스 Shore Acres 주립공원, 선셋 베이 Sunset Bay 주립공원은 찬란하다는 말로밖에는 설명이 안 됐다. 우리는 보통 최남단의 공원에서 시작해, 그늘져 어두침침한 숲을 통과해 북쪽으로 이동해서 바다 위 절벽으로 올라가곤 했다. 어떤 전망대에 오르니 인근해의 작은 바위섬에서 바다표범과 강치가 시끄럽게 우짖으며 으르렁거리는 광경이 보였다. 해안을 따라갈 때는 길 가장자리를 밟지 않도록 주의해야 한다. 궂은 날씨가 바닥의 토양을 침식했을 가능성이 있기 때문이다. 비와 바람은 이곳에 온갖 종류의 나무가 자랄 수 있게 한다. 우리는 절벽에서 태양을 향해 곧게 뻗어 자라는 나무를 보았다. 곶의 북쪽과 남쪽의 경관이 어찌나 다른지, 볼 때마다 충격이었다. 북쪽 사면에서는 곶을 가로지를 수 없을 정도의 강풍이 몰아쳤다. 거센 바람이 휘몰아치면 안경이 날아가지 않도록 붙잡고 있어야 했다. 남쪽 사면에서는 언제나 기분 좋은 가벼운 바람만 불었다.

플로렌스의 마을에서 시작해서 남쪽으로 80킬로미터쯤 뻗어 나가 오리건 해안의 중간쯤에서 끝나는 모래언덕을 방문하는 일은 언제나 즐거웠다. 오리건 해안의 대부분에는 산이 바다까지 뻗어 내려와 있고 그렇지 않은 곳이 드문데, 그중 한 곳이 이 모래언덕 지대다. 이 모래언덕은 크레이터 호수를 생성한 화산 폭발의 결과로 형성되었다. 높이가 152.4미터에 이르는 언덕도 있다. 모래밭

주행용 차인 듄 버기dune buggies를 빌려 모래언덕을 돌아볼 수 있지만 꽤 위험해 보였다. 매년 듄 버기에서 떨어져, 죽거나 심한 부상을 입는 사고가 발생한다. 우리가 가장 즐겼던 일은 모래언덕을 지나 해변으로 걸어가거나 대양을 따라 몇 킬로미터씩 걷는 일이었다. 열 마리 남짓한 바다표범이 살아 있는 잠망경이라도 되는 듯 물위로 머리를 내밀고 우리를 쳐다보는 모습은 많이 봤지만 사람은 거의 없었다. 그리고 우리는 이곳에서 몇 달 동안 끈질기게 파도를 들여다본 끝에 결국 고래를 목격하고야 말았다.

  모래언덕은 내면의 생각이 자유롭게 흘러 다니도록 할 수 있는 좋은 장소다. 어느 날 우리는 왼편에는 높은 모래언덕을, 오른편에는 태평양을 두고 플로렌스 해변을 따라 남쪽으로 산책하고 있었다. 갑자기 북쪽에서 검은 구름이 우리를 향해 다가왔다. 미세한 안개가 깔리기 시작했고 우리는 곧 안개에 휩싸였다. 바람은 우리를 밀어냈고 해안가로 밀려오는 끝없는 파도는 굉음을 빚어냈다. 대화가 불가능했고, 나는 나의 내면을 들여다보게 되었다. 오만 가지 생각이 머릿속을 휘감았다. 뭔가 심오한 통찰을 얻을 것만 같았다. 하지만 대양과 모래, 그리고 잰걸음으로 해안가에 부딪히는 파도를 피해 달아나는 작은 물떼새는 내 생각의 무상함을 일깨워 주었다. 자연의 어마어마한 규모와 거침없는 태도에 나는 두려움을 느꼈다. 하우스먼[66]의 시가 떠올랐다.

---

66) 하우스먼A. E. Houseman은 영국의 고전학자이자 시인이다. 시집 『슈롭셔의 젊은이A Shropshire Lad』로 널리 알려져 있다.

별이여, 나는 그들이 몰락하는 모습을 보았노라,
그러나 그들이 떨어져 죽어 갈지라도
하늘을 수놓은 별들은
절대로 사라지지 않으리라.

어떤 수고로움으로도
근본적인 결점을 덮지는 못하리라.
비가 내려 바다로 흘러가도
바다를 민물로 만들지는 못하리라.

 가던 길을 멈추고 되돌아오는 기나긴 여정 동안 이 시는 나에게 안정을 가져다주었다. 돌아오는 길에 빗방울은 우리 얼굴을 내리쳤고 맞바람이 불었다. 마치 우리가 출발했던 모래언덕 안에 갇혀 버린 듯한, 그런 기분이었다.

환경 3
<<<<<<<<<<<<<<<<<<<<<<<<<<<<<<<

비스킷 화재

 우리는 포틀랜드 농민 장터에서 버섯을 구입했다. 이 버섯을 파는 상인은 오리건의 숲에서 다양한 야생식물을 채취해 판매하고 있었다. 그가 이국적이고 값비싼 식물들을 채취하는 장소 가운데는 오리건 남서쪽 모퉁이에 위치한 시스키유 국유림Siskiyou National Forest도 있었다. 2002년의 "비스킷 화재"는 20억2,346만 3,641평방미터 이상의 숲을 태워 버림과 동시에 야생 버섯의 성장을 대폭 촉진했다. 화재의 이름은 비스킷 크릭Biscuit Creek의 이름을 딴 것이다.

오리건 대학의 사회학자 리처드 요크Richard York에 따르면 시스키유 숲이 "건강한 연어가 뛰노는 광대한 야생림을 갖춘, 서부 해안에서 생물학적 다양성이 가장 큰 지역"으로 "도로도 거의 없는 이런 숲은 본토에 있는 48개 주에서는 보기 힘들다."고 말한다.

그러나 비스킷 화재는 부시 행정부에게 환경 파괴적이면서 목재 산업 친화적인 정책을 펼칠 수 있도록 무기를 제공했다. 목재 회사는 죽은 나무를 활용해 '폐' 목재를 얻기를 원했고, 정부는 기업의 소원을 들어주는 일에 지나친 열성을 보였다. 목재 기업이 정치인들에게 수백만 달러의 정치자금을 제공해 왔기 때문이다. 부시는 앞으로 발생할지 모르는 화재를 예방하기 위해 숲에서 죽은 나무를 걷어 내야 한다고 주장했지만, 이는 잘못된 생각이다.

사실 요크 교수가 인용한 연구에는 다음의 내용이 분명히 밝혀져 있다. "자료를 살펴보면 화재 진압 뒤에 이루어지는 벌목으로 자연적으로 땅에 씨앗을 뿌리는 침엽수가 제거됨을 알 수 있다. 또한 화재의 원인이 되는 잔가지를 만들어 냄으로써 숲의 재건과 화재의 원인을 감소시키려는 목적에 반대되는 효과를 낼 수 있다는 사실도 알 수 있다." 하지만 정부는 이러한 증거를 무시한 채 대량의 목재 판매를 허가했다. 이때 판매된 나무에는 죽은 나무뿐 아니라 화재에서 살아남은 나무도 다수 포함되었다. 판매에 반대하는 의견을 냈던 연구자들은 그들의 연구를 은폐하려고 했던 산림청 관리들과 한패인 오리건 주립대학의 같은 학부 동료 교수들에게 시달림을 당했다.

산림청과 기업이 우호적인 관계라는 사실을 아는 사람들은 비스킷 화재의 결과 어떤 일이 생겼는지 알게 되어도 놀라지 않을 것이다. 목재 회사나 축산 회사 같은 기업들은 우리의 공유지를 부당하게 이용한다. 이들은 공유지를 헐값에 사용하며 그 비용은 납세자들이 지불한다. 『덴버 포스트』(2005년 11월 1일)에 게재된 기사는 관련된 내용을 지적하고 있다.

2004년 토지 관리국(Bureau of Land Management, BLM)과 산림청 및 다른 기관들은 1억

4,400만 달러를 지출했지만, 방목 허가비로 2,100만 달러만을 거둬들이는 데 그쳤다. 공유지 방목 허가를 받았던 목장주들이 암소와 송아지가 한 달 동안 먹어치우는 건초 값 명목으로 매월 내는 방목 허가비는 마리당 1달러 43센트에도 못 미친다. 그러나 회계 감사국에 따르면 그 비용을 충당하기 위해서 토지 관리국과 산림청이 받아야 하는 금액은 암소 한 마리당 7달러 64센트, 송아지 한 마리당 12달러 26센트라고 한다.

이런 종류의 보조금은 목재 산업에도 이익을 가져다준다. 목재 기업은 (공공에게 개방되지 않는 지역에도 벌목꾼이 들어갈 수 있도록) 산지에 내는 임도를 계획하고 설계하고 건설하고 유지하는 비용의 일부만을 지불하면서 임도를 이용해 목재를 판매할 뿐 아니라 정부로부터 할인된 가격에 목재를 공급받는다. 산림청의 회계법은 매우 조악해서, 들어간 비용 중 목재 판매로 충당되는 금액이 얼마인지조차 모르고 있다. 그러나 독립적 연구자들은 지난 십 년간 목재 산업이 받은 보조금이 수백만 달러에 이를 것으로 추산한다.

부시 행정부는 의회에 심하게 훼손된 기존 도로의 보수 비용을 청구하는 대신 새 도로를 건설하려고 한다. 이는 오로지 목재 산업의 이익을 위한 것이다. 공공의 보물인 국립공원을 지키는 데 필요한 자금은 계속 빠져나갈 것이다.

<<<<<<<<<<<<<<<<<<<<<<<<<<<<<<<<

쌍둥이 아들의 고된 노동

나는 포틀랜드에서는 정기적인 직업을 갖지 않았다. 포틀랜드 지역 노동자 모임에서 주말 세미나를 열었고 인디애나 대학에서 인터넷 강의를 맡았지만 어느 수업에서도 이 지역 노동 세계에 대한 통찰을 얻을 수 없었다. 대신 우리 아이들의 경험을 통해 포틀랜드의 노동 세계에 대해 많은 것을 배웠다. 아내와 나는 곧 오리건과 포틀랜드에 형성된 직업 시장에 대해 잘 알아보지 않았다는 사실에 당황하기 시작했다. 오리건 주의 실업률은 미국에서 가장 높은 축에 속했고, 포틀랜드의 경제는 침체 상태였다. 우리가 검토해 보았더라면 포틀랜드가 기존의 제조업 기반을 거의 상실했다는 사실을 알았을 것이다. 또한 1980년대와 1990년대의 첨단산업 열풍이 일자리를 늘렸지만, 닷컴 거품이 꺼지기도 전에 이미 일자리들이 사라져 버렸고 회복할 기미조차 없다는 사실 또한 알았을 것이다.

쌍둥이 아이들은 모두 식당 노동자였다. 아이들의 경력으로 볼 때 금세 일자리를 구하는 데 큰 어려움이 없을 것이라고 믿은 것은 순진한 발상이었다. 아이들은 구인광고를 보고 전화를 건 뒤, 식당을 돌아다니며 이력서를 제출했다. 우리는 아이들이 쉽게 일자리를 얻지 못하자 실망했지만, 일자리를 구하는 데 지나치게 애쓰지는 말라고 말해 주었다. 분명히 포틀랜드의 요식업 시장은 일자리를 많이 제공하지 못하고 있었다. 어떤 날은 신문에 실린 개업 광고가 열 개에도 미치지 못했다. 아이들은 여기저기 전화를 걸어 알아보고 면접도 봤지만 그때마다 직업으로 삼기에는 적합하지 않은 조건들이 걸림돌이 되었다. 터무니없이 낮은 임금, 아이들의 경력에 비해 훨씬 낮은 직급, 몇 달 뒤부터 출근하라는 조건 등이 붙었다. 또한 요식 업계에는 일자리를 구하는 주방장들로 넘쳐난다는 사실도 드러났다. 아무리 노동조건이 열악하더라도 직장을 그만두려는 사람이 없었다.

이곳에서 알게 된 어떤 사람은 포틀랜드가 첨단산업으로 들썩

거리던 시절에 대해 말해 주었다. 그때는 두둑한 경비를 들고 온 일본인 사업가들이 식당을 가득 채웠지만, 지금은 모두 떠나 버리고 없다고 했다. 우리 아들이 유명한 식당의 주방장에게 면접을 제의 받고도 거절한 일도 있었다. 우리는 당황했다. 그러나 한 달도 채 지나지 않아 그 주방장은 아무 이유 없이 해고되었다. 다시 한 달쯤 지나 이 도시의 뛰어난 주방장들이 모여 그를 위한 자선 만찬을 열어 주었다. 우리는 안정된 직업인 주방장으로 일하는 사람에게 돈이 부족한 이유가 궁금했다. 몇 달 뒤 그 주방장은 샌드위치 가게를 열었다. 신문 기사는 그의 가게가 이 도시 최초로 진짜 프랑스식 샌드위치와 프렌치프라이를 판매하는 곳이라며 극찬했지만, 샌드위치 가게는 샌드위치 가게일 뿐이었다. 날이 갈수록 희망이 사라지기 시작했고, 무슨 일이든 할 수 있을 것 같았다.

 아들들이 일자리를 구한 것은 그로부터 석 달 뒤였다. 나는 우리 아파트 인근 거리에 붙어 있는 피자 가게 개업 광고를 보았고 한 아이의 이력서를 거기로 보냈다. 합격 통보가 날아왔다. 아들은 마을 외곽에 있는 자매 음식점에서 교육을 받고 개점과 동시에 출근했다. 시작부터 가게가 잘 되었던 것은 아니었지만, 아들은 손님이 계산대의 사례금 함에 넣어 주는 후한 사례금으로 낮은 급료를 보충할 수 있었다. 한번은 노숙자가 사례금 함을 훔쳐 가는 바람에 아들이 거리로 노숙자를 쫓아 나가 사례금 함을 되찾아오는 일도 있었다. 썩 훌륭한 행동은 아니었지만 아들의 수입에서 사례금이 얼마나 중요한 부분을 차지하는지를 대변해 주는 일화였다. 나는 아들의 경험을 바탕으로, 노동하는 사람들이 어떤 식으로 노동하지 않는 사람들에 대한 적대감을 쌓아 가는지 쉽게 이해할 수 있었다. 얼마 안 되는 돈을 두고 경쟁하는 현실 속에서는 노동자 사이의 연대 관계가 형성될 수 없다. 물론 이론상의 방법을 생각해 낼 수도 있을 것이다. 하지만 이런 이상론은 치열한 경쟁을 부채질하는 현실 앞에서 무력하다.

일단 한 아이가 일자리를 구하자 다른 쌍둥이 아들도 곧 그 뒤를 따랐다. 이 아이가 피츠버그에 살 때는 피츠버그에서 최고로 손꼽히는 식당에서 주방 부책임자로 일했다. 그러나 포틀랜드에서 그가 얻을 수 있었던 최상의 일자리는 네 개의 식당이 한 곳에 모여 영업하는 대형 식당의 부서 책임자 자리였다. 음식을 만드는 주방은 아주 협소했다. 그는 밤마다 매대에서 판매할 음식, 케밥, 생선 튀김을 만들었다. 자신의 기술이 평가절하 되는 현실에 속이 상한 아들은 늦은 밤 울상이 된 얼굴로 집으로 돌아오곤 했다. 주방장이 네 곳의 식당 중 한 곳의 음식 품질을 높이려고 할 때면 아이는 일거리가 자신에게 쏟아질 것을 염려해서 간단한 것조차 할 줄 모르는 척하며 벙어리 행세를 했다. 그는 크레이프 만드는 방법을 몰랐고, 디저트에 대해서도 아는 바가 없었다. 물론 소스도 만들 줄 몰랐다.

어느 날 밤 요리사들은 주방에서 악취가 난다는 사실을 알게 되었다. 악취는 점점 심해졌고 관리 부서에서는 이 냄새가 손님들이 있는 곳까지 새어 나갈까 봐 염려했다. 천장에서 액체가 스며 나온다는 사실을 알게 된 뒤에 누군가 경찰을 불렀다. 식당 위에는 단기 체재 고객이 이용하는 호텔이 있었는데 경찰은 객실에서 상당히 부패한 시신을 발견했다. 지배인은 요리사들에게 화로에 나무 조각을 태워 냄새를 덮어 버리라고 지시했다.

  아들은 이 식당을 석 달이나 다닌 뒤 그만두었다. 아들은 알고 지내던 웨이터를 통해 다른 식당의 관리자와 연락을 취했다. 그녀는 우리 아들과 일한 적이 있기 때문에 아들의 재능을 알았고 아들이 새 일자리를 구하도록 도와주었다. 두 번째 직장은 포틀랜드에서 잘 알려진 식당이었다. 주방장은 전국적인 음식 잡지에도 나왔던 사람이었다. 급료는 조금 높아졌지만 동부의 기준에 비하면 여전히 한참 낮은 수준이었다. 그러나 근무 조건은 나아지지 않았다. 여러 해의 식당 근무 경력을 가진 솜씨 좋은 주방 부

믿을 수 없을 만큼 멋진 포틀랜드 도심의 농민 장터

책임자의 연봉이 3만 달러에도 미치지 못했다. 아이는 봉급을 계속 올려 줄 수는 없다는 고용주의 말과 함께 사직을 강요당했다. 주방 총책임자는 항상 다른 주방장의 조리법을 훔쳤다.

가장 나쁜 일은 총지배인이 주방 직원들의 시간을 훔쳤다는 점이다. 노동자는 매일 전자식 출근 표를 찍어야 했다. 노동 시간이 기록된 명세서를 지급 받았지만 이것을 보관하는 노동자는 드물었다. 지배인은 컴퓨터에 접속해서 각 노동자의 근무 시간을 약간 줄여 기입했다. 노동자가 노동 시간 기록 명세서를 보관했다면 지배인에게 말해서 수정할 수 있었지만 명세서를 보관하지 않았다면, 줄여 기록한 시간만큼의 돈을 고용주가 챙길 수 있었다. 아들이 아침에 컴퓨터에 접속했을 때는 2주간 72시간 근무한 것으로 기록되어 있었는데 그날 아홉 시간의 근무를 마치고 접속했을 때 보니 74시간으로 기록되어 있었다. 속임수로 일곱 시간을 빼낸 것이다. 아들은 당일의 명세서는 가지고 있었지만, 다른 날의 명세서는 보관하지 않았다. 작업장에서의 시간 도둑질이 난무할수록 노동자들은 당연히 손실을 보충하려고 노력했다. 노동자들은 음식, 와인, 식탁보, 식기류 등을 몰래 가져갔다.

피자 가게에서 일하는 아들은 몇 달 동안은 일에 만족하는 것처럼 보였다. 하지만 주인의 경영 능력이 부족해서 가게가 성장하지 못하자 노동 시간이 줄어들었다. 임신 중이었던 지배인은 해고당했다. 그녀 대신 부임한 젊은 남성은 비용을 낮추라는 압력에 시달리고 있었다. 그래서 다른 노동자들의 노동 시간을 줄이고, 대신 자신이 직접 나서서 일했다. 그래도 상황은 점점 나빠졌다. 결국 그는 노동자들에게 단기 근로를 요구했다. 지배인이 필요하다고 생각되는 시간만큼만 일하라는 요구였다. 우리 아들은 과거에 맺은 노동 계약이 있기 때문에 그렇게 할 수 없다고 말했다. 그러자 새로 부임한 지배인은 아들의 노동 시간을 대폭 줄여 아들이 그만두도록 만들었다. 영업 본부에 계속 전화한 끝에 조치를 취하겠다는 약속을 받아 냈지만 아무 조치도 취해지지 않았다. 일 년 뒤 아들은 그 지배인이 해고되었다는 사실을 알게 되었고, 그것이 그가 받은 유일한 보상이었다.

일 년쯤 지나서 우리는 포틀랜드가 생계비를 벌기에 적합하지 않은 곳임을 분명히 알게 되었다. 한 가지 이상의 직업을 갖고, 작은 아파트에서 둘이나 셋이 함께 살며, 중고품 할인 매장에서 물건을 구입하고, 출처를 알 수 없는 음식을 먹으며, 가장 싼 맥주를 마시며 살지 않는 한 육체노동의 세계에서 성공하기란 불가능하다. (이 지역 출신 소설가 척 팔라닉Chuck Palahniuk에 따르면 포틀랜드 사람들은 대개 세 가지 직업을 갖는다고 한다.) 올해 주방장 아들이 벌어들인 수입은 피츠버그에서 벌었던 수입의 60퍼센트에 그쳤다. 우리는 쌍둥이들이 버지니아로 이사해 직업을 구할 때까지 누나 집에서 살도록 계획을 조정했다. 우리는 쌍둥이들이 짐 꾸리는 일을 도왔고, 그 짐을 그레이하운드 정류장Greyhound station까지 옮겨 주었으며, 안타까운 작별 인사를 했다.

노동 3

파월 서점의 시위대

포틀랜드 하면 떠오르는 제일 유명한 것은 '파월스 시티 오브 북스Powell's city of Bokks'다. 10번로와 웨스트 번사이드가West Burnside Street의 한 블록 전체를 차지한 건물에 있는 매장이 주력 매장이다. 포틀랜드 사람들은 영화와 책을 좋아하기 때문에 (보통 뉴욕, 로스앤젤레스, 포틀랜드에서 영화가 처음 개봉된다.) 서점은 언제나 인파로 북적인다. 서점 안에는 붉은색 방, 보라색 방 등 색깔로 구별되는 미로 같은 방들이 있어서 길을 잃어버리기 쉽다. 서점 안에 있는 카페에는 커피를 마시는 열성 독자들로 가득하다. 포틀랜드 사람들은 커피를 맥주 다음으로 즐겨 마신다. 파월의 서점은 비 내리는 오후를 보내기에 아주 좋은 장소다.

파월 서점은 마이클 파월Michael Powell이 설립했다. 그가 대학원생이었던 1970년, 시카고에 처음 서점을 열었는데 회사 웹사이트(http://www.powells.com)에는 솔 벨로[67] 같은 유명 작가도 마이클을 격려해 주었다고 나와 있다. 마이클의 아버지 월터Walter는 시카고에 있는 아들의 서점에서 일 년 일한 뒤, 포틀랜드로 돌아와 헌책방을 열었다. 월터는 방대한 책을 소장했고 사업은 큰 성공을 거뒀다. 틀림없이 검소한 이 도시 사람들의 정서에 부합하는 서점이었을 것이다. 월터는 서점을 더 넓은 장소로 옮겼고, 1979년부터는 아들이 돌아와 사업에 합류했다. 파월 서점은 그 이후 확장을 거듭해 원래 자리에 있는 서점 말고도 파월의 기술서Powell's Technical Books, 파월의 요리와 정원 손질Powell's Cooks and Gardners, 여행서 소매점, 큰 창고 등 다양한 판매점을 거느리게 되었다. 새 책과 헌책을 서가에 함께 진열하는 것은 파월의 서점을 독보적으로 만드는 판매 방식이다. 이 때문에 서점은 탐색의 천국이 되었다. 이곳에 구비된 책은 반스 앤 노블Barnes & Noble이나 보더스Borders보다 품질도 더 좋고 종류도 다양하다.

---

67) 솔 벨로Saul Bellow는 현대 미국 문학의 지적 경향을 대표하는 작가로 1976년 노벨 문학상을 수상했고, 2005년에 사망했다.

보통 일반 서점에서 판매하는 책은 새 책이지만, 파월의 서점에서는 새 책과 같은 서가에 놓여 있는 깨끗한 헌책을 할인된 가격에 구입할 수 있다. 만일 원하는 책이 서가에 없다면 서점 측에서 물류 창고에 있는 책을 가져다주거나 주문해 준다. 지금은 온라인 서점도 운영하는데, 이윤이 많이 남는다. 1층에는 자신이 소장한 헌책을 판매하는, 긴 계산대가 있다. 포틀랜드의 경제에 대해서 내가 알게 된 바로 미루어 볼 때 한 아름의 책을 안고 오거나 수레와 박스에 책을 가득 담아 온 판매자들이 계산대 앞에서 긴 행렬을 이루는 광경은 그다지 놀라운 일이 아니었다. 구매하는 서점 측이 특별히 친절한 것도 아니고 특별히 높은 가격에 책을 구매해 주지도 않았다는 점으로 미루어 볼 때, 사람들이 책을 내다 팔 수밖에 없는 경제적 현실을 짐작할 수 있다. (파월 서점에서 서쪽으로 몇 블록 떨어진 곳에는 프레드 마이어Fred Meyer 식료품점이 있다. 프레드 마이어 식료품점이라는 상호는 크로거Kroger 식품 소매 유통 회사가 북서부 지역에서 사용하는 상호다. 식료품점의 주요 출입구에 가까운 주차장 진입로 아래에는 돈을 환불해 주는 공병 수거 기계가 설치되어 있다. 가져온 공병이 몇 개인지 확인하는 영수증을 가져가면 가게에서 돈을 내준다. 이 공간은 잔돈푼이라도 아끼기 위해 애쓰는 가난한 사람들로 항상 북적였다.)

훌륭한 서점에는 식견 있는 노동자들이 있게 마련이다. 파월 서점 역시 독서량이 풍부하고 책을 잘 아는 직원을 두고 있다는 사실에 자부심을 가지고 있다. 회사는 협력적이고 가족 같은 환경을 장려하는데, 마이클 파월을 아버지로 하는 가부장적 체계로 운영된다. 가부장적 체계가 노동자들에게 아무런 문제가 되지 않는 경우도 있다. 오히려 대부분의 작업장에서 전형적으로 나타나는 비인격적인 고용 관계보다 나을 때도 있다. 사람들은 경제학자들이 말하는 이른바, "인간 자본"이 되기보다는 아들이나 딸이 되는 것을 더 낫게 생각할 것이다. 그러나 가부장주의는 임금과 혜택이 만족스럽지 못하고 간부들의 독단이 횡행하게 되는 경우에 그 매력을 대부분 잃어버린다.

1990년대 말 파월 서점 노동자들은 노동조합 결성에 박차를 가했다. 나는 피츠버그에 있을 때 이들에게 후원금을 보냈던 일을 기억한다. 이때 파월은 거부당한 아버지 같은 반응을 보였고, 투쟁은 자꾸 길어졌다. 1999년 4월 노동자들은 노동조합 대표자 선거를 치렀고, 파월은 노동조합을 협상 상대자로 만나게 되었다. 그러나 파월이 단체 협약서에 서명하기를 거부함으로써 노동조합은 파업과 시위를 강행할 수밖에 없었다. 파월 서점 노동조합은 오스트레일리아 이민자인

해리 브리지스Harry Brigdes가 설립한 전설적인 국제항만창고노동조합(International Longshore and Warehouse Union, ILWU) 소속이었다. 해리 브리지스는 샌프란시스코 부두에 노동조합을 건설하고 1934년의 그 유명한 총파업을 주도한 인물이다. 2000년 8월, 마침내 파월 서점 노동자들은 첫 번째 단체협약을 승리로 이끌었다. 파월 서점은 미국에서 노동조합이 결성된, 몇 안 되는 서점이 되었다.

우리나라에서 노동조합의 힘이 더 강했던 1950년대와 1960년대에는 새로운 협약이 체결되면 양자 간에는 서로의 관계가 무기한이라는 데 대한 암묵적인 동의가 있었다. 협약이 파기되면 새로운 협약을 체결하기 위한 협상은 더 치열해질 가능성이 높았고 결국 파업으로 이어질 수도 있었다. 그래서 고용주는 협약이 만료된 것을 기회로 노동조합을 파괴할 생각을 하지 않았다. 그러나 오늘날에는 노동조합에 가입한 노동자 비율은 전체 노동자의 13퍼센트에 불과하다. 민간 경제 부문만 따로 떼면 그 수치는 10퍼센트 미만으로 떨어진다. 이렇게 저조한 노동조합 조직율은 1929년 대공황 당시 수치에 맞먹는다. 그러므로 새로운 협상을 이끌어 낼 때마다 노동조합은 목숨을 걸어야 한다. 피 냄새를 맡은 고용주들은 노동조합 없는 세상이 다시 도래하기를 꿈꾼다.

우리가 포틀랜드에 사는 동안, 파월과 국제항만창고노동조합 포틀랜드 지부 사이에 격렬한 싸움이 벌어졌다. 파월은 노동조합이 건강보험을 포기하기를 원했고 더 독단적인 경영권 행사를 원했다. 회사는 높은 이윤을 유지하면서도 노동자들의 임금은 거의 올려 주지 않았다. 아무 합의도 이루어지지 않은 채 여러 달이 지나갔다. 많은 노동자들은 파월이 협상에 임해야 한다고 촉구하는 배지를 달고 출근했다. 노동자들은 나에게 자신들이 가진 불만을 허심탄회하게 털어놓았다. 노동조합은 고용주에게 압력을 넣기 위해 작업장 행동을 조직하기 시작했다. 어느 포틀랜드 노동자에게 들은 내용에 따르면 관리자가 노동자를 부당하게 대우할 경우 노동조합 지부장은 전화에 대고 "해리 브리지스가 붉은색 방" (혹은 다툼이 일어난 장소)에 있다고 말한다고 했다. 이처럼 언제나 투쟁적이었던 노동조합은 자신들의 처지를 대중에게 알리는 시위를 벌였다. 노동자들과 지지자들은 구호가 적힌 팻말을 들고 거리 행진을 하며 서점의 잠재적 고객들에게 선전지를 나눠 주었다. 이러한 단체 행동은 파업 기간이 아니어도 할 수 있는 합법적인 행위였다. 오늘날 파업을 벌이는 것은 위험하다. 대부분의 고용주들이 비조합원(대체 인력)을 쓰는데다가 파업자가 작업장으로 돌아오지 못하더라도

법의 보호를 받을 수 없기 때문이다. 하지만 대중 선전에 나선 시위자들이 작업장 입구를 봉쇄하거나 잠재적 고객을 위협하는 행동은 불법이다.

나는 시위에 두 번 참가했다. 최소한 백 명은 되는 인원이 파월 서점 블록 주변을 행진했다. 두 곳의 출입문 주변에는 소수 인원이 남아서 선전지를 나눠 주었다. 고객들에게 서점으로 들어가지 말 것을 촉구하는 과정에서 어쩌면 일부 고객은 위협을 느꼈을지도 모르겠다. 대부분의 고객은 들어가지 않았지만 일부는 서점으로 들어가기도 했다. 나는 시위 선을 넘어가지도 않았지만, 서점에 들어가는 사람들을 이해할 수도 없었다. 서점 손님에게는 서점 구경이 치명적인 타격이 되지 않겠지만, 노동자의 생계는 결코 가볍게 보아 넘길 수 없는 일이기 때문이다. 나는 주변에 경찰이 없다는 사실에 놀랐다. 포틀랜드에서 파월 서점은 황금알을 낳는 사업이기 때문에, 경찰이 시위자들을 해산하거나 최소한 입구에 접근하지 못하도록 막을 것이라고 생각했다. 하지만 경찰차만 몇 대 지나갔을 뿐 경찰은 나타나지 않았다. 나중에 들은 얘기에 따르면 국제항만창고노동조합 포틀랜드 지부가 (포틀랜드는 항구도시고, 항만 노동자들도 국제항만창고노동조합 포틀랜드 지부 회원이다.) 경찰과 좋은 관계를 맺고 있으며, 지난번 노동 쟁의가 벌어졌을 때도 경찰의 도움을 받았다고 한다. 이날의 작업장 행동은 결국 새로운 합의를 이끌어 내는 초석이 되었다. 나는 포틀랜드의 주요 지역 신문인 『오레거니언*The Oregonian*』에서 이날의 사건이 비중 있게 다뤄질 것이라고 예상했지만 신문은 이와 관련해 일언반구조차 없었다.

노동조합이 있는 작업장은 다른 작업장과 차별화된다. 미국에는 좌파 성향의 전투적인 노동조합이 있었지만, 이러한 성향의 노동조합과 그 조합원들은 1940년대 말과 1950년대 초에 벌어진 반공산주의 마녀사냥 바람이 불 때 조직 노동조합 대열에서 쫓겨났다. 이 사건은 우리나라의 노동운동에서 일어났던 사건 중 최악의 사건이었다. 산업별노동조합회의(Congress of Industrial Organizations, CIO)에서 쫓겨난 노동조합은 당대 최고의 노동조합들이었다. 이들은 가장 민주적이고 덜 인종차별적이며 탁월한 협약을 이끌어 냈다. 국제항만창고노동조합은 산업별노동조합회의에서 제명되었지만 끝까지 살아남았다. 국제항만창고노동조합은 아직도 진보적인 성격을 잃지 않았다. 이들은 노동자를 대표하는 방법이나 노동자를 교육하는 방법을 알고 있다. 나는 노동조합의 교섭 대표자가 더 온순했다면, 파월 서점 지부는 살아남을 수 없었을 것이라고 생각했다.

열린 생각, 열린 도시

　포틀랜드는 개방적인 도시로 전국에 알려져 있다. 포틀랜드에는 강력한 환경 운동 세력이 있다. 또한 포틀랜드는 유기농 먹을거리 운동의 온상이다. 이곳에서는 익히지 않은 음식만을 먹겠다고 고집하는 사람들도 환영받는다. 포틀랜드 사람들은 자신들의 도시가 환경 친화적이라는 사실에 자부심을 느낀다. 비가 많이 내린다는 이유만으로 도시가 푸르러진 것은 아니다. 이곳 사람들이 진지하게 환경 문제를 고려했기 때문에 그렇게 된 것이다. 우리가 살아 봤던 도시 중에서는 유일하게 포틀랜드만이 도시 안에 나무가 빽빽한 숲을 조성해 놓았다. 어디에서도 도시 안에 조성된 숲에서 산책할 수 없다. 한편 포틀랜드는 지나치게 깨끗한 도시이기도 하다. 피츠버그나 필라델피아에서는 아무렇게나 버려진 거리의 쓰레기가 흔하게 널려 있지만 이곳에서는 그런 것을 찾아보기 어렵다. 포틀랜드 사람들은 노숙자들과 거지들에게 관대한 것으로도 유명하다. 포틀랜드 사람들은 대다수의 뉴욕 사람들이 가진 광적인 일중독 성향에서 한 발 물러서 있다. 이곳 사람들은 느긋하게 일하는 경향이 있다. (자기 학대적인 세계관은 주방에서 일하는 노동자들의 특징이다. 이런 성격을 가진 우리 아들은 포틀랜드의 동료 노동자들의 게으름에 대해 허구한 날 불평했다.)

　2004년 1월, 포틀랜드에 기록적인 폭풍이 몰아쳤고 포틀랜드의 모든 기능이 완전히 정지되었다. 그러나 아무도 눈을 치우려고 애쓰지 않았다. 눈과 얼음이 뒤덮인 인도를 돌보는 사람도 없었다. 당시 나는 다른 곳에 있었다. 카렌은 우리 아파트 관리인이 주차장 진입로의 눈조차 치울 생각을 하지 않았다고 말해 주었다. 차를 써야 할 일이 생기면 어떻게 하느냐고 관리인에게 묻자 그는 차분하게 대답했다. "911에 긴급전화를 넣으시면 되겠네요." 동부에서 이사 온 열정적인 성향의 몇몇 사람들이 사기 집 앞 도로의 눈을 치우는 광경을 보던 행인들은 이들을 심하게 비웃었다. 며칠 동안 일을 못 한다는 사실도, 심지어 빠진 일수만큼 급료가 지급되지 않는다고 해도 별 관심이 없는 눈치였다.

포틀랜드에는 동성애자들이 상당히 많다. 포틀랜드에서 동성 부부에게 결혼 증명서를 발급했다는 사실이 전국의 신문 1면을 장식했다. 수백의 예비부부들이 결혼하기 위해 시청에 줄을 섰다. 우익 성향의 대담 프로그램 진행자는 폭언을 서슴지 않았고, 편집자에게는 많은 편지가 배달되었다. 하지만 이 사건으로 당황한 사람은 별로 없었다. 포틀랜드의 동성애자들은 샌프란시스코나 맨해튼의 동성애자들만큼 공공연하게 자신을 드러내지는 못한다. 하지만 이곳을 살기 편한 곳으로 여기는 듯했다.

그러나 포틀랜드의 진보 성향은 피상적이었다. 자유주의적 정치가 민주당을 통해 펼쳐지기는 했지만, 대안 정치는 조직되지 않았다. 어디서나 그렇듯 보이지 않는 곳에는 영향력을 행사하는 기업의 이해관계가 있었고, 그들이 막후 실력자였다. 노동과 인종이라는 두 가지 민감한 쟁점이 부각되면 포틀랜드는 자유주의의 정반대 편에 서는 퇴행적인 행태를 보였고, 약자들에게 가혹했다. 어느 곳을 막론하고 임금과 노동조건은 끔찍했다. 포틀랜드에는 아나키스트가 많았고, 비일비재하게 벌어지는 반세계화 행동 및 반전 행동에 도움이 되었다. 반문화의 분위기는 대안적 음악 무대를 만들어 냈고, 건강한 삶이란 비물질적인 측면과 관련 있음을 부각시켰다. 이곳에는 대담한 환경 운동을 주도함으로써 이 도시의 주요 사업가들이 끔찍이 싫어하는 인물이 된, 널리 알려진 존경받는 아나키스트가 있었다. 그 사람이 유기농 먹을거리 식당을 열었을 때 사람들의 화젯거리가 되었다. 하지만 얼마 지나지 않아 그는 비용 절감이나 노동자 통제에 관심을 가지는 전형적인 고용주처럼 행동하기 시작했다. 직원들이 매사추세츠 로렌스Lawrence, 뉴저지 패터슨Patterson에서 오래 전 유명한 파업을 이끌어 냈고 지금도 여전히 건재한 세계산업노동자동맹Industrial Workers of the World에 가입하자, 이 환경 운동가는 과거 자신의 동지였던 이들에게 이기적이라는 비난을 퍼부었다. 그는 대안적 공동체를 건설하는 데는 아무 흥미를 보이지 않았다. 나는 환경주의자와 아나키스트가 노동자들을 위한 투사로 나서지 않는다면, 누가 노동자 편에 서 줄까 생각해 보았다.

    미국의 기준에서는 자유주의적 신문인 『오레거니언』도 노동조합이나 노동자들의 투쟁에 관련된 내용을 거의 다루지 않았다. 물론 이 신문도 노동자에 대한 이야기를 다루기는 한다. 하지만 직업을 잃고 생존하기 위해 씩씩하게 분투하고 있는 첨단산업 노동자가 주요 소재로 등장하는, 가슴 뭉클하고 개인적인 내용이 주종을 이룬다. 평균 임금도 못 버는 도시 저소득층 이야기는 무시한다. 그리고 노동자의 어려운 처지를 개선하기 위해 노동자의 조직이 필요하다는 등의 말은 절대 안 한다.

포틀랜드에는 우리가 방문했던 어느 도시보다도 노숙하는 아이들이 많은데, 그중 한 무리의 아이들이 특별히 심한 범죄를 저질렀다. 『오레거니언』은 상당한 지면을 할애해 이 내용을 비중 있게 다뤘지만, 젊은이들에게 주어지는 일자리가 극소수인 이유에 대해서는 의문을 제기하지 않았다. 우리 아들의 상관이 근무 시간을 조작한 일을 알게 된 뒤 어느 날 읽은 『뉴욕타임스』에는 우리 아이가 당한 일이 얼마나 비일비재하게 벌어지는지 다룬 기사가 실렸다. 상황을 더 악화시키는 것은 노동조합의 태도다. 포틀랜드의 노동조합은 노동자를 조직하거나 자신들의 어려움을 대중에게 적극적으로 알리려는 노력을 거의 안 하는 것처럼 보인다. 포틀랜드가 주는 인상과 노동계급의 현실은 부조화스럽다.

노골적인 부의 불평등 또한 포틀랜드가 개방적인 도시라는 인상을 저버리게 만들었다. 우리 아파트에서 불과 몇 블록밖에 안 떨어져 있는 도심에 가면 거지 떼에 에워싸이기 일쑤다. 최신 유행을 따라다니는 23번로에서조차 한구석에는 거지들이 서 있었다. 이들은 노천 카페의 탁자 주위를 맴돌며 돈을 구걸하기도 했다. 우리는 나이 든 아시아 여성이 비럭질을 하는 모습을 보았다. 이 광경은 우리가 우리나라를 여행하면서 어느 곳에서도 보지 못했던 광경이었다. 이렇게 많은 중고품 할인 매장이 있는데도, 그 모든 매장이 날마다 붐비는 지역 또한 어디에도 없다. 우리는 중독성 약물을 파는 가게는 항상 도시의 가난한 지역에 개점한다는 사실도 알게 되었다. 그러나 우리 아파트 건물 근처에는 관리가 잘 된 정원을 갖춘 주택이 많았다. 그 정원은 히스패닉 정원사들과 관리인이 돌본다. 곳곳에서 새 아파트와 새 주택 건설이 이어졌는데, 그 가격은 명성 있는 도시에나 어울리는 가격이었다. 비조합원 노동자들이 일반적이었고, 대부분 히스패닉이었다. 가난한 사람이 많은 도시치고는, 부유층을 위한 소매점이 많은 편이었다. 티파니스Tiffany's, 킬스Kiehl's, 노르드스트롬스Nordstrom's, 럭키 진스Lucky Jeans, 디젤Diesel 같은 상점과 문스트럭 초콜릿Moonstruck Chocolates 같은 값비싼 물건을 파는 지역 상점도 있었다.

불평등 3
< < < < < < < < < < < < < < < < < < < < < < < < < < < <

레스토랑에서 생긴 일

쌍둥이들은 크리스마스 기념 선물로, 최근 대단한 찬사를 받으면서 문을 연 식당의 120달러짜리 음식 상품권을 주었다. 우리 아이들은 포틀랜드의 간이식당을 지독하게 비판했다. 텔레비전의 프로그램을 맡아서 진행했고, 대중적인 요리책의 작가이기도 한 카프리얼Caprial이 운영하는 카프리얼스 비스트로 앤 와인 바Caprial's Bistro and Wine Bar는 마을의 남동쪽에 있었다. 나는 이력서를 제출하려고 쌍둥이 중 한 아이를 데리고 그곳에 갔다. 아들은 식단을 살펴보더니 음식 값이 "저녁 만찬" 비용에 맞먹는다며 치워 버렸다. 독일에서 온 방문객을 데리고 평판이 좋았던 베트남 식당에 갔을 때 식당에 대한 아들의 견해가 확인되었다. 아무리 좋게 말하려고 해도 쓰레기 같은 음식이라고 밖에는 말할 수 없었다. 아이들은 자신들의 견해가 맞았다는 사실을 다시 확인하면서 즐거워했다. 새로 문을 연 식당인 헐리스Hurley's는 과거 뉴욕시에서 소방관으로 일했던 주방장이 소유한 음식점이었다. 이 식당은 독특한 구성의 식단으로 격찬을 받았다. 우리는 2004년 4월 말, 포틀랜드를 떠나기 전날까지도 받은 선물을 사용하지 않았다. 아파트를 정리하고 가구를 팔고 여행 일정을 짜느라 피곤했지만 밤에 외출할 생각을 하니 즐거웠다. 우리는 밖에서 식사하는 일이 드물다. 식당에서 주는 음식은 보통 건강에 유익하지 않으면서도 가격이 비싸기 때문이다. 게다가 우리는 식당 주방이 어떻게 돌아가는지에 대해 너무 많이 알고 있다. 그래서 우리는 직접 요리해 먹기를 즐겼다. 그러나 이번에는 식당에서 사 먹는 게 근사할 것 같았다. 창문에 적어 놓은 식단은 상당히 괜찮아 보였다. 주방장인 우리 아들이 보았더라도 좋아했을 것이라는 생각이 들었다.

하지만 그날 저녁 식당에서 겪었던 것 같은 일은 다시는 겪고 싶지 않다. 호스트는 모서리가 날카롭고 불편한 의자가 있는 작은 탁자로 우리를 안내했다. 덕분에 어이없는 사고로 왼쪽 다리를 다친 카렌은 그날 밤이 끝날 무렵 왼쪽 다리 전체가 마비되고 말았다. 호스트의 뒤를 이어 지나치게 친절한 웨이터가 나타나 식단을 안내하기 시작했다. 나는 이미 식단을 살펴본 뒤였고 바다가재 빠에야[68]를 먹기로 결정한 상태였다. 30달러짜리 메뉴였지만 그것만으로도 우리가 가진 상품권 액수에 비해 터무니없이 비싸다는 생각을 하고 있었다. 웨이터는 내가 잘못 선택했다고 말했다. 웨이터는 이 식당의 음식 "양이 적다."고 했다. 음식은 적게 주면서 가격은 비싸다는 말을 완곡하게 돌려 말한 것이다. 웨이터는 이 식당에서는 최소한 서너 가지의 음식을 시켜야 한다는 말을 덧붙이면서, 내가 고른 음식의 양을 손으로 표현해 보여 주었는데 배를 채우기에는 역부족인 듯했다. 그날의 유일한 재미는 다른 식탁의 손님들이 도착한 음식 양이 작은 것을 보고 깜짝 놀라는 것을 지켜보는 일이었다. 우리는 빠른 말로 음식에 대해 설명하면서 우리를 현혹하는 웨이터의 능력에 감탄했다. 어떤 여성이 음식을 단 한 가지만 주문하겠다고 고집하자 해당 식탁을 담당한 웨이터는 마치 "알게 될 겁니다." 하고 말하는 듯한 경멸어지는 눈초리로 그녀를 힐끗 쳐다보았다.

[68) 빠에야paella는 쌀, 고기, 어패류, 야채를 스페인식으로 찐 밥을 말한다.

우리는 웨이터의 말을 믿고 각자 세 가지 음식을 주문했다. 종업원은 우리가 스프도 주문하는 게 좋겠다고 했지만 170그램에 8달러나 하는 가격을 보고 그냥 넘어가기로 했다. 우리는 각자 충분히 먹고도 남아 서로의 것을 나눠 먹을 수 있겠다고 생각했다. 나는 카이사르 샐러드와 가리비 요리, 닭고기 요리를 주문했는데, 음식이 나왔을 때 우리나 다른 손님들이 얼마나 놀랐는지 도저히 설명할 수가 없다. 몇 년 전 웬디스Wendy's가 회사 소유자인 데이브 토마스Dave Thomas를 모델로 내세운 텔레비전 광고를 내보냈다. 웨이터가 건방진 태도로 데이브의 식탁에 음식을 내려놓고는 은으로 된 뚜껑을 열었을 때 접시에 놓인 고기 요리가 얼마나 작은지 데이브는 음식을 찾지도 못하고 있는데 옆에 선 직원은 "맛있게 드세요." 하고 말하는 내용의 광고였다. 우리가 힐리스에서 먹은 저녁 식사는 바로 그 유쾌한 상업 광고에 딱 들어맞았다.

작은 접시에 담겨 나온 카이사르 샐러드는 상추를 잘게 썰어 넣은, 다진 양배추 샐러드와 비슷했는데 카이사르 소스가 얹어져 있었다. 맛은 좋았지만 일부러 조금씩 씹어서 먹어도 몇 분 만에 다 먹어치울 수 있는 양이었다. 옛날 맨해튼 9번로에 있는 푸타네스타스Putanesca's에서는 진짜 안초비와 예쁘게 생긴 로메니 상추 잎이 가득 담긴, 크고 전통적인 카이사르 샐러드를 냈다. 거기서 먹던 맛좋은 이탈리아식 빵도 그리웠다. 그러나 힐리스에는 이런 게 아무 것도 없었다. 심지어는 빵도 별로였다. 가게 사람들은 내가 음식의 양이나 가격은 생각하지 않고 음식의 내용에 대해서만 생각할 거라고 생각한 모양이었다. 아무리 천천히 먹으려고 해고 음식은 순식간에 사라져 버렸고 때마침 20달러짜리 가리비 요리가 나왔다. 가리비 두 개는 세 번 베어 물면 다 먹을 수 있는 30초짜리 식사였다. 친구에게 이 저녁 식사에 대해서 말해 주었을 때 친구는 그걸 떨어뜨렸다면 무슨 일이 벌어졌겠느냐며 반문했다. 10달러가 날아갔을 것이다.

우리는 가벼운 간식을 먹는 기분으로 세 번째 "음식"을 다 먹었다. 우리는 옆 식탁의 여성이 주문한 음식, 즉 내가 처음 먹으려고 했던 빠에야가 나왔을 때 그녀가 놀라는 모습을 지켜보았다. 웨이터는 뻔뻔스럽게도 음식 값을 셈해 보더니 우리가 가져온 상품권 금액인 120달러짜리 계산서에 맞출 수 있는 후식을 주문하도록 권했다. 잔액을 돌려 달라고 할까도 생각했지만 그만두기로 하고 후식을 먹었다. 맛있었지만 우리가 먹어 본 후식 중에서 가장 비싼 후식이었다.

사례금을 포함한 총 식사 비용은 140달러였다. 우리는 저항하는 의미에서 평소에 추가로 지불하던 20퍼센트의 사례금을 주지 않았다. 너무 소극적인 저항인 것은 사실이지만 그래도 안 하는 것보다는 나았다. 우리는 주방으로 뛰어 들어가 따졌어야 옳았다. 주방에서 우리에게 영원히 기억할 만한 사기의 추억을 남겨 주었다고 말하고, 우리의 저녁 식사 비용을 벌기 위해 뜨겁고 위험한 주방에서 열두 시간씩 일하는 우리 아이들에 대해 말하고, 헐리스의 주방에서 일하는 노동자들은 헐리스에서 식사할 만큼의 돈을 버는지 물었어야 했다. 그러나 우리가 그랬다면 헐리스의 주방장은 먹고 마시기 위해 자기 식당을 찾아와 돈을 쓰고 가는 목요일 저녁의 단골손님들이 안 보이냐며, 분수 파악이나 하라고 쏘아붙였을 것이다.

헐리스에서의 저녁 만찬은 포틀랜드와 미국에 관련해 무언가 중요한 것을 우리에게 시사하고 있었다. 영구적인 불평등은 포틀랜드뿐 아니라 우리나라의 모든 도시를 괴롭힌다. 망치로 머리를 얻어맞는 느낌이다. 미국에서 실업률이 높은 축에 속하는 도시, 거리마다 노숙하는 아이들로 넘쳐나는 도시, 고속도로 진출입로마다 거지들이 구걸하는 도시에서 저녁 식사 손님은 레스토랑에 다닥다닥 붙어 앉아서 우리나라에서 가장 비싼 식사를 했다.

< < < < < < < < < < < < < < < < < < < < < < < < < < < < <

포틀랜드에는 개방적인 도시 이미지와 완전히 모순되는 인종차별주의가 존재했고, 이것이 포틀랜드에 사는 동안 가장 큰 스트레스였다. 어느 작가는 포틀랜드를 "백인 문화 최후의 성채"라고 일컫기도 했는데, 확실히 이곳은 백인들만의 마을이었다. 아프리카계 미국인은 인구의 7퍼센트에도 미치지 못했다. 돈을 구걸하는 젊은이도 모두 백인이었고, 거리의 노숙자들조차 대부분 백인이었다. 포틀랜드에 흑인이 들어오게 된 것은 전시戰時에 조선소

노동자가 필요했기 때문이다. 흑인들은 컬럼비아강 주변의 범람지에서 살았는데, 물이 불어나자 그곳에서 밀려났다. 생활 터전을 잃은 흑인들에게 허락된 거주 지역이었던 흑인촌은 고속도로 건설과 함께 파괴되었다. 오늘날 작은 규모의 흑인 공동체는 포틀랜드에서도 가장 가난한 지역에 흩어져 있다.

흑인 거주자 수가 적은데도 백인은 흑인에 대한 적대감을 지나치게 표현했다. 우리가 포틀랜드에 사는 동안 경찰이 흑인에게 총격을 가한 사건이 몇 차례 보도되었는데, 경찰의 총격은 전적으로 부당했다. 우리가 떠나기 6개월 전, 흑인 여성과 남성이 경찰의 총격을 받고 죽은 사건이 있었다. 여성과 그녀의 남성 동반자는 멈추라는 경찰의 부름에 차를 세웠다. 마약 거래상으로 의심받고 있던 남성은 차에서 내려 경찰과 대면했다. 뒷좌석의 여성은 앞좌석 운전대 쪽으로 이동했다. 그녀는 시동을 걸었다. 아마도 도망치려고 했을 것이다. 그녀는 비무장 상태였고 경찰은 그녀가 누구인지, 어디에 사는지도 알고 있었다. 경찰관 한 명이 그녀가 떠나지 못하도록 막으려 했다. 그는 창문으로 팔을 넣어 그녀를 제어하려 했지만 생명의 위협을 느껴 그녀를 쏠 수밖에 없었다고 주장했다. 결국 그녀의 아이들은 엄마를 잃고 말았다.

몇 달 뒤에는 이런 일도 있었다. 상점가로 들어설 때 방향 지시등을 켜지 않았다는 이유로 경찰관 두 명이 흑인 남성을 불러 세웠다. 한 경찰관은 정신질환을 앓고 있었다. (하지만 그가 다니던 근본주의 교회의 목사는 그를 고결한 그리스도인이라고 추켜세웠다.) 흑인은 분명 코카인에 심하게 취해 있었다. 하지만 무기도 없었고 저항하지도 않았다. 차를 세운 지 20여 초도 지나지 않아 그 흑인은 경찰의 총에 맞아 죽었다. 대부분의 백인은 경찰관의 행동이 정당했다는 듯 행동했다. 라디오 대담 프로그램은 경찰의 명령에 철저히 따르지 않고 항의의 몸짓을 보인다면 누구든 죽어도 싸다고 강변했다. 이 나라에서 흑인이 전과를 갖지 않기란 거의 불가능한데도, 누구든 전과 전력이 있다면 경찰이 총을 쏘아도 된다고도 했다. 더구나 그것이 사회에 도움이 된다고 말하기도 했다. 지역 신문에도 비슷한 주장을 펴는 편지가 쏟아졌다.

인종에 대한 대중의 짜증을 유발하는 요인은 경찰과의 대면 외에도 또 있다. 포틀랜드에 있는 프로농구단 최고의 선수는 라쉬드 월러스Rasheed Wallace였다. 그는 거리낌 없이 말하고 테크니컬 파울로 이름을 날렸으며, 기자들을 거의 상대하지 않고, 잘 차려 입지도 않았다. 그리고 전미 농구협회에서의 인종차별에 대해 언급했다. 어쩌다 한 번 한 인터뷰에서 그는 농구단이 선수를 뽑을 때 고등학교를 갓 졸업한 순진한 흑인 선수들을 선호하는 이유는 막 부려먹기 쉽기 때문이라고 선언했다. 그러자 언론은 광포해졌다. 부유한 운동선수가 어떻게 그런 말을 할 수 있나? 포틀랜드는 그와 다른 선수들을 왕처럼 모시지 않았던가? 그런 그가 지금 우리에게 침을 뱉는다. 과거 포틀랜드의 백인 농구 영웅이었던 빌 월튼Bill Walton을 포함한 신문의 논설위원들은 일제히 그를 비난했고, 스포츠 프로그램 진행자들은 이 문제가 너무 민감한 사안이기 때문에 그를 포틀랜드에서 축출해야 한다고 제안했다. 결국 그는 디트로이트 농구단으로 이적했다. 흥미로운 것은 디트로이트에서는 그가 모범 시민이었다는 점이다. 인종 구성과 인종에 대한 태도라는 측면에서 볼 때 우리나라에서 포틀랜드와 디트로이트[69]만큼 상반된 도시는 또 없을 것이다.

우리가 살고 있는 거대한 아파트 건물에 사는 흑인은 딱 한 명이었다. 카렌은 그 흑인 및 두 명의 백인 여성과 함께 지붕 쉼터에서 대화를 나눴다. 카렌은 흑인 인구가 적은 마을에서 흑인으로 살아간다는 것이 어떤 것인지 물어 보았다. 흑인은 질문에 솔직하게 대답해 주었지만 다른 여성 중 한 명이 폭발하고 말았다. 그녀는 카렌에게 어떻게 그런 질문을 할 수 있냐고 물었다. 카렌이 포틀랜드는 흑인이 없는 도시, 다양성이 결여된 도시처럼 보인다고 지적하자 그 여성은 사실이 아니라며 맹렬하게 반박했다. 그 말 때문에 카렌은 졸지에 인종차별주의자가 되었다. 성난 여성은 이렇게 말했다. "다양성을 경험하고 싶다면 가끔 새벽 네 시에 나랑 같이 클럽 활동에 참가하세요. 그곳에는 온갖 종류의 사람들이 다 모여 있답니다." 그런 터무니없는 공격에 대응한다는 건 참으로 어려운 일이었다. 그러자 그 여성은 장광설을 이어 갔다. 20년간 전화 회사의 고객 만족 센터에서 일하다가 지금은 은퇴한 다른 여성은 카렌이 말한 내용을 자신이 전혀 눈치 채지 못했다는 것이 이상하다고 말했다. 그녀는 우리 건물에 사는 거의 모든 사람이 백인이라는 사실이 진짜 놀라웠던 모양이었다.

---

[69] 디트로이트의 2000년 인구 구성은 백인이 12.3퍼센트, 흑인이 81.6퍼센트로, 포틀랜드와 정반대 양상을 보인다.

포틀랜드와 오리건의 나머지 지역에서는 히스패닉 공동체가 성장하고 있다. 그러나 히스패닉 공동체의 존재는 대체로 인식되지 않는다. 모텔과 호텔 청소부, 정원 돌보는 노동자, 유모, 식당 주방에서 잡일하는 직원들 거의 대부분이 갈색 피부라는 사실에 우리가 관심을 가지지 않기 때문이다. 이 지역 출신으로 지금은 전국 방송의 대담 프로그램 진행자가 된 밉살스러운 방송인 라스 라슨Lars Larson은 시엔엔CNN 방송국 논평가인 로우 돕스Lou Dobbs처럼 히스패닉 이민자 문제에 사로잡혀 있었다. 라슨은 청취자를 상대로 오리건 주의 새로운 표어를 공모했다. 그가 뽑은 표어 중에는 "멕시코에 오신 것을 환영합니다.", "오리건, 아블라 에스파뇰?(Habla Español?, 스페인어는 할 줄 아세요?)"이 있었다. 포틀랜드에 반이민 정서가 팽배한 것이 당연하다. 오리건에는 다른 인종 간의 결혼을 금하는 법이 있었는데, 1960년대 말 대법원의 판결로 이 법이 폐지되었다. 이 같은 오리건의 인종차별의 역사와 높은 실업률은 노동자들이 이민자를 공격하도록 만든다. 게다가 강력하고 진보적인 노동운동이 없기 때문에 노동하는 사람들을 교육해 이러한 인식을 바꿀 수도 없었다.

방랑벽

우리는 포틀랜드에 머문 지 일 년이 지난 뒤부터 이미 포틀랜드를 떠날 준비가 되어 있었지만, 아이들의 아파트 임대 기간을 맞추기 위해 두 달을 더 머물렀다. 내 어머니는 우리가 어디에 살든 만족하지 못하는 것 같다고 말한다. 친구들은 우리가 결국 어딘가에 "정착"할 수는 있는 건지 궁금해 한다. 문제는 이 나라가 아주 거대한 나라라는 사실이다. 우리는 우리가 젊었을 때 보지 못한 것이 많아서 이제야 그것을 찾아 나선 것이다.

우리는 어딘가에 영구적으로 정착할 생각을 버리고 길 위에서 생활하기를 꿈꿔 왔다. 이제 실행에 옮길 때가 되었다는 생각이 들었다. 포틀랜드에서 모았던 소유물을 버리고 몇 가지 물건을 보관한 뒤 남은 물건을 모두 포장해 밴에 싣고 떠나 보자. 우리는 서부의 국립공원을 둘러보는 일정을 중심으로 대강의 여행 일정을 짜 두었다. 여기저기 돌아다니다 보면 앞으로 쭉 행복하게 살아갈 만한 완벽한 마을을 발견할지도 모를 일이다.

■ 더 읽을거리
<<<<<<<<<<<<<<<<<<<<<<<<<<<<<<<

소설가 척 팔라닉은 그의 고향 포틀랜드의 문화 영웅이다. 그가 쓴 *Fugitives and Refugees: A Walk in Portland, Oregon*(New York, NYL Crown Hourneys/Random House, 2003)은 재기 넘치는 포틀랜드 안내서다. 식당 주방에서의 노동을 내부자의 시선에서 조망한 책으로는 Anthony Bourdain, *Kitchen Confidential: Adventures in the Culinary Underbelly*(New York, NY: Harper Perennial, 2001)가 있다. 우리 아들이 적극적으로 추천한 책이다. 서부의 국립공원에 대한 표준적이면서도 유용한 안내서로는 *Fodoe's National Parks of the West*(New York: Fodor's Travel Publications, 2004)가 있다. "비스킷 화재"에 대해서는 Richard York, "Corporate Forestry and Academic Freedom"을 참고하라. http://mrzine.monthlyreview.org/york240106.html에서 내용을 볼 수 있다. 목재 산업에 대한 공적 보조금에 대한 문제는 Taxpayers for Common Sense, *Lost in the Forest: How the Forest Service's Misdirection, Mismanagement, and Mischief Squanders Your Tax Dollars*를 참고하라. http://www.forestcouncil.org/pdf/lostintheforest.pdf에서 내용을 볼 수 있다.

2004년 5월~9월

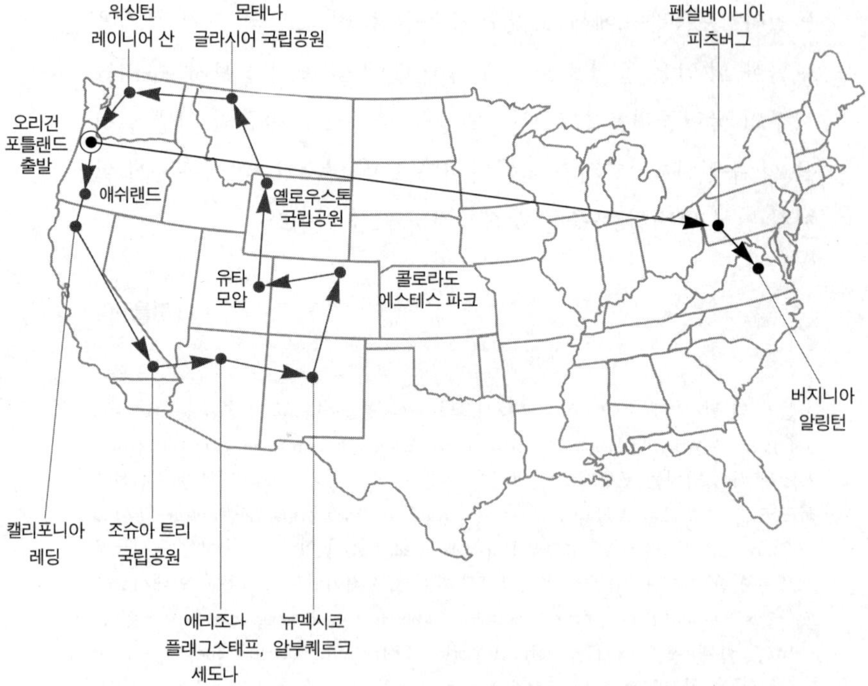

워싱턴
레이니어 산

몬태나
글라시어 국립공원

펜실베이니아
피츠버그

오리건
포틀랜드
출발

애쉬랜드

옐로우스톤
국립공원

유타
모압

콜로라도
에스테스 파크

버지니아
알링턴

캘리포니아
레딩

조슈아 트리
국립공원

애리조나
플래그스태프
세도나

뉴멕시코
알부퀘르크

05*

CHEAP MOTELS AND A HOT PLATE

<<<<<<<<<<<<<<<<<<<<<<<<<<<

싸구려 모텔과 휴대용 전열기

애리조나 플래그스태프(Flagstaff, Arizona)

2003년 인구	55,893명
2000년 인구	
백인	77.9퍼센트
흑인	1.8퍼센트
아메리카 인디언	10.0퍼센트
히스패닉(인종 무관)	16.1퍼센트
2000년 가구 소득 중앙값	37,146달러
2000년 임대 비용 중앙값	607달러
부대 비용을 포함한 주택 자금 대출 중앙값	1,168달러
빈곤선 이하 소득자	17.4퍼센트

이곳에 위치한 로웰 천체 관측소Lowell Observatory에서 명왕성을 발견했다. 1400 West Mars Hill Road, 86001에 있는 거대한 망원경을 통해 천체를 관찰할 수 있다. 전화 (928) 774-3358. 3101 N. Ft. Valley Road, 86001에 있는 노던 애리조나 박물관Museum of Northern Arizona도 놓쳐서는 안 될 볼거리다. 전화 (928) 774-5213. 1000 S. Milton Road, 86001에 있는 뉴 프런티어 마켓New Frontier Market에서는 신선한 유기농 식품과 값싼 빵을 구입할 수 있다. 전화 (928) 774-5747.

애리조나 세도나(Sedona, Arizona)

2003년 인구	10,905명
2000년 인구	
백인	92.2퍼센트
흑인	0.5퍼센트
아메리카 인디언	0.5퍼센트
히스패닉(인종 무관)	8.9퍼센트
2000년 가구 소득 중앙값	44,042달러
2000년 임대 비용 중앙값	810달러
부대 비용을 포함한 주택 자금 대출 중앙값	1,427달러
빈곤선 이하 소득자	12.4퍼센트

우리나라에서 이곳보다 더 아름다운 곳은 없다. 물건 구매는 잠시 접어 두고 나들이를 다녀 보자.

뉴멕시코 알부퀘르크(Albuquerque, New Mexico)

2003년 인구	471,856명
2000년 인구	
백인	71.6퍼센트
흑인	3.1퍼센트
아메리카 인디언	3.9퍼센트
히스패닉(인종 무관)	39.9퍼센트
2000년 가구 소득 중앙값	38,272달러
2000년 임대 비용 중앙값	501달러

부대 비용을 포함한 주택 자금 대출 중앙값	1,034달러
빈곤선 이하 소득자	13.5퍼센트

뉴멕시코 대학University of New Mexico은 우리나라에서도 가장 아름다운 곳에 속한다. 마을의 주요 도로인 66번 고속도로(중앙로Central Avenue)가 지나는 도시 한복판에 있다. 여름에는 그늘이 드리워진다. 2401 12번가 N. W., 87104에 있는 푸에블로 인디언 문화 센터Indian Pueblo Cultural Center에서 푸에블로 인디언에 대해 배울 수 있다. 전화 (505) 843-7270. 박물관은 푸에블로 인디언의 도기를 많이 소장하고 있다.

유타 모압(Moab, Utah)

2000년 인구	4,779명
백인	90.4퍼센트
흑인	0.4퍼센트
아메리카 인디언	5.5퍼센트
히스패닉(인종 무관)	6.4퍼센트
2000년 가구 소득 중앙값	32,620달러
2000년 임대 비용 중앙값	420달러
부대 비용을 포함한 주택 자금 대출 중앙값	753달러
빈곤선 이하 소득자	15.7퍼센트

에드워드 애비[70]가 사랑했던 모압은 계곡이 많은 유타의 시골 정경을 완벽하게 체현하고 있다. 아치스Arches 국립공원과 캐니언랜즈Canyonlands 국립공원은 라 살 산맥La Sal Mountains 인근에 있다. 550 S. Main St. 84532에 있는 빅 혼 로지Big Horn Lodge에는 넓고 깨끗하고 싼 방이 있다. 전화 (435) 259-6171.

지금도 휴대용 전열기가 생산될까?

우리는 오리건 포틀랜드의 아파트를 떠났다. 가구는 팔거나 버렸고, 남은 소유물은 4.64평방미터의 저장소에 보관해 두었다. 2004년 4월 30일, 우리의 새로운 여정이 시작되었다.

우리는 떠나기 몇 주 전부터 이번 여행에 대해 의논했다. 우리는 결말을 정하지 않은 채 마음 가는 대로 움직이는 여행을 원했다. 유일한 목표는 겨울을 마이애미비치에서 보내는 것뿐이었다. 그러려면 먼저 풀어야만 하는 숙제가 몇 가지 있었다. 첫째, 주택이든 아파트든 콘도든 어떤 형태로든 집을 소유하지 않은 채, 우리의 다지 캐러밴Dodge Caravan 차와 우리 두 사람만 존재한다는 느낌은 어떤 것일까? 우리는 다시는 6개월 이상의 임대 계약을 하지 않을 것이며, 따라서 맨해튼이나 포틀랜드에서 그랬던 것처럼 가구를 사고 버리는 일은 없을 것이라고 다짐했다. 우리는 3년 동안 거실용 의자만 무려 세 번이나 구매했다! 오늘 이후로는 길 위에서만 지내게 될 것이며, 우리가 좋아하는 장소를 찾게 될 경우에도 가구가 딸린 아파트를 임대해 한두 달만 머물기로 했다.

큰 결정은 한 가지라도 그 세부 사항을 정하는 일은 복잡하다. 야영은 어림도 없었다. 천막 치는 방법도 몰랐을 뿐더러 매일같이 샤워하고 싶었고 침대에서 자고 싶었다. 아무리 생각해도 레

---

70) 에드워드 애비Edward Abbey는 '미국 서부의 소로우'로 불리는 환경 운동가로, 공유지 정책을 비판했다. 『사막의 아나키스트—70~80년대 미국 환경 운동의 새로운 전위 에드워드 애비의 일생』, (제임스 카할란, 최충익 옮김, 달팽이, 2006) 참고.

저용 차량을 사 차를 매달고 다니는 우리 모습이 그려지지가 않았다. 하물며 운전을 한다니, 상상할 수 없었다. 우리는 산지의 고속도로에서 자동차나 보트를 뒤에 매단 채 흔들거리는, 버스만 한 크기의 대형 차량을 몰고 다니는 사람들을 많이 만났다. 그중에는 나이 든 사람들도 있었다. 하지만 우리는 모텔에 묵기로 했다. 우리는 전에 한 달짜리 전국 여행과 5주짜리 전국 여행을 했기 때문에 모텔에 묵는다는 것에 거부감이 없었다. 물론 그 과정에서 모텔 숙소를 정하기 전에 적극적인 자세로 방을 둘러보고 요금을 흥정해야 한다는 사실을 체득하게 되었다.

둘째, 식사는 또 어떻게 해결해야 하나? 식당에서 하루 세 끼니를 모두 사 먹을 수는 없었다. 그렇게 할 경우, 각자 하루 식비를 25달러로 계산했을 때 4개월 동안 6천 달러가 들어갈 것이고 음식의 질은 지독하게 나쁠 것이다. 우리 생각에 패스트푸드는 미식가에게는 악몽 같은 음식이며, 지역 곳곳에 흩어져 있는 간이식당들은 운전대 앞에서 장시간을 보내고 활기찬 산책을 거의 하지 못하는 운전자들에게 도움이 되는 음식이라고 할 수 없었다. 식당에서 제공하는 음식은 기름지고 짠 밀가루 음식인 경우가 많고 미국 사람들은 그런 음식을 사랑한다. 결국 비만이 되거나 소화불량에 시달리게 될 그런 음식을 어떻게 식당에서 돈 주고 사 먹을 수 있단 말인가?

우리는 포틀랜드에서 단련해 왔던 건강한 습관을 유지하고 싶었기 때문에 문제가 더욱 복잡했다. 최근 광우병에 걸린 소가 문제가 된 이후로는 쇠고기를 먹지 않았다. 광우병에 걸린 소는 워싱턴 인근 농장에서 사육되었고 포틀랜드에서 처리되었다. 앞으로 우리는 옥수수 시럽, 트랜스지방, 인공 색소와 인공 향신료가 들어 있는 음식도 먹지 않기로 결정했다. 우리는 더 나은 건강을 유지하고 돈도 절약하기 위해 가능하다면 언제나 유기농 식품을 사용하고 식사량도 조금씩 줄여 나가기 시작했다. 그러나 우리가 새로 도입한 식사법을 여행 중에도 유지할 수 있을지는 미지수였다.

우리는 이 문제를 놓고 줄기차게 논의했다. 아침에 커피를 마시거나 포틀랜드를 에워싼 언덕을 산책하면서, 혹은 일상적인 집안일을 처리하는 도중에도 이 문제를 두고 이야기를 나눴다. 때로 상대방이 말도 안 되는 제안을 하거나 "걱정하지 말자. 다 잘 될 거야." 하고 말할 때마다 미쳐 버릴 것만 같았다. 갑자기 좋은 생각이 떠오르기만을 바라면서 이 문제에 대해서 더 이상 거론하지 않게 되었고, 다른 것들을 먼저 준비하며 시간이 흘러갔다.

떠나기 3주 전까지도 우리는 식사 문제를 어떻게 해결할 것인지 답을 내지 못하고 있었다. 우리는 여행하는 동안 데우지 않고도 먹을 수 있는 간편식도 사 먹지 않기로 했다. 그런 음식은 짧은 여행에는 적합할지 모르지만 장기간의 여행에는 적합하지 않았기 때문이다. 포기하기 일보직전에 나는 카렌에게 이런 말을 했다. "아직도 휴대용 전열기Hot plate가 생산될까? 그렇다면 휴대용 전열기로 요리할 수 있을 텐데 말이야." 처음에는 바보 같은 소리로 들렸다. 우리는 단기 체재 고객이 이용하는 호텔에서 캠벨 스프campbell's soup 통조림을 데워 먹는 무일푼의 유랑자를 떠올려 보았다. 그리고 전열기를 이용해 음식을 데우는 일이나 불구멍이 두 개 달린 휴대용 전열기로 음식을 해 먹는 일이나 크게 다르지 않다는 결론을 내렸다. 우리는 지역의 전자 제품점에 들러 온도 조절 장치가 갖춰진, 불구멍이 두 개 달린 휴대용 전열기를 찾아 냈다. 토스트마스터Toastmaster 사社에서 생산한 40달러짜리 전열기였다. (나중에 알게 되었지만 휴대용 전열기는 약국에서도 판매할 정도로 널리 판매되는 제품이었다. 요즘은 이 제품을 "전열 요리기"나 "간편 전열기"라 부르고 있었다.) 전열기를 구매하기 전에 먼저 이것을 이용해 만들 수 있는 요리 종류나 활용할 만한 재료부터 생각해 보았다. 우리는 도시에 머물 수도 있지만 작은 마을에 머물 수도 있기 때문이었다. 우리는 휴대용 전열기를 이용해 만들 수 있을 만한 요리를 쉽게 생각해 냈다. 스프, 파스타, 쌀 요리, 오트밀 요리, 면 요리, 신선한 야채나 냉동 야채나 캔에 든 야채 같은 것들이 목록에 올랐다. 스파게티 소스도 만들 수 있었고 달걀, 생선, 닭고기, 돼지고기 요리도 가능했다. 우리는 휴대용 전열기를 구입했다. 모텔에서 직접 요리를 해 먹을 작정이었다.

조리 도구, 주요 요리 재료, 요리에 관련되는 생필품으로 챙겨 가야 할 것도 따져 봤다. 우리는 찬장을 샅샅이 살피면서 가져갈 것과 가져가지 않을 것을 우선 골라냈다. 그리고 절대적으로 필요한 것만 가져갈 수 있도록 선택을 변경하면서 최종 결정을 내렸다. 밴에 실을 수 있는 짐은 한정되어 있다는 사실을 늘 마음에 새겼다. 결국 최종적으로 두 잔의 커피가 나오는 커피메이커와 (아들들이 선물한) 원두 분쇄기가 달린 더 큰 커피메이커, (고른 열을 유지하기 어려운 전열기에 가장 적합한 좋은 냄비라고 생각되는) 올 클래드All-Clad Limited 사社 제품 냄비와 냄비 뚜껑, 프라이팬, 도자기 접시 두 개, 우묵한 사발 두 개, 컵 두 개, 포크 두 개, 칼 두 개, 거름망, 이런저런 주방 도구, (딸이 선물한) 푸조 축소 모형 후추 분쇄기, (냉장고가 없는 모텔에 묵을 경우를 대비한) 4,655리터들이 아이스박스, 마지막으로 당연히 휴대용 전열기를 챙겼다.

포틀랜드는 건강을 고려해서 식품을 구입하는 이들의 안식처다. 심지어 체인으로 운영되는 슈퍼마켓에도 유기농 진열대가 몇 개씩은 놓여 있을 정도다. 우리는 트레이더 조스Trader Joe's, 호울 푸즈Whole Foods, 푸드 프런트Food Front, 프레드 마이어 외에도 많은 상점을 즐겨 찾았다. 우선 여행을 위한 기본 식료품을 저장했다. 유기농 감자 칩, 견과류, 여행용 식품을 챙겼다. 그 밖에도 쿠키, 면 종류, 올리브유, 발사믹 식초, 몇 종의 향신료, 통후추, 깨끗한 소금, 설탕, 마늘, 땅콩버터, 귀리가루, 오트밀, 건포도, 겨자, 연어 통조림, 유기농 콩 통조림, 야채, 칠리, 유기농 스프, 바스마티 쌀 4.5킬로그램, 물과 맥주(포틀랜드 시장은 또한 우리나라에서 가장 좋은 맥주를 고를 수 있는 곳이다.), 적당량의 스타벅스 커피 원두를 챙겼다. 포틀랜드 농민 장터에서 우리는 오리건 해안에 위치한 뉴포트 출신의 어부를 알게 되었고, 6개월 동안 매주 그의 가게를 찾아 신선한 연어를 구입해 왔는데, 이번에는 24개들이 통조림 한 묶음을 구입했다. 지역 시장과 약국에서 할인권을 이용해 키친타월, 호일, 랩, 주방 세제, 커피 필터를 구입했다. 신선한 빵, 버터, 달걀, 요구르트, 과일, 생선, 고기, 야채 같은 다른 생필품을 구입했고, 도중에 생각난 품목도 보충했다.

준비에 속도가 붙었다. 세 번째 문제는 어떻게 하면 밴에 효율적으로 짐을 실을 수 있을까였다. 우리는 밴을 고기 저장소, 찬장, 사무실로 사용해야만 했다. 우리는 공간을 셋으로 나눠서 하나는 식품, 주방 도구 및 식품 관련 생필품 보관소, 다른 하나는 의복 보관소, 나머지 하나는 노트북 컴퓨터, 책, 사무 관련 용품, 개인적인 서류 보관소로 사용하기로 했다.

우리는 지역의 백화점에서 직사각형 모양의 플라스틱 빨래 바구니 네 개를 구입해서 하나에는 프레츨, 칩, 쿠키, 견과류를 담았고 다른 하나에는 스프, 칠리, 오트밀, 향신료 같은 주요 식품을 담았다. 세 번째 바구니에는 주방 도구, 냄비, 프라이팬을 담았고, 네 번째에는 설거지 도구, 키친타월, 비닐봉지, 휴지 같은 자질구레한 것들을 담았다.

우리는 이케아IKEA 매장에서 고객들에게 물건을 담아 주는 파란색과 노란색의 비닐쇼핑 가방을 2차 저장 도구로 활용했다. 내구성이 좋으면서도 유연한 가방 크기는 가로 53센티미터, 세로 35.5센티미터, 높이 35.5센티미터였다. 이케아 가방은 무엇을 담아 두어도 편리했다. 우리가 사용하는 이케아 가방 중에는 십 년이 넘은 것도 있었는데, 주로 옷가방으로 활용했다. 우리는 이케아 가방 하나에는 보관할 옷을 담아 두었고, 다른 두 개의 가방은 밴에서 모텔로 이동할 때 옷과 조리 도구를 나르는 가방으로 활용하기로 했다. 우리는 사무용품, 컴퓨터, 책, 지도를 캔버스 천으로 만든 서류 가방과 두꺼운 종이 가방에 보관했다. 짐을 보관하고 이동시키는 체계는 놀라울 정도로 원활히 작동했다. 우리 밴의 내부는 언제나 깔끔하게 정돈돼 보였다.

여행을 시작하고 처음 사흘간 우리는 과일, 스프, 샌드위치, 피자를 먹고 살았다. 본격적인 "여행 중 요리"가 시작된 것은 조슈아 트리 국립공원을 둘러보기 위해 숙소로 정한 캘리포니아의 트웬티나인 팜스Twentynine Palms에서 묵은, 여행 4일째에 이르러서였다. 우리는 마을로 들어가기 직전, 62번 고속도로변에 있는 식료품점에 들러서 빵, 상추, 버터, 달걀, 야채를 구입했다. 상하기 쉬운 것들은 아이스박스에 담았다. 우리는 모텔 할인책에서 얻은 할인권을 사용해 프랜차이즈 모텔인 '모텔 6'에 투숙했는데, 규모가 엄청났다. 우리는 요리를 하더라도 주변에 폐를 덜 끼칠 만한 층인 꼭대기 층 방을 달라고 했다. 그리고 우리가 신뢰하는 이케아 가방에 담긴 조리 도구, 식품, 옷가지들을 엘리베이터를 이용해 방으로 날랐다.

우리가 묵었던 대부분의 모텔들처럼 이곳에도 방에 냉장고가 없었다. 그래서 우리는 음식이 상하지 않도록 아이스박스에 담아 둬야 했다. 우리는 모텔 제빙기 전문가가 되었다. 제빙기가 작동하지 않으면 바로 문제를 제기했고, 아이스박스에 들어가는 물통 세 개에 분량의 얼음을 채우는 일에 익숙해졌다. 얼음은 한나절 동안 녹지 않았다. 매일 저녁 녹은 얼음을 욕조에 버리고 아침에는 아이스박스에 얼음을 채워 넣는 일이 반복되었다. 여행 다니는 동안 얼음을 잘 보충했기 때문에 음식이 상해서 버리는 일은 생기지 않았다.

방 정리를 끝낸 뒤 우리가 도착한 곳을 둘러보기 위해 차를 타고 나섰다. 이곳은 특이한 지형과 "거대한 바위" 및 조슈아 트리로 유명했다. 조슈아 트리는 나무도 아니고 선인장도 아닌 유카[71]과 식물이다. 주변을 둘러보고 방으로 돌아왔을 때 이미 수천 킬로미터를 여행한데다 항상 30도를 웃도는 이곳의 기온에 시달린 탓인지, 완전히 지친 상태에서 우리는 첫 번째 저녁 만찬을 준비했다.

"전열 요리기"를 이용해 음식을 준비하는 일은 생각했던 것보다 간단했다. 보통 전열기와 하나도 다르지 않았다. 휴대용 전열기의 플러그를 표준 콘센트에 꽂고 경대나 책상 위에 놓아두면 준비 완료다. 때로 모텔의 콘센트가 설치하기 불편한 곳에 있을 때는 바닥 같은 공간에도 휴대용 전열기를 설치했다. 다행히 휴대용 전열기의 자체 몸체는 뜨거워지지 않았기 때문에 러그나 주방용 조리대를 그을릴까 봐 걱정할 필요가 없었다. 하지만 온도 조절에는 요령이 필요했다. 휴대용 전열기는 켜지고 나면 급속하게 데워지는 경향이 있다. 우리는 이 문제를 해결하기 위해 휴대용 전열기를 켰다가, 조리하는 동안에는 끄는 방법을 활용했다. 이 방법은 열을 적절히 조절하는 데 효과적이다.

쌀 요리 과정은 온도 조절 기술의 좋은 사례가 된다. 뚜껑을 덮은 냄비에 쌀과 물을 넣고 팔팔 끓이면 끓어 넘치기 때문에 약한 불로 끓여야 한다. 대신 평소보다 많은 양의 물을 넣는다. (일반적

---

71) 유카yucca는 중앙아메리카에서 자생하는 열대 관엽 식물이다.

으로 바스마티 쌀에는 한 컵 반의 물을 넣는데, 우리는 쌀 한 컵에 물 두 컵을 넣었다.) 그리고 뚜껑을 덮지 않은 채 쌀이 물을 흡수하도록 휴대용 전열기를 켜고 끄는 일을 반복했다. 끓기 시작하면 냄비에 뚜껑을 덮고 쌀이 붇도록 10분 정도 두었다. 약간의 집중력이 필요했지만 언제나 완벽하게 밥이 지어졌다. 아침에 오트밀을 만드는 데도 비슷한 기술이 활용되었다. 닭고기나 두껍게 썬 고기, 생선을 요리할 때는 (소시지를 요리할 때처럼) 먼저 재료를 물에 데친 뒤 요리했다. 물론 통조림 스프나 칠리처럼, 열만 가하면 끝나는 요리도 있었다.

우리는 "샐러드 니스와즈"를 흉내 내어 우리의 저녁식사에 "트웬티나인 팜스 샐러드"[72]라는 이름을 붙여 주었다. 첫 번째 식사는 흔히 먹는 평범한 참치를 사용했다. 그러나 우리는 여행하는 동안 닭고기, 얇게 썬 돼지고기, 연어, 저며서 납작하게 뭉친 연어고기, 활용할 수 있는 모든 종류의 야채를 이용해 다양한 방식으로 변형한 요리법을 활용했다. 오이가 제철일 때는 오이를 추가해서 요리하고, 유기농 비트 통조림이 있다면 그것도 집어넣었다. 병아리콩이나 검정콩을 첨가한 야채 샐러드를 만들어, 고기 요리나 생선 요리에 곁들여 먹었다. 모든 요리가 다 맛있었다. 먹고 난 뒤 욕조에서 접시와 냄비를 설거지하고, 키친타월로 주방도구들을 닦았다.

---

[72] 니스와즈niçoise는 프랑스 니스의 조리법을 뜻하는 말이다. 지은이는 이를 본떠 '트웬티나인 팜스 지역에서 휴대용 전열기 핫플레이트로 조리한 음식'이라는 의미의 요리 이름을 고안함으로써 처음 해 먹은 요리를 기념한 것이다.

휴대용 전열기로 요리했다는 말을 들은 친구와 가족들은 조리할 때 풍기는 냄새를 어떻게 해결했는지 물었다. 우리는 요리를 해 보고 냄새가 지나친 것 같으면, 요리를 해 먹기로 한 계획 자체를 폐기할 생각이었다. 그러나 모텔에서 요리할 때 나는 냄새는 포틀랜드의 주방에서 나던 냄새와 큰 차이가 없었다. 에어컨을 켜고 창문을 열어 놓으면 냄새는 금세 사라졌다. 음식물 쓰레기는 모텔 바깥에 버렸다. 우리가 맡을 수 있었던 유일한 음식 냄새는 오히려 다른 방에서 풍기는 음식 냄새였다. 전자레인지에 데운 팝콘, 배달시킨 피자, 포장해 온 중국 음식, 남은 패스트푸드 음식 냄새가 났고 간이 부엌이 딸린 방에서도 냄새가 풍겼다.

이어지는 몇 주 동안 우리의 조리 설비는 완성도가 더욱 높아졌다. 특히 애리조나 플래그스태프의 라마다 리미티드Ramada Limited에서 21일간 묵는 동안, 우리의 조리법은 완벽하게 작동했다. 이 마을은 훌륭한 노던 애리조나 박물관과 로웰 천체 관측소로 유명한 마을이다. 또한 그랜드캐니언의 사우스 림south rim, 고대 인디언 유적, 세도나 주위의 멋진 등산로와도 가까운 곳에 있다. 우리는 뉴 프런티어스New Frontiers라는 근사한 식품점과 체인으로 운영되는 식료품점을 찾아냈다. 실제로 서부의 많은 마을에는 와일드 오츠Wild Oats, 호울 푸즈, 뉴 프런티어스 같은 유기농 식품 판매점이 있다. 심지어는 유타의 모압, 콜로라도의 글렌우드 스프링스Glenwood Springs, 뉴멕시코의 타오스Taos, 몬태나의 보즈맨과 미술라 같은 작은 마을에도 각 지역의 독립 상점들이 있다. 체인점인 알버트슨스Albertson's, 스미스Smith's, 시티 마켓

City Market, 세이프웨이Safeway에서는 보통 유기농 식품을 거의 진열하지 않는다. 이민자가 많은 어떤 마을에서는 타민족 사람들이 여는 시장에서 상품을 구입하기도 했다. 뉴멕시코 타오스에서 열린 히스패닉 시장에서 우리는 10센트짜리 아보카도와 좋은 품질의 다른 과일을 구매했다. 우리는 타민족 사람이 운영하는 상점에서 판매하는 다양한 종류의 쿠키와 과자에는 건강에 바람직하지 못한 재료가 들어가지 않는다는 사실을 알게 되었다. 슈퍼마켓 과자 진열대에 놓인 과자들과는 매우 대조적이었다.

 우리는 플래그스태프에서 앞으로의 여행 규칙을 만들었다. 새로운 마을에 가면 되도록 마을의 상업 지구와 가까운 곳에 있는 모텔에 숙소를 정하고 짐을 정리한 뒤 차를 타거나 걸어서 주변의 볼거리를 둘러보면서 그 지역의 인구 분포, 건축물, 역사, 경제, 고용, 지리적 분포 등 정보를 최대한 많이 확보했다. 그리고 보통 이 첫 번째 마을 구경에서 필요한 음식을 구입했다. 한 사람은 물건을 고르고, 다른 한 사람은 할인 품목에 대한 할인을 받게 해 주는 카드를 신청했다. (덕분에 우리에게는 상당히 많은 할인 카드가 있다.) 마을을 둘러보며 물건을 구입하는 일은 우리 여행 일정의 일부였다. 이 과정에서 우리는 방문한 지역을 빨리 이해할 수 있었다. 모텔로 돌아와 상하기 쉬운 음식을 아이스박스에 보관하거나 운이 좋아 냉장고가 있다면 냉장고에 보관했다. 그러고도 시간이 남으면 산책을 하거나 마을 구경을 다녔다. 시간이 늦었다면 저녁을 만들어 먹고 이메일을 확인하고 텔레비전을 보면서 뉴스나 날씨를 점검했다. 우리는 항상 지역 신문을 읽었는데, 대부분의 마을에는 무료로 배포되는 주말판 신문이 있었다. 보통은 내일 일정을 계획하다가 잠들었다.

아침에 일어나서는 커피를 내리면서 샤워를 한 뒤 아침 식사를 준비했다. 아침 식사는 대부분 과일과 오트밀이었다. 으깬 유기농 귀리는 영양분이 풍부한데다가 값이 쌌고(2인분에 50센트였다.), 준비하고 조리하는 데 10분 정도밖에 안 걸렸다. 물을 끓이고 귀리를 4분 정도 끓인 뒤 불을 끄고 뚜껑을 덮은 채 4분 정도 기다리면 끝난다. 오트밀과 함께 과일, 우유, 설탕 등을 함께 먹을 수 있다. 우리는 설탕과 시나몬을 섞어서 먹었는데, 일반 설탕보다 맛도 좋고 소화에도 도움이 되었다.

아침을 먹고 설거지를 끝낸 뒤 점심을 준비해 등산에 나섰다. 보통은 바게트 빵이나 베이글, 통밀빵을 사서 샌드위치를 만들었는데 삶은 달걀, 치즈, (닭고기, 돼지고기, 연어 같은) 저녁 식사에서 남은 음식, 돼지고기 살라미나 땅콩버터를 이용했다. 여기에 녹색 채소, 양파, 토마토, 오이, 고수 잎, 매운 고추 등, 그때그때 활용할 수 있는 재료를 추가했다. 보통 겨자 소스를 사용했는데, 아이스박스에 담기 편리하도록 작은 짤 주머니에 담아 두었다. 커다란 상추 잎으로 샌드위치를 싸서 먹기도 했다. 이 방법은 맨해튼 차이나타운의 베트남 식당에서 배운 것이었다. 과일, 생당근, 프레즐, 칩, 쿠키, 초콜릿 바를 잘 조합해 식사를 완성하기도 했다. 우리는 얼음을 채운 아이스박스에 준비된 점심을 담아 등산에 나섰고, 점심과 물을 배낭에 옮겨 담고 등산을 즐겼다.

5번 주간 고속도로를 타고 남쪽으로

5번 주간 고속도로는 캐나다의 밴쿠버에서 시작해 캘리포니아의 샌디에고San Diego에서 끝나는 총 1,609킬로미터가 넘는 고속도로다. 우리는 5번 주간 고속도로를 타고 포틀랜드에서 캘리포니아 남부 사막 지대로 이동했다. 포틀랜드 남쪽으로 한 시간가량 달리자 윌라메트 계곡Willamette Valley이 넓어지며 시골의 농장이 나타났다. 오리건은 밀, 잔디 종자, 딸기류 열매, 까치밥나무 열매, 사과, 포도, 복숭아, 승도복숭아, 자두, 체리, (그물버섯같이 대부분의 요리에 들어가는 버섯을 포함한) 버섯류, 솜엉겅퀴, 우리가 먹는 대부분의 평범한 야채, 온갖 종류의 절화Cut Flowers, 감자, 굴과 연어를 포함한 몇 종류의 생선을 공급하는 우리나라의 주요 농업주다. (우리나라가 이라크를 침공했을 때 오리건 지역 신문은 이라크로 수출하는 밀에 대한 특집기사를 내보냈다. 오리건의 단단한 밀은 확실히 이라크 식탁의 필수품인 밀빵을 만들기에 적합해 보인다.)

오리건에 있는 대부분의 농장은 대기업형으로 운영되는데, 이것은 우리나라에서 가장 중요한 농산물 생산지인 캘리포니아에서도 마찬가지다. 이런 대규모 농장은 물과 토지를 보조 받고 살충제를 다량으로 사용하며 복잡한 기계를 이용해 경작한다. 그리고 가축에게 다양한 재료가 배합된 사료를 먹이며, 멕시코와 라틴 아메리카에서 온 이주 노동자를 대량 고용한다는 특징을 지닌다. 우리나라의 공공 정책은 이런 농장에서 나오는 육류와 농산물에 초점이 맞춰져 있다.

남쪽으로 이동할수록 경관은 극적으로 변해 갔다. 캘리포니아의 경계 지역에 접근할수록 고도가 높아졌고, 그런츠 패스Grants Pass와 시스키유 패스Siskiyou Pass에 접근할수록 울퉁불퉁한 바위 산지로 변해 갔다. 우리는 오리건의 아름다운 마을인 애쉬랜드Ashland에서 하루를 보냈다. 주 경계에서 24킬로미터 지점에 위치한 이 마을에는 서던 오리건 대학Southern Oregon Univeristy이 있다. 또한 일 년 내내 셰익스피어Shakespeare 축제가 열렸다. 불행히도 모텔 사무실에서 내 컴퓨터가 작동을 멈추는 바람에 지역 수리점을 찾았지만, 수리점에 가기 전보다 더 심하게 망가지고 말았다. 나는 덥고 건조한 마을인 메드포드Medford에서 저렴한 컴퓨터를 한 대 샀는데, 잠깐 자료를 백업하는 사이에 사세르 웜 바이러스에 걸리고 말았다. 바이러스에 걸려서 인터넷 접속을 할 수 없게 되기 전에 마이크로소프트의 웹사이트에 접속해 급하게 받아 적은 사용설명서를 보면서 컴퓨터를 고치는 데 일주일을 소비했다. 나중에 나는 처음 컴퓨터를 구매했던 피츠버그 수리점에 택배로 컴퓨터를 보냈는데 우체국에서 컴퓨터가 다시 손상되었다. 우체국 관료들을 상대로 거의 일 년을 싸운 끝에 천 달러의 보험금을 받았다.

우리는 캘리포니아 북부의 산지를 통과하면서 길을 재촉했고 가난한 마을인 레딩Redding에서 묵게 되었다. 우리는 이곳에서 처음으로 싸구려 모텔에서 생활하는 사람들을 봤다. 경제적인 이유를 생각한다면 이곳보다는 마을에서 살아야 할 것이다. 하지만 일자리를 찾기 위해 마을로 이사하려 해도 마을에는 이들이 감당할 만한 싼 방은 없었다. 바바라 에렌라이히Barbara Ehrenreich가 쓴 주목할 만한 책 『빈곤의 경제』에는 낮은 급료로 살아가기 위해 모텔에서 생활해야만 했던 에렌라이히의 이야기를 들을 수 있다. 에렌라이히의 동료 노동자 대부분이 거의 하루 종일 모텔에서 지냈다. 매월 지불하는 임대료가 싼 것은 아니었지만, 다른 곳보다는 쌌다. 그리고 아파트에서라면 첫째 달과 마지막 달의 임대료와 보증금을 선불로 내야 하는데, 이들에게는 그런 돈이 없었다.

레딩의 모텔을 포함해 작은 모텔 대부분의 운영자나 소유자는 인도에서 온 가족들이었는데, 그들의 이름은 하나같이 "파텔Patel"이었다. 나중에 애리조나의 윌리암스Williams에 머물면서 (이름이 역시 파텔인) 모텔 지배인에게, 인도 서부에서 흔한 이름이 파텔이라는 것을 알게 됐다. 이곳에 온 가족 구성원들은 친지의 돈을 가지고 건물을 사거나 임대한 뒤 벌어들인 돈을 다른 가족 구성원에게 송금한다. 도시에서 동떨어진 곳에 위치한 수많은 주유소나 편의점도 인도에서 이민 온 사람들이 운영하고 있다. 주유소나 편의점 운영이 안정되면 이들은 인도 식당을 개업한다. 나는 파텔이라는 이름의 여러 지배인과 대화를 나눠 봤다. 그들은 대도시로 이사해서 자녀들에게 더 나은 생활 조건을 마련해 줄 수 있을 만큼의 돈을 벌기를 희망한다. 몇 년 전 이런 현상을 처음 접했을 때 우리는 이러한 모텔이 특히 깨끗하면서 싸다는 사실을 발견했다. 하지만 나중에 도착한 사람들이 "미국식" 사업 방식을 금세 체득해서 모텔을 운영했기 때문에 이제는 그렇지 않다. 윌리암스의 모텔 지배인은 일부 마을 사람들이 인도인들에게 적대적이라고 말해 주었다. 특별히 고층으로 지어진 모텔의 거대한 광고판은 여행객들에게 "미국인이 소유한" 모텔임을 알려 준다. 파텔 사업가들은 이러한 현실을 빠르게 받아들였다. 이들은 성조기를 휘날리며 모텔 입구에 ("우리는 군대를 지원합니다.") 같은 친미국적인 구호를 내세웠다.

우리는 레딩 남쪽에서 캘리포니아의 거대한 중앙 계곡을 만났다. 멀리 떨어진 강줄기를 돌려 물을 공급하지 않았다면 사막이라고 해도 좋을 만한 곳이었다. 사실 서부는 물줄기마다 댐으로 가득하며 댐 때문에 형성된 저수지와 관개수로의 규모는 실로 기념비적이다. 우리나라 서부의 자본주의 역사는 물 상업화의 역사라고 해도 과언이 아니다. 이를테면 로스앤젤레스가 초기에 축적한 자금 대부분은 이 가치 있는 자원을 두고 다양한 방법으로 이루어진, 떳떳하지 못한 거래와 노골적인 도둑질을 통해 형성된 것이다. 오늘날 캘리포니아의 중앙 계곡은 우리나라의 곡창지대다.

새크라멘토Sacramento 계곡과 샌 호아킨San Joaquin 계곡에서 우리는 깜짝 놀라고 말았다. 5번 주간 고속도로를 경계로 서쪽에는 사막이 펼쳐져 있고, 동쪽에는 관개가 잘 된 푸르른 들판이 펼쳐져 있었다. 여러 작물 중에서 올리브, 아몬드, 자두, 면화, 피스타치오, 캐슈, 살구, 포도주용 포도가 재배되는 거대한 농장과 과수원을 알아볼 수 있었다. 작물이나 식품 이름이 일단 거론되면 캘리포니아에서는 그 작물을 재배한다. 달걀, 쇠고기, 밀, 버섯, 오렌지, 레몬, 콩, 완두콩, 당근, (가장 돈을 많이 벌어 주는 환금작물인) 상추, 토마토, 아보카도, 싹양배추 재배는 캘리포니아 최대의 산

싸구려 모텔과 휴대용 전열기 | 239

업이다. 수천 평방미터를 뒤덮은 물을 보고 카렌은 "저기서 쌀농사를 짓나 봐요." 하고 말했다. 우리는 아직 논을 본 적이 없었다. 카렌은 우리나라에서 쌀이 재배되는지 모르고 있었다. 우리는 도로변 표지판을 읽어 보고 벼가 일렬로 줄지어 자라도록 레이저 기술과 비행기를 이용해 볍씨를 뿌린다는 사실을 알게 되었다.

우리는 먼지 나는 시골길을 운전하면서 우리나라 사람들이 캘리포니아 계곡으로 여행을 와서 우리가 먹는 식품이 어떻게 생산되는지 눈으로 봐야 한다는 이야기를 나눴다. 『네이션 The Nation』의 최근 편집장이자 위대한 편집장인 캐리 맥윌리암스Carey McWilliams는 캘리포니아의 농장을 보고 "들판의 공장"이라고 불렀다. 정확한 묘사다. 중앙 계곡을 통과해 여행하다 보면 '가족이 경영하는 농장'이라는, 향수를 불러일으키는 개념 따위는 싹 사라진다. 구획이 나누어진 녹색의 밭 대신 수만 평방미터의 들판이 눈에 들어왔다. 얼마나 넓은지, 들판 사이로 고속도로가 지나갈 정도였다. 작물을 재배하고 추수하는 기간 동안 저임금에 열악한 노동조건으로 일하는 멕시코 사람들이 있기에 이런 들판이 운영된다. 하지만 그 밖의 기간에는 노동력이 별로 필요 없다.

생산성을 높이기 위한 개선은 무엇이든 도입되었다. 나무에서 열매를 따기 위해 나무 흔드는 기계가 개발되었다. 감귤나무와 포도덩굴을 일정한 높이로 자라게 해서 기계로 열매를 수확하도록 만드는 특별한 종자도 개발되었다. 기계로 수확해도 멍들지 않는 새로운 품종의 토마토가 개발되었다. 기계로 수확한 것들을 냉동 차량으로 바로 운반할 수 있도록 (더 넓고 고르게) 토지 형태가 변형되었다. 농산업을 위한 연구 대부분은 공공 대학에서 이루어진다. 데이비스Davis에 위치한 캘리포니아 대학은 그런 연구로 유명하다. 대학에서 이루어지는 연구는 해당 연구에 자금을 지원하는 거대한 기업형 농장주에게 이득을 가져다준다. 캘리포니아에서는 재배 업자가 왕이다. 이들에 맞서 (물의 사용을 조금이라도 합리적으로 바꾸려는) 정치인은 큰 위험을 감수해야 한다. 지난 세기 동안 농장 노동자들을 조직하려는 시도가 여러 번 있었다. 재배 업자들이 고용한 살인청부업자들이 노동자들을 살해했지만, 라틴 아메리카 출신 농장 노동자campesino의 죽음 때문에 기소된 사람은 아무도 없었다.

캘리포니아의 농업은 아이오와의 옥수수 들판처럼 막대한 비용을 요구한다. 독성을 함유한 살충제가 중앙 계곡의 들판 전체에 살포된다. (캘리포니아 서쪽 시골 지역의 수도이며 멀리 해가드[73])의 고향이자, 세계 당근 자본의 고향[74]인 베이커스필드Bakersfield에서 58번 고속도로를 타고 서쪽으로 산을 내려가다 보면 살충제 살포 장면을 볼 수 있다. 베이커스필드 인근에는 우리나라의 주요 소 사육 기업인 킹 랜치King Ranch 사社가 있다. 농장주들은 공유지에 소를 방목한다. 이러한 정부 지원과 방대한 규모의 방목으로 지역의 자연 서식지 파괴는 가속되어 왔다. 순수하게 경제적 관점에서 보더라도 서부의 쇠고기 생산 방식은 비정상적으로

---

73) 멀리 해가드Merle Haggard는 컨트리 음악의 대가다.
74) 베이커스필드에는 그림웨이 팜스Grimmway Farms와 볼트하우스 팜스Bolthouse Farms 같은, 세계에서 가장 큰 당근 생산 시설이 있다.

비효율적이다. 공적 보조금 없이는 소 사육 기업이 이윤을 낼 수 없는 구조다.

대학의 연구뿐 아니라 싼 가격에 제공되는 물도 농장주와 농부들을 지원한다. 이런 식으로 기업에게 공공자금이 직접 지원되는 것이다. 사회적 관점에서 보면 총체적인 물 남용이라고 밖에는 볼 수 없다. 서부 어느 지역을 가든 지하수량이 줄어들고 있다. 강은 댐으로 인해 망가지고 있으며, 저수지에서의 증발량은 증가일로에 있다. (경이로운 글렌 캐니언Glen Canyon의 홍수가 발생시킨 진흙이 파웰 호수Lake Powell에 급속히 침전되는 바람에 호수 수위가 최저를 기록하기도 했다.) 콜로라도강과 다른 강의 물길을 돌려 물을 공급받는 로스앤젤레스, 피닉스, 턱슨Tucson, 라스베이거스 같은 도시들의 확장은 경관을 한층 더 오염시키고 있다. 틀림없이 물로 인한 재앙이 가장 시급한 정치적 문제 중 하나로 부상할 것이다.

환경과 노동 4
< < < < < < < < < < < < < < < < < < < < < < < < < < < < <

농업을 움직여 온 힘

인류는 지구상에 나타난 이래 거의 대부분의 시간을 수렵과 채집 활동을 하면서 살아 왔다. 인류는 대체로 건강했고, 주변 세계와 상대적으로 조화로운 관계를 유지했다. 과잉 인구를 유발하거나 환경을 파괴하지 않았고, 토지 생산력에 지나친 압력을 가하지 않았다. 인류는 획득한 것을 평등하게 나눴기 때문에 부자도 가난한 자도 없었다. 인류는 뛰어난 관찰력의 소유자였다. 인류의 예리한 관찰력은 기술적 성취와 사회적 성취를 주도했고, 오늘날에는 알려지지 않은 방식으로 자연과의 연계를 형성했다. 물론 평화롭고 즐겁기만 했던 것은 아니지만 앞으로 우리에게 닥칠 재난과 비교할 때 수렵과 채집 활동으로 살아가던 시절의 세상은 낙원이나 다름없다고 할 수 있다.

1만 년 전쯤 농업이 탄생했다. 농업의 등장과 발맞춰 계급사회가 등장했고 본원적인 인류의 보편적 평등주의 시대는 막을 내렸다. 이때부터 모든 사회의 생산 체계는 권력과 폭력을 행사하는 소수가 다수의 노동자들에게 잉여를 끌어내는 생산 체계로 변모했다. 이러한 생산 체계에는 불평등이 만연했다. 빼앗기는 이들은 시대와 장소에 따라 노예, 농노, 임노동자로 불렸다. 농업은 인구 증가라는 측면에서 큰 성공을 거뒀다. 그리고 농업이 탄생시킨 계급 사회에서는 소수만이 빛나는 삶을 살 수 있었다. 나머지 다수의 삶은 수렵과 채집 활동을 하며 살았던 시절보다 더 가혹해졌다. 기대 수명은 낮아졌고, 신체 조건도 왜소해졌으며 질병이 만연했다. 리차드 매닝Richard Manning은 『곡식에 저항하다: 농업은 문명을 어떻게 강탈했는가?*Against the Grain: How Agriculture Has Hijackes Civilization*』에서 다음과 같이 말한다.

> 연구자 마크 코헨Mark Cohen은 세계 곳곳에서 수집된 증거를 정리했다. 초기 농부들이 남긴 골격을 통해 파악할 수 있는 질병 목록과 신체 조건을 정리한 결과, 수렵과 채집 활동을 하던 시절에는 나타나지 않았지만, 초기 농부들에게는 나타나는 질병 목록과 신체 조건이 드러났다. 그 목록에는 영양실조, (뼈에 감염되는) 골수염과 골막염, 장 기생충, 딸기종, 매독, 나병, 결핵, (빈약한 식사와 십이지장충이 일으키는) 빈혈, 아이들의 구루병, 성인의 골연화증, 아이들의 성장 지체, 성인의 작은 키가 포함된다.

농업과 그에 따라 발생한 계급사회는 환경도 파괴했다. 인구가 증가함에 따라 활용하기에 적합하지 않은 토지까지 모조리 경작되었다. 토양은 조금씩 침식되어 갔고 가뭄을 불러 와, 주기적인 대참사가 찾아왔다.

자본주의 체제에서 농업 문제는 새롭고 더 불길한 차원으로 접어들었다. 자본주의는 끝없는 이윤 추구라는 열망을 충족시키기 위해 상품을 구매하고 판매하는 체제다. 자본주의에서 토지와 식품은 상품으로 전환된다. 소규모 영세농민은 토지에서 쫓겨났고 (여전히 쫓겨나고 있다.) 이들이 떠난 토지에는 더 규모가 크고 고도로 기계화된 농장이 들어서 수출용 작물과 육류(설탕, 담배, 면화, 커피, 쇠고기, 돼지고기, 닭고기)를 생산했다. 경작할 만한 새로운 토지가 부족해지자 농업은 점점 더 집약적으로 변해 갔다. 평방미터당 생산량을 높이기 위해서 더 많은 기계가 도입되고 더 많은 화학약품이 사용되었다. 그 결과 토양, 물, 신체의 오염이 증가했지만 이러한 결과는 농업 생산성 계산에는 반영되지 않았다. 막대한 양의 식품이 생산되었음에도 여전히 수억 명이 굶주림에 시달렸다. 높은 생산성으로 그 어느 때보다도 낮아진 가격으로 인해 농부들은 경제적 곤란을 겪었다.

옥수수는 근대 자본주의적 농업의 함정을 잘 보여 주는 사례다. 아이오와에서는 깔끔한 하얀색 교회와 시골로 이어지는 붉은색 진흙 도로 같은 옛 모습을 간직한 그림 같은 마을을 지나치게 된다. 하지만 한 번에 여러 가지 작물을 재배하던 옛날식 농장은 더이상 존재하지 않는다. 대신 사방 몇 킬로미터씩 뻗어 나간, 끝없는 옥수수 농장이 보인다. 아이오와의 농부들은 3,237억5,418만2,649평방미터, 즉 20만1,168제곱킬로미터라는 어마어마한 면적에서 옥수수를 생산한다. 교배종이 발명되면서 생산량은 극적으로 치솟기 시작했다. 교배종을 재배한 농부들이 그렇지 않은 농부들보다 더 많은 경제적 이득을 보았다. 이들은 자신들의 이득을 교배종을 재배하지 않은 농부들의 들판을 사들이는 데 사용했다. 규모의 경제가 주는 이점을 활용하기 위해 농장 규모도 덩달아 커졌다. 거대한 농장에는 기계가 필요했기 때문에 옥수수 농장은 고도로 기계화되었다. 기계를 사들이는 데 많은 비용을 투입했기 때문에 농장의 집중이 더욱 가속화되었다. 교배종 종자는 매년 새로 구입해야만 했고 그 결과 종자 산업이 발전했다. 한편 대규모 농장과 교배종 옥수수는 대량의 화학 비료와 살충제 사용을 불러왔다. 다시 한 번 매닝의 말을 들어보자. "미국 작물 재배에 사용되는 제초제의 57퍼센트가 옥수수 농장에서 사용되며 (활성 성분의 무게를 기준으로) 살충제의 45퍼센트가 옥수수 농장에서 사용된다."

미국은 막대한 양의 옥수수를 생산하지만 인간의 직접 소비를 목적으로 재배되는 양은 아주 적다. 생산된 옥수수 중 일부는 수출되어 멕시코같이 더 높은 비용으로 옥수수를 재배하는 나라의 농부들을 파산시킨다. 하지만 대부분의 옥수수는 육류 생산을 위한 사육 동물의 사료로 쓰인다. 육류 생산업 역시 자동화 처리

공정을 갖춘 기계화된 "공장"에서 돼지와 소를 대규모로 생산한다. 옥수수는 대부분 모든 식품에 보편적으로 들어가는 옥수수 시럽을 만드는 데 사용된다. 식료품점에서 구매한 물건의 성분 표를 보면 옥수수 시럽이 안 들어간 제품이 없다는 사실을 알게 될 것이다.

> 1980년대 이후 대부분의 음료, 과자 제조 업자들은 설탕을 옥수수당으로 대체했다. 오늘날 미국인들은 칼로리의 약 10퍼센트를 옥수수당을 통해 섭취한다. 아이들의 경우에는 칼로리의 20퍼센트에 달한다. 옥수수를 섭취한 동물 단백질(옥수수를 먹인 쇠고기, 닭고기, 돼지고기)과 옥수수당이 들어가는 옥수수를 원료로 하는 식품(칩, 머핀, 옥수수 과자)을 추가하자. 인류는 (우연히 옥수수를 섭취한 다른 동물들처럼) 옥수수를 우연히 섭취하기 시작했지만, 이제는 옥수수 없이 살 수 없게 되었다. 이런 측면에서 볼 때 옥수수는 자연 최대의 성공 신화를 썼다고 할 수 있다.

이런 식의 옥수수 생산은 환경에 상당히 부정적인 영향을 미쳤다. 두 가지 사례만으로도 충분히 이해할 수 있다. 첫 번째 사례는 강으로 유입되는 질소다. 비료의 성분 중 하나인 질소는 강으로 흘러 들어가 물속의 산소를 고갈시켜 동식물을 죽인다. 옥수수 지대에서 미시시피강으로 흘러 들어간 질소는 멕시코 만에 1만 9,312제곱킬로미터에 걸친 "죽음의 지대"를 형성한다. 멕시코 만에 서식하던 고단백 생선과 조개가 폐사했고, 그래서 "저품질, 고투입, 보조적 단백질원이 어퍼 미드웨스트[75]의 앞날을 어둡게 만들지 모른다."

두 번째 사례는 옥수수가 함유된 식품이 건강에 미치는 해로운 영향이다. 1980년대 이후 크게 증가한 비만을 초래하는 데, 옥수수가 함유된 식품도 한 몫 했다. 1980년대는 식품 제조 업자들이 설탕 대신 옥수수당으로 단맛을 내기 시작한 시점이다. 그리고 최근 미네소타 대학이 수행한 연구에 따르면 과당을 많이 함유한 식품을 섭취한 사람은 (포도당을 많이 함유한 식품을 섭취한 사람에 비해) 밥 먹은 직후 생성되는 트리글리세리드[76] 수치가 상승한다. 이러한 현상은 비만이나

---

75) 어퍼 미드웨스트Upper Midwest는 미시건호 서쪽변의 주를 통칭해서 부르는 말이다. 미시간 일부, 아이오와, 인디애나, 일리노이를 포함하며 미주리, 오하이오, 노스다코타, 사우스다코타, 몬태나 일부를 포함하기도 한다.

심장 질환에 걸릴 확률이 증가하는 현상과 연관되어 있다. 옥수수를 다량으로 섭취한 동물의 고기를 섭취할 경우 건강에 어떤 영향을 미치는지 알려진 바는 아직 없다. 하지만 소의 경우 옥수수를 먹인 쇠고기가 풀을 먹인 쇠고기보다 포화지방을 더 많이 함유한다는 사실이 밝혀졌다.

옥수수 생산에 숨어 있는 기막힌 사실은 옥수수 생산량의 폭발적 증가가 급격한 가격 하락을 불러오는 바람에 옥수수 35리터의 가격보다, 옥수수 35리터 생산을 위해 투입되는 비용이 더 높은 지경에 이르렀다는 것이다. 정부는 초과 비용을 보조금을 후하게 지급하는 것으로 보상해 준다. 옥수수 생산이 늘어날수록, 옥수수 생산에 더 많은 면적의 토지를 할애할수록, 정부가 주는 선물의 규모도 커진다. 하지만 더 많은 한계 농지를 개간해서 경작에 활용할수록, 단일 작물을 재배하는 들판이 늘어날수록, 환경이 입는 피해는 더 복잡해진다.

농산업이 노동자에게 떠넘기는 비용도 생각해 봐야 한다. 캘리포니아 농장 노동자의 기대 수명은 아직도 49세에 불과하다. 이 수치는 에드워드 머로우[77]가 유명한 다큐멘터리 〈부끄러운 수확Harvest of Shame〉[78]의 해설자를 맡았던 1960년의 기대 수명과 같은 수치다. 캘리포니아의 농장 노동자 대부분은 멕시코에서 온 사람들로, 이들의 81퍼센트가 모국어인 스페인어를 사용한다. 이민자의 3분의 1 정도는 멕시코에 가족을 남겨 둔 채 미국에 왔고, 절반 이상은 홀로 온 남성이다. 이들은 상대적으로 젊고 평균 교육 기간이 7년밖에 되지 않을 만큼 교육 수준도 낮다. 캘리포니아에서 일하는 많은 이주 노동자들에게는 이민 서류가 없다. 나는 서부를 여행할 때마다 우익 진영 내에 "불법 체류자"에 대한 병적인 혐오감이 증가하고 있다는 느낌을 받았다. 선동적이고 인종차별적인 대담 프로그램 진행자들은 불법 체류자들에게 적용할 잣대를 더 엄격하게 바꿔야 한다고 요구하면서 이런 현상을 부추긴다. 멕시코와 맞닿아 있는 모든 주에는 자경단이

---

76) 트리글리세리드triglyceride는 동맥경화를 일으키는 혈중 지방 성분이다.
77) 에드워드 머로우Edward R. Murrow는 제2차 세계대전 당시 시비에스 방송국의 라디오 뉴스를 진행하면서 명성을 얻었다. 텔레비전 뉴스의 선구자이며 매카시의 극단적 반공주의에 의문을 제기하는 방송을 진행한 것으로 유명하다. 영화 〈굿 나잇 앤 굿 럭Good Night and Good Luck〉의 소재가 되었다.
78) 에드워드 머로우가 진행한 텔레비전 다큐멘터리로 1960년에 제작되었다. 미국으로 이민 온 농업 노동자들의 어려운 처지를 조명했다.

결성되어 주 경계를 순찰해 왔다. 여러 주에서 불법 체류자에게는 건강보험이나 다른 사회적 혜택을 제공하지 않는다는 법안이 제정되고 있다. 일련의 가혹한 법안이 의회에 제출되었는데 이 중에는 적절한 서류가 없는 사람과 그런 사람에게 도움을 주는 사람을 중죄인으로 다루자는 법안도 있었다. 이러한 조치에 항의하기 위해 수백만의 무서류 이민자와 이들을 지원하는 사람들이 2006년 3월과 4월, 거리를 점거하고 이들에게 인간적인 대우를 해 달라고 시위했다.

이주 노동자들은 가난한 사람 중에서도 최고로 가난한 사람인데도 이들에 대한 적개심이 만연한다는 사실은 생각해 볼 문제다. 전국적으로 농장 노동자 가족의 30퍼센트가 빈곤한 생활을 한다. 이들 개인이 벌어들이는 연평균 소득은 1만 달러에서 1만 3,000천 달러 수준이다. 가족의 연평균 소득도 1만 5,000달러에서 1만 7,500달러 수준이다. 1년에 2만 달러 이상을 벌어들이는 경우는 13퍼센트에 불과하다. 자동차나 화물차를 가진 사람은 절반에도 미치지 못한다. 평균 임금은 7.25달러이며, 19퍼센트는 시간당 6달러 미만의 임금을 받는다. 건강보험, 연금, 휴가 같은 혜택을 보는 사람은 거의 없다. 22퍼센트가 이동 주택, 기숙사, 여러 가구가 함께 생활하는 판잣집, 모텔에서 생활한다. 20퍼센트는 마실 물조차 얻을 수 없는 상황인 것으로 나타났다. 상황을 더욱 악화시키는 요인은 육체적으로 고된 노동이다. 이들은 짧은 손잡이가 달린 쟁기로 쟁기질을 하느라 몸을 구부린 채 독성이 강한 살충제를 마시며 일한다. 어린 자녀들이 함께 일하기도 한다. 게다가 시엔엔의 로우 돕스 같은 이들이 들려주는 이야기는 사실과 다르다. 이 가난한 사람들은 사회 보장(2퍼센트), 산재 보험(1퍼센트), 메디케이드[79](15퍼센트), 여성·유아·아동 영양 지원 프로그램(WIC, 11퍼센트), 식권 지원[80](8퍼센트), 공공 주택(1퍼센트)의 혜택을 전혀 받지 못한다. 하지만 이 사람들은 사회 보장세를 포함한 세금을 내며 고용주들에게 이윤을 안겨 준다.

정부가 전국적으로 인기가 높아지고 있는 유기농업에 보조금을 지급한다고 가정해 보자. 정부가 소규모 농장, 퇴비 사용, 자연적 해충 방제, 도시의 비어 있는

---

79) 메디케이드Medicaid는 극빈층에게 제공되는 무료 의료 서비스를 말한다. 미국은 전 국민 의료보험이 없고 개별 의료보험 체계를 선택한 대신 빈곤층에게 무료 의료 서비스를 준다. 그러나 그 대상은 많지 않다.
80) 메디케이드와 같은 개념으로 극빈층에게 식사로 바꿀 수 있는 식권을 제공한다.

땅을 활용한 유기농 작물 재배, 옥상 작물 재배를 장려한다고 가정해 보자. (시골과 도시가 분리되면서 공장식 농업이 등장했다. 여기 제시한 모든 활동은 이 같은 현상을 되돌리려는 노력의 일환이다. 쿠바의 아바나에서는 이미 이런 형태의 농업 활동을 지원해 성공으로 이끈 바 있다.) 농장에서 일하는 사람들이 권리를 행사할 수 있도록 보장하고 그들에게 적절한 임금을 지급하며 안전한 작업 조건을 보장한다고 가정해 보자. 우리가 금연 광고를 하듯이 건강한 식품, 건강한 식단, 건강한 생활 습관, 노동자의 권리를 알리는 대규모 광고전을 펼친다고 가정해 보자. 모든 이들의 건강과 복지가 극적으로 향상될 것이다.

< < < < < < < < < < < < < < < < < < < < < < < < < < < < < < < <

조슈아 트리 국립공원, 윌리엄스, 플래그스태프, 세도나

캘리포니아를 통과해 남쪽으로 이동하는 여행은 조슈아 트리 국립공원에서 끝났다. 죠수아 트리 국립공원까지 가는 도중에 우리는 휴양지로 유명한 팜 스프링스를 지나쳤다. 팜 스프링스에는 백여 개나 되는 골프장이 있어서 우리 경제 체계의 비합리성을 여실히 보여 준다. 물이 귀한 지역에서 골프카트를 탄 부자들이 푸른 잔디밭 위에서 여가를 즐긴다. 서쪽이나 남쪽으로 멀지 않은 곳에서는 아직 일자리를 구하지 못한 미래의 농장 노동자들이 임시 숙소에서 생활한다. 이들은 물과 인간을 소모해 버리는 농업 체계에서 일하기 위해 일자리를 찾아다닌다.

조슈아 트리 국립공원은 캘리포니아 남부 팜 스프링스 동쪽, 그리고 사막 마을인 트웬티나인 팜스 바로 남쪽에 있다. 조슈아 트리 국립공원은 콜로라도 사막과 모하비 사막 사이에 위치한다. 우리가 방문했던 시기에 조슈아 트리 국립공원은 지독한 더위 때문에 (5월 초에는 37도까지 올라간다.) 사람이 거의 없었다. 콜로라도 사막의 고도가 모하비 사막보다 낮기 때문에 두 사막은 지형, 식생, 온도에서 큰 차이를 보인다. 콜로라도 사막은 전형적인 불모의 사막이다. 뜨겁고 건조하며 생명이 살 것 같지 않은 곳이다. 그러나 자세히 들여다보면 그곳에도 생명은 산다. 크레오소트 관목, 조심성 없는 방문객에게 들러붙을 준비를 하고 있는 촐라 선인장 정원, 맥없이 불안정하게 하늘로 솟아올라 봄이면 끝부분에 붉은 꽃을 피우는 오코틸로 선인장 밭이 있다. 비버 테일 선인장 같은 선인장들도 봄이면 눈부신 꽃을 피운다. 이 식물들은 이런 불모지

캘리포니아 조슈아 트리 국립공원의 조슈아 트리

에서도 살아남을 정도로 특별하고 강렬한 생식력을 가졌다.

공원의 남쪽 끝에 위치한 콜로라도 사막에는 미루나무, 야자나무를 비롯한 여러 나무와 식물이 서식하는 오아시스가 있다. 수많은 종류의 조류가 오아시스 주변 식물에 깃들어 산다. 우리는 바위를 기다시피 해서 매스토돈봉Mastodon Peak에 올라 캘리포니아에서 가장 큰 저수지인 샐튼 시Salton Sea를 구경했다. 길가에 버려진 금광을 둘러보았고, 고대인들이 거대한 바위에 뚫어 놓은 구멍도 보았다. 고대인들은 그 구멍을 절구로 이용해 씨앗과 열매를 분쇄했다. 조슈아 트리 국립공원 동쪽을 가로지르는 모하비 사막은 고도가 조금 더 높아서 조금 더 춥고 수천 그루의 조슈아 트리가 산다. 조슈아 트리라는 이름은 이 나무가 예언자 여호수아[81]가 하늘을 향해 두 팔을 벌리고 있는 것처럼 보인다고 해서 모르몬 개척자들이 붙여 준 것이다. (근대 서부 역사에서 예수 그리스도 후기성도 교회 Church of Jesus Christ of Latter-day Saints는 핵심 역할을 담당했다. 이를 모르고서는 근대 서부의 역사를 제대로 이해할 수 없다. 현재 신도가 천백만 명이 넘는 모르몬교는 세계에서 가장 급속히 성장한 종교일 것이다. 일부 학자들은 모르몬교가 이슬람 이후 처음으로 세계의 주요 종교로 자리매김하는 중이라고 믿고 있다. 만일 모르몬교가 세계의 주요 종교로 자리매김한다면, 아메리카 대륙에서 기원한 종교 중에서는 최초로 그런 지위에 오르는 것이다. 모르몬교에 대해서는 나중에 자세히 언급하기로 한다.)

---

[81] 여호수아Joshua는 사막의 지도자 모세의 후계자로, 이스라엘 민족을 이끌고 가나안으로 들어간 사람이다.

우리는 국립공원에 속해 있는 모하비 사막에서 키스 뷰Keys View에 들렀다. 이곳은 조슈아 트리 국립공원에서 차로 접근할 수 있는 가장 높은 지점이다. 키스 뷰에서는 팜 스프링스의 불빛과 샌 안드레아스 폴트[82]가 보였다. 맑은 날에는 멕시코의 산지도 보인다. 우리는 키스 뷰에 갔던 어느 날 저녁을 기억한다. 피처럼 붉게 타오르는 저무는 태양은 하늘을 영묘한 빛으로 물들였고 조슈아 트리 국립공원의 명물인 "거대한 바위"와 암석 기둥들을 붉게 비추며 으스스한 분위기를 자아내고 있었다. 얼마 지나지 않아 해는 산 베르나디노 산맥San Bernardino Mountains 너머로 지고 반대편에서 노란색의 거대한 보름달이 그 자태를 드러냈다. 덕분에 공원 도로에서 전조등을 켜지 않고 운전할 수 있었다. 곧이어 불빛 하나 없는 새카만 하늘에 흩뿌려진 별들이 도드라져 보였다. 조슈아 트리가 자라는 들판을 구경하며 달빛 아래에서 조용히 기도나 드리려고 차에서 내릴 때는 차가운 공기 때문에 재킷을 걸쳐야 했다.

사막은 고독하고 평화로우며 자연이 보존된 장소처럼 보인다. 사막에서라면 맑은 공기를 마실 수 있을 것 같고, 수백 킬로미터 멀리 떨어져 있는 "문명화된" 도시 세계를 완전히 잊어버릴 수도 있을 것만 같다. 남서부 거의 대부분과 서부 전역의 많은 지역이 사막이다. 이 사막들은 특히 사람이 살기에는 적합하지 않다. 이곳은 대부분 물이 없는 광활한 불모지, 메사,[83] 협곡으로 이루어

---

82) 샌 안드레아스 폴트San Andreas Fault는 미국 서해안의 대단층이다.

져 있다. 2002년의 경우 조슈아 트리 국립공원 전체의 강우량은 5센티미터에도 미치지 못했다.

그러나 사막의 겉모습은 속임수에 불과하다. 인류는 1만 년 전에 이미 이 사막에 모습을 드러냈다. 그리고 돌발적으로 일어나는 홍수가 평화를 파괴할 수 있다. 일단 비가 내리기 시작하면 억수같이 내려서 급류를 만든다. 급류는 물, 나무, 바위같이 거스르는 것은 모두 휩쓸어 간다. 사막에는 "자연적인" 장소도 없다. 인간은 "자연"을 끊임없이 변형시켜 왔다. 지구에서 가장 멀리 떨어진 지역조차도 이러한 사회적 맥락에서 자유로울 수 없다. 사람들이 어떻게 대응하는가에 따라 비가 미치는 영향도 달라진다.

사막과 상호 작용하는 방식에 있어서 고대인과 근대인이 커다란 차이를 보인다는 사실을 꼭 짚어 봐야 한다. 고대인들이나 그들의 후손으로 오늘을 살아가는 나바호 족Navajo은 사막을 있는 그대로 받아들이고 사막의 조건과 조화를 이루며 살아가려고 노력했다. 윌라 카터Willa Carther는 『대주교에게 찾아온 죽음Death Comes for the Archbishop』에서 이들이 사막과 맺은 관계를 다음과 같이 묘사한다.

경관을 배경으로 도드라지는 것이 아니라 경관으로 들어가 사라지는 것이 인디언의 방식이었다. (…) 자연을 "지배하고" 정리하며 재

---

83) 메사mesa는 스페인어로 탁자라는 뜻이다. 하나 이상의 가파른 사면이 있는 평정 고원을 말하며, 미국의 콜로라도 고원지대에서 흔히 볼 수 있다.

창조하려는 유럽인들의 욕망이 [인디언에게는] 전혀 없는 것처럼 보였다. 그들은 다른 방면에서 자신들의 재능을 펼쳤다. 그들은 자신들이 있는 곳의 경관과 조화를 이뤘다. 이것은 게으름에서 비롯한 것이라기보다는 (…) 자연을 존경하라는 훈계를 물려받은 데서 비롯한 것이다. 만일 위대한 대지가 잠든 것처럼 보이면 위대한 대지를 잠에서 깨우지 않으면서 자신들의 생활을 영위해 나가려고 했다. 이들은 대지와 공기, 물의 영혼을 하나의 존재로 인정했기 때문에 그들의 반감을 사지 않으려고 노력했고, 그들을 자극하지 않으려고 노력했다. 사냥을 나갈 때도 같은 태도로 일관했다. 인디언은 사냥을 했지, 살육하지는 않았다. 또한 그들은 강이나 숲도 파괴하지 않았다. 관개수로를 내더라도 자신들에게 필요한, 최소한의 물만을 끌어다 썼다. 인디언은 대지와 대지에 포함된 모든 것에 관심을 기울였다. 향상시키려고 하지도 않았고, 신성을 더럽히지도 않았다.

자본주의 사회에서는 이와 거의 정반대의 일이 일어난다. 사막과 그 안의 모든 것은 빠른 속도로 상품화된다. 인디언이 1만 년 동안 변화시킨 것보다도 많은 변화가 2백 년 만에 이뤄졌다. 우리는 인디언에게서 토지를 훔쳐 비효율적이고 비용이 많이 드는 관개 농업을 도입했고, 물을 오염시키고 식생을 파괴하는 소를 방목했다. 우리는 이런 식으로 이 땅을 "개선"할 수 있었다. 오늘날에는 초대형 고속도로가 사막을 가로지른다. 광산은 산을 못 쓰게 만들어 버리며 댐은 협곡에 홍수를 일으킨다. 군대 주둔지나

피닉스, 라스베이거스, 로스앤젤레스 같은 거대 도시는 지구상에서 가장 아름다운 장소를 더럽힌다. 조슈아 트리 국립공원의 키스 뷰에서는 로스앤젤레스 상공에 떠다니는 갈색의 치명적인 오염이 산길을 따라 이동하는 모습이 보인다. 하지만 정치 지도자들은 이러한 도시들이 사라지지 않으려면 계속 성장하는 수밖에 없다고 말한다. 죽어 나가는 것은 사막이다. 인류는 지상 최대의 실패자가 될 것이다.

우리는 조슈아 트리 국립공원을 방문한 뒤 트웬티나인 팜스를 떠나 모하비 사막을 통과하는 2차선 고속도로를 타고 북쪽으로 향했다. 도로 양쪽으로 펼쳐진 텅 빈 공간 너머로 작고 허름한 판잣집이 보였고, 누가 저런 곳에서 살고 있을지 생각해 보았다. 애리조나에 진입했을 때는 소금 광산을 보았고, 경매에 붙은 버려진 마을(앰보이Amboy)도 보았다. 소금 광산 노동자들을 위해서인지, 마을 우체국은 아직 운영되고 있었다.

별다른 목적도 없고 정해진 시간표도 없이 자유롭게 여행을 다니는 일이 얼마나 큰 행운인지를 생각해 보았다. 길을 따라 떠돌아다니는 장기간의 여행은 우리나라에서는 거의 상징에 가까운 의미를 가진다. 미국의 영토는 매우 광대하기 때문에 다양성이 풍부하며 독특한 지형을 가진 장소도 많다. 그런 곳들을 알기 위해서는 직접 눈으로 봐야 한다. 눈으로 보기 위해서는 차량이나 두 발을 이용해 여행해야 한다. 그리고 지금 우리가 바로 그런 일을 하고 있다. 나는 존스타운에서의 교수 생활에 종지부를 찍었다는 사실이 기뻤다. 놀라움으로 가득한 사막에서 거의 손에 잡힐 듯한 진홍색 태양과 빛나는 달을 보는 일에 비하면 내가 가르쳤던 학문은 별로 흥미롭다고 할 수 없다. 학생들에게 그런 학문을 32년 동안 가르쳤으면 족하지, 얼마나 더 하겠는가?

애리조나 윌리암스는 40번 주간 고속도로에 위치하고 있다. 캘리포니아의 국경 마을인 니들리스Needles에서 동쪽으로 257.5킬로미터, 애리조나의 플래그스태프에서 서쪽으로 56킬로미터 떨어진 곳에 있다. 니들리스는 『분노의 포도』[84]에 나오는 조드 일가가 약속된 땅인 캘리포니아에 들어와서 처음 만난 마을이었다. 조드 일가는 콜로라도강에서 수영도 했다. 윌리암스는 그랜드캐니언의 사우스 림에서 가장 가까운 관문 마을이다. 우리는 파텔 씨가 운영하는 모텔 객실에서 나흘을 지냈다. 우리는 그곳에서 우리의 식품 보관소를 채워 넣고 "세계에서 가장 아름다운 흉터"를 방문하러 떠났다. 윌리암스에서 그랜드캐니언의 사우스 림으로 가는 도중 완만하게 경사진 코코니노 고원Coconino Plateau을 지나갔다. 하지만 그 길에서는 앞으로 보게 될 경이로움에 대한 전조가 전혀 느껴지지 않았다.

우리는 전에도 윌리암스에 온 적이 있는데, 이번에 와 보니 이곳 상황은 더 악화되어 있었다. 윌리암스에는 여전히 오래된 기차를 타고 그랜드캐니언으로 이동하는 여행객들이 있었고, 서부 마을에서 흔히 볼 수 있는 오래된 건물들이 있었다. 그러나 확 트인 길에서 질주해 보기를 열망했던 오토바이 애호가가 운영했던

---

[84] 『분노의 포도 The Grapes of Wrath』는 존 스타인벡의 소설이다.

카페는 에스프레소 커피와 중국 음식을 같이 파는 가게로 변해 있었다. 옛날에 우리는 맛있는 커피를 마시고 직접 만든 달콤한 빵을 먹으러 그 가게에 자주 들렀다. 그 밖에도 문을 닫았거나 매각하기 위해 내놓은 가게들이 많았다. 남은 가게들도 "도로의 어머니"로 유명한 66번 고속도로를 그리워하는 사람들의 향수에 의존해 운영되고 있는 듯했다. 재즈 음악가 냇 킹 콜Nat King Cole은 66번 고속도로를 "즐길 수 있는" 도로라고 노래했다. 일리노이의 시카고에서 시작해 캘리포니아의 산타 모니카Santa Monica에서 끝나는 오래된 고속도로는 아직도 윌리암스를 통과한다. 이 도로는 뉴멕시코의 갤럽Gallup과 알부쿼르크, 애리조나 플래그스태프의 주도로이기도 하다. 66번 고속도로에는 많은 기념품 가게들이 있는데, 윌리암스의 기념품 가게 수가 가장 많다.

    다른 서부 마을과 마찬가지로 윌리암스도 과거를 팔아서 먹고 산다. 여름이면 매일 저녁마다 은행 강도와 곤경에 처한 젊은 숙녀가 등장하는 카우보이의 "총격전"이 벌어진다. 와이오밍 코디에 머물면서 봤던 극에 등장했던 인물은 주로 운수 사나운 사람, 주정뱅이, 주머니에 몇 달러라도 채워 넣으려는 사람들이었다. 와이오밍 잭슨에서 본 공연에는 시를 창작하는 카우보이 시인이 등장했는데, 내가 본 공연 가운데 유일하게 성격을 가진 인물이 등장한 공연이었다. 총격전에서 강도들이 총을 난사하기 시작하면, 관람석에서는 개가 짖고 어린 소년은 놀라서 아버지 품으로 파고들었다.

    윌리암스는 관광객에게 서부극을 보여 주기 위해 "와일드 웨스트"[85]를 완벽하게 재현한 마을을 건설했다. 우리가 마을에 갔을 때, 한쪽에서는 공연 관계자들이 올가미와 총을 가지고 다양한 연기를 연습하고 있었고 다른 한쪽에서는 두 명의 가수들이 "텀블린 텀블위즈Tumblin' Tumbleweeds"를 불렀는데 차마 듣기 민망할 지경이었다. '선스 오브 파이오니어스'[86]가 무덤 속에서 벌떡 일어날 것만 같았다. 5월 초에는 방문객들이 많지 않았고, 그 대부분은 일본인이었는데 이들은 서부에 있는 것이라면 아무리 형편없는 것에라도 매력을 느끼는 것처럼 보였다. 마을의 역사는 사라졌지만 마을 사람들은 그 역사를 철저히 왜곡시키면서라도 자본화하기 위해 안간힘을 쓰고 있다.

윌리엄스에서 남쪽으로 약 80킬로미터 거리에 위치한 애리조나의 제롬Jerome은 펠프스-다지Phelps-Dodge 사社가 통제했던 구리 광산 마을이었다. 제롬은 마을이 시작하는 지점과 마을이 끝나는 지점의 고도 차이가 약 305미터에 이를 정도로 급경사진 언덕에 아슬아슬하게 지어져 있다. 광부들이 넘쳐났기 때문에 살인적인 노동조건에서 일할 수밖에 없었던 광부들이 조직화를 시도하면서 고통스럽고 영웅적인 일들이 벌어졌던 곳이지만, 지금은 광산 여행, 상점, 아침 식사를 제공하는 여관만이 자리를 지키고 있다. 이 지역의 모든 운송 수단은 과거 마을에서 구리를 실어 내가던 기찻길로 쓰였던, 아슬아슬하고 더러운 도로를 이용한

---

85) 와일드 웨스트Wild West는 개척기의 미국 서부를 일컫는 말이다.
86) 선스 오브 파이오니어스Sons of Pioneers는 '텀블린 텀블위즈'를 부른 카우보이 노래 그룹이다.

다.(우리는 이 길을 따라 윌리암스에서 제롬으로 이동했는데, 내 생애 가장 괴로운 운전이었다.) 아마 여행객들은 산의 일부에 새겨진 아름다운 무지개 빛 줄무늬가 광산에서 뚝뚝 떨어지는 버려진 구리 액체 때문에 생겨난 것임을 모를 것이다. 마을에서 몇 킬로미터 떨어진 투지구트Tuzigoot 천연기념물 보존구역에는 (복원된) 고대 인디언의 유적지가 있다. 폐허 앞에는 계단식 밭처럼 보이는, 버려진 땅이 있다. 한때는 인디언들이 그곳에서 작물을 재배했을 것이다. 하지만 이제는 제롬에서 수송관을 통해 이곳으로 보내는 광산 폐기물만이 가득하다. 이 폐기물은 정기적으로 물로 씻어 내야만 한다. 그렇지 않으면 독성을 지닌 먼지가 마을 주위를 오염시킬 수 있기 때문이다.

우리는 애리조나 윌리암스에서 출발해 플래그스태프 인근까지 여행했다. 우리는 플래그스태프에서 라마다 리미티드 모텔을 빌려 21일을 지냈다. 하루 숙박료가 (세전) 29.99달러였다. 적지 않은 금액이었다. 처음에는 하루나 이틀 정도만 지낼 생각이었다. 그렇게 오래 지내게 될지는 우리도 몰랐다. 마을에 진입했을 때 계기판 브레이크 고장 등에 불이 들어왔다. 깜짝 놀란 우리는 다급히 다지 차량 사업소를 찾아 수리를 의뢰했다. 친절한 사업소 직원 덕분에 우리는 플래그스태프에 좋은 인상을 가지게 되었다. 그 직원은 우리를 도심까지 데려다 주었을 뿐만 아니라, 수리가 끝나자 차량을 우리에게 몰고 와 인도해 주었다. 날씨는 좋았다. 아침에는 쌀쌀했고 대체로 건조했다. 지나치게 더운 날은 없었다. 지난 9일 동안 장장 2,414킬로미터를 운전한 우리는 지쳐 버렸다. 그리고 플래그스태프 주변에 둘러볼 만한 근사한 장소나 등산할 만한 장소가 많다는 것을 알게 되었다. 그래서 모텔에서 하루나 이틀 정도 묵으려 했던 계획이 한 주 두 주 길어지더니, 결국 5월 내내 플래그스태프에 머무르게 되었다. 모텔 투숙 기간을 연장했더니, 말수는 적지만 상냥한 점원은 할인권 적용 가격으로 요금을 받았다.

우리는 플래그스태프에서 요리 솜씨를 향상시켰고, 등산 기술도 갈고 닦았다. 목적의식을 가지고 더 체계적으로 주위 세계를 감상하기 시작했다. 등산과 경관 감상이 우리의 새 "일거리"가 되었다. 이 경험은 우리가 매일 나누는 대화, 독서, 정보 수집, 인생"관"의 밑거름이 되었다. 덕분에 우리는 장기 여행에 나선 사람들이 얻는 것 이상의 것을 얻었다.

우리는 특히 세도나 마을 인근 지역의 매력에 흠뻑 빠졌다. 우리는 이곳에서 우리 여행이 가지는 중요한 의미를 어렴풋이 깨달았다. 세도나는 애리조나 중북부 플래그스태프에서 남쪽으로 40킬로미터가량 떨어진 곳에 위치한다. 최근 『유에스에이 위크엔드USA Weekend』는 세도나를 "우리나라에서 가장 아름다운 장소"로 선정했다. 세도나의 경관은 정말 빼어나다.

플래그스태프에서 세도나로 가는 길은 오크 크릭 캐니언Oak Creek Canyon을 따라 나 있는, 가파르면서도 심하게 굽은 지그재그 모양의 산악 도로다. 협곡이 깊어지면서 바위 절벽 지형이 나타나며 마을에 다가갈수록 붉은 사암층, 메사, 암석 기둥, 뾰족한 바위기둥으로 이루어진 장관이 펼쳐진다. 커피포트 바위Coffeepot

Rock, 성당 바위Cathedral Rock, 종 바위Bell Rock 같은, 환상적인 모양의 바위가 곳곳에 포진해 있다. 세도나는 포장되지 않은 험난한 도로의 대명사였다. 그래서 주로 서부 영화 촬영지로 알려져 왔다. 그러던 중에 부유한 관광객과 스포츠 마니아, 그리고 "뉴 에이지 운동 추종 세력"[87]이 세도나를 발견했다. 뉴 에이지 운동 추종 세력은 1980년대에 "보텍스"[88]에 이끌려 이곳에 왔다. 붉은 바위들이 있는 곳 어딘가에는 전류가 한 곳에 모이는, 마술적이고 신비한 장소가 있다고 한다. 만일 정확한 지점을 찾아낼 수 있다면 환상을 보거나 유체이탈 체험을 할 수 있다고 한다. 매년 4백만 명의 방문객이 찾아오는 세도나에는 커다란 대저택, 리조트, 호텔, 콘도 단지, 향정신성 물질 판매점으로 가득하다.

사방으로 등산로가 나 있는 세도나는 등산가들의 낙원이다. 윌슨 산Wilson Mountain에 오르면 경치를 감상하는 방문객을 태운 관광 헬리콥터보다 더 높은 곳에 위치한 전망대에서 마을을 내려다볼 수 있다. 오크 크릭의 웨스트 포크West Fork를 따라 산책하면서 돌로 된 징검다리를 건너갔다 돌아오는 일을 몇 차례 반복하다 보면 계곡 끝까지 갈 수 있다. 계곡 끝에서 더 나아가 등산하려면 몇 킬로미터를 고생스럽게 걷거나 헤엄쳐야 한다. 온 천지에 '젖으면 미끄러워진다'는 뜻의 미끄럼돌이 도사리고 있어 순발력 있

---

[87] 뉴 에이지 운동은 20세기 후반에 등장한 광범위한 문화 운동을 지칭하며, 절충적이고 개별적인 영적 탐구와 점성의 시대 도래에 대한 믿음을 특징으로 한다.
[88] 보텍스vortexes는 지자기의 소용돌이 현상을 일컫는 말로, 이에 노출될 경우 건강해지고 영성이 개발된다고 한다.

게 뛰어넘어야 한다. 모험가적 기질이 있는 사람이라면 모골을 송연하게 만드는 "핑크 지프Pink Jeep" 관광을 해 보는 것도 좋다. 핑크 지프를 타면 층층바위로 이루어진, 도저히 통과할 수 없을 것같이 홀로 우뚝 솟은 산을 차로 오를 수 있다.

   세도나 같은 아름다운 마을이라면 어디서나 공적 공간과 사적 공간이 충돌하게 마련이다. 우리나라에는 수백만 명의 부자들이 산다. 그리고 그들은 최대한 많은 재산을 소유하려고 한다. 더 근사한 장소일수록, 그 장소에 대한 소유욕도 높아진다. 세도나에 있는 대부분의 등산로는 산림청이나 주의 공유지 관리국이 관할하는 공유지에 위치한다. 그러나 이 나라는 항상 공유지를 사적으로 개발해 동물 방목장, 광산, 어장, 벌목장, 심지어는 스키장으로까지 이용해 왔다. 어떤 공유지에는 주차장, 나들이 장소, 위탁 운영장이 들어선다. 그리고 이러한 시설물은 보통 민간 기업에게 맡겨져 위탁 관리된다. 민간 기업은 등산로, 화장실 같은 시설물 관리를 책임지는데, 적지 않은 비용이 입장료에 반영된다. 우리는 공유지 사용을 허가하는 통행권을 이미 구입했기 때문에 이 사실에 격분했다.

   우리는 세도나의 등산 안내도를 보고 보인튼 캐니언Boynton Canyon 등산로 중에서 괜찮아 보이는 등산로 하나를 찾아냈다. "경치 좋고 사람들이 많이 찾는 세도나의 협곡에서는 보텍스가 방출됩니다. 붉은 사암으로 이루어진 협곡의 벽 곳곳에 유적들이 있습니다. 홀로 우뚝 솟은 산, 진홍색 절벽, 시원한 협곡의 밑바닥을 지나는 조용한 등산로가 어우러진 이곳에서는, 보텍스 방출

여부와 상관없이 마술적인 체험을 할 수 있습니다." 이 등산 안내도가 우리를 실망시킨 적이 없었으므로, 등산로 입구에 주차를 하는 우리의 기대는 점점 커져만 갔다.

우리는 보텍스가 방출된다는 지점부터 방문하기로 했다. 주도로를 따라 잠시 걸어가다가 보인튼 스파이어스Boynton Spires와 카치나 우먼 탑[89]을 향해 올라가는 등산로를 만나면서 속도를 냈다. 한낮의 열기가 대기를 데우기에는 아직 이른, 맑고 쌀쌀한 아침이었다. 하늘은 오직 서부 사막 지역에서만 볼 수 있는 순수한 파란색이었다. 우리는 뾰족한 꼭대기를 향해 가는 미끄러운 길을 올라가면서 바위나 야생화의 아름다움에 경탄했다. 표석[90] 꼭대기에 오르면 등산로가 끝난다는 표지판이 있었다. 우리는 협곡의 장관이 펼쳐지리라 기대하며 올라갔다. 하지만 뾰족한 꼭대기와 탑으로 그늘이 드리워지고 노간주나무, 선인장, 야생화가 가득한 꼭대기에서 우리 눈앞에 펼쳐진 것은 민간 리조트 시설이었다.

리조트 시설은 협곡의 입구이자 최상의 경관을 감상할 수 있는 장소에 쭉 뻗어 있었다. 잠시 앉아 경관을 둘러보는 사이 마음은 점점 더 먹먹해졌다. 리조트를 구성하는 여러 동의 건물은 길이로는 거의 1.6킬로미터에 걸쳐 뻗어 있고, 넓이로는 협곡의 거의 전체를 차지하고 있었다. 자동차와 운송용 화물차가 들락날락했고, 잔디깎이가 왱왱거렸다. 테니스장에서는 흰 테니스복을 입은

---

89) 카치나 우먼 탑Kachina Woman monument은 보인튼 협곡 입구의 바위산을 가리킨다.
90) 표석boulder은 빙하에 의해 운반되어 그 지역의 기반암과는 다른 암석 파편을 말한다.

여성들이 공을 치고 있었고, 주변 사막과 확연한 대조를 이루는 잘 깎은 잔디밭에는 골프를 즐기는 사람들을 실어 나르는 골프카트가 돌아다녔다. 아파트 모양으로 지어진 콘도 건물 외에 사치스러운 개인 주택도 있었다. 산 중턱에 자리 잡은 주택도 있었다. 건설 노동자들이 시멘트를 섞고 목재를 나르고 못을 박고 각종 전동 도구를 사용하며 소음을 일으켰다. 카치나 우먼 탑은 그녀의 신성한 협곡이 모독당하는 것을 바라보며 매일같이 울고 있을 것이다.

우리는 주등산로로 돌아와서 협곡을 누비기 시작했다. 리조트를 따라 당당하게 우뚝 솟은 담장 옆을 지나가는 일은 쉽지 않았다. 우리는 전에도 이곳에서 등산해 봤던 사람들인 양 이러한 현실에 대해 불평을 늘어놓았다. "어떻게 이런 휴양지가 협곡 대부분을 차지하게 된 것일까? 이곳을 찾는 손님들은 등산로로 나가려면 열쇠가 필요한, 굳게 잠긴 문 뒤에서 지내는 게 자연스럽게 느껴질까? 이 담장은 뭘 보호하고 있는 걸까?" 같은 이야기가 오갔다. 리조트 건물과 등산로가 가장 가까이 만나는 지점에는 다음과 같은 표지판이 세워져 있었다. 눈부신 자연 경관을 침해한 담장 때문에 가뜩이나 기분이 상해 있던 우리는 깜짝 놀랐다.

사유지

등산객에게 알립니다.

보인튼 캐니언을 지나가시려면 반드시 이 등산로를 이용하셔야 합니다.
리조트 영내를 가로질러 보인튼 캐니언을 지나가실 수는 없습니다.

무단으로 가로지르는 사람은 고소하겠습니다.
무장 경비원 24시간 경계 근무 중.
감시 카메라 작동 중.

이 표지판을 통해 사유지가 자행하는 만행이 확인되었다. 우리는 감시 카메라를 쳐다보고 불쾌한 몸짓으로 항의의 뜻을 전했다.

애리조나 세도나 보인튼 캐니언에 있는 표지판

표지판을 넘어서 한 시간가량을 걸어간 뒤에야 리조트의 끝이 보였다. 우리는 늦여름의 야생화와 키 큰 폰데로사소나무 숲을 지나치면서 계곡을 따라 계속 걸었다. 뉴멕시코의 반델리어Bandelier 천연기념물 보존구역을 등산하면서, 이 나무들이 인공 향신료 바닐린의 원료라는 사실을 배웠다. 폰데로사소나무를 만나면 멈춰서서 나무껍질 냄새를 맡아 보라. 진한 바닐라 냄새가 풍길 것이다. 더운 날 폰데로사소나무는 공기 중으로 방향 물질을 방출한다. 나무, 바위, 관목 숲을 지나면 경사가 가파른 오르막길이 나오고, 그곳을 지나면 협곡 끝에 이르게 된다. 우리는 노간주나무 아래에 있는 미끄럼바위에 올라 점심을 먹으면서 주변을 완전히 에워싼 협곡의 벽을 감상했다. 협곡 벽에는 미세한 색이 입혀져 있었다. 우리는 고독을 만끽했다. 그리고 왔던 길을 따라 가파른 등산로를 내려갔다. 리조트까지는 여유로운 마음으로 등산로를 따라 내려왔다. 우리는 표지판을 자세히 보기 위해 걸음을 멈췄다. 그리고 인간의 부절제함을 상징하는 금자탑을 영원히 삼켜 버릴 불상사라도 일어나기를 기원했다.

플래그스태프로 돌아온 우리는 리조트에 대해 조금 더 조사해 보았다. 그 리조트는 인챈트먼트 리조트[91]였다. 조사하는 과정에서 찾아낸 리조트 광고 문안에는 다음과 같은 말이 적혀 있다. "애리조나 북부 보인튼 캐니언의 장엄한 붉은 바위들로 둘러싸인

[91) 인챈트먼트 리조트Enchantment Resort 웹사이트 http://www.enchantmentresort.com를 참조하라.

인챈트먼트 리조트는 아메리카 원주민 문화가 영감을 불어넣은 거친 장엄함에 품격을 가미합니다. 리조트는 28만3,285평방미터의 대지에 세계적인 수준의 편안함을 제공하는 어도비 벽돌로 지은 카시타풍[92]의 오두막을 갖추고 있습니다." 하루 숙박비는 295달러부터 시작해 보기만 해도 아찔한 가격인 2,005달러까지 다양하다. 나름대로 할 만한 것도 있다. 손님들은 세 개의 식당("대중 음식점 티 가보Tii Gavo는 톡 쏘는 맛의 마르가리타 배 칵테일을 "대표 음료"로 내세운다.)에서 식사할 수 있다. 또한 산림청 소속 산림 경비대와 함께 자연 속을 거닐거나 숲 해설가가 함께 등산하는 "다과 여행"을 경험할 수 있다. 그 밖에도 호리병 도자기 굽기 강습, 와인 시음, 보텍스 강의, 해설이 있는 별 관측, 아메리카 원주민의 공연을 즐길 수 있다. 골프, 수영, 야외 월풀 욕조, 크로켓 대회, 보체 볼,[93] 탁구 같은 활동도 가능하다.

    리조트에서 자랑하는 최고의 활동은 미 아모 스파Mii amo spa다. 미 아모 스파는 『여행과 레저Travel & Leisure』가 세계에서 두 번째로 가 볼 만한 스파로 선정한 곳으로, 여러 가지 활동을 조합해 판매하는 이용권 가격은 368.55달러에서 415.35달러 사이다. 그중 네이티브 미 아모Native Mii amo에 대한 리조트 광고를 살펴보자.

---

92) 어도비 벽돌로 지은 카시타풍adobe casita-style의 오두막이란 모래와 점토를 햇볕에 말려 만든 천연 벽돌 어도비를 사용해, 미국 남서부에서 멕시코 사람이 짓고 사는 오두막집 양식으로 지은 오두막을 말하는 것으로, 리조트나 호텔에서는 이러한 양식의 방갈로를 지어 운영한다.
93) 보체 볼bocce ball은 고대 로마시대부터 즐기던 경기로, 두 팀으로 나누어 원 안에 공을 던져 우열을 가리는 경기다.

네이티브 미 아모—가격 415.35달러

아메리카 원주민은 거칠게 빻은 옥수수를 이용해 피부를 씻고 정화했습니다. 우리는 옥수수에 암염 결정 및 알로에 베라를 섞어 세정력을 강화해 고객들의 피부를 윤기 있게 만들고 보호하도록 만들었습니다. 그 뒤에 강에서 나온 뜨겁고 부드러운 바위를 이용하는 '라 스톤La Stone' 마사지를 받으시면 긴장이 눈 녹듯 사라질 것입니다. 미 아모 카페에서 점심을 드신 후, 얼굴 피부 특별 관리를 받으시고 하루의 스파 일정을 마치시면 됩니다. 경험이 풍부한 미용사들이 고객님의 피부 상태를 평가해 고객님만을 위한 특별한 얼굴 피부 마사지 계획을 세워 드립니다.

이 광고에는 아메리카 인디언 문화에 대한 내용이 반복적으로 등장하지만, 그 내용은 부정확하고 전형적이다. "아메리카 원주민 문화"가 장소에 "거친 장엄함"이 깃들도록 "영감을 불어넣기"라도 했단 말인가? 협곡을 만든 것은 인디언이 아니다. 이곳에 오는 부유한 백인들은 협곡을 소유하려고 하듯이 인디언의 문화도 전유하려고 한다. 인디언에 대한 이 같은 "애호" 현상은 여기서 멀지 않은 곳에 거주하는 가난한 나바호 인디언이나 주니Zuni 인디언에 대한 무관심이나 적대심과 날카롭게 대비된다.

보인튼 캐니언 등산로를 관할하는 산림청은 수백억 평방미터의 공유지를 관리한다. 이미 보았듯이 산림청은 공유지를 정기적으로 민간 사업자에게 임대한다. 최저 가격에 임대되는 일이 많고, 산림청이 위탁하면서 내건 조건 자체가 훼손되는 일도 빈번히 일어난다. 덕분에 사유지 소유자들은 모두의 것도 마치 자신들의 것인 양 마구 활용해도 상관없다고 여기게 된다. 인챈트먼트 리조트는 사유지이지만, 그 리조트를 매력적인 장소로 만들어 주는 협곡 자체는 사유지가 아니다. 우리나라의 다른 곳들과 마찬가지로 세도나에서도 사적 영역과 공적 영역의 긴장이 커지고 있다. 그 결과가 대중이 반길 만한 것이 아닐 것이라고 예측할 수밖에 없으니 안타까운 일이다.

환경 5

< < < < < < < < < < < < < < < < < < < < < < < < < < < < < < <

국립공원은 어디로?

우리는 5월 초와 8월 말 사이에 조슈아 트리 국립공원, 그랜드캐니언 국립공원, 페트리피드 숲/페인티드 데저트Petrified Forest/Painted Desert 국립공원, 로키 산 국립공원, 아치스 국립공원, 캐니언랜즈 국립공원, 지온 국립공원, 브라이스 캐니언Bryce Canyon 국립공원, 그랜드 테튼 국립공원, 옐로우스톤 국립공원, 글라시어Glacier 국립공원, 레이니어 산 국립공원, 올림픽 국립공원, 월넛 크릭Walnut Creek 천연기념물 보존구역, 투지구트 천연기념물 보존구역, 선셋 크레이터 볼케이노Sunset Crater Volcano 천연기념물 보존구역, 우파트키Wupatki 천연기념물 보존구역, 반델리어 천연기념물 보존구역, 콜로라도Colorado 천연기념물 보존구역을 방문했다. 이들 모두는 우리나라의 귀중한 재산이다. 이곳에서는 자연적으로 형성된 다리와 아치, 폭포, 환상적인 계곡, 표석, 암석 기둥, 이상하게 생긴 바위기둥, 사람을 놀라게 하는 급류 같은 빼어난 자연경관을 만날 수 있다. 누구나 살면서 한번쯤은 이런 곳에 들러 그 아름다움을 감상할 것이다. 우리는 국립공원을 여러 차례 방문했지만 실망한 적은 거의 없었다.

우리는 국립공원에서 언제나 즐거운 시간을 보냈다. 아치스 국립공원의 밸런스드 락Balanced Rock과 델리키트 아치Delicate Arch, 캐니언랜즈 국립공원의 그랜드 뷰Grand View, 지온 국립공원의 내로우스Narrows에 있는 모래 해변과 싱그러운 초목, 레이니어 국립공원의 그로브 오브 더 패트리아크스Grove of the Patriarchs에서 자라는 수천 년 된 나무들, 선셋 크레이터 볼케이노 천연기념물 보존 구역에 있는 8백 년 묵은 석화 용암을 보고 자연의 어마어마한 규모에 비해 우리는 얼마나 하찮은 존재인가를 생각해 보지 않을 사람은 없다. 자연 안에 있을 때는 인간 세계의 끊임없는 부정의와 불평등이 도드라져 보여 더욱 견디기 힘들다. 이런 아름다움을 맛본 사람들은 불행한 상태로 살아가는 사람들을 그냥 내버려두는 사회가, 용서받을 수 없는 범죄를 저지르고 있다는 사실을 분명히 알게 된다.

국립공원은 자연적 아름다움을 지녔다. 하지만 국립공원은 국립공원을 만든 사회구조의 산물이기도 하다. 1872년 설립된 옐로우스톤은 우리나라 최초의 국립공원이다. 백인 정착자들과 정부가 원주민들의 땅에서 원주민들을 쫓아내려는 야만적인 선전전을 시작했을 무렵 이미 조지 캐틀린은 국립공원의 필요성을 강변했다. 캐틀린은 모든 연령대의 사람들이 찾아와 고전 복장에 강한 활, 방패, 창을 들고 엘크 떼와 버팔로 떼 사이를 야생마를 타고 휙 지나치는 인디언 원주민의 모습을 볼 수 있도록 "위대한 공원"을 설립해야 한다고 주장했다. 국립공원의 역사는 국립공원 부지에 살던 원주민을 체계적으로, 그리고 대부분 성공적으로 쫓아낸 원주민 말살의 역사다. 옐로우스톤의 경우 많은 인디언들이 사냥을 하며 오늘날의 공원 지역을 누볐지만, 국립공원의 기본 토대가 되는 규율은 국립공원에서는 사냥을 할 수 없다는 것이다. 가끔 우리나라 정부가 나서서 "조약"을 체결해 인디언 부족의 사냥권을 인정한 경우도 있었지만, 이러한 합의는 파괴되기 일쑤였다.(백인 정착자들이 서부에 들어와 토지 소유권을 빼앗았고, 정부는 필요하다면 폭력을 동원한 이 강도 행위를 묵인해 주었다. 그런 후에 조약을 맺는 것이 통상적인 기정사실이었기 때문에 조약이라는 단어를 따옴표로 강조한 것이다.)

옐로우스톤에는 쉽이터 쇼숀Sheepeater Shoshone이라는 단 하나의 인디언 집단이 있었다. 이들은 이 지역 자생종인 산양을 사냥해 먹으면서 가혹한 조건의 거친 황야의 살인적인 겨울을 나면서 이 지역에서 오랫동안 살아왔지만, 1879년 공원에서 사라졌다.(1879년 미국 군대는 3개월에 걸친 수색 끝에 주로 여성과 아이들로 이루어진 52명의 부족민을 잡아서 진압했다.) 국립공원으로 지정된 지역 이곳저곳에서 원주민을 제거하는 과정이 되풀이되었다. 인디언이 일시적으로 공원에 머무르는 것이 인정되기도 했지만, 공원을 인디언의 땅으로 인정해서 그랬던 것은 아니었다. 인디언의 수가 너무 많아서 일거에 쫓아낼 수 없거나, 인디언을 사냥 안내인으로 활용하거나, 늘어나는 관광객을 상대로 공연을 하게 만드는 등 상업적으로 활용할 만한 가치가 있을 경우에 인디언의 일시 거주를 인정했을 뿐이다.

국립공원을 합리화한 최초의 논리가 기념물 논리였다는 사실은 흥미롭다. 즉, 유럽의 나라들이 자신들의 위엄을 보이기 위해서 인간이 만든 기념물을 세우는 것처럼 새로 탄생한 국가의 위대함을 상징하는 "기념물"로서 국립공원을 조성하자는 논리였다. 국립공원은 미국이 세계 어느 나라보다도 광대한 영토를 가진 위대한 나라임을 나타냈다. 인간이 국립공원을 조성한 것이 아니라는 사실은 하느님도 이 새로운 국가를 (말하자면) 탄생할 때부터 올림포스 산에 오를 만한 특별한 나라로 선택할 수밖에 없었음을 의미했다. 그러나 탁월한 상업적 능력을 바탕으로 세워진 나라에서는 금전적 이해관계가 금세 전면에 나선다. (더 이후에 제시된 국립공원 합리화 논리의 밑바탕에는 공동 재산, 즉 국립공원은 모든 사람의 소유물이라는 개념이 깔려 있었다. 그러면서도 토지를 공동으로 소유했고, 사유지 개념이 없었던 인디언의 방식은 부자연스럽고 공산적이며 인디언의 원시적인 사고방식을 표상한다며 비난했다. 어이없는 일이다. 많은 지도자들이 사적 소유권에 대한 개념을 인디언의 머릿속에 강제로 주입시켜야만 그들에게도 우리나라의 생산적인 시민이 될 자격이 생긴다고 주장했다.)

정부는 사기를 치거나 무력을 동원해 더 많은 땅을 확보해 국립공원으로 만들었다. 철도의 출현은 이러한 정부 방침의 주요 자극제였다. (정부와 다른 상업적 이해관계자들, 즉 목재 회사나 광업 회사 사이에는 끊임없는 갈등이 빚어졌고, 다양한 방식으로 해결되었다. 상업적 이해관계자들이 언제나 만족했던 것은 아니지만 무시당하지도 않았다. 가령 조지 W. 부시 대통령은 그랜드캐니언의 사우스 림에 있는 우라늄 광산에 반대하지 않았다.) 민간의 상업적 이해관계자들은 관광객을 끌어들이는 다양한 체험 활동을 내놓았고, 곧 상당한 수입을 거둬들이기 시작했다.

국립공원을 개혁하기 위한 수많은 의견이 제시되어 왔다. 그중에서 몇 가지 추천할 만한 의견을 여기에 기록해 본다. 『사막의 빛나는 보석Desert Solitaire』에서 이와 비슷한 제안을 제시했던 에드워드 애비에게 감사를 표한다.

1. 도로 건설에 들어가는 예산을 대폭 삭감하자. 공원이 건립되면 곧이어 민간 이해관계자들이 의회에 자금 지원을 호소하기 시작하고 도로 건설 열풍이 불기 시작한다. 민간 이해관계자들은 자동차를 소유하고 자동차를 이용해 여행을 다니는 관광객들이 와 주기를 희망하기 때문이다. 도로가 건설되면 교통량이 증가하고 방문객들은 교통 체증 때문에 많은 시간을 도로에서 보낸다. 고속도로는 크기가 큰 레저용 차량이나 스포츠 실용 차량을 사용하도록 부추긴다. 이 차들은 교통 체증을 심화시키며 도로를 더 많이 훼손시켜 (더 많은 수리가 필요하도록 만들며) 사고를 더 많이 내는 경향을 보인다.

2. 주차장 건설과 산책로 포장을 중단하자. 그랜드캐니언을 찾아오는 거의 모든 방문객이 엘 토바 호텔(El Tovar Hotel, 호텔 이름은 북부 정복을 목표로 했고 그랜드캐니언을 본 최초의 유럽인이었던 스페인 제국주의자 코로나도Coronado의 부하 중 한 명의 이름을 딴 것이다.)까지 차로 이동할 수 있다. 경관을 보기 위해 차에서 내리거나 호텔에서 나온 방문객들은 사진을 찍고는 아이스크림을 사러 매점으로 돌아간다. 주차장과 포장된 산책로 때문에 자연의 경이로움을 맛볼 수 있는 기회가 지나치게 줄어들었다. 장애인을 동반한 사람들의 등산을 돕기 위해 건설되었지만 협곡의 장관이 보이지 않았던 포장 산책로에는 협곡의 붉은 지표색과 비슷하게 보이도록 페인트칠한 바위가 배치된다. 방문객 센터에서는 걸어가기 힘든 신체 조건을 가진 수백만 명의 유람객이 포기하지 않도록, 다양한 건물들까지 남은 거리를 표기한 표지판을 제공한다.

3. 기존 산책로를 잘 관리하고 더 많은 산책로를 만들어 탐험을 장려하자. 산림 경비대는 공원으로 더 많은 여행객이 모이도록 유도해야 하며, 야생에서 살아남는 법을 가르쳐 주어야 한다. 바위 오르는 방법, 물 찾는 방법, 천막 치는 방법, 먹을거리를 찾고 보관하는 방법, 나침반 사용법, 곰이나 다른 위험한 동물을 만났을 때의 대처법, 개울 건너는 법, 얼음이나 눈밭 걷는 방법, 벌레에 물리거나 뱀에 물렸을 때의 대처법, 산책로에서 볼 수 있는 사물 식별법

및 기타 여러 가지 활동에 대해 교육해야 한다. 산림 경비대의 일자리가 보장되어야 하고, 보수 수준도 높아야 한다.

4. 공원 안의 호텔을 없애자. 공원은 공익을 목적으로 운영되어야 하지, 이윤을 추구하는 기업이 운영해서는 안 된다. 값비싼 민간 숙박 시설을 저렴한 공공 소유의 호텔로 전환해야 한다. 그리고 2단 침대와 기본 시설만을 제공하는 호텔을 더 많이 지어야 한다. 씻을 물과 마실 물이 공급되는 야영장을 확장해야 하며 더 많은 야영장을 만들어야 한다. 비싸지 않으면서도 영양이 풍부한 음식을 팔아야 하며 텐트도 빌려 주어야 한다.

5. 노동자, 유색인종, 젊은이들이 방문하도록 적극적인 장려 활동을 펼치자. 추첨 방식으로 운영되는 "육성 자금"을 도입해 국립공원을 찾아올 수단이 없는 사람들에게 제공해야 한다. 국립공원은 모두를 위해 개방되었다고 생각하지만, 사실 그렇지 않다. 국립공원은 동떨어진 곳에 위치하는데다가 상업 활동에 초점이 맞추어진 덕에 시간과 돈이 없는 사람들은 거의 찾아올 수 없다. 방문객 중 (아시아인 관광객을 제외한) 유색인종의 비율은 흑인, 히스패닉, 인디언의 인구 비율에 미치지 못한다. 온종일 등산할 수 있는 로키 산 국립공원이나 아치스 국립공원, 심지어는 옐로우스톤 국립공원에서조차 하루에 한 번도 유색인을 만날 수 없다. 공원 방문에 필요한 비용(기름 값, 입장료, 야영 비용이나 모텔 숙박료 등) 때문에 가난한 사람들은 국립공원에 발을 들일 수 없다.
내가 레이크 호텔에서 판매했던 체험 활동 비용을 떠올려 보라. 2006년의 가격은 다음과 같다. 승마 체험 한 시간 34.32달러, 두 시간 54.60달러. 역마차 체험 9.46달러. "진정한" 서부식 야외 요리 체험 53.04달러, 승마 체험과 함께 할 경우 추가 요금 부과. 공원 내에서 이루어지는 다양한 종류의 버스 여행 26.50달러에서 58.24달러. "야외" 사진 촬영 57.20달러. 일가족이 단 며칠만 옐로우스톤으로 여행한다 해도 상당한 비용이 소요된다. 이런 비용으로 미루어 볼 때, 우리나라의 경제적 불평등이 악화될수록 국립공원은 소득 분배의 상위 20퍼센트만을 위한 은신처로 전락할 것임이 틀림없다.

6. 가능하다면 공원 안으로 자동차가 들어오지 못하도록 만들자. 입구 곳곳에

대형 주차장을 만들고 셔틀버스나 자전거를 활용할 수 있도록 만들자. 지온 국립공원에서 여름과 가을에 이 제도를 시행하고 있는데, 매우 성공적이다.

7. 5번 내용과 연계되는 내용으로, 위탁 운영을 금지하자. 되도록 소규모의 지역 사업체가 래프팅이나 배낭여행 같은 활동을 운영하도록 만들고, 산림 경비대의 활동을 보충하고 협력하게 만들자.

<<<<<<<<<<<<<<<<<<<<<<<<<<<<<<<<<<<<<<<<<<<

뉴멕시코

우리는 플래그스태프를 떠나 뉴멕시코로 이동해 알부쿼르크, 산타페, 타오스에서 6월의 첫 3주를 보냈다. 알부쿼르크의 인구는 1950년대 이래로 네 배로 불어났고, 마을은 25번 주간 고속도로와 40번 주간 고속도로가 만나는 교차로에서 시작해 끝없이 확장하는 중이다. 알부쿼르크에는 열아홉 개의 고속도로 진출로가 있는데도 주민들은 끝없이 밀려드는 교통량을 수용하기 위해 도로가 더 필요하다고 생각한다. 주간 고속도로를 이용하지 않고는 이 도시의 한쪽 끝에서 다른 쪽 끝으로 이동하기가 어렵다. 교외 및 준교외는 사막을 밀어내며 끝없이 확장되고 있다. 나무 하나 찾아볼 수 없는 사막, 태양에 그대로 달구어지는 사막에 싼값에 건설되는 주택은 비싼 값에 팔린다. 이러한 주택 개발은 북쪽으로 96.5킬로미터나 떨어져 있는 산타페 인근까지 뻗어 나가고 있다. 이러한 현상을 도대체 어떻게 설명해야 할까? 도시의 서쪽에는 페트로글리프Petroglyph 천연기념물 보존구역이 있다. 우리는 6월의 어느 더운 아침에 그곳으로 등산을 갔다. 바위는 낙서로 얼룩져 있었다. 우리는 뻗어 나가는 도시의 교통 수요에 맞추기 위해 기념물을 통과하는 고속도로 건설 계획이 진행되었다는 사실을 알게 되었다. 기념물을 훼손해서 보존 가치를 떨어뜨리기 위해 부동산 이해관계자들이 일부러 낙서를 조장했을지도 모른다는 의심이 들었다.

알부퀘르크 어디에서나 목격되는 준교외의 성장 현상은 우리 나라에서 하나의 규범이 되어 가는 중이다. 교외를 넘어, 비어 있는 공간에 새로운 공동체가 건설되고 있다. 건설업자들은 준교외에 로우즈, 홈 디포, 월마트 같은 "대형" 상점을 (세금 특혜의 도움을 받아) 이곳에 유치해 세입을 확보하고 주민을 끌어들이려 한다. 대형 상점에서 거둬들인 세금은 학교, 경찰, 다른 사회적 필요품을 마련하는 데 필요한 자금으로 사용된다. 『뉴욕타임스』 특별기고가 데이비드 브룩스는 준교외 확장에 박수를 보냈다. 그는 준교외 확장으로 다른 도시나 교외에서는 이런 혜택을 누릴 수 없었던 사람들에게 상대적으로 값싼 주거지, 품위 있는 학교, 안전한 거리가 생겼다고 주장했다. 그는 또한 준교외에 입지한 공업 단지가 나노 기술 같은 새로운 과학적 진보의 중심지가 될 것이라고 말했다. 브룩스의 말이 맞을지도 모르지만, 어쨌든 우리는 회의적이었다.

산타페는 뉴멕시코의 주도州都다. 산타페는 교양이 넘치는 도시로 이름이 높아서 오페라와 박물관을 관람하고, 인디언 시장을 구경하려는 수천 명의 방문객들이 매년 이곳을 찾는다. 산타페에는 우리나라에서 두 번째로 큰 예술품 시장이 있다. 가장 큰 예술품 시장은 뉴욕시에 형성되어 있다. 캐니언 로드Canyon Road를 따라서 수백 곳 이상의 예술품 중개상이 늘어서 있다. 도심에는 훌륭한 예술품 전시관도 여러 곳 있다. 그중에는 조지아 오키프[94]의 작품을 전시하는 곳도 있다. 괜찮은 식당도 많고 고급스러운 호텔도 부지기수다. 마을의 지리적 입지는 정말 훌륭하다. 북쪽과 동쪽에는 약 3,962미터 이상의 높이로 우뚝 솟은 산들이 있고 접근도 용이하다. 날씨는 거의 일 년 내내, 따뜻하고 맑다.

 산타페 도심에는 사람이 많이 살지 않는다. 산타페 사람들은 마을을 둘러싼 언덕에 있는, 상상을 초월하는 집에 산다. 어느 날 아침 우리는 도심 동쪽에 있는 세인트존스 대학St. John's College을 향해 길을 나섰다. 이 대학은 메릴랜드의 안나폴리스Annapolis에 있는 동명의 대학과 자매학교다. 두 학교 모두 "위대한 사상가들의 책Great Books"에 초점을 맞춘 교육과정으로 유명하다. 우리는 대학 주차장에 차를 대고 마른 시내 두 개를 건너 아탈라야 산Atalaya Mountain으로 이어지는 언덕으로 갔다. 우리는 값비싼 어도비 벽돌로 지어진 큰 집들이 모여 있는 공동체 마을로 들어가는 사유 도로를 만났다. 산으로 올라가는 동안 우리는 고립된 집

---

[94] 조지아 오키프Georgia O' Keeffe는 꽃을 중심으로 한 식물과 정물, 풍경을 창조적 추상 디자인으로 작업했던 화가로, 말년에 뉴멕시코에 정착해 그림을 그리다 세상을 떠났다.

들과 마주쳤는데, 올라갈수록 더 멋진 집이 나타났다. 이 건물들은 수백 평방미터의 생활 공간에 별채, 정원, 마구간, 수영장이 딸린 거대한 어도비 벽돌 건물이었다. 우리는 여행하면서 이런 "대농장haciendas"은 다주택 소유자가 가진 여러 채 가운데 한 채이며, 일 년 내내 거의 비어 있다는 사실을 알게 되었다. 그리고 『뉴욕 타임스 매거진New York Times Magazine』에 게재되는 부동산 광고를 자세히 들여다보면, 이런 부동산의 가격이 천만 달러 이상이라는 사실도 알 수 있다.

남쪽에서 산타페로 진입하는 세릴로스 로드Cerillos Road는 16킬로미터에 걸쳐 늘어선 쇼핑센터, 모텔, 회사, 소매점 때문에 혼잡하다. 이 길 뒤편 도로에는 도심의 식당, 호텔, 상점에서 관광객들에게 봉사하면서 받는 적은 임금으로 생활하는 사람들의 주거 지

산타페의 유명한 광장

역이 자리하고 있었다. 우리는 서점 점원에게 서비스 산업 노동자 대부분이 최저임금이나 그보다 약간 더 높은 수준의 임금을 받는다는 사실과 그 돈으로는 산타페에서 적절한 주거 공간을 마련하기 어렵다는 사실을 알게 되었다. 마을에서 가까운 곳에 위치한 인디언 마을에서는 한층 더 가난한 집들을 만날 수 있었다.

뉴멕시코에는 아메리카 원주민이 많이 살고 약간의 독립을 유지하고 있는 열아홉 개의 인디언 촌락이 있다. 1680년 스페인 정복자에 대항해 봉기했던 원주민 반란의 성공이 가져다준 유산이다. (15세기에 지어진) 가장 유명한 촌락은 타오스에 있다. 물론 타오스에 진입하면 가장 먼저 눈에 띄는 것은 카지노지만 말이다. 우리는 타오스에서 사흘을 머물렀는데, 어느 날 오후 카지노에서 50달러를 잃었다.

타오스를 칭찬하는 말을 많이 들었기 때문에 우리는 그곳에서 더 인상적인 경관을 만날 수 있을 것이라고 기대했다. 하지만 타오스는 산으로 둘러싸여 있음에도, 산과 마을 사이에는 넓은 평지만 펼쳐져 있을 뿐 특별히 이목을 끄는 공간이 없다. 또한 타오스의 주요 고속도로에는 자동차의 흐름이 온종일 꾸준히 이어진다. 이곳이 인디언들에게 성스러운 장소라는 사실을 방문객들에게 인지시킬 만한 유물이나 1960년대의 반문화운동이 불어넣은 자유분방한 정신을 기릴 만한 유산은 거의 남아 있지 않다. (물론 북쪽과 동쪽을 잇는 산과 계곡을 통과하는 훌륭하고 긴 순환도로의 끝에서, 버려진 "히피" 버스를 보기는 했다.) 관광산업이 최고이고 이곳을 별장지로 택한 사람들이 몰려오는 현상은 불평등, 노동, 환경이라는 관점에서 볼 때 많은 의미를 지니는 현상이다.

그 모든 단점을 무릅쓰고 우리는 타오스에서의 나날을 즐겼다. 타오스의 중앙광장은 산타페의 중앙광장보다 더 편안했고 상점 주인들도 친절했다. 유기농 빵을 팔고 점심 식사도 판매하는 빵집을 발견했다. 매력적인 농민 장터도 있었다. 상인들은 달걀 상자를 절반으로 나누어, 반 상자를 1달러에 팔았다. 올드 타운의 비좁은 거리와 상점가 뒤편의 마당을 지나갈 때 불어오는 바람은 상쾌했다. 타오스에서 "이슬점"(습도가 100퍼센트가 되는 온도)이 무엇인지도 알게 되었다. 그날의 이슬점을 찾아보니 영하 6도였고, 습도는 3퍼센트였다! 타오스에서 처음 머물렀던 이번 여행에서 우리는 길한 징조를 만났다. 6월 21일에는 비가 내렸다. 52일 만에 처음 내린 비였다.

그 밖의 서부 지역

우리는 타오스를 떠나 콜로라도를 향해 북쪽으로 이동했다. 가는 도중 하루는 동쪽으로 우회해 상그레 드 크리스토 산맥Sangre de Cristo Mountains을 배경으로 수세기에 걸쳐 형성되어 온 모래언덕의 장관을 구경하면서 보냈다. 오후 3시 30분부터 벌써 어둠이 내려 콜로라도 스프링스Colorado Springs로 이동하는 동안 깜깜해졌다. 공기가 차가워서 휴게소에 도착했을 때 우리는 얼어 있었다. 우리 몸은 32도를 넘나드는 날씨에 적응되어 있었던 것이다. 다음날은 에스테스 파크에서 보냈다. 맏아들은 에스테스 파크에 들르라고 5년 동안이나 우리를 졸라 댔다. 우리는 에스테스 파크에서 일주일을 머무르며 등산을 즐겼고 눈 덮인 높은 봉우리에 경탄했다. 그러고 나서 다시 남쪽으로 되돌아가 서쪽의 글렌우드 스프링스Glenwood Springs로 가서 독립기념일인 7월 4일을 맞았고, 콜로라도 강변의 등산로 입구에서 등산을 시작해 지독하게 찬 물을 가두고 있는 행잉 호수Hanging Lake까지 올랐다.

그리고 나서 우리는 지온 국립공원으로 맏아들을 만나러 떠났다. 맏아들의 직장은 옐로우스톤에서 우리를 고용했던 회사인 크산테라 사였다. 이론의 여지는 있지만, 우리나라에서 가장 아름다운 주라고 할 수 있는 유타로 갔고, 모압, 스프링데일Springdale, 판귀치Panguitch에서 지내면서 아치스 국립공원, 캐니언랜드 국립공원, 브라이스 캐니언 국립공원을 누비고 다녔다. 우리는 7월 중순, 15번 주간 고속도로를 타고 유타를 떠났다. 15번 주간 고속도로는 유타와 네바다의 주 경계를 끼고 달리는데, 처음에는 사막을 통과하다가, 다음에는 모르몬 농부들이 푸르게 변화시킨 긴 계곡을 통과한다.

모르몬 농부들은 『모르몬경』[95]에 나오는 네피Nephi나 모로니Moroni 같은 영웅 이름을 따서 마을 이름을 지었다. 서부 전역의 모텔 침대 곁 협탁에는 기드온 성서Gideon Bible와 함께 모르몬경이 비치되어 있다. 모르몬의 근간이자 브리검 영 대학교Brigham

---

95) 『모르몬경Book of Mormon』은 모르몬교의 경전이다. 모르몬교도들은 미국 고대 민족의 기록을 4세기의 예언자 모르몬이 황금판에 요약하고 새겼다고 믿는다. 1827년부터 1830년에 모르몬교의 창시자 조지프 스미스가 발견하여 번역, 출간했다.

Young University의 고향인 프로보Provo를 향해 가는 도로변의 광고 게시판에는 모르몬 선교사들을 위한 물건을 파는 상점과 웹사이트 광고가 걸렸다. 프로보 동쪽 와사치 산맥Wasatch Mountains의 발치에는 드림 마인Dream Mine이 있었다. 모르몬 근본주의자들은 이곳에 막대한 금이 매장되어 있으며 그리스도가 재림하는 날 금이 발견될 것이라고 주장한다. 모르몬교도들은 이 금을 이용해 "심판의 나날"을 견딜 것이다. 1894년 모르몬 천사 모로니Moroni가 존 코일John Koyle에게 처음 금의 존재를 계시한 뒤 금광을 찾기 위해 많은 모르몬교도들이 투자를 감행했다는 사실은 인상적이다.

유타 모압 인근의 표지판

모르몬교도

모르몬교는 급진적인 전체주의와 급진적인 평등주의를 표방한다. 모르몬교의 창시자이자 예언자인 조지프 스미스Joseph Smith는 "후기 성도"로 이루어진 지상 낙원을 건설하려는 이상을 꿈꿨다. 짙은 미국적 성향을 가진 모르몬교를 추종하는 사람들이 가난한 사람들을 중심으로 생겨났다. 모르몬교는 사상일 뿐 아니라 추종자들의 삶 전체를 요구하는 행동의 종교였다. 모르몬교는 심한 박해를 받았다. 초기 모르몬교의 역사는 스미스 시대와 이후 지속된 이주의 역사였다. 스미스가 살해당한 뒤 브리검 영Brigham Young은 신앙심을 가진 자들이 그들의 왕국을 건설할 것이라는 스미스의 이상에 적합한 장소를 찾기 위해 노력했다. 초창기에는 비상한 영웅적 행동과 고된 노동이 반복되었고, 그 과정에서 후기 성도들 서로가 단단히 맺어졌고 신앙심이 굳어졌다. 모든 일은 오늘날을 살아가는 우리들로서는 가히 상상하기 어려운 방식으로 진행되었다. 일리노이의 나우부Nauvoo에서 출발해 유타로 가는 집단 이주가 이루어졌다. 적들은 스미스를 살해하고, 모르몬교도를 쫓아냈다. 모르몬교의 이 기나긴 여정은 역사상 가장 주목할 만한 이주 가운데 하나라고 할 수 있다. 영국에서 이주한 후기 성도들은 실제로 사륜마차에 몸을 싣고 한겨울에 대평원을 가로질렀다. (모르몬교는 애초부터 전도하는 일로 유명했다. 거리에서 정장을 차려입고 개종자를 찾아서 대문을 두드리며 돌아다니는 젊은 모르몬 선교사를 만나 보지 못한 사람은 아마 없을 것이다.)

일단 유타에 정착하자 브리검 영은 서부 지역에서 정착할 만한 땅을 찾기 위해 주기적으로 교인들을 파송했다. 브리검 영은 태평양까지 뻗어 나간 제국을 구상했지만, 결국 오늘날 유타로 알려진 지역에 정착했다. (모르몬교도가 아닌 모든 이를 지칭하는) "이교도"가 모르몬교도의 정착을 위협할 때마다 브리검 영과 계승자들은 식민지 개척자들을 파송했다. 한 무리의 식민지 개척자들이 1880년 유타 남동쪽 귀퉁이에 있는 가까이 하기 어려운 빈 땅으로 파송되었다. 그들은 사륜마차와 말에 몸을 싣고 에스칼란트Escalante 사막을 건넜다. 이들은 인디언 마저 외면했던 지역을 지나면서 도로를 건설했다. 많은 고생을 했지만 블러프 Bluff 마을에서 서쪽으로 129킬로미터가량 떨어진 곳에 있는 홀 인 더 락Hole in the Rock이라 불리는 지역에서 깎아지른 듯한 벼랑을 만났을 때의 고생보다 더 한 고생은 없었다. 이곳에서 그들은 신앙심을 증명할 만한 길을 뚫었다. 그들은 다이너마이트와 착암기, 밧줄 하나에 의지해 벼랑에 매달려 꼭대기에서 바닥까 지 곧장 내려가는, 약 610미터에 이르는 둥근 모양의 길을 냈다. 그들은 사륜마 차가 뒤집어지지 않도록 마차 바퀴에 꼭 들어맞는 "마차 길"을 냈다. 월러스 스 테그너Wallace Stegner는 감동적인 책 『모르몬 왕국Mormon Country』에서 다음과 같은 이야기를 들려준다.

> 가파르고 매끄러운 바위와 맞닥뜨렸을 때 그들은 도전으로 받아들였다. 마차 길을 내기에는 경사가 너무 심했다. 그들에게는 암반을 날려 버릴 화약도 없었다. (…) [그래서] (…) 그들은 착암 작업자들을 벼랑에 매달았다. 착암기를 이용해 바닥까지 내려가는 커다랗고 깊은 구멍을 팠다. 바닥까지 내려가는 길의 기울기는 같았다. 다른 이들은 산이나 산 아래 강으로 내려가 참나무를 베어 내 말뚝을 만들었고, 구 멍 뚫린 바위에 깊이 박아 넣었다. 말뚝 사이에 잡목과 떠다니는 나무를 줄지어 늘 어놓은 뒤 그 위에 부서진 바위를 흩뿌려 놓았다. 모르몬교도에게 감사하라. 벼랑 에 길을 내기 위해 화약을 사용할 수 없게 되자 목수가 높은 집의 처마 아래에 발판 을 설치하듯이 벼랑에 발판을 설치했던 것이다.

80대 이상의 사륜마차, 수백 마리의 말과 소가 이 깎아지른 벼랑길을 안전하게 내려갔다.
조지프 스미스의 이상은 후기 성도들이 모든 일을 함께 하고 모든 것을 공동으로 소유하는 완전한 공산사회를 건설하는 것이었다. 하지만 스미스는 기존 사회에 그런 이상을 부과하기를 주저했다. 십일조를 바쳤고, 공동체의 이익을 우선적으 로 고려해 모인 십일조를 사용했으며, 공동체 내에서 가장 가난한 사람들을 우선 적으로 배려했던 모르몬교의 현실은 기존 사회에 적합하지 않았기 때문이었다. 그러나 1870년대에 브리검 영은 천년왕국을 믿는 모르몬의 정신이 약해지고 있 음을 감지하고는 그에 대응하여 모르몬교도에게 협동조합 촌락을 구성할 것을 촉구하기 시작했다. 이 생각을 수용한 모르몬교도는 많지 않았다. 특히 다른 신앙인들보다 부유했던 교도들은 더욱 그랬다. 그러나 예언자의 꿈을 완수하려는 의지와 열망을 가진 사람들이 있었다. 아주 가난한 사람이나 고향을 완전히 등지고 새로운 지도자의 명령에 따라 새로운 곳에 식민지를 건설했던 사람들을 중심으로 서너 개의 공산적 공동체가 완성되었다. 가장 유명한 공동체는 롱 밸리 Long Valley 남쪽 끝에 위치한 오더빌Orderville에 있었다. 이곳은 오늘날 지온 국립공원과 브라이스 캐니언 국립공원 사이 89번 고속도로가 지나는 지점이다. 모르몬교도들이 판 우물과 그들의 농업 기술은 오더빌을 푸르고 아름답게 만들었다. 거의 십 년이 넘도록 오더빌 사람들은 사적 소유물 없이도 행복하게 살아가는 성공적인 공동체를 이끌어 왔다. 모든 구성원이 자신의 소유물을 공동 소유로 내놓았다. 모든 사람이 물건과 봉사를 집단적으로 생산하여 평등하게 공유했다. 돈도 빚도 없었다. 스테그너의 말을 다시 한 번 인용해 본다.

> 오더빌에서는 빈곤과 결핍의 공포가 완전히 제거되었다. 오더빌 공동체는 공동체 구성원 모두에게 충분한 음식, 거주지, 의복을 제공한다. 생각하기에 따라서는 이들의 소유 제도가 모든 논쟁의 근원을 제거할 것이라고 한다. 오더빌 공동체에 속한 수백 명의 구성원들은 물건, 노동, 종교, 여가를 공유했다. 이런 일은 세계적으로도 드문 일이며 오래 지속되지 못했던 일이다. 오더빌 공동체는 즐겁고 행복한 공동체 분위기를 잃지 않았다. 고된 일상의 연속이었지만 만족을 느끼는 건전한 삶이었다. 이곳에 사는 80세 이상 인구의 수는, 이곳이 죽고 싶다는 생각이 들지 않을 만큼 행복한 지상낙원임을 통계학적으로 증명한다.

결국 오더빌의 공산주의는 공동체 안팎에서 발생한 일련의 사건들로 종지부를 찍고 말았다. 자본주의의 바다에 떠 있는 평등한 삶을 누리는 섬이 영원히 지속되기란 불가능한 모양이다.

모르몬교의 역사는 모르몬교도 서로의 흔들리지 않는 헌신으로 점철되어 있다. 하지만 모르몬교도와 외부인들은 무관심에서부터 살인을 자행하는 수준의 적개심까지 다양한 방식으로 관계를 형성했다. 유대인이 아무런 죄책감을 느끼지 않으면서 이교도에게 이자를 붙여 돈을 빌려 준 것처럼, 모르몬교도 역시 비신앙인을 멀리 하는 일에 죄책감을 느끼지 않았다. 우리는 지온 국립공원 바로 옆에 있는 스프링데일에서 어느 여관 주인 부부와 대화를 나눴다. 그는 유타 남서부에 위치한 세인트 조지 인근 마을의 모르몬교도에게 철저히 외면당했고, 결국에는 새로 지은 집을 팔고 그곳을 떠날 수밖에 없었다고 했다.(브리검 영은 면화 재배를 위해 유타 남서부에 정착자를 파송했고 이때부터 유타 남서부는 "딕시"라는 별명이 붙었다.) 나는 판귀치의 롱 밸리에서 이발을 했는데 아무리 노력해도 모르몬교도들과 단 한 마디도 나눌 수 없었다. 카렌이 다른 고객의 어린 딸아이에게 말을 붙이자 아이의 엄마는 카렌을 미친 여자 보듯 쳐다봤다. 솔트 레이크 시티Salt Lake City같이 더 큰 도시에서는 사정이 달라지고 있다지만, 유타는 여전히 모르몬의 주이며 비모르몬교도는 평등한 대우를 받지 못한다.

종교가 없는 사람이나 (심지어 종교인들조차) 유타와 모르몬교가 광신적이라고 생각한다. 초보수적이고 배타적이며 여성을 철저히 억압하며 은밀하게 일부다처제를 시행하기 때문이다. 오린 하치 상원의원[96]의 이미지가 생각난다. 부정적인 고정관념 뒤에는 수많은 진실이 숨어 있다. 모르몬교도는 인디언의 땅을 빼앗았고, 인디언의 부모와 자녀를 강제로 떼어 놓은 뒤 인디언 아이들을 신실한 모르몬교도로 교육시켰다. 모르몬교도는 이교도 정착자를 살해했다. 모르몬교는 유사 종교를 여럿 탄생시켰다. 그러나 연대, 공동선을 위한 희생, 지상에서 행복한 삶을 누릴 수 있다는 가능성에 대한 믿음, 자급자족 같은 점은 주목할 만한 집단인 이들에게 우리가 배워야 할 점이다. 전성기의 모르몬교는 아메리카 인디언과 매우 흡사했다. 급진주의는 지상을 낙원으로 바꾸려 했고 앞으로도 바꾸려 할 것이다. 그러나 맹목적인 신앙으로는 불가능하다.

<<<<<<<<<<<<<<<<<<<<<<<<<<<<<<

우리는 7월 21일, 솔트 레이크 시티에서 동쪽으로 방향을 틀어 와이오밍으로 향했다. 80번 주간 고속도로를 타고 32킬로미터가

---

[96] 오린 하치Orrin Hatch는 1977년부터 유타 출신 공화당 상원을 지내고 있다.

량을 달리다가 잭슨, 테튼 산맥, 옐로우스톤 국립공원으로 향하는 쓸쓸한 2차선 고속도로를 타고 북쪽으로 향했다. 일직선으로 뻗은 도로에는 다니는 차가 적어서 우리는 시속 145킬로미터의 속도로 달려갔다. 그러다가 양 방향 차로에 쌓인 기름 범벅 쓰레기를 치우는 공사 때문에 갑자기 속도가 줄었고, 한 시간에 16킬로미터 이동하기도 어려웠다. 잭슨에 가까워질수록 사막 같은 지형 대신 소나무가 우거진 언덕과 그린강Green River이 나타났다.

존 웨슬리 파월은 그린강 인근 마을에서 그랜드캐니언을 통과하는 여행을 시작했다. 파월은 평온한 그린강이 거품이 이는 치명적인 속도의 급류로 바뀌리라는 것을 꿈에도 생각지 못했다. 눈 덮인 산들이 저 멀리로 흐릿하게 보였다. 서부에는 산에서부터 흘러내려오는 아름다운 강이 아주 많다. 산에서 흘러 내려오는 물은 초승달이나 여러 가지 기괴한 모양으로 회전하면서 만곡을 이루거나 선회한다. 이 물은 바위를 타고 내려가면서 바위를 차갑게 만들며 무시무시한 급류를 형성해 협곡의 벽에 밀어지지 않는 기기묘묘한 형상을 새긴다. 갈라틴Gallatin강, 스네이크강, 깁번Gibbon강, 그린강, 위대한 콜로라도강은 언제 보아도 질리지 않는다. 탁 트인 하늘에 빛나는 별들이 그러하듯 서부의 강도 숭고한 사상에 영감을 불어넣는다. 강을 따라 영원히 달리고 싶은 충동이 느껴졌다.

와이오밍 잭슨의 경치는 아름다웠지만 도로 사정은 여의치 않았는데, 우리가 레이크 호텔에서 지냈던 2001년보다도 사정이 훨씬 나빠져 있었다. 테튼 카운티는 일인당 소득으로 볼 때 우리나라에서 가장 부유한 곳이고, 2장에서 언급했듯이 잭슨은 골동품 상점, 상류층을 상대로 한 식당, 예술품 전시관, 값비싼 모텔이 가득한 곳이다. 그러나 교통 체증은 견딜 수 없을 정도로 심각한 수준이었다. 우리는 숙소를 찾느라고 고생한 끝에 전에 묵었던 모텔에 숙소를 정했다. 이 모텔의 이전 소유자는 우리가 옐로우스톤 국립공원에 있을 때 일했던 호텔에서 결혼식을 치렀다. 그녀는 결혼식을 치르면서 국립공원 노동자들에게 모텔 할인권을 나눠 주었다. 그러나 그녀는 결혼한 뒤 모텔을 옆 모텔 소유자에게 매각했다. 나중에 알게 된 사실에 따르면 이 모텔을 인수한 새 주인은 오래된 모텔을 부수고 자산을 매각할 계획이었다고 한다. 그러나 바쁜 여름철을 그대로 흘려보내기 싫었기 때문에 우리처

몬태나 글라시어 국립공원의 바위에서 쉬고 있는 산양

럼 숙소를 구하다가 지친 사람들에게 오래된 모텔의 숙소를 빌려주고 있었다. 우리는 준비해 온 도구들을 숙소로 옮기고 바로 그곳을 나와 마이클 무어Michle Moore 감독의 〈화씨 9·11Fahrenheit 9·11〉을 관람했다. 거의 한밤중에 돌아온 모텔에서는 담배 연기 냄새, 오줌 냄새, 곰팡이 냄새가 뒤범벅된 악취가 진동했다. 제대로 쉬지도 못하고 밤을 보낸 우리는 다음날 아침 불만을 터뜨렸고 요금 절반을 즉석에서 취소시켰다.(백 달러 가까이 돌려받았는데, 여행 도중 지불한 숙박료 중 가장 비싼 요금이었다.) 나는 아메리칸 익스프레스 신용카드 회사에도 불만을 표명했고 결국 나머지 절반도 돌려받았다.

우리는 잭슨에서 끔찍한 밤을 보낸 뒤 옐로우스톤으로 가서 5일을 보냈다. 등산하고 경치를 구경하면서 옛날에 보았던 곳들을 다시 둘러보았다. 우리는 깔끔하게 새로 단장한 레이크 로지의 오두막에 투숙했다. 옐로우스톤에 돌아오길 잘했다는 생각이 들었다. 옐로우스톤을 떠난 우리는 몬태나로 이동해 보즈맨, 미술라, 글라시어 국립공원을 방문했다. 우리는 글라시어 국립공원에서 고잉 투 더 선 로드[97]를 타 보았다. 이 도로는 빙하로 뒤덮인 산의 멋진 풍광을 감상할 수 있도록 만든 것으로, 정상에 이르면 근사한 등산로를 만날 수 있다. 어떤 등산로에서는 산양 떼가 지나가는 바람에 산비탈에 기대어 길을 비켜 주기도 했고, 어떤 등

---

97) 고잉 투 더 선 로드Going-to-the-Sun Road에 대해서는 글라시아 국립공원 웹사이트에서 확인할 수 있다. http://www.nps.gov/archive/glac/gtsr/gttsroad.html에 들어가 붉은 선으로 표시된 부분을 보라. 그림 안의 녹색 지명에 마우스를 대면 해당 지명에 대한 설명을 볼 수 있다.

산로에서는 꼬챙이에 꿰어 불에 구워 먹기 위해 방금 죽여 놓은 동물과 흡사한 자세로 바위 위에 잠들어 누워 있는 산양 옆에서 끈기 있게 기다리는 두 명의 사진가와 마주치기도 했다. 산양은 일어나기 위해 움찔거렸고 그때를 놓치지 않고 사진가들이 카메라를 들이댔다. 하지만 산양은 뭔가 더 근사한 일이 떠오른 듯 꿈나라로 다시 돌아가 버렸다.

글라시어 국립공원을 떠나 몬태나 서쪽으로 여행을 계속했다. 아이다호의 북쪽 손잡이 부근에서 노인 요양 시설이 들어선 마을을 지나 워싱턴 동부의 황량한 불모지로 들어갔다. 워싱턴 남쪽의 야키마Yakima를 향해 가는 동안 블랙호크 헬리콥터처럼 보이는 물체가 머리 위에 나타나 그늘을 드리웠다. 아마도 인근에 있는 규모 있는 공군 비행장에서 훈련 나온 비행기였을 것이다. 헬리콥터 그늘 안에서는 기분이 오싹해졌다. 우리는 서쪽으로 크게 돌아 레이니어 산 국립공원과 올림픽 국립공원을 들러본 뒤, 오리건 플로렌스의 모래언덕에서 즐거운 한때를 보냈다.

우리는 8월의 마지막 주에 포틀랜드로 돌아갔다. 포틀랜드에서 멀지 않은 곳에 위치한 유-하울 사 보관소에 맡겨 두었던 소유물을 찾아야 했기 때문이다. 우리는 작은 트레일러를 빌려 밴 뒤에 매달았다. (주로 책, 옷, 주방 도구가 들어 있는) 스무 개가 좀 넘는 상자와 두 개의 금속제 의자, 모로코풍의 문양이 새겨진 타일로 된 작은 탁자, 트렁크 가방 두 개, 선풍기 하나, 난로, 액자 등, 여행하는 데 필요한 이런저런 물건을 싣는 데는 한 시간도 채 걸리지 않았다.

이야, 동부로 간다!

펜실베이니아로 돌아간다! 내 어머니 집까지는 닷새가 걸렸다. 우리는 오리건 북부를 통과하는 84번 주간 고속도로를 타고 동쪽으로 갔다. (유전자 조작을 통해 일 년에 3미터 이상씩 자라는) 포플러나무로 가득한, 가로 11킬로미터, 세로 11킬로미터의 포플러나무 농장을 지나 아이다호로 접어들었다. 온타리오Ontario는 고속도로를 타고 가다 만나는 오리건의 마지막 마을이자 오레-이다Ore-Ida 감자 회사[98]의 고향이다. '오레-이다' 라는 회사 이름은 오리건과 아이다호의 경계에 위치한 지역 특성을 반영해 붙인 것이다. 프렌치프라이 냄새가 심하게 풍겼다. 84번 고속도로는 오리건 동쪽에서 남쪽으로 꺾어져 아이다호 남쪽을 향해 가다가 유타로 들어가 에코Echo에서 80번 주간 고속도로를 만나면서 끝난다. 유타의 에코는 파크 시티Park City 북쪽에 위치해 있고, 와이오밍의 경계에서 멀지 않다. 80번 주간 고속도로로 갈아탄 우리는 와이오밍의 건조하면서도 환상적인 경관을 지나쳐 네브래스카의 높은 평원 지대로 들어갔다. 네브래스카 동부와 아이오와 전역의 옥수수 밭이 눈앞에 펼쳐졌다. 우리는 아이오와를 지나 일리노이, 인디애나, 오하이오, 펜실베이니아의 지루한 유료 도로를 통과했다. 언제나 그렇듯, 시카고 남쪽에 이르자 교통량이 많아지면서 진행 속도가 느려졌다. 그리고 숨 쉬기가 불편하다는 생각

---

[98] 오레-이다Ore-Ida 감자 회사는 감자를 재료로 한 냉동식품 제조 회사다.

을 몇 달 만에 다시 하게 되었다.

  우리는 어머니 집에서 2주간 머물렀고 버지니아의 알링턴에서 지내는 딸과 쌍둥이 아들 집에서 3주를 지냈다. 독자들에게는 흥미 없을 지극히 개인적인 가족의 일상이 이어졌다. 알링턴에 머무는 동안 우리는 이오지마 메모리얼[99] 인근에 위치한 국립묘지를 방문했다. 국립묘지에는 워싱턴 디시의 인상적인 경관이 보이는 언덕이 있는데, 그 위에 지어진 식민시대풍의 건물이 눈에 띄었다. 깃발을 들어 올리고 있는 저 유명한 해병대원[100] 중에는 내가 교수로 재직했던 존스타운 출신도 있었다. 그는 마이클 스트랭크Michael Strank였는데, 나는 같은 이름을 가진 그의 조카를 가르쳤다. 묘지 위 언덕에 있는 건물은 한때 로버트 리 장군[101]의 사저였다. 남북전쟁이 끝난 뒤 대법원에서는 리 가족에게 그 건물을 돌려주라고 명령했다. 집을 돌려받은 리의 아들은 15만 달러를 받고 정부에 이 집을 매각했는데 당시로서는 엄청난 액수였다. 나는 리의 아들이 한 행동이 북군 병사와 노예였던 이들에게 심한 결례라고 생각한다.

  9월 말 우리는 아이들에게 작별을 고했다. 그리고 95번 주간 고속도로를 타고 남쪽의 마이애미비치를 향해 떠났다.

---

99) 이오지마 메모리얼Iwo Jima Memorial은 태평양전쟁 당시 격전지였던 일본 남쪽 해상의 이오 섬 전투 장면을 기념 조각상으로 재현한 것이다.
100) 이오지마 메모리얼에 있는 깃발을 들어올리는 군인상을 볼 수 있는 웹사이트 주소는 다음과 같다. http://en.wikipedia.org/wiki/Image:WW2_Iwo_Jima_flag_raising.jpg
101) 로버트 리Robert E. Lee 장군은 남북전쟁 당시 남부 연합군 총사령관이었다.

■ 더 읽을거리

농업과 농업 노동자, 관련 주제에 관해서는 Richard Manning, *Against the Grain*(New York, NY: North Point Press, 2004), Vandana Shiva, *Stolen Harvest: The Hijacking of the Global Food Supply*(Cambridge, MA: South End Press, 2000), (반다나 시바 지음, 류지한 옮김, 『누가 세계를 약탈하는가』, 울력, 2003), Peter Mattiessen, *Sal Si Puedes: Cesar Chavez and the New American Revolution*(Berkeley, CA: University of California Press, 2000), Marcel Mazoyer and Laurence Roudart, *A History of Agriculture: From the Neolithic Age to the Current Crisis*(New York, NY: Monthly Review Press, 2006), Marc Reisner, *Cadillac Desert: The American West and its Disappearing Water*(New York, NY: Penguin Books, 1987)를 참고하라. 어지간한 식품에는 전부 옥수수 시럽이 사용되고 있다는 내용과 옥수수가 건강에 미치는 영향에 대한 내용을 다루면서 제시한 두 개의 인용문은 Michael Pollan, "When a Crop Becomes King," *New York Times*, July 19, 2002에서 가져왔다. 남서부의 토지와 그곳 사람들에 대한 내용은 W. L. Rusho, *Everett Ruess: A Vagabond for Beauty*(Layton, Utha: Gibbs Smith, Publisher, 2002), Edward Dolnick, *Down the Great Unknown: John Wesley Powell's 1869 Journey of Discovery and Tragedy through the Grand Canyon*(New York, NY: Perennial, 2002), Edward Abbey, *Desert Solitaire*(New York, NY: Ballantine Books, 1985), Edward Abbey, *The Monkey Wrench Gang*(New York, NY: Harper Perennial, 2000), Willa Cather, *Death Comes for the Archbishop*(New York, NY: Vintage Books, 1990), Robert Silverberg, *The Pueblo Revolt*(Lincoln, Nebraska: University of Nebraska Press, 1970), Raymond Friday Locke, *The Book of the Navajo*(Los Angeles, CA: Mankind Publishing Company, 2001), Tony Hillerman 의 소설을 참고하라. 에드워드 애비의 인용문은 *The Journey Home: Some Words in Defense of the American West*(New York, NY: E. p. Dutton, 1977), 187쪽에서 인용한 것이다. 교외와 준교외가 확대되어 가는 현상에 대한 데이비드 브룩스의 낙관론적 관점은 *On Paradise Drive*(New York, NY: Simon & Schuster, 2004)에서 찾아볼 수 있다. 모르몬에 대해서는 Wallace Stegner, *Mormon Country*(Lincoln, Nebraska:University of Nebraska Press, 1981), Jon Krakauer, *Under the Banner of Heaven: A Story of Violent Faith*(New York, NY: Anchor Books, 2004)를 참고하라. 모텔에서 생활하는 노동자들의 삶과 저임금 노동자들에 얽힌 여러 사연에 대해서는 Barbara Ehrenreich, *Nickel and Dimed: On (Not) Getting By in America*(New York, NY: Owl Books, 2001)를 참고하라.

2004년 10월~2005년 4월

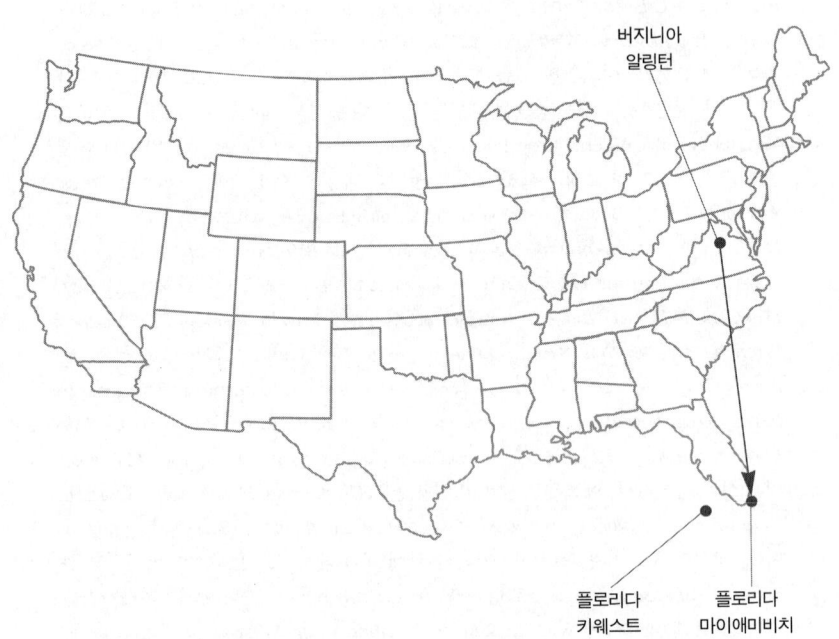

06* CHEAP MOTELS AND A HOT PLATE

< < < < < < < < < < < < < < < < < < < < < < < < < < < < <

마이애미비치

마이애미비치 Miami Beach

2003년 인구	89,312명
2000년 인구	
백인	86.7퍼센트
흑인	4.0퍼센트
히스패닉(인종 무관)	53.4퍼센트
2000년 가구 소득 중앙값	27,322달러
2000년 임대 비용 중앙값	581달러
부대 비용을 포함한 주택 자금 대출 중앙값	2,555달러
빈곤선 이하 소득자	21.8퍼센트

하늘을 향해 치켜든 강인한 손 조각상이 놓여 있는 홀로코스트 기념관Holocaust Memorial을 방문하라. 마음을 울리는 방문이 될 것이다. 1933-1945 Meridian Ave. 33139에 있다. 전화 (305) 538-1663. 1100 Lincoln Road, 33139에 있는 리갈 시네마 Regal Cinema에서 영화와 조각품을 감상하라. 전화 (305) 674-6766. 3층 테라스에서는 도시 전체의 멋진 경관을 감상할 수 있다.

키웨스트 Key West

2004년 인구	24,768명
2000년 인구	
백인	84.9퍼센트
흑인	9.3퍼센트
히스패닉(인종 무관)	16.5퍼센트
2000년 가구 소득 중앙값	43,021달러
2000년 임대 비용 중앙값	822달러
부대 비용을 포함한 주택 자금 대출 중앙값	1,658달러
빈곤선 이하 소득자	10.2퍼센트

929 Truman Ave., 33040에 있는 아일랜드 자전거Island Bicycles에서 자전거를 빌려 섬을 둘러보라.(그리넬Grinnell에 있다.) 전화 (305) 292-9707. 펜실베이니아 서부에서 온 방문객이라면 피츠버그 특별 할인을 받을 수 있는지 물어보라!

아름다운 사람들과 함께하는 생활

우리는 2004년 8월 30일 마이애미에 도착했다. 흥미로울 것 하나 없이 위험스럽기만 한 95번 주간 고속도로를 타고 남쪽으로 내려오는 여정은 그다지 유쾌하다고 할 수 없었다. 마이애미에 도착하기 전 몇 주일 동안 허리케인 세 개가 플로리다 전역을 헤집어 놓는 바람에 그 자리에는 황폐화된 사람들과 황폐화된 환경만이 남았다. 폭풍이 남기고 간 쓰레기더미에서 풍기는 악취가 플로리다 동부 전역을 뒤덮었다. 축축하고 악취 나는 공기는 허리케인의 분노가 비켜간 마이애미비치 북쪽까지 퍼져 있었다. 고속도로에도 야자나무와 가로등이 쓰러진 광경과 전력선·광고판이 나뒹굴고 파괴된 지붕 대신 파란색 지붕을 임시로 얹어 놓은 광경을 목격할 수 있었다. 운전자들은 주유소 앞에 장사진을 치고 있었다. 잠자리, 먹을거리, 얼음을 구하는 수천 명의 사람들도 보였다. 대통령의 동생 젭 부시Jeb Bush가 플로리다 주지사로 재직 중이고, 이번 선거에 출마한 대통령은 플로리다에서 이겨야 했기 때문에 연방 정부의 보조가 플로리다에 집중되었다. 이런 모습은 일 년 뒤 발생한 뉴올리언스 참사에 대한 연방 정부의 대처 방식과 큰 대조를 이룬다. 모든 것이 부족한 많은 사람들을 돕기에 충분한 구호물자가 상당히 신속하게 도착했다. 물론 "자연" 재해가 발생하면 언제나 가장 크게 고통 받는 사람들인 가난한 사람들에게는 여전히 지원이 부족했지만, 플로리다에서 대통령의 인기가 떨어질 만큼 부족한 조치는 아니었다.

팜비치에서 마이애미까지 이동하는 도로는 차들이 쌩쌩 달리면서 마구잡이로 차선을 변경하는 악몽 같은 도로다. 하지만 마이애미비치로 들어가기 위해 비스케인 베이Biscayne Bay 위를 지나는 줄리아 터틀 코스웨이Julia Tuttle Causeway를 건너는 일은 신나는 일이다. 대화를 나누다 보면 사람들이 마이애미, 마이애미비치, 사우스 비치를 많이 혼동한다는 것을 알 수 있다. 마이애미는 비스케인 베이를 경계로 하는 (인구 40만 명가량의) 대도시다. 마이애미는 대서양을 끼고 있지 않다. 마이애미 동쪽의 비스케인

베이 건너에 있는 섬이 마이애미비치다. 마이애미비치는 코스웨이라고도 불리는 여섯 개의 다리로 마이애미와 이어져 있다. 사우스 비치는 마이애미비치의 일부로, 경계가 정확하지는 않지만 대체로 마이애미비치 섬 남쪽 끝에서 북쪽의 21번가에 이르는 지역까지를 사우스 비치라고 이른다.

우리는 할인권을 가지고 베스트 웨스턴 모텔Best Western Motel에 투숙했다. 객실 창밖으로 보이는 청록색으로 펼쳐진 열대지방의 대양은 기막히게 아름다웠다. 플로리다 해안선을 따라가다 보면 장소에 따라 바다 색깔이 변한다. 대서양 중부 지역의 물빛은 우울한 회녹색이지만 열대 지역의 물빛은 파란 초록빛이다. 우리는 21번가에서 47번가 사이 3킬로미터에 걸쳐 있는 해변을 내려다보며 널빤지로 된 산책로를 따라 잠시 거닐었다. 이곳은 산책하기 좋은 장소다. 나무가 줄지어 서 있고 관광객을 상대로 한 호텔과 아파트 건물이 늘어서 있다. 한 시간가량 산책을 즐기다가 모텔 객실로 돌아와 조지 부시와 존 캐리John Kerry의 2차 텔레비전 토론회를 시청했다.

다음날 아침 우리는 2년 전 머물렀던 사우스 비치의 아파트 건물로 부동산 업자를 만나러 갔다. 우리는 버지니아에 머물 때부터 이미 아파트를 물색하고 있었다. 1960년대에 지어진 이 건물은 원래는 호텔로 지어졌지만 언제부턴가 콘도로 바뀌었다. 콘도 객실 소유자의 거의 절반이 객실을 세놓았다. 처음에는 기간에 상관없이 임대했기 때문에 하루만 임대하는 것도 가능했다. 그러나 콘도 협회가 최소 임대 기간을 한 달로 변경했다. 우리가 머무는 동안 최소 임대 기간을 6개월로 늘리려는 움직임이 있었지만, 소유자 중에는 6개월이라는 최소 임대 기간이 원활한 임대 계약에 제약이 된다고 생각하는 사람도 있었다. 우리 같은 사람을 빼면 누가 일 년에 6개월이나 콘도를 빌리겠는가?

우리가 만난 부동산 업자는 마추픽추 유적지 인근에서 자란 페루인이었다. 그녀는 우리나라에서 그녀가 받을 수 있었던 모든 교육 기회를 활용했다. 영어를 익혔고 대학 교육을 받았으며 부동산 중개인 자격증을 취득했다. 그녀는 가구가 효율적으로 배치된 아파트를 보여 주었다. 나중에 알게 된 사실이지만 그 아파트는 그녀 소유의 아파트였다. 우리는 더 큰 아파트를 찾는 한 달 동안 그곳에 머물기로 결정했다. 그녀가 효율적으로 꾸며 놓은 집이 우리 취향이 아니라고 말하기 거북했는데, 너그러운 그녀는 그녀가 확보한 다른 아파트 몇 채를 더 보여 주었다.

우리는 2002년에 임대했던 아파트 바로 아래층의 침실 하나짜리 집이 마음에 들었다. 가격이 너무 비싸서 우리는 주인이 어떻게 나오나 보자는 심정으로 아주 많이 낮춘 가격을 제시했다. 놀랍게도 주인은 6개월치 임대료를 한꺼번에 선불로 받는 조건으로 우리가 제시한 가격에 임대를 수락했다. 그것마저도 부담이었지만 신용카드를 잘 이용하고 연금 계정에서 일부를 빼내면 불가능한 일도 아니었다. 임대 계약이 끝날 때에 맞춰 상환이 끝나도록 매월 신용카드 대금을 갚아 나가면 될 것이다. 일거에 총액을 지불하는 대신 임대료를 낮추기로 주인을 설득하는 데 성공한 우리 부동산 업자가 나머지 세부 사항도 조정해 주었다. 우리는 직

발코니에서 바라본 링컨 로드와 대양

접 집주인을 만나지는 않았다.

우리는 11월에 리츠 칼튼 길 건너편에 있는 아파트로 이사했다. 새로 이사한 집은 건물 북쪽 편에 있었다. 지난번과는 달리 호텔 재건축 공사가 완료되어 링컨 로드Lincoln Road 양편으로는 야자나무가 줄지어 서 있었고 거리는 다양한 색깔의 벽돌로 새로 치장되어 있었다. 링컨 로드는 해변에서 끝나서 돌아 나오게 설계된 길로, 온종일을 해변에서 보내고 싶은 사람들을 위해 만들어졌다. 한편으로는 호텔에서 나와 택시를 잡는 손님을 기다리는 택시로 가득한 거리이기도 했다. 택시 기사들은 자리와 손님을 두고 경쟁하면서 쉴 새 없이 경적을 울려 댔고, 호텔 주차 요원은 듣기 싫은 호루라기 소리로 택시를 불러 댔다. 배달용 화물차와 버스가 굉음을 냈고, 어떤 때는 그 상태로 몇 시간씩 서 있기도 했다. 아파트는 공간이 넉넉하고 배치가 잘 되어 있었지만(우리는 처음으로 가구가 갖추어진 집을 얻었고 만족스러웠다.) 호텔과 해변 진입로에서 나는 소음을 생각하면 임대료를 더 깎아야 마땅했다.

우리는 관광 도시에서 산다는 것은 사람들의 예의 바르지 못한 행동에 항상 노출되어야 한다는 의미임을 곧 깨달았다. 이곳에 온 사람들은 그저 방문객에 불과하기 때문에 다른 사람들의 감정을 배려하지 않았던 것이다. 극단적인 개인주의가 팽배한 사회에 도사리는 독소 중 하나는 모든 사람이 다른 사람으로부터 철저히 고립된 공간에 존재한다는 듯 행동한다는 점이다. 사람들은 자신이 무엇을 하든 얼마나 시끄럽게 떠들든 그건 자기 사정일 뿐이라고 생각한다. 하지만 사실은 그들을 피해 다니는 사람들에게 영향을 미치고 있다. 사람들은 해변과 거리에 쓰레기를 마구 버리고 영화관에서 시끄럽게 떠든다. 사람이 많은 인도에 애완동물을 데리고 나오며 휴대폰으로 사소한 잡담을 하면서 점원이 기다리도록 내버려둔다.

상당한 나날을 길 위에서 보낸 뒤 오래 머물 만한 곳으로 돌아온 것은 잘한 일이었다. 날씨는 따뜻했고 한 주 한 주 습도도 낮아져 적당한 기온을 유지했다. 11월부터 4월까지 기온이 27도 이상으로 오르거나, 16도 이하로 떨어지는 날은 거의 없었다. 크리스마스가 가까워졌을 때 비가 내리고 바람이 부는 쌀쌀한 날씨가 이어졌지만, 관광객들의 휴가를 망칠 정도는 아니었고 우리도 그 작은 변화를 즐겼다. 해변을 심하게 훼손시켰던 폭풍이 지나가는 바람에 바닷물이 근처 인도까지 넘어온 적도 있었다. 완연한 봄이 되자 화물차가 모래를 실어 나르기 시작했다. 플로리다 해변에서는 주기적으로 반복되는 일반적인 작업이다. 마이애미비치는 플로리다의 대서양쪽 해안에 포진해 플로리다의 방파제 구실을 하는 대부분의 섬들과 마찬가지로 온갖 나뭇잎으로 뒤덮여 있었고 맹그로브 나무에 "갇혀" 있었던 섬이었다. 이 나무들은 허리케인을 포함한 폭풍에서 섬을 지키는 데 중요한 역할을 했다. 마이애미비치는 인디애나폴리스 자동차 경주장Indianapolis Speedway 소유자이자 자동차 전조등 발명가인 칼 피셔Carl Fisher가 이 섬의 대부분의 토지에 대한 통제권을 획득했던 제1차 세계대전 직전부터 본격적으로 열대의 "낙원"으로 전환되기 시작했다. 피셔는 값싼 흑인 노동력을 착취해 섬의 자연적인 식생을 대부분 밀어냈고, 그의 새로운 샹그리라[102]로 이주하라고 북부 사람들을 유혹하는 요란한 광고를 내보냈다.

    우리는 해변을 산책하는 기분 좋은 습관에 급속히 빠져들었고, 새 집에 대해서도 알아 가기 시작했다. 거의 매일 아침 우리는 오래도록 산책을 했다. 에어컨이 작동되는 집에 있다가 따뜻하고 햇볕이 잘 드는 수영장으로 나갈 때마다 안과 밖의 기온 차이에 놀라곤 했다. 우리는 보통 일 잘하는 청소부나 매년 이곳을 찾는 독일인 친구 마릴로우Marylou에게 인사를 건넸다. 그녀는 엄격한

---

[102] 샹그리라Shangri-la는 제임스 힐튼James Hilton의 소설 『잃어버린 지평선Lost Horizon』에서 지상낙원으로 묘사된 마을로, 이상향을 의미하는 용어로 사용된다.

운동 일정을 짜고 정확히 지켰다. 수영장을 돌고, 콘도의 체육관에서 운동하고, 해변에서 요가를 했다. 2년이 지나자 그녀의 몸매는 완전히 바뀌어 있었다. 흰머리멧새에게 지난 몇 년 동안 모이를 주는 일을 계속해 왔지만 뇌졸중 발작을 일으킨 뒤 휠체어 신세를 지게 된 노인에게도 미소로 인사했다. 그리고 신발을 벗어 해변 의자 밑에 보관해 두고 바다로 나갔다.

우리는 보통 마이애미 항구 입구인 거버먼트 컷Government Cut에 들어오는 유람선과 컨테이너 선박이 보이는 방파제 남쪽으로 산책했다. 큰 배들이 지나간 자리를 피해 가며 작은 고기잡이배와 쾌속선도 돌아다녔다. 때로 아이들이 방파제에서 바다로 뛰어들었다. 거버먼트 컷 맞은편에는 사유지인 피셔 섬Fisher Island이 있다. 보트를 타야만 들어갈 수 있는 피셔 섬은 부자 동네로 유명하다. 방파제를 따라 난 길가의 바위에서는 버지니아 키Virginia Key가 보인다. 이곳은 플로리다 남부에서 얼마 남지 않은, 상대적으로 손상이 덜 된 지역이다. 버지니아 키는 마이애미에서 30분 정도면 갈 수 있는 거리에 있는데, 교통 체증을 감수하고라도 꼭 가 볼 만한 곳이다. 버지니아 키에는 나들이 갈 만한 장소가 넘쳐 나며, 자연 속에서 산책하는 즐거움도 있다. 이곳에는 지저분해 보이는 간이식당 짐보스Jimbo's가 있는데, 이 식당의 훈제 생선요리는 어느 안내서에서든 격찬을 아끼지 않는 메뉴다. (텔레비전 드라마 〈플리퍼Flipper〉가 이곳 근처에서 촬영되었다.) 맏아들이 방문했을 때 그곳에서 점심을 사 주겠다고 했는데 지키지 못했다. 지금도 맏아들은 그 이야기를 한다.

버지니아 키의 해변은 흑인들이 마이애미에 처음으로 발을 들여놓았던 곳이다. 이곳은 뻗어 나가는 교외 개발의 바다에서 아름다움을 간직한 채 조용히 떠 있는 오아시스 같은 곳이지만 개발 업자들은 사치스러운 콘도를 건설하려고 안달이 나 있다. 땅을 매각한다면 버지니아 키의 소유자인 마이애미 시 당국은 엄청난 돈을 벌게 될 것이다. 키 비스케인Key Biscayne의 오래된 등대를 지키는 자원 봉사자는 시 당국과 개발 업자 사이에 타협이 이루어지고 있는 중이라고 말해 주었다. 역사에 비추어 생각해 볼 때 부자들은 거주할 만한 또 다른 장소를 금세 찾아낼 것이다. 일단 자본이 발을 들여놓은 이상 타협이란 없다.

어떤 날은 유명인과 마주치기도 했다. 이웃하고 있는 호화로운 리츠 칼튼 호텔은 유명인들이 좋아하는 호텔이다. 그 밖에도 델라노Delano 호텔, 랄레이Raleigh 호텔, 새그모어Sagamore 호텔, 셸번Shelburne 호텔, 쇼어 클럽Shore Club 호텔 등이 있다. 모든 호텔에는 해변을 바라볼 수 있는 위치에 공들여 만든 수영장이 있는데, 수영장 출입구는 언제나 중무장한 경비원들이 지키고 있다. 그러나 귀빈들이라고 해도 해변으로 내려가려면 공공장소를 통할 수밖에 없다. 덕분에 사람들은 수영장 탈의실이나 칵테일 바에서 나와 우리 같은 평범한 사람들과 섞여 다니는 모델, 연기자, 음악가, 스포츠 영웅과 우연히 마주치기도 한다. 카렌은 지역 신문을 모두 탐독했기 때문에 누가 이곳에 와 있는지 알고 있었다. 그래서 우리는 유명 인사를 찾아 나섰고 카렌의 날카로운 시야에 몇 명의 유명인이 들어왔다. 우리는 오시 데이비스[103]가 콜린스로

Collins Avenue의 한 호텔에서 사망했던 그 주간에 그를 만날 수 있기를 고대하기도 했다. 오시 데이비스는 피터 포크[104]와 함께 오션 드라이브Ocean Drive에서 영화를 촬영했던 인물이다. 나는 『먼슬리 리뷰』 50주년 기념행사에서 이 근사한 인물과 사진을 찍는 영광을 누렸다.

이런 호텔에서 열리는 파티는 수영장 안팎에서 한밤중까지 계속 이어진다. 어떤 파티에서는 테크노 음악을 어찌나 크게 틀어 놓았던지 한 블록이나 떨어져 있는 우리 집 창문이 몇 시간 동안이나 흔들리기도 했다. 농구 선수 샤킬 오닐Shaquille O'Neal이 콜린스로의 어느 호텔 객실 하나를 빌려서 부인의 깜짝 생일 파티를 열어 주었다. 해외에서도 손님들을 초청했을 뿐만 아니라 제빵사를 고용해 부인이 좋아하는 드레스와 같은 모양, 같은 크기의 케이크를 만들게 했다. 2004년과 2005년은 "이국적인 동물" 파티의 해였다. '퍼프 대디'로 알려진 랩의 황제 션 콤스Sean Combs는 펭귄을 들여왔고, 어떤 파티에서는 표범, 호랑이, 원숭이가 등장하기도 했다.

늦가을에 열리는 젠체하는 아트 바젤[105] 주간 같은 특별한 행사가 있을 때마다 사치스러운 파티가 기본으로 따라왔다. 유명

---

103) 오시 데이비스Ossie Davis는 영화배우이자 영화감독이며, 시나리오 작가이면서 사회 활동가다. 첫 영화 출연은 시드니 포이티어가 주연한 〈노 웨이 아웃No Way Out〉이다. 2005년 4월, 마이애미비치의 한 호텔에서 사망했다.
104) 피터 포크Peter Falk 역시 영화배우다. 텔레비전 시리즈 〈콜롬보Columbo〉에서 콜롬보 형사 역을 맡은 것으로 유명하다.
105) 아트 바젤Art Basel은 마이애미에서 열리는, 미국에서 가장 중요한 예술 행사다.

예술가들은 이런 행사를 통해 최신작을 전 세계 방방곡곡에서 찾아온 부유한 사업가들에게 떠넘겼다. 지역 신문에는 누가 어디에 있고, 누가 어떤 작품을 얼마 주고 샀는지에 대한 이야기로 가득했다. 『마이애미 헤럴드Miami Herald』의 예술 부문 편집자는 아트 바젤 행사에 적절하지 못한 옷차림으로 참석한 사람을 세련되지 못하다고 조롱하는 칼럼을 썼다.(그 칼럼 말미에는 눈에 띄게 이상한 옷차림의 인물 사진이 게재되었다.) 그리고 예술 애호가들의 욕구를 충족시키기 위해 봉사하는 택시 운전사나 다른 노동자들의 복장을 놀림거리로 만들었다. 우리는 편집자의 잘난체하는 태도에 분개했다. 카렌은 빈정대고 사람을 불쾌하게 만드는 편집자에게 편지를 보냈다. 하지만 익명의 발신인에게 온 이메일에는 "삶을 즐기세요." 하는 문구가 들어 있었다. 유명인이나 연예계의 거물이 호텔 전체를 빌려서 지상 최고의 파티를 여는 일도 있었다. 우리는 이런 행사가 열릴 때마다 금박시대[106]의 졸부를 떠올렸다.

마이애미비치는 모든 것이 넘치는 도시다. 평범한 호텔 객실의 하루 숙박 요금은 천 달러에 달하는데도 항상 예약이 꽉 차곤 했다. 어디서나 벤틀리Bentleys, 롤스로이스, 에스칼라드Escalades, 허머Hummers, 재규어를 볼 수 있다. 마이애미비치 폴로 클럽은 해변에서 폴로 시합을 했다. 해변에서 호화 결혼식을 올리는 사람도 있었다. 우리는 테라스에서 어떤 결혼식을 지켜봤는데, 해변

---

106) 금박시대Gilded Age는 엄청난 물질주의와 부패로 얼룩졌던 1870년대 미국의 사회상을 일컫는 말이다.

마이애미비치 거버먼트 컷의 컨테이너 선박

에는 공들여 만든 천막이 설치되었고, 수백 명의 저녁 만찬 손님이 해변을 메웠다. 예식이 끝난 뒤에는 대부분의 마을에서 펼쳐지는 것보다 규모가 큰 불꽃놀이가 열렸다. 마지막 폭죽은 결혼식을 올린 신랑신부의 이름을 하늘에 수놓았다. 호텔들은 호화 장식을 두고 경쟁하느라 여념이 없었다. 어떤 호텔은 야외 댄스파티를 열기도 했다. 세타이 호텔은 해변에서 고기를 구워 먹을 수 있는 설비를 운영했는데, 점심 때마다 사람들이 몰려들었다.

우리가 마이애미비치에 머무는 동안 완공된 빅터 호텔Hotel Victor은 의상 디자이너 지아니 베르사체Giani Versace가 살았던 카사 카수아리나Casa Casuarina 옆에 있다. 지아니 베르사체는 집 앞에서 연쇄살인범 앤드류 쿠나난Andrew Cunanan에게 살해당했다. (카수아리나는 1860년 플로리다에 들어온 오스트레일리아산産 소나무로,

이곳에 도입된 이후 전염병처럼 퍼져 나갔다. 이 나무가 뿌리를 내리는 곳마다 자생식물들이 멸종되었다. 베르사체의 집은 이제 회원제 클럽으로 운영된다. 관광객들은 이 집 앞에서 사진 촬영을 한다. 쿠나난은 텔레비전의 화장품 광고주 매럴린 미글린Marilyn Miglin의 남편인 시카고의 부동산 개발업자 리 미글린Lee Miglin도 살해했다.) 『마이애미 헤럴드』는 빅터 호텔에 대해 다음과 같이 표현했다.

프랑스 장식가 자끄 가르시아Jacques Garcia가 디자인한 보라색과 푸른색의 휴식용 소파가 로비를 장식한다. 과거 예약 데스크가 있던 자리에는 차가운 보드카를 파는 바가 들어서 있다. 디자인의 중심 주제는 빛나는 해파리 수족관이다. 건물 전체의 등과 가구 위에는 구슬을 꿴, 길게 늘어진 술이 장식되어 있다.

호텔 분위기를 책임지는 관리자 빅토리아 프라도Victoria Prado가 공용 공간에 어떤 향수로 향기를 낼 것인지 감독할 예정이며, 음악 선곡가가 호텔에 상주하며 손님들에게 들려줄 곡을 선정할 것이다. (나는 맨해튼의 어떤 호텔에 마시는 물의 수질을 관리하고 추천해 주는 소믈리에가 상주한다는 사실에 놀란 적이 있었는데, 이 내용은 그때의 놀라움을 다시 떠오르게 했다.)

손님은 베개, 욕실, 시가를 선택할 수 있다. 그중에는 수입 금지 조치 이전에 들여온, 개당 1,500달러짜리 쿠바산 시가도 있다. 557평 방미터 규모의 지하 스파에는 방수 처리된 증기탕이 있는데 개인의 사생활을 위해 타일로 만든 베개가 준비되어 있다.

션 "피 디디P. Diddy" 콤스는 이 호텔의 개업 행사에 펭귄을 데려왔다. 물론 션 콤스의 홍보 담당자는 퍼프 대디가 펭귄을 데려온 것이 아니라고 주장했다.

불평등 5
< < < < < < < < < < < < < < < < < < < < < < < < < < < < < < <

부자들의 요지경 파티, 그리고 가난한 이들

겉보기에는 번지르르한 마이애미비치의 이면에 무언가 도사리고 있음을 금방 알아차렸을 것이다. 한편에는 온갖 종류의 사치가 자리 잡고 있다. 마이애미에는 마이애미 히트Miami Heat라는 프로농구단이 있다. 농구단 소유주 미키 애런슨 Mickey Aronson, 첨단 유행을 따르는 전설적인 팻 라일리Pat Riley 코치, 실제보다 과장된 인기 농구 선수 샤킬 오닐, 그 밖의 여러 선수들은 수차례에 걸쳐 백만장자 목록에 올랐다. 모든 것이 "부자들의 놀이터"인 마이애미비치 분위기에 잘 어울렸다. 내가 어머니를 만나느라 펜실베이니아에 있던 3월에, 마이애미 히트 농구단 "가족의 날" 행사가 열렸다. 카렌은 그날의 이야기를 실컷 들려주었다. 해변에는 작은 천막촌이 차려졌다. 해변은 공공장소였지만 누군가 돈을 내고 점유권을 얻은 것처럼 보였다. 마이애미 히트 농구단의 "가족"들이 모인 날은 일요일이었다. 해변 모래 위에는 낙타, 기린, 코끼리로 가득한 해변 동물원이 조성되었고, 아이들은 그곳에서 놀았다. 어른들은 꽃으로 장식된 공간에서 미식가를 위한 음식과 음료를 즐겼다. 일반인의 접근을 막기 위해 곳곳에 경호원들이 배치되어 있었다.

고급 자동차 쇼에서부터 '사우스 비치 와인과 음식 축제South Beach Wine & Food Festival'에 이르는 일련의 행사들이 일상적으로 열렸다. 어떤 행사든 진행 방식은 매한가지였다. 아침에 한 무리의 노동자가 나타나서는 파이프, 천막, 장대, 무대, 에어컨, 난방기를 화물차로 나르거나 직접 날랐다. 자재가 도착하면 노동자들은 천막으로 이루어진 도시를 건설했다. 행사가 시작되기 전에는 또 다른 무리의 노동자들이 나타나 장소를 정돈하고 식탁을 차린다. 식탁보를 깔고 잔을 놓고 꽃을 장식하며 식기류 등 필요한 모든 것을 배치했다. 손님들이 도착하면 웨이터, 바텐더, 호스트가 움직이기 시작했다. 2004년 11월 말, 보석왕 데이비드 유르맨David Yurman과 부인 시빌Sybil이 세련된 사교 클럽 모양의 천막을 해변에 차려 놓았다. 창고만 한 크기의 천막 안에는 산업용 에어컨이 설치되었고, 쿠바 태생의 가수 글로리아 에스테판Gloria Estefan과 그녀의 남편 에밀리오Emilio의 자선 행사를 기념하는 호화로운 저녁 파티가 열렸다. 다음날 아침이 되자 일꾼들은 사라졌고, 모든 것이 해체되고 없었다. 남은 것이라곤 수천 개의 담배꽁초와 빨대뿐이었다.

마이애미비치 섬의 남쪽 끝에서부터 사우스 비치 15번가를 잇는 도로인 오션 드라이브, 마이애미비치 전체를 남북으로 가로지르는 콜린스로, 16번가와 17번가 사이에 위치하면서 해변에서 만을 이어 주는 링컨 로드에 마이애미비치의 화려함이 대부분 집중되어 있다. 여기에 많은 상점, 식당, 클럽이 자리 잡고 있는 보행자 거리가 포함된다.

링컨 로드에서 동쪽으로 걷다가 처음 만나는 거리인 워싱턴로Washington Avenue에서 남쪽으로 꺾으면 화려함은 갑자기 자취를 감추고 패스트푸드 상점, 값싼 옷 가게, 신발 가게, 히스패닉이 운영하는 작은 점포, 술집, 전자 상가, 황폐한 아파트 건물이 나타난다. 거리에는 무일푼의 사람들, 거지, 주정뱅이, 창녀, 마약상인, 가난한 노동계급 사람들로 가득하다. 이 거리는 범죄의 거리다. 부유한 관광객으로 넘쳐나는 열대 도시는 자연스럽게 범죄를 부른다. 특히 겨울에 범죄가 기승을 부린다. 낮에도 강도가 활보하지만, 12시가 조금 지난 한밤중에 특히 기승을 부린다. 술집이 새벽 다섯 시에 문을 닫기 때문에 술 취한 관광객이 강도의 훌륭한 표적이다. 이 거리 사람들은 가난해 보이며, 실제로 대부분 가난하다. 2000년 인구조사 자료에 따르면 18세 이하 인구의 4분의 1이 공식적인 빈곤선 아래에서 생활한다고 한다. 마이애미비치의 가난한 사람들은 작고 시끄럽고 후

덥지근하고 싸구려 모텔처럼 보이는 단층이나 2층짜리 아파트에서 단체로 생활한다. 로스앤젤레스의 경우 빽빽한 열대야자 나무와 고층 아파트가 없는 풍경이 중산층의 번영한 모습을 상징한다면, 마이애미비치의 경우에는 부드러운 색채로 장식된 아르데코풍의 건물 외관과 그늘을 드리우는 기운찬 나무들이 중산층의 번영을 상징한다. 그러나 실상은 관광객에게 봉사하며 살아가는 사람들이 하나의 세계를 이루며 빅터 호텔 같은 곳에서 묵어 가는 방문객들이 또 다른 세계를 이룬다.

이곳에서 보낸 첫 번째 주에 우리는 대양에서 비누로 목욕하는 노숙자 여성을 보았다. 아침마다 밤새 해변에서 새우잠을 잔 남자들이 햇살에 몸을 데우는 모습도 보았다. 에스테판이 주최한 소란한 파티장 바깥에서는 노숙자들이 잠을 청했다. 만의 건너편으로 보이는 마이애미시에서는 비싼 자동차를 탄 여성이 가난한 이웃집 아이를 치고는 창밖으로 50달러짜리 지폐만 던지고 그대로 가 버린 일도 있었다.

< < < < < < < < < < < < < < < < < < < < < < < < < <

우리는 영화, 콘서트, 박물관, 축제 구경을 다니면서 오후와 저녁 시간을 보냈다. 또한 자질구레한 집안일을 돌봤고 (사이버 대학 강좌를 운영하고 『먼슬리 리뷰』 편집 업무를 돕는) 일도 했고 널빤지를 깐 해변 산책로에서 산책했고, 링컨 로드를 돌아다녔다. 링컨 로드는 관광객과 지역 주민이 섞이는 모습을 만나기에 좋은 장소다. 저녁이면 언제나 인파로 북적거렸다. 모리스 라피더스Morris Lapidus는 사람들이 조각과 분수 사이로 자라는 나무 그늘 아래에서 자유롭게 거닐거나 앉아서 쉴 수 있도록, 링컨 로드 일부를 도시 안의 차 없는 거리로 설계했다. 하지만 오늘날에는 링컨 로드

를 따라 줄지어 서 있는 식당이 보행자 거리를 한껏 침범하고 있는 형편이다. 야외 식당이 아무리 인기가 많지만 공공장소를 이렇게 마구잡이로 식당 주방이나 식당의 접대 공간을 넓히는 데 써도 되는지 의문이다. 이곳의 식당은 대부분 호스트가 깍듯이 인사하며 자리를 안내하는 2등급 이상의 값비싼 식당이다. 사실 식사보다는 손님 구경이 더 즐겁다. 대중적인 카페에서 코미디언 재키 메이슨Jackie Mason을 자주 봤고, 사진가에게 몹시 시달리고 있는 테니스 선수 안나 쿠리니코바Anna Kournekova도 봤다.

그러나 우리가 좋아했던 곳은 넥스트Nexxt 식당이었다. 이 간이식당은 야외로 공간을 확장해 식탁을 놓았기 때문에 손님은 인도를 가로질러 놓은 선반에 앉아서 거리 풍경을 감상할 수 있다. 사람들은 많이 먹고 애완동물을 자랑하려고 이곳에 온다. 하지만 가격이 싼 것도 아니어서 30달러쯤은 쉽게 나간다. 우리는 웨이터에게 미안한 생각이 들었다. 우선 이들은 꽤 많은 양의 음식을 날라야 한다. 오믈렛 한 접시를 만드는 데 달걀을 열 개쯤 쓰는 것처럼 보였다. 게다가 대부분의 음식은 거의 30센티미터 가까운 높이로 쌓여 나온다. 그리고 나서 웨이터들은 고객들의 개, 고양이, 새에게 먹일 음식을 날라야 한다. 개나 고양이의 시중을 들라고 사람을 부르는 일이 어색하지 않았다. 애완동물이 식탁 사이를 돌아다니는 일도 흔한 일이었다. 거리를 지나가는 보행자들은 목줄을 한 커다란 개를 자주 데리고 다녔고, 이 개들은 으르렁거리거나 식탁 아래에 숨어 있는 동물들에게 다가오려고 애썼다. 어떤 행인은 걸음을 방해하는 손님의 애완동물을 보고 깜짝 놀라기도 했고, 이 때문에 웨이터의 일은 더욱 힘들어졌다. 딸이 방문했던 어느 날 저녁 우리는 대가족과 함께 식당을 찾은 남성을 유쾌하게 지켜보았다. 그의 어깨에는 큰 앵무새 한 마리가 앉아 있었는데, 앵무새는 식사가 끝날 때까지 거기에서 내려오지 않았다. 그는 부인이나 부모, 자녀들에게는 거의 말을 걸지 않았지만, 그의 셔츠를 망가뜨린 앵무새와는 쉴 새 없이 대화를 나누었다.

링컨 로드의 끝에서 만날 수 있는 알톤로Alton Avenue에는 에피큐어Epicure라는 식료품점이 있다. 사교계 사람들은 여기에서 식품을 구입한다. 우리는 여기에서 할인 상품만을 구입했는데 보통은 하루 지난 패스트리 빵이나 이탈리아식 소시지를 사곤 했다. 그러나 정말 재미있는 일은 여기에서 물건을 구매하는 사람들이 얼마를 계산하고 나가는지 훔쳐보는 일이었다. 이곳의 물건 값은 하늘 높은 줄 몰라서 맨해튼 소호에 있는 '딘 앤 데루카'보다도 비쌌다. 작게 포장된 고기와 치즈 6개들이 한 봉지 가격이 2백 달러였다. 계산하고 나가는 여성 손님은 병원에 있는 동안 맛없는 병원 음식에 물린 남편에게 주려고 빵을 샀다고 말해 주었는데, 그녀가 지불한 빵 값은 백 달러였다. 우리는 정육점에서 점원에게 추수감사절 저녁 만찬용 오리를 주문하는 여성을 보았다. 점원이 보여 준 오리는 특별히 크지도 않았고, 특별히 살이 잘 오른 놈도 아니었다. 그녀는 가격을 묻지 않고 점원이 내주는 오리를 받아 왔는데, 90달러라는 다소 비싼 가격을 보고 놀라고 말았다. 금전등록기에 천문학적인 액수를 찍어 놓은 인내심 많은 계산원이 기다리거나 말거나 거만해 보이는 남성과 여성은 가벼운 내용의 휴대폰 통화에만 열중했다.

우리는 10번가에 있는 와일드 오츠Wild Oats 시장에 정기적으로 들러 물건을 구입했다. 링컨 로드를 따라 몇 블록 걸어가다가 메르디앙로Meridian Avenue쪽으로 방향을 꺾었다. 그늘을 드리우는 커다랗고 오래 묵은 나무들이 줄지어 서 있는 메르디앙로는 사우스 비치에서 가장 아름다운 길이다. 어느 날 우리는 거리에서 만난 열 명 남짓한 주민들을 붙들고 그 커다란 나무의 이름을 물어보았다. 나무 이름을 아는 이가 한 명도 없다는 사실에 깜짝 놀랐다. 인근에 위치한 식물원의 전문가 역시 그 나무의 이름을 몰랐다. 어떤 사람이 그 나무가 피쿠스Ficus속에 속하는 나무라고 말해 주었지만, 어떤 종류인지까지는 알지 못했다. 나중에 그 나무의 이름이 벤자민 고무나무weeping figs라는 사실을 알게 되었다. 플로리다의 도시에 서식하는 대부분의 나무는 플로리다가 원산지가 아니다. 플로리다에서 자생식물은 오래 전에 상업적인 용도

해변의 아름다운 사람들

로 활용하거나 교외의 택지 개발을 위해 베어져 버렸다. 그래서 아무도 나무의 이름을 모른다는 것이 이상하지 않았다.

이 거리에는 야구장과 놀이터가 있었다. 지역 주민들이 아이들을 데리고 야구 경기를 하는 모습을 지켜보거나 내가 직접 야구 경기에 참여해서 뛰는 일은 즐거웠다. 겨울인데도 연둣빛으로 빛나는 운동장에서 경기를 펼치는 것이 흥미로웠다. 공원에서 흰색 셔츠를 입고 가죽구두를 신고 페요스Peyos라고 부르는, 구레나룻을 길게 기른 유대인 청소년들의 야구 시합을 구경하곤 했다. 이 아이들은 인근의 정통파 유대교 학교에서 공부하는 학생들이다.

불평등 6

<<<<<<<<<<<<<<<<<<<<<<<<<<<<<<

마이애미비치의 유대인

마이애미비치는 노인들의 안식처로 이용되었다. 제2차 세계대전이 끝난 이후 이곳에 모여든 사람 중에는 특히 유대인이 많았다. 은퇴한 유대인들은 이곳에 와서 살다가 죽었다. 유대인 회당의 예배가 끝나는 매주 토요일마다 우리는 정통파 유대인들이 널빤지를 깐 산책로를 한가로이 거니는 모습을 보았다. 유대인 중에는 남자의 경우 검정 양복, 검정색 모자, 턱수염을 덥수룩하게 기르고 여자의 경우 긴 치마와 긴 셔츠에 코트를 걸치는 무거운 옷차림을 하고 다니며 매우 엄격하게 교리를 준수하는 사람들이 있었는데, 나는 그들이 도대체 무슨 이유로 그렇게 고된 수행을 하는지 궁금하다고 카렌에게 말하곤 했다. 열대 기후에는 전혀 어울리지 않는 차림으로 해변의 의자에 앉아 있는 정통파 유대인에게서 찾아볼 수 있는, 1900년대식이 아닌 2005년식 물건은 휴대폰뿐일 것이다. 우리는 널빤지를 간 산책로를 따라 박혀 있는 말뚝에 묶어 놓은 줄이 무엇인지도 궁금했다. 보안 요원에게 들은 내용에 따르면 그 줄은 '아이루eyruv'라고 하는데, 랍비가 설치한 경계 표시라고 한다. 다른 곳에서라면 정통파 유대교인이 안식일에 해서는 안 되는 일, 즉 물건을 나르거나 유모차를 밀고 다니는 등의 일을 그 경계 안에서는 할 수 있다고 한다.

마이애미비치의 유대인은 끔찍한 차별에 시달렸다. 마이애미비치에는 플로리다 유대인 박물관Jewish Museum of Florida이 있다. 지금은 (5번가 남쪽이라는 의미의) 소피SoFi로 알려지면서 급속하게 고급화되고 있는 거리인 워싱턴로 301번지에 위치한 이 박물관은, 마이애미비치에 세워진 최초의 유대인 회당이었다. 박물관 안내인은 처음 몇 년 동안 유대인은 5번가 남쪽 지역에서만 활동했고 회원제 클럽이나 휴양지에는 발을 들여놓을 수 없었다고 한다. 안내인은 "유대인이 없는 곳에서 즐기는 경치"라는 문구가 적힌 한 호텔의 광고 전단을 보여 주었다. 재미있는 것은 호텔을 포함해 마이애미비치에서 가장 유명한 건축물은 유대인 건축가들이 설계했다는 사실이다. 건축주조차 그 사실을 모른 채 진행되는 경우도 있었다.

시민권 운동이 진전되면서 마이애미비치의 유대인도 증가했다. 유대인들은 도시 곳곳으로 뻗어 나가기 시작했다. 나이 든 유대인(과 다른 많은 은퇴자들은) 오션 드라이브와 콜린스로를 따라 서 있는 사랑스러운 아르데코풍의 호텔을 채웠다. 널빤지를 간 산책로를 따라 들어선 규모 있는 "코셔(kosher, 유대교 율법을 따르는 정결한 음식을 일컫는다. 옮긴이)" 호텔들이 10월과 5월 사이에 개장했다가 뜨겁고 습윤한 여름 동안에는 문을 닫았다. 1980년대 들어 마이애미비치가 많이 훼손되자 많은 아르누보풍의 건물이 단기 체재 고객이 머무르는 거처로 변해 갔다. 범죄가 판을 쳤기 때문에 밤에 거리를 활보하는 것은 위험했다. 그러나 "코셔" 호텔은 북부의 추운 겨울을 피해 마이애미를 찾는 나이 든 유대인을 계속 끌어들였다.

1990년대에 들어 마이애미비치는 부활하기 시작했다. 마이애미비치는 다시 한 번 부자들이 선호하는 휴양지가 되었다. 거대 부동산 자본은 나이 든 중산층의 취향에 맞는 건물을 짓기 시작했다. 낡은 건물은 파괴되거나 사치스러운 숙박 시설로 변모했다. 유대인 호텔은 몰락하거나 "재건축"을 위해 문을 닫았다. 우리가 마이애미비치에 사는 동안 널빤지를 깐 산책로 주변에 남아 있던 코셔 호텔은 하나뿐이었다. 노인들이 안락의자에 앉아 있거나 수영장에서 수영하는 모습은 신기하면서도 조금 처량해 보였다. 확성기에서는 오늘의 점심 식사와 행사 내용에 대한 안내 방송이 울려 퍼졌고, 그늘에서는 한 쌍의 부부가 1930년대에 유행했던 레코드판을 틀어 놓고 카드놀이를 하고 있었다. 마이애미를 떠날 때가 가까웠을 때 우리는 이 존귀한 피난처가 이번 계절을 마지막으로 폐장해 다른 호텔들과 운명을 같이 하게 되었다는 사실을 알게 되었다. 이곳을 다시 찾는 손님들은 아마 성공한 자녀들의 집에서 따뜻한 겨울을 보내게 될 것이다. 하지만 무척 쓸쓸할 것이다.

<<<<<<<<<<<<<<<<<<<<<<<<<<<<<<<<

마이애미의 리틀 아바나, 칼레 오초

우리가 처음 마이애비비치에 와서 살았을 때는 맨해튼에서의 생활에 너무 지친 나머지 아파트에서 불과 몇 킬로미터 밖조차도 나가서 돌아다닐 엄두를 내지 못했다. 그래서 이번에는 플로리다 남부를 구석구석 탐색해 보기로 했다. 마이애미에는 '마이애미의 리틀 아바나Little Havana'로 알려진 칼레 오초Calle Ocho라는 유명한 거리가 있다. 우리에게는 쿠바계 미국인 친구가 있었는데, 그는 칼레 오초에 꼭 들러 보라고 입버릇처럼 말하곤 했다. 하지만 칼레 오초 거리는 실망 그 자체였다. 칼레 오초는 마이애미에서 벗어나 에버글레이즈 국립공원의 북쪽 입구 마을에서 끝나는 주요 고속도로 주변 지역을 말한다. 그곳에는 다양한 종류의 작은 상점이 있었지만, 특별히 매력적인 것은 없었다. 쿠바계 미국인들에게는 이곳이 정서적으로 매우 중요한 곳이겠지만, 그 역사에 대해서 지나치게 많은 것을 알아버린 나는 그러한 감정을 느낄 수가 없었다.

쿠바 사람들은 피델 카스트로가 권력을 잡게 된 1959년 혁명 이후부터 마이애미로 이민을 오기 시작했다. 쿠바 섬에서 밀려온 이민의 물결은 여러 차례 있었다. 하지만 많은 자원을 가진 쿠바 사람들이 이민자의 주축을 이뤘던 첫 번째 물결이 가장 중요한 사건으로 남아 있다. 쿠바의 지배 계층은 카스트로에 격렬하게 저항했고, 해외에서의 반란을 꿈꾸며 쿠바를 떠났다. 불과 몇 년 사이에 쿠바 이민자들은 새 보금자리에서 여러 번의 테러 공격을 감행했다. 미국 정부 역시 쿠바가 미국 기업의 자산을 몰수하고, 소비에트 연방과 우호 관계를 맺은 이후로는 쿠바를 상대로 전쟁에 착수했다. 이민자들은 미국의 선전전을 광신적으로 지지했고, 연방 정부와 주 정부는 보통은 망명자에게 주어지지 않는 돈과 특권을 쿠바에서 새로 도착한 이들에게 쏟아 붓기 시작했다. 그 결과 쿠바계 미국인은 플로리다 남부, 특히 마이애미의 경제와 정치를 금세 지배하게 되었다.

두 번째와 세 번째 이민의 물결은 부유하지 않은 쿠바 사람들이 주축을 이뤘다. 쿠바 정부와 사이가 나쁘거나 감옥에서 몇 년을 보낸 이들이었다. 이민자 가운데는 성性적 지향 때문에 괴롭힘을 당했던 이들도 있었다. 그러나 대부분은 경제적인 이유 때문에, 특히 소비에트 연방의 붕괴와 쿠바에 대한 막대한 물량의 원조가 끊기면서 쿠바 경제가 깊은 경제 공황에 빠지자 이곳으로 이민을 택한 사람들이었다. 이곳에 도착한 수천 명의 쿠바 사람들은 고무보트나 급조한 배를 타고 왔을 정도로, 모두가 쿠바를 떠나기 위해 엄청난 위험을 감수했다.

나중에 도착한 이들과 처음 도착한 이들의 자녀들과 손자들이 가진 쿠바에 대한 적개심은 제각각이지만 대체로 이들이 미국 우익 정치의 성채를 이룬다고 말하는 것이 온당하다. 카스트로 정권을 옹호하거나 쿠바와의 긴장 완화를 옹호하는 정서를 공개적으로 표현하는 사람에게는 여전히 심한 적개심을 표현하기 때문에, 그런 입장을 자발적으로 드러내는 이는 거의 없다. 1999년 11월 말, 작은 알루미늄 보트를 타고 어머니와 함께 플로리다에 왔지만 보트가 뒤집혀 어머니가 죽는 바람에 해안에서 표류하던 엘리안 곤잘레스Elián Gonzalez가 쿠바에 있는 아버지에게 송환되었을 때 이들이 보여 준 광적인 분노는 이들의 보수적 성향을 입증했다.

그런 까닭에 나에게 칼레 오초는 한낮의 무더위와 상관없이 차가운 곳이다. 쿠바계 미국인은 훌륭한 예술, 음악, 문학을 남겼고 마이애미시가 부활하는 데 일조했다. 우리는 쿠바 사람들이 친절하고 상냥하다는 것을 알고 있다. 그들은 가족과 공동체를 돌본다. 마이애미시가 칼레 오초에 있는 거대한 고목나무를 베어 내고 인도를 만들려고 했을 때 쿠바 사람들이 거세게 저항한 끝에 무산되기도 했다. (플로리다 주의 상징인) 흉내지빠귀가 지저귀는 소리를 들을 수 없게 되기를 바라지 않는다고 말했던 여성의 말은 내 심금을 울렸다.

그렇지만 대부분의 쿠바계 미국인은 쿠바 혁명과 관련된 가치 있는 어떤 일도 생각하려 들지 않았다. 내가 볼 때 쿠바가 성취한 것에 비하면 미국에서의 쿠바 사람의 성공은 아무것도 아니다. 쿠바는 문맹을 퇴치했고, 탁월한 교육을 무상으로 제공했으며, 전 세계의 가난한 사람들에게 관대함의 표본이 된 뛰어난 보건 의료를 무상으로 제공했으며, (해외의 쿠바 의료진은 미국을 포함한 전 세계의 가난한 학생들에게 무상 의료 교육을 실시하며, 재해 등으로 고통을 겪는 나라에 의료를 지원한다.) 앞선 유기 농업 기술과 의료 기술을 선보였으며, 남아프리카공화국의 인종차별 정책의 종식을 지원하는 군사 원조를 감행했다.

성공한 쿠바 망명객들은 카스트로에 대한 적개심을 이용해 쿠바계 미국인 공동체 내에 존재하는 상당한 수준의 불평등과 빈곤을 덮어 버린다. 우리는 『마이애미 헤럴드』에서 페페Pepe와 알폰소 판줄Alfonso Fanjul 형제에 대한 기사를 읽었다. 이들이 소유한 사탕수수 재배 농장과 정제 시설은 세계 3대 시설 가운데 하나다. 그들은 노동자를 착취하며 오케초비 호수Lake Okeechobee와 에버글레이즈 국립공원을 오염시키면서 사업을 영위함에도, 막대한 정부 보조금이 이들에게 지급된다. 그들이 쿠바를 떠났을 때 쿠바 정부는 그들이 소유했던 그림을 몰수했다. 쿠바 정부가 그림 중 일부를 매각하자 판줄 형제는 불만을 표시했다. 그들은 그림을 사서 소장하게 된 과정에서 자신들이 한 일은 생각지 않은 채 카스트로의 배신 행위에만 초점을 맞춰 말했다. 판줄 일가는 마이애미비치에서 가장 부유한 가문에 속했다. 그들은 노예 노동이나 준노예 노동을 동원해 생산한 설탕을 토대로 부를 형성했다. 1959년 당시 그들의 소유 목록은 다음과 같다.

> (…) 해외에 있는 자산 외에도 쿠바에 상당히 많은 자산이 있다. 설탕 공장 4곳, 소 사육 농장, 쌀 공장, (27채의 아파트가 있는 건물을 포함한) 아파트 건물 4동, 아바나 도심 한 블록 전체를 차지하고 있는 집과 상점. 그 밖에도 이들은 주식과 지분을 보유했고, 프랑스 고가구, 오뷔송 벽걸이 융단, 중국산 자기, 그림을 포함해 골동품도 상당량 보유했다.
> 이들의 예술 수집품 목록에는 호프너Hoppner, 고야Goya, 무릴로Murillo, 미켈란젤로의 작품이 포함되었고, 스페인 제국주의 예술가 호아킨 소롤라 이 바스티다Joaquín Sorolla y Bastida의 스케치와 그림이 최소한 19점이 포함되어 있다. (…)
> 1959년 판줄 일가의 성인과 아이들이 소유한 예술 작품은 최소한 2백 점 이상이었다. 개별 작품 가격은 2천만 달러에서 6천만 달러 사이로 평가되었다. 이들이 소장한 다른 예술품들을 다 포함시켜 생각해 본다면 아바나의 미술관 두 개를 채울 수 있는 양이었다.

쿠바를 떠나 온 판줄 일가는 뉴욕에 보관하고 있던 자산을 일부 매각해 플로리다에 정착했고 설탕 사업을 재건했다. 연방 정부는 매년 6천5백만 달러의 보조금을 이들의 설탕 공장에 지원한다.

나체 해변에서

카렌은 11월 말에 맞을 자신의 생일에 무언가 특별한 일을 하자고 요청했다. 카렌은 나더러 소풍 도시락을 준비해 달라고 했고 "의복 착용에 제한이 없는" 대중 해변에 가 보자고 했다. 카렌이 가자고 한 곳은 홀러버 비치Haulover Beach로, 108번가 콜린스로에 위치하고 있다. 나는 야생 쌀로 샐러드를 만들고 신선한 과일을 구입했다. 그리고 (콜린스로 1627번지에 있는) 우리 아파트 건물에 입점한 솜씨 좋은 빵가게인 라 프로방스 프렌치 베이커리La Provence French Bakery에서 프랑스식 바게트 빵과 과일 타르트를 구입했다. 우리는 오전에 북쪽으로 20분쯤 걸리는 해변으로 가서 공원 공영 주차장에 5달러를 지불하고 주차했다. 그리고 나서 콜린스로 아래에 있는 지하도를 통해 해변으로 향했다. 가는 도중에 주로 모자반 같은 싱싱한 해초를 구입했다. 우리는 바닥에 담요를 깔고 앉아 옷을 벗었다. 쉽게 옷을 못 벗으리라 생각했던 우리 예상은 빗나갔다. 아마도 윗옷을 착용하지 않고 다니는 사우스 비치 및 우리 건물의 수영장 주변 여성들의 모습에 익숙해졌기 때문일 것이다.

나체 해변에는 사람이 많지 않았지만 온통 벗은 사람 천지였다. 잠깐 내리는 두 차례의 비를 피하고 나자 태양이 비추기 시작했고, 우리는 즐거운 시간을 보냈다. 우리는 대양을 따라 걷다가 나체 해변의 경계를 알리는 지점에서 점심을 먹고 일광욕을 즐겼다. 걷다가 만난 또 다른 나체 친구와 광범위한 주제로 대화도 나눴지만 우리가 벗고 있다는 사실은 조금도 이상하게 여겨지지 않았다. 인근 아파트 건물의 주민들이 망원경을 이용하여 벗은 신체를 훔쳐 보지는 않을까 궁금했지만, 주민들은 크게 신경 쓰지 않았다.

해변을 찾는 사람들 대부분은 나이 든 유럽인들 같아 보였지만 옷을 벗는 일을 대수롭지 않게 여겼다. 내 눈에는 카렌이 가장 아름답게 보였다. 그리고 최소한 심미적 관점에서는 옷을 입은 인간의 신체가 더 낫다는 결론을 내렸다. 하지만 공공장소에서 옷을 벗음으로써 일종의 해방감을 맛볼 수 있다. 일단 해 보라. 세상에서 가장 자연스럽게 느껴질 것이다.

에버글레이즈 국립공원

우리는 에버글레이즈 국립공원을 두 차례 방문했다. 에버글레이즈는 문자 그대로, 풀로 가득한 강이다. 강우와 오케초비 호수의 범람으로 유입된 물이 느린 속도로 벌판을 떠다니며 플로리다 남부 대부분을 뒤덮고 있다. 오늘날에는 호수에서 에버글레이즈로 흘러가는 자연적 물길을 (동쪽에서 리틀 아바나와 교차하는) 타미아미 고속도로Tamiami Highway가 가로막고 있기 때문에 공학 기술로 통제할 수밖에 없다. 하지만 플로리다 남부 전역의 생태적 안정에 충격을 미치면서 철저한 실패로 끝나고 말았다. 세인트 어거스틴St. Augustine의 버킹엄 스미스[107]가 1848년에 에버글레이즈 지역에 대해서 묘사한 내용을 살펴보자.

에버글레이즈의 모습은 전에 내가 들어 봤던 그 어떤 지역의 모습과도 다르며 대륙 전체를 통틀어 보아도 주목받을 만한 측면을 지닌 지역이다. 신선한 물이 가득한 호수를 떠올려 보라. 그 물은 사방으로 뻗어 사람의 시야가 닿지 않는 호수의 여러 기슭까지 퍼져 나간다. 넓은 호수는 수면에서 일어나는 잔물결에 동요하지 않는다. 또 호수에는 1,012평방미터에서 수십만 평방미터에 이르는 다양한 크기의 섬이 수천 개나 흩어져 있다. 그리고 보통 이 섬들에는 관목과 덩굴식물이 뒤얽힌 빽빽한 잡목 숲이 있다. (…) 얕은 호수바닥에 뿌리를 박고, 가느다란 줄기를 3미터 높이로 뻗어 올린 큰 키의 참억새가 주위를 완전히 에워싼 물을 뒤덮고 있다. 참억새가 없는 곳이라고는 언뜻 보아서는 운하처럼 보이지만 (운하는 아닌) 곳뿐이다. 덕분에 가느다란 줄기 외에 다른 것은 보이지 않는다. 물은 깨끗하고 투명하며 움직이는지 모를 만큼 조금씩 움직인다. 물은 여러 갈래로 갈라져 흐르지 않는다. 큰 흐름을 이루어 남쪽을 향해 고요하고 느리게 흘러갈 뿐이다.

지금 에버글레이즈의 모습도 경이롭지만, 예전의 모습 그대로 남아 있는 것은 아니다. 에버글레이즈의 물을 빼내어 경작 가능한 토지로 만들어야 한다는 사람들의 신념은 적어도 백 년이 넘는 역사를 가진다. 사람들은 에버글레이즈의 물을 일부 빼내는

---

107) 버킹엄 스미스Buckingham Smith는 하버드 대학을 졸업하고 메인에서 법률가로 잠시 활동하다가 플로리다로 돌아왔다. 플로리다에서 정치가로 활동하다가 판무관직에 올랐다.

데 성공했고 결국 에버글레이즈의 면적이 좁아졌다. 제초제와 비료가 물과 토양으로 흘러들어가 야생에 큰 피해를 입혔다. 자생 조류가 서식하던 광대한 지역은 대평원의 들소에 대한 전면적인 살육을 연상시키는 잔인한 살육의 현장으로 변했고, 이곳에 서식했던 조류는 멸종 위기에 처했다. 표범과 늑대를 포함한 다른 동물들도 비슷한 운명을 맞아 오늘날에는 극소수만이 남아 있는 상태다. 악어와 크로커다일에 대한 전쟁이 선포되었다. 이 두 생물 종은 거의 이곳에서만 찾아볼 수 있다. 오케초비 호수의 물을 지나치게 빼는 바람에 호수가 오염되었다. 그리고 사람들은 호수의 물고기를 남획했다. 그래서 그곳에 남은 것 가운데 자연스러운 것을 찾아볼 수 없다.

 버킹엄 스미스가 언급했던 섬은 관목 숲이라 불렸다. 섬에는 수많은 종의 나무가 있었다. 나무들의 종은 높이에 따라 구분한 것이다. 30센티미터나 61센티미터짜리 나무가, 지극히 평평한 이 지역의 경관을 어마어마하게 바꿔 놓았다. 소나무뿐 아니라 마호가니 같은 단단한 나무도 있었다. 사람들은 이미 오래 전부터 목재로 사용하기 위해 이 나무들과 소나무를 베어 버렸다. 인간은 땅을 지나치게 변형시켜 파괴했고, 이것은 날씨에 영향을 미쳤다. 에버글레이즈는 더 건조해졌고 화재와 홍수가 반복되면서 토양은 더욱 파괴되어 갔다. (마이애미의 타미아미 트레일과 칼레 오초로 이어지는) 41번 주간 고속도로를 달리다 보면 에버글레이즈의 일부였던 지역에 나무 하나 없는 택지가 멀리까지 뻗어 있는 것을 볼 수 있다. 이러한 광경은 인디언이 만든 상품, 악어, 뱀, 수상 비행기 타기 체험, 별 가치 없는 장신구를 광고하는 초라한 관광 상품만큼이나 우리를 우울하게 만들었다.

다행스럽게도 이 특별한 장소가 완전히 파괴되지는 않았다. 1920년대 초부터 1930년대에 보존주의자들이, 남은 것이라도 보존해야 한다는 논의를 펴기 시작했다. 그리고 그들의 영웅적인 노력에 힘입어 1947년, 에버글레이즈 국립공원이 문을 열었다. 에버글레이즈 국립공원은 생태 보존을 이유로 설립된 유일한 국립공원이라는 점에서 특별하다. 에버글레이즈는 플로리다 남부의 생물학적 안전을 위해서 뿐만 아니라 세계의 생물학적 안전을 위해서도 중요하다. 습도가 낮고 모기에게 들볶이지 않는 겨울이 되면 에버글레이즈를 반드시 방문해야 한다. (플라밍고 로지Flamingo Lodge라는 공원의 한 호텔 인근의 상점에는 모기 측정기가 있는데, 최고 등급은 "견딜 수 없음"이다.)

우리는 먼저 에버글레이즈 남쪽을 방문했다. 우리는 마이애미 남쪽으로 이동해 농산업의 고향이자 군 주둔지인 홈스테드Homestead를 여행한 뒤, 서쪽으로 이동해 에버글레이즈로 들어갔다. 에버글레이즈를 보행자의 천국이라고 할 수는 없다. 하지만 이곳에도 괜찮은 산책로가 갖추어져 있다. 우리는 로얄 팜스Royal Palms 방문객 센터로 걸어가서 수많은 섭금류[108]의 새를 관찰했다. 물고기를 잡아먹는 놈도 있었다. 그곳에서 우리는 난생 처음

---

108) 섭금류(涉禽類, wading birds)란 도요목, 물떼새아목에 속하는 조류를 말한다. 주로 해안가나 내륙 지방의 진흙 습지에서 서식하는 새다.

악어를 보았다. 악어들은 우리가 조금 겁먹을 만큼 가까이 다가와 있었다. (카렌은 한 여성에게 그 여성의 바게트 샌드위치를 노리는 악어가 있다고 알려 주기도 했다. 악어는 기슭 가까운 곳에서 벗어나지 않은 채 그 여성을 따라다녔다.) 우리는 관목 숲에서 자라고 있는, 우리나라에서 가장 큰 마호가니 나무를 바라보면서 에버글레이즈에 사람이 별로 없었을 때는 이곳에 마호가니 나무가 얼마나 많이 서식했을지 생각해 보았다. 사실 에버글레이즈를 제대로 구경하려면 보트를 타고 다녀야 했지만, 그날은 배를 타고 관광할 시간적 여유가 없었다. 걸프 코스트Gulf Coast 방문객 센터에 가면 텐 사우전드 아일랜즈[109]를 탐험할 수 있다. 한때 인디언, 해적, 범죄자의 소굴이었던 이곳은 피터 매티슨Peter Matthiessen의 소설 『왓슨 씨 죽이기Killing Mister Watson』로 유명해진 곳이다.

  날이 저물 무렵 우리는 플라밍고 로지 인근의 플로리다 베이Florida Bay를 따라 산책했다. 우리는 플라밍고 베이의 운영자도 옐로우스톤에서 우리를 고용했던 회사인 암팩 사/크산테라 사일지 궁금했다. 참 이상하게도 우리가 레이크 호텔에서 일할 때 그곳 지배인이었던 사람이 에버글레이즈 공원 인근에 거주하면서 이곳의 인사 관리자로 일하고 있었다. 이곳의 오두막은 우리가 여러 국립공원을 다니며 보았던 오두막 중 가장 초라했다. 우리는 과거 우리의 직장 상사가 좌천된 게 아닐까 추측해 보았다.

---

109) 텐 사우전드 아일랜즈Ten Thousand Islands는 많은 섬으로 이루어진 곳으로, 에버글레이즈 국립공원 서쪽에 위치한다.

샤크 밸리Shark Valley 방문객 센터는 에버글레이즈 공원의 북쪽 끝에 위치한다. 이곳에서 우리는 자전거를 빌려서 24킬로미터 거리의 왕복 자전거 여행을 나섰다. 참억새와 물로 뒤덮인 채 몇 킬로미터에 걸쳐 펼쳐져 있는 평지를 감상하면, 에버글레이즈의 자연에 호감을 가지게 될 것이다. 우리는 참억새 사이로 빠르게 달려가는 악어를 관찰했다. 악어는 동료들이 만들어 놓은, 잘 닦여진 길을 누비고 다녔다. 이 고대 생물이 얼마나 빨리 달리는지 보고 나면 놀라움과 두려움을 느낄 것이다. 산책로를 따라 절반쯤 왔을 때 전망대로 가는 보행로에 누워 있는 커다란 악어와 90센티미터 거리를 두고 마주치기도 했다. 우리는 자전거를 관찰하기 아주 좋은 위치에 세워진 전망대 옆에 두고 전망대에 올라 악어와 섭금류의 새 무리를 관찰했다. 자전거에 달린 바구니에는 점심 식사가 들어 있었는데, 전망대에서 내려와 보니 커다랗고 시끄러운 까마귀 몇 마리가 부리로 도시락 가방을 온통 헤집어 놓고는, 베이글과 프레즐로 잔치를 벌이는 중이었다. 방문객 센터로 돌아와 센터 직원에게 우리가 경험한 일을 말해 주었다. 악어와 마주친 일을 이야기하자 그녀는 "귀찮게 하지 않으면 악어도 사람을 해치지 않는다."고 말했지만 확신할 수 없었다.

환경 6

플로리다의 생태 파괴

17세기 말의 플로리다는 자연적인 아름다움을 간직한 낙원이었다. 그곳에는 울창한 숲, 빼곡한 열대 나무들 사이로 구불구불 흐르는 많은 강, 많은 호수, 수백 개의 깨끗한 샘이 있었고 멋진 대양을 품고 있었다. 초창기 박물학자 윌리엄 바트람William Bartram은 플로리다의 북부와 중부를 여행한 뒤 자신이 목격한 것을 기록했다. 역사가 마크 데어Mark Derr는 우리에게 다음의 내용을 들려준다.

> [바트람은] 여행하면서 반도의 북부 3분의 2에 해당하는 지역에서 발견되는 모든 종류의 식물, 즉 관목에서부터 왕솔나무, 관목 숲에서부터 숲이 우거진 습지, 늪에서부터 소택지, 습한 초지에서부터 등나무 숲, 인도 쪽 플랜테이션 농장에서부터 야생의 등자橙子나무밭에 이르는 모든 식물을 관찰했다. 인디언은 등자를 쪄서 꿀과 함께 먹었다고 하는데, 쉽게 수확하기 위해 나무를 베어 내는 일이 잦았다. 바트람은 남쪽의 에버글레이즈 지역까지 탐험하지는 못했다. 그는 에버글레이즈의 놀라운 장관을 놓치고 말았다. 바트람은 탐험을 통해 4백여 종의 꽃, 관목, 나무, 덩굴식물, 이끼를 찾아냈는데, 그중 125종은 그가 몰랐던 새로운 종이었다.

바트람과 다른 이들이 관찰했던 자연의 모습 중에 오늘날까지 남아 있는 것은 소수에 불과하다. 대부분의 나무가 베어져 나갔고 거의 모든 야생동물이 사라졌다. 강과 호수도 많이 사라졌으며 남은 것들도 심하게 오염된 상태다. 마크 데어에 따르면 오늘날,

> 플로리다 주 전체 제지 공장의 절반에 달하는 제지 공장·발전소·다양한 공장에서 버리는 산업 폐기물, 마을과 도시에서 버려지는 정화되지 않은 오물, 농장과 도시의 잔디밭에서 나오는 비료·살충제·제초제의 유입으로 지난 수십 년 동안 수

질이 저하되긴 했지만, 그래도 잭슨빌 이남에서 잡히는 물고기는 먹을 수 있다. 잭슨빌 주변의 낮은 지대인 세인트존스는 인간이 버리는 오물을 더 이상 감당할 수 없다. 물고기의 모양이 변형되고 종양이 생겼다. 산업 폐기물 저장소로 변한 강바닥에는 중금속이 가득하다.

마이애미비치에는 열대의 바람이 끊임없이 불어온다. 바람이 불고 중공업이 없으므로 마이애미비치의 공기는 깨끗하고 싱그러울 것이라고 생각하기 쉽지만 사실은 그렇지 않다. 호텔이나 고층 아파트, 사업용 건물을 부수고 새로 짓는 일이 끝없이 일어나기 때문에 몇 백 톤의 먼지, 연기, 화학약품이 공기 중으로 유입된다. 거리를 누비는 수만 대의 자동차, 화물차, 버스는 사태를 더욱 악화시킨다. 인도를 걷다가 건설 현장을 지나치게 되면 숨 쉬기 힘들다고 느껴지는 날도 있다. 우리 아파트 발코니가 그을음으로 뒤덮이지 않도록 하려면 최소한 이틀에 한 번은 구석구석 꼼꼼히 청소해야만 했다.

해변도 더럽기는 마찬가지였다. 방문객들은 모래사장에 쓰레기를 마구 버렸다. 대학이 봄방학을 맞으면 해변은 버려진 맥주병과 맥주 캔, 패스트푸드 음료 컵과 포장지로 어질러졌다. 무언가를 밟지 않고는 산책이 불가능할 지경이었다. 경솔하고 파괴적인 인간이라는 존재에 속해 있다는 사실이 부끄럽게 여겨지는 날도 있었다. 왜 아무도 해변을 깨끗하게 하려는 노력을 하지 않는지 구조대에 물어보았다. 구조대원은 자신도 해변을 어지럽히는 일을 혐오하지만, 누군가에게 칼에 찔리거나 다른 육체적 공격을 당할지 모르기 때문에 두렵다고 말했다. 우리는 해변에서 발에 묻혀 온 타르 기름 덩어리를 아파트까지 끌고 가곤 했는데, 해변을 정화하겠다고 구조대가 노력한다 해도 주기적으로 해변을 쓸고 지나가는 타르 기름 덩어리까지는 어찌해 볼 도리가 없을 것 같았다.

인도 옆에 심어져 있는 나무에서 지저귀는 새소리는 언제나 우리를 신나게 만들었다. 새가 워낙 적어서 새 소리가 들리면 관심이 쏠릴 수밖에 없었다. 물가나 해변에 있는 갈매기와 펠리컨도 항상 우리에게 즐거움을 주었다. 갈매기는 자본주의 사회에서 살아가는 인간과 같아서 상대의 입에 든 먹이를 훔쳐 먹는다. 우리는 해변에서 먹이를 지키고 있는 아주 큰 갈매기를 보았다. 큰 갈매기가 먹이를 먹는 동안 측근인 듯한 갈매기들이 경쟁자인 작은 갈매기 무리들이 접근하지 못하도록 막고 있었다. 떠들썩하게 우는 푸른앵무새 떼는 링컨 로드에 줄지어 서 있는 나무에 살았다. 그러나 이곳을 열대의 낙원이라고 부르기에는 새가 너무 귀했다. 지나치게 많은 인간, 지나치게 심한 오염, 지나치게 지독한 소음, 지나친 불빛, 부족한 나무. 한마디로 지나친 개발이 새들을 쫓아낸 셈이다.

플로리다에 있다 보면 우리는 환경 대참사의 한가운데에서 살아간다는 느낌을 받는다. 사람들이 자꾸 찾아오고, 산업 용지 개발 업자나 부동산 개발 업자들이 정치를 쥐고 흔드는 상황에서 사태는 나빠지기만 할 뿐이다.

< < < < < < < < < < < < < < < < < < < < < < < < < < < < <

키웨스트

마이애미비치에서 키웨스트까지는 차로 네 시간이 걸린다. (실망한 운전자들을 위해 한 단어씩 써 놓은 "인내심을-가지세요-3-킬로미터만-지나면-통과하실- 수-있습니다." 하는 표지판이 도로 옆에 서 있을 정도로) 심한 교통 체증에 질려 버리겠지만, 아침 일찍 길을 나서면 여행객을 덜 만날 수 있다. 또한 날씨만 맑다면 왼쪽에는 대양, 오른쪽에는 만이 보여 주는 장관이 교통 체증으로 지친 마음을 달래 줄 것이다. 키 라르고Key Largo, 이슬라모라다Islamorada, 롱 키Long Key, 그 밖의 여러 작은 키 지역Keys을 굽이치며 통과하는 1번 고속도로는 1938년에 완공된 것이다. ('키' 란 낮은 섬이나 모래톱을 의미한다.) 빅 파인 키Big Pine Key에서 우리는 멸종 위기에 처한 희귀종인 키사슴[110]에 주의하라는 경고문을 보았다. 나는 마라톤

---

[110] 키사슴key deer은 흰꼬리사슴의 일종으로 플로리다 키 지역에만 서식한다.

Marathon에서 시작하는, 길이 11킬로미터짜리 다리를 조금 긴장된 마음으로 건넜다. 틈을 주지 않고 달리는 차량 사이로 다른 차를 추월하는 차도 세 번이나 보았다. 다리 옆으로는 1935년의 허리케인으로 파괴된 뒤 다시 재건되지 않았던 철도 선로의 일부가 보였다.

이 철도는 헨리 플래글러Henry Flagler가 부설한 것이다. 플래글러는 스탠다드 오일 컴퍼니Standard Oil Company 사社의 소유주 존 록펠러의 사업 협력자이자 플로리다에서 가장 유명한 사업가였다. 부유한 북부 사람들은 19세기 말부터 휴가를 보내러, 또는 병을 치료하러 플로리다에 찾아왔다. 이 부유한 여행객들에게서 나는 돈 냄새를 맡은 플래글러는 선샤인 스테이트[111]에 부동산 왕국을 건설하기 시작했다. 막대한 부와 권력을 지닌 플래글러에게는 가차 없이 일을 진행하는 탁월한 사업 수완이 있었다. 게다가 그는 자신이 하는 일이 하느님의 사업이라는 신념도 가지고 있었다. 플래글러의 사업 수완에 압도된 플로리다 주 정치인들은 플래글러에게 철도를 건설하고 소택지를 배수하는 데 필요한 수십억 평방미터의 토지를 내주었다. 플래글러는 이 자산을 불려 호화로운 호텔을 많이 짓고 수천만 달러를 들여 토지와 집을 사들였다. 문자 그대로 그의 돈으로 팜비치, 포트 로더데일Port Lauderdale, 마이애미시가 건설된 것이다.

헨리 플래글러는 철도를 부설하면서 자신의 플로리다 제국을

---

[111] 선샤인 스테이트Sunshine State는 플로리다 주의 별칭이다.

점차 남쪽으로 확장해 갔다. 플로리다 남쪽 끝에 이르자 플래글러는 멕시코 만 위에 떠있는 플로리다 키 지역과 우리나라의 최남단인 키웨스트를 관통하는 철도를 부설하겠다는, 아주 대담한 계획을 세웠다. 이 철도는 준노예노동의 힘으로 부설되었다. 1907년 그의 회사는 강제 노동 행위로 기소되었다. 노동조건은 실로 끔찍했지만 기소된 사람들은 소송에서 이겼다. 철도 부설이 진행되는 과정에서 단단한 나무가 베어져 나갔다. 또한 기관차의 엔진에서 튄 불똥이 토탄과 유사한 토질의 땅에 불을 내기 시작하면서 키 지역 전체가 황폐해졌다.(철도가 들어서기 전의 키 지역에는 사람이 거의 없었다.) 하지만 철도가 사람들의 정착을 부추겼고 정착민들이 세운 농장과 플랜테이션 농장은 생태계를 더욱 약화

쿠바에서 145킬로미터 거리에 있는 플로리다 키웨스트

시켰다. 플래글러의 위대한 작품은 그가 죽기 직전인 1912년에 완성되었다. 그는 거대한 허리케인이 닥치는 것을 보지 못했다.

　지나치게 많은 가처분 소득을 가진 사람들이 지역 주민들로부터 천문학적 가격으로 집을 구매하면서 올드 타운의 별난 매력이 급속하게 사라지기는 했지만, 그래도 키웨스트는 방문해 볼 만한 근사한 곳이다. 우리는 판잣집이라는 표현이 딱 어울릴 만하지만 값은 백만 달러 이상 나간다는 집도 보았다. 오랫동안 이곳에서 살아온 주민들이 도시의 안이한 생활을 아무리 좋아한다고 해도 이러한 집값을 견뎌 낼 수는 없는 노릇이다. 키웨스트는 동성애자들이 동경하는 땅이다. 이 도시는 동성애자들이 활보하는 곳으로 유명하다. 그러나 동성애자 공동체 내에서도 새로 이곳으로 이주해 오는, 대체로 더 보수적이고 덜 화려한 성향의 부유한 동성애자와 키웨스트에서 오랫동안 살아왔던 가난한 지역 주민 사이에 균열이 커지고 있다. 어느 곳에서나 그렇듯 결국 부자들이 승리할 것이다. 임대료도 받지 않는 작은 보트에서 몇 년 동안 생활해 왔던 사람들을 포함한 대부분의 가난한 사람들이 강제로 이곳을 떠나야 할 날이 멀지 않았다. 우리는 몇 년 전 키웨스트로 이사 온 젊은이와 피츠버그의 철강 공장에서 퇴직한 뒤 젊은이의 뒤를 따라 이곳에 온 아버지가 공동으로 운영하는 작은 자전거 수리점에서 자전거를 빌렸다. 어디에서나 빌릴 수 있는 자전거는 이 섬을 구경하는 데 가장 좋은 수단이다. 사람 좋은 수리점 주인은 우리 두 사람이 "다 버그(da burgh, 피츠버그의 애칭이다. 옮긴이)"에서 왔다는 사실에 기쁨을 감추지 못했다. 우리는 자전거 한 대당 6달러를 주고 하루 종일 빌렸다. 나는 수리점 사람들이 키웨스트에 입성할 새로운 "상류층" 사이에서 얼마나 오래 버틸 수 있을까 궁금했다.

일 년 내내 화창한 날씨를 자랑하는 이곳은 관광산업으로 먹고 산다. 수많은 모텔과 숙박 시설, 술집, 훌륭한 식당, 선물 가게, 해변이 있다. 하지만 방문객들은 키웨스트가 마이애미비치나 플로리다의 유명한 해변 마을과 다르다는 점에 놀라움을 표현한다. 이곳 대부분의 해변은 바위 해변이다. 스마터스 비치Smathers Beach가 이곳에서 유일하게 넓은 모래사장인데, 그마저도 인공적으로 조성한 것이다. 포트 재커리 테일러 사적지Fort Zachary Taylor Historic Site 앞에 있는 좁은 해변은 산책로나 소풍 장소로 활용된다. 해리 트루먼Harry Truman 대통령의 휴양용 "백악관"은 가로수가 줄지어 서 있는 장소에 지은 아름다운 집이다.

품위 있는 전시관도 있다. 우리가 방문했을 때 어니스트 헤밍웨이Ernest Hemingway와 사진작가 워커 에반스Walker Evans의 작품을 연계시키는 흥미로운 전시가 열리고 있었다. 헤밍웨이는 한때 이 섬에서 가장 유명한 주민이었고, 오늘날 그의 집은 박물관이 되었다. 이 두 예술가는 작가와 사진가들에게 훌륭한 표본이다. 하지만 헤밍웨이는 대부분의 근대 남성 예술가들이 그렇듯 언론 매체에 사로잡혀 버렸다. 실제보다 과장된 성품, 남성다움을 과시하는 성격, 사회적 규범이 예술가에게는 적용되지 않는다는 듯한 태도 등은, 그의 예술만큼이나 흥미로운 것으로 여겨지는 삶을 살았던, 개인주의적 예술가의 상징으로 비화되었다.

마이애미비치 | 333

매일 저녁마다 수백 명의 사람들이 옛날 부둣가에 위치한 맬로리 스퀘어Mallory Square에 모여 해 지는 모습을 구경한다. "해가 지면 재미있는 일이 시작된다." 눈부시게 아름다운 해 지는 광경을 배경으로 광장 주변에 모인 여러 재주꾼들이 군중에게 볼거리를 제공한다. 저글링 하는 사람, 동물 묘기꾼, 곡예사, 마술사가 묘기를 펼치고 예술품과 공예품, 먹을거리가 넘쳐난다. 재미를 더하기 위해 관중들에게도 참여 기회가 주어진다. 일상에서 사용하는 물건을 신체 여기저기에 산더미같이 쌓아 놓고 균형을 유지하며 서 있는 재주꾼도 있다.

그 남자가 이마에 쇼핑카트를 얹고 균형을 잡을 준비를 하던 어느 날 밤이었다. 나는 그 재주꾼과 등을 지고 있었고 그는 저글링을 하면서 마지막 물건을 쌓아 올리고 있었는데, 갑자기 저글링 공 하나가 내 머리로 날아들었다. 그 공을 부두로 던져 버리고 싶었지만, 그는 덩치 좋은 남자였고 무엇보다 이 일로 생계를 겨우 꾸려 나가고 있다는 점이 마음에 걸려서 그만두었다. 광장에서 벌어지는 축제의 흥을 깨는 것은 거대한 유람선이었다. 휴양객들이 유람선에서 내려 물건을 사고 식사를 하는 동안 유람선은 부두에 정박한다. 이 유람선들이 시야를 가리는 바람에 해가 지는 아름다운 광경을 볼 수 없을 때도 많다. 유람선은 자신이 드리운 그늘에서 묘기를 부려야 하는 재주꾼들의 사업에도 지장을 준다.

노동 5

날씨는 맑지만 노동은 우울하다

커다란 컨테이너 선박과 유람선이 거버먼트 컷에 입항하고 출항하는 모습을 구경하는 일은 재미있다. 컨테이너 선박은 마이애미 항구로 화물을 들여왔고, 지구 저편 구석구석으로 보낼 상품을 실었다. 유람선은 관광객을 태우고 이국적인 장소로 이동하거나 몇 킬로미터 떨어진 대양의 해상에서 합법적인 도박판을 벌인다. 여행객은 선창에 서 있는 사람들에게 손을 흔들면서 떠나갔다. 밤이 되면 유람선의 모습은 바다로 서둘러 나가는 화려한 대저택처럼 보였다. 그러나 이 평온한 풍경 이면에는 가혹하고 위험한 노동의 현실이 자리 잡고 있다. 컨테이너선에서 화물을 싣거나 내리는 작업은 기술의 변화에 따라 급격하게 변형되었다. 화물을 싣고 내리는 일은 더 이상 기술자나 강인한 부두 노동자의 몫이 아니다. 그 일은 거대한 크레인이 대신한다. 크레인은 짐을 실은 컨테이너를 배로 옮긴다. 컨테이너는 보통 컨테이너를 운반하는 트레일러 화물차나 화물 차량의 크기와 모양에 맞게 제작되어 있다. 크레인은 배에 짐을 부리고 난 빈 컨테이너를 화물차나 기차에 다시 실어 준다. 그러면 이 컨테이너는 어디론가 떠나 짐을 싣고 돌아올 것이다. 수천 명의 항만 노동자들이 새로운 기술 때문에 일자리를 잃었다. 어쨌든 대부분의 노동자들이 노동조합원이었고, 노동조합은 불필요해진 노동자들의 임금 보장 문제를 두고 협상을 벌였다. 현재 우리나라의 큰 항구들에는 일을 하거나 하지 않거나 무관하게, 괜찮은 연봉을 지급받는 노동자들이 있다. 안타깝게도 노동조합은 노동자를 분할하는 이원 체제에 동의했기 때문에 임시직 노동자들은 항만 노동조합이 설립되기 전인 1930년대와 같은 수준의 착취에 시달린다.

유람선에서의 노동은 또 다른 문제다. 유람선은 보통 라이베리아 같은 나라에 선적을 등록하기 때문에 미국 노동법의 적용을 받지 않는다. 가장 궂은 일을 수행하는 노동자는 전형적으로, 가난한 나라 출신의 다양한 유색인종이다. 급료는 낮고 노동 시간은 길다. 이들이 심한 부상을 당해서 병원 치료를 받아야 하는 상황이 발생하면 미국 병원에서 더 나은 병원 치료를 받을 수 있더라도 출신 나라로 강제 송환되는 경우가 다반사다. 카리브 연안국 출신의 어느 유람선 노동자는 큰 기름 냄비를 옮기다가 주방 바닥에 미끄러졌다. 기름 때문에 다리와 발에 심한 화상을 입었지만 알래스카 앵커리지의 병원에서는 치료를 거부했다. 회사는 중간 기착지에 도착할 때마다 그를 본국으로 돌려보내려고 괴롭혔기 때문에, 그는 엄청난 고통에 시달렸다. 중간 기착지인 마이애미에서 그는 필사적인 심정으로 어머니에게 전화를 걸었고, 어머니는 친구를 통해 알게 된 변호사에게 연락해 보라고 권했다. 변호사는 그가 마이애미에서 치료받을 수 있도록 조치를 취했고, 유람선 회사를 상대로 소송을 걸었다. 회사는 그 노동자를 이민 당국에 신고함으로써 보복했고, 이민 당국은 그를 즉시 추방했다.

플로리다 노동의 역사에도 불미스러운 일이 가득하다. 플로리다의 역사는 팬핸들 지역의 플랜테이션 노예노동과 테레빈유[112] 작업장을 운영하는 민간 사업자에게 임대된 죄수 노동의 역사다. 죄수들은 대부분 흑인이었다. (흑인 죄수 대부분의 죄목은 부랑 금지법 위반이었다. 부랑 금지법은 과거 노예였다가 자유를 얻어 떠나게 된 흑인들을 겨냥한 법이었다.) 마크 데어는 20세기 초 작업장 노동을 이렇게 묘사한다.

> 테레빈유 작업장에서의 노동은 새벽부터 어두워질 때까지 계속되었다. 죄수들은 수액 채취를 위해 나무에 홈집 내는 일을 했는데, 각자에게 하루 60그루에서 90그루의 나무가 할당되었다. 이들은 나무에 네모난 구멍을 내고 수액이 흐를 수 있도록 채취기를 부착했다. 밤에는 침대에 사슬로 묶여 있고 낮에는 수갑을 차고 일하는 죄수들을 무장 감시원이 감시했다. 죄수들이 일하다가 쓰러져도 기본적인 치료만 받을 수 있었다. 숲에는 의사도 없었다. 감시원이나 작업장 책임자를 불쾌하게 만드는 행위에 대해서는 채찍질이나 벌방에 가두는 등의 벌이 주어졌다. 벌방은 빛이 들지 않고 통풍도 되지 않았다. 작업장 책임자와 감시원은 죄수들의 위에 집어넣은 관을 통해 강제로 물을 주입하는 소위 "물 먹이기" 같은 고문 방법을 활용했다. 엄지손가락에 줄을 묶고 천장에 매달려 있다가 엄지손가락이 빠져서 그 상

---

112) 테레빈유turpentine는 소나무에서 얻는 무색의 정유다.

태로 평생을 지내는 죄수도 있었다. 돼지기름, 옥수수, 콩, 고구마 같은 음식을 먹었기 때문에 영양 상태는 형편없었다. 작업장에 있는 여성은 감시원, 작업장 책임자, 주변 모든 남성들의 손아귀에 들어 있었다. 모든 죄수들이 영양실조, 불결함, 기생충, 학대에 시달렸다. 테레빈유 작업장, 농장, 인산염 광산, 철도. 어느 작업장에서든 사정은 마찬가지였다. 죄수를 빌려 주는 일이 남부에서는 흔한 일이었지만 그중에서도 플로리다는 특히 비인간적이었다. 덕분에 플로리다는 아메리카의 시베리아American Siberia라고 불렸다.

과거에 이런 극악무도한 범죄를 저지른 플로리다 주는 흑인 노동자들에게 무슨 보상을 해 주었을까? 보상은커녕 여전히 차별이 만연해 있다. 흑인들은 마이애미의 리버티 시티Liberty City 같은 도시 빈민가에 갇혀 있다. 이곳은 범죄 발생 소지가 높은 곳이다. 이곳 경찰은 잔인한 방법으로 이들을 지배한다. 흑인들은 고용 관계에서도 차별 대우를 받고 출소한 뒤에는 투표권을 박탈당한다. 투표할 권리가 있더라도 이들이 투표하지 못하도록 방해하는 여러 가지 시도가 이루어진다. 남북전쟁 이후 남부에서는 급진적 재통합Radical Reconstruction이 시행되었다. 이것은 적절한 조치였다. 하지만 대통령 선거에서 승리하기 위해 공화당은 연방군의 해산에 동의했다. 흑인이 정치적 평등을 얻을 기회를 종식시킨 1877년의 불명예스러운 거래[113]가 없었다면 흑인들의 처지가 어떻게 달라져 있을까? 1959년 플로리다에 건너왔던 쿠바 사람들이 받았던 원조가 흑인들에게도 제공된다면 무엇이 달라져 있을까? 플래글러 같은 부유한 "사업가"에게 제공된 토지를, 과거 노예였던 흑인들에게 나눠 주었다면 어떻게 달라져 있을까?
마이애미비치에서 노동한다는 것은 "서비스" 산업의 거의 전 직종에 종사한다는 말과 같다. 가난한 자가 부자에게 서비스한다. 노동조합은 거의 없다. 그러나 마이애미비치라고 해서 라스베이거스처럼 노동조합을 결성하지 못하리라는 법도 없다. 플로리다 주에도 희망을 품을 만한 조짐들이 있었다. 2006년 초 벌

---

113) 남북전쟁에서 승리한 뒤 남부에 관용을 베풀려던 링컨이 암살당하면서 공화당 급진파는 남부에 대한 응징적인 성격의 재건 계획을 시행했다. 이 재건 계획은 남부 흑인의 민권을 보호하기도 했지만, 지나치게 가혹해 여러 가지 폐단을 낳았다. 이 체제는 1877년 북군이 남부에서 철수하면서 막을 내렸고, 남부의 인종차별주의는 그 뒤로도 지속되었다.

어졌던 마이애미 대학의 경비원 파업은 성공적이었다. 오케초비 호수 남서쪽에 위치한 이모칼레Immokalee의 농장 노동자들은 자신들이 수확한 토마토의 주요 구매자인 타코 벨Taco Bell 불매 운동으로 주목할 만한 성과를 거뒀다.

< < < < < < < < < < < < < < < < < < < < < < < < < < < < < <

    키웨스트가 처음부터 관광객으로 들끓었던 것은 아니다. 우리는 키웨스트가 19세기 대부분 동안 우리나라에서 가장 부유한 도시에 속해 있었다는 사실을 알고 나서 무척 놀랐다. 초기에는 난파선 구조원들이 부를 축적했다. 이들은 무자비한 대양의 바다 속으로 침몰한 선박에서 건져 낸 물품을 팔아서 돈을 모았다. 키웨스트는 또한 국제적인 시가 생산의 중심지였다. 쿠바에서 장인을 데려와서 세계적으로 널리 알려진 담배를 만들어 팔았다. 해면 제품은 이문을 남겨 주는 또 하나의 산업이었다. 그러나 20세기 초로 접어들면서 도시의 부는 하락세로 돌아섰다. 등대와 증기선이 등장해서 난파율이 낮아졌고 시가 제조 산업은 노동 불안을 피해 본토로 이동했다. 해면 자원도 고갈되었다. 플래글러의 철도도 키웨스트의 경제적 부를 되살리지는 못했다. 대공황 기간 동안 도시는 파산했고, 본토로 이어지는 고속도로를 개통했던 뉴딜 정책의 원조는 상황을 더욱 악화시켰다. 그러나 제2차 세계대전 기간 동안 연방 정부의 자금이 유입되면서 번영의 기회가 다시 찾아왔다. 오늘날에는 오히려 지나치게 많은 부를 누린다. 키웨스트는 가난한 사람들이 살아가기에 좋은 곳이 아니다.

카지노

2월에 딸이 방문했다. 딸아이가 카지노에 가 보자고 해서 우리는 딸을 데리고 마이애미 북쪽 할리우드 마을 인근에 있는 세미놀 하드 락 카지노Seminole Hard Rock Casino에 갔다. 할리우드는 플로리다 남부 해안에서 맹그로브 소택지를 베어 내고 만든 여러 마을 가운데 하나다. 도심에서 꽤 멀리 떨어진 것이 단점이기는 하지만, 아무튼 좁고 긴 해변과 포장된 인도가 있다. 할리우드는 가난한 사람들의 마이애미비치이자, 프랑스계 캐나다인들이 선호하는 관광지다. 이곳에는 떼를 지어 몰려다니는 프랑스계 캐나다인들을 위한 프랑스식 카페와 식당이 있다. 식단에는 영어와 프랑스어가 함께 표기되어 있다. 이곳에서는 불룩한 배의 중년 남자가 꽉 죄는 유럽풍의 수영복을 입고 일광욕을 한다. 그들은 자전거를 타거나, 가족과 함께 소풍을 나가기도 하고, 야외 운동장에서 핸드볼을 하거나, 그냥 혼자 돌아다니기도 한다.

카지노는 소매점, 식당, 호텔, 연주장, 주차장이 뒤섞여 있는 거대한 복합 시설이다. 모든 시설은 외부의 산책로와 연결되어 있다. 나무, 꽃, 인공 호수로 꾸며 놓은 세미놀 하드 락 카지노는 우리가 전에 보았던 다른 인디언 보호구역의 카지노와 비교했을 때 상당히 매력적인 곳이었다. 우리는 카지노를 휙 둘러본 뒤 딸이 슬롯머신 앞에서 한두 시간 노닥거리는 동안 햇빛을 즐기며 시간을 보내기로 했다. 딸과 만날 장소를 정한 뒤 두 시간 뒤에 그곳에서 만나기로 했다.

카지노는 세미뇰 인디언이 소유하고 있다. 부족민들은 현재 극심한 빈곤과 그에 따른 쇠약한 건강 상태, 질병, 범죄, 마약, 조기 사망 같은 다른 여러 가지 해악에 시달리고 있는데, 카지노를 운영하면 돈도 벌 수 있고 부족민들의 일자리도 생길 것이라고 생각한다. 물론 도박장은 훌륭한 소득원이다. 도박을 좋아하는 미국 사람들의 성향은 끝을 모르는 것처럼 보이기 때문이다. 그러나 카지노가 인디언의 경제적·사회적 구제 수단인지, 그렇지 않은지는 또 다른 문제다. 인디언보호국과 좋은 관계를 유지하는 소수의 가문이 부족의 지배층을 독점하고 부패를 저지르는 일이 빈번히 발생한다. 풀뿌리 조직을 통해 이런 구조를 민주적으로 만들지 않는 한 카지노에서 벌어들이는 돈은 소수의 상류층에게 흘러 들어가고, 대부분의 인디언들은 혜택을 받지 못할 것이다. 우리는 카지노가 있는 곳에 (조직적인 비합법 활동, 강도, 절도 등의) 범죄도 있다는 사실을 안다. 도박할 형편이 못 되는 사람들이 상습적으로 도박을 벌이고 파산한다. 순수하게 경제적인 용어로 말하자면 고용이 증가한다고 해도, 비용보다 이득이 더 클 것인지 확신할 수 없다. 블랙풋 인디언Blackfoot Indian이자 활동가인 내 친구 짐 크레이븐Jim Craven이 수행했던 미발간 연구에 따르면,

> 카지노에서 나오는 이익금 1달러마다 51센트가 (밸리Bally, 하라스Harrah's 등 인디언이 아닌) "투자자"를 위해 공제되고 49센트가 남는다. 그리고 나서 31센트가 (자문비, 허가비, 세금, 변호사비 등 인디언이 아닌 사람을 위해) 다시 공제되고 18센트가 남는다. 그리고 나서 (인디

언보호국/국방부정보국(DIA)이 "보유세, 거래세, 기타 등등의 명목으로) 5센트를 공제하고 13센트가 남는다. 그러고 나서 (인디언보호국/국방부정보국이나 부족 위원회의 "친미" 인디언들에 의한 소득 은폐로) 5센트가 공제되고 8센트가 남는다. 1달러 소득에서 이것저것 제하고 남은 8센트를 나머지 인디언이 나눠 가지거나 부족 "사업"에 사용한다. 그 사업마저도 배신자와 그들의 가족들이 지배하는 경우가 많다. (기억할 것은 인디언이 아닌 사람들이 회계를 통제하고 있다는 사실이다. 또한 카지노 경영은 투입되는 투입물을 부풀려진 가격으로 공급함으로써 장부상의 이익이 실제 이익보다 적게 보이도록 장부를 작성하는 수직 통합 경영 체계라는 것을 염두에 두어야 한다.)

카지노에서 벌어들이는 경제적인 수입이 아무리 많더라도 수많은 인디언들의 가치와 신념을 왜곡시킬 수밖에 없는 현실까지 부정할 수는 없다. 인디언 부족이 누렸던 정치적 자치권이 이들을 게임 산업에 뛰어들도록 만들었다는 현실은 정말 모순이 아닐 수 없다. 인디언 공동체가 자신들의 조상을 살해하고 땅을 빼앗았던 사람들에게 돈을 벌어들여 공동체 번영에 사용한다면 이것은 일종의 정의 실현이라고 할 수도 있을 것이다. 하지만 이는 가정에 지나지 않는다. 우리가 카지노 주변을 둘러보기 시작한 지 5분 정도 지났을 때 딸이 우리를 부르는 모습이 보였다. 가 보니 딸이 게임하고 있는 슬롯머신의 불이 빙빙 돌면서 번쩍번쩍 빛나더니 잭 팟이 터졌다. 서류 작업과 정산 작업이 끝날 때까지 기다렸다가 사우스 비치로 돌아왔다.

북쪽으로

4월 말이면 임대 계약이 만료된다는 사실을 알고 있었지만, 어디로 갈지 마음을 정하지 못하고 있었다. 서부로 향하는 또 다른 장기간의 여행을 떠날 생각이었고 우리가 필요한 모든 장비를 가져갈 생각이었지만, 일정을 짜지는 못했다. 은퇴 후 처음으로, 특별히 가고 싶은 곳이 없었다. 그래서 우리 마음은 편하지 않았다.

그러나 정형화되지 않은 우리 인생에서는 우연한 사건을 통해 마음을 정하는 일이 자주 발생한다. 한 통의 전화가 그 계기를 마련해 주었다. 떠나기 이틀 전에 로스앤젤레스의 공영 텔레비전 방송인 타비스 스마일리 토크쇼Tavis Smiley talk show에 출연해 달라는 전화를 받았다. 전화를 건 사람은 프로그램이 곧 방송될 예정이기 때문에 마이애미에서 인터뷰를 진행하고 녹음해도 된다고 말했다. 그전에 우리가 이곳을 떠날 예정이라고 말해 주었더니 자신들이 계약한 녹음장이 있는 도시라면 아무데서나 녹음해도 좋다고 말했다. 이렇게 적은 정보만 가지고 인터뷰를 진행할 수 있을지 의문이었지만 나는 그녀에게 장소를 확인해 보고 다시 전화하겠다고 말했다. 지도를 살펴보니 가능한 장소로 게인스빌Gainsville과 탈라하세Tallahassee가 눈에 들어왔다. 우리는 (너무 가까운 게인스빌을 제치고) 탈라하세로 마음을 정한 뒤 담당자에게 전화를 걸었다. 상대방도 탈라하세가 좋다고 했다. 나는 주소와 시간, 전화번호를 받아 적었다.

일단 할 일이 정해지자 우리는 목표를 향해 달렸다. 카렌은 예전에 뉴올리언스로 여행을 했고, 걸프 해안을 따라가는 여행도 했다. 그 여행 이야기를 들을 때마다 나도 한번 가 보고 싶었다. 우리는 플로리다의 북서쪽으로 이동한 뒤 걸프 해안을 따라 여유 있게 여행하기로 했다. 그리고 텍사스 남서부에 있는 빅 벤드Big Bend 국립공원으로 가는 도중에 모빌Mobile과 뉴올리언스에 들르기로 했다. 서부로 돌아간다!

■ 더 읽을거리
<<<<<<<<<<<<<<<<<<<<<<<<<<<<<<<<<<

읽을 가치가 있는 훌륭한 플로리다 역사서로는 Mark Derr, *Some Kind of Paradise: A Chromicle of Man and the Land in Florida*(Gainesville, FL: University Press of Florida, 1998)가 있다. 나는 이 장에서 이 책을 많이 인용했다. 플로리다의 쿠바 사람들에 대해서는 Maria Cristina Garcia, *Havana USA: Cuban Exiles and Cuban Americans in South Florida*(Berkeley, CA: University of California Press, 1996)를 참고하라. 쿠바계 미국인들의 경험을 통찰력을 가지고 기록한 책으로는 David Rieff, *Going to Miami: Exiles, Tourists and Refugees in the New America*(Gainesville, FL: University Press of Florida, 1999)가 있다. 플로리다를 배경으로 한 많은 소설 중 뛰어난 작품으로는 남서 해안의 텐 사우전드 아일랜즈를 배경으로 쓰여진 *Killing Mister Watson*(New York, NY: Vintage, 1991)을 꼽을 수 있다. 오랫동안 플로리다에 거주했던 『마이애미 헤럴드』의 특별 기고가 칼 히아센Carl Hiassen이 쓴 소설과 Elmore Leonard, *Get Shorty*(New York, NY: Harper Torch, 2002)를 참고하라. http://www.letcubalive.org/TERRFACT.htm에서 쿠바를 상대로 자행된 테러 행위 목록을 찾아볼 수 있다. 유람선 노동자에 대한 정보는 『마이애미 뉴 타임스*Miami New Times*』에 기고한 포레스트 노만Forrest Norman의 글 "Screwed If by Sea: Cruise Lines Throw Workers Overboard When It Comes to Providing Urgent Medical Care"에서 얻었다. http://www.miaminewtimes.com/issues/2004-11-11/news/feature.html에서 찾아볼 수 있다. 1926년의 부동산 거품에 대해서는 John Kenneth Galbraith, *The Great Crash*(Boston, MA: Houghton Mifflin, 1988)[『대폭락 1929』, 존 K. 갤브레이스, 이헌대 옮김, 일리, 2008]을 참고하라.

2005년 5월~8월

07* CHEAP MOTELS AND A HOT PLATE

< < < < < < < < < < < < < < < < < < < < < < < < < < < < <

싸구려 모텔에서 미국을 만나다

플로리다 탈라하세(Tallahassee, Florida)

2003년 인구	153,938명
2000년 인구	
백인	60.4퍼센트
흑인	34.2퍼센트
아시아계	2.4퍼센트
히스패닉(인종 무관)	4.2퍼센트
2000년 가구 소득 중앙값	30,571달러
2000년 임대 비용 중앙값	490달러
부대 비용을 포함한 주택 자금 대출 중앙값	990달러
빈곤선 이하 소득자	20퍼센트

펜사콜라가Pensacola Street와 듀발가Duval Street에 위치한 뉴 캐피툴New Capitol의 전망대에 가면 도시가 잘 보인다. 전화 (850) 488-6467. 400 South Monroe Street에 있는 올드 캐피툴Old Capitol은 방문할 만한 박물관이다. 전화 (850) 487-1902. 우리는 그 근처에서 노예시장이 열렸다는 사실을 알게 되었다.

앨라배마 모빌(Mobile, Alabama)

2003년 인구	193,464명
2000년 인구	
백인	50.4퍼센트
흑인	46.3퍼센트
아시아계	1.5퍼센트
히스패닉(인종 무관)	1.4퍼센트
2000년 가구 소득 중앙값	31,445달러
2000년 임대 비용 중앙값	384달러
부대 비용을 포함한 주택 자금 대출 중앙값	790달러
빈곤선 이하 소득자	21.2퍼센트

150 South Royal Street에 있는 방문객 센터에서 지도를 얻어서 돌아다녀 보라. 전화 (251) 208-7658. 이곳의 자원 봉사자들은 친절하고 많은 도움을 준다. 더핀가 사적지 Dauphin Street Historic District에는 건축학적으로 흥미로운 집과 건물이 있다.

텍사스 반 혼(Van Horn, Texas)

2003년 인구	2,271명
2000년 인구	
백인	64.6퍼센트
흑인	0.7퍼센트
(응답자의 말에 따른) 다른 인종	31.5퍼센트
히스패닉(인종 무관)	78.6퍼센트
2000년 가구 소득 중앙값	24,432달러

2000년 임대 비용 중앙값	226달러
부대 비용을 포함한 주택 자금 대출 중앙값	574달러
빈곤선 이하 소득자	28.7퍼센트

이 황량한 텍사스 서쪽의 도시는 반 혼 웰즈Van Horn Wells에 물이 있다는 이유로 건설됐다. 〈멜키아데스 에스트라다의 세 번의 장례식The Three Burials of Melchiades Estralda〉이라는 훌륭하지만, 잘 알려지지 않은 영화의 배경이다.(이민국을 냉엄하게 조명한 내용 때문에 유명세를 타지 못했을 것이다.) 우리는 1805 North Broadway에 있는 모텔 6의 점원과 이야기하기를 좋아했다. 전화 (432) 283-2992. 특별히 불편한 침대와 지저귀는 새들, 그리고 몇 가지 이유가 더해져 우리는 새벽 세 시에 일어나서 미친 듯이 웃어 댔다.

미주리 조플린(Joplin, Missouri)

2003년 인구	46,373명
2000년 인구	
백인	91.4퍼센트
흑인	2.7퍼센트
아메리카 인디언	1.5퍼센트
히스패닉(인종 무관)	2.5퍼센트
2000년 가구 소득 중앙값	30,555달러
2000년 임대 비용 중앙값	359달러
부대 비용을 포함한 주택 자금 대출 중앙값	649달러
빈곤선 이하 소득자	18.8퍼센트

조플린 박물관 복합 지구Joplin Museum Complex는 (과거 66번 고속도로였던) 7번가와 노스 쉬퍼데커로North Schifferdecker Avenue에 있다. 전화 (417) 623-1180. (조플린은 냇 킹 콜의 노래 "66번 고속도로를 타라Get your Kicks on Route 66"에 등장한다). 조플린에서 남동쪽으로 32킬로미터 거리에 있는 조지 워싱턴 카버George Washington Carver 천연기념물 보존 구역은 반드시 방문해 보아야 할 곳이다. 천연기념물 보존구역 웹사이트 http://www.nps.gov/gwca에 들어가 보라.

걸프 해안

우리는 2005년 5월 1일, 마이애미비치를 떠났다. 일요일에는 95번 주간 고속도로를 타도 괜찮을 것이라고 예상했지만, 예상은 빗나갔다. 코스웨이를 건너 간선도로로 들어섰을 때 우리 앞에서 이동하는 밴에 무언가 문제가 있는 것처럼 보였다. 나는 카렌에게 "저것 봐. 밴 뒷문이 열렸네." 하고 말했다. 말이 끝나기 무섭게 밴에서 커다란 금속제 인형이 고속도로로 튕겨 나와 우리 차의 범퍼를 스치면서 뒤 차선으로 미끄러져 갔다. 우리는 자동차와 화물차로 가득한 6차로 한복판에서 멈춰 섰지만 다행히 우리 차를 받은 차는 없었다. 하지만 우리를 피해 가는 모든 차량의 물결 속으로 다시 합류해야만 했다.

우리는 포트 피어스Fort Pierce를 향해 북쪽으로 차를 몰다가 플로리다 턴파이크Florida Turnpike로 갈아타고 북서쪽 방향의 올랜도Orlando를 향해 갔다. 나는 올랜도 외곽에 있는 디즈니 월드에 가 보지 않았지만 카렌은 아이들과 함께 한 번 다녀왔다. 그때는 리스버그Leesburg 인근에 살고 계셨던 내 삼촌과 이모 집에서 머물렀다. 카렌은 디즈니 월드를 싫어했고, 아이들도 그랬다. 아이들은 아직도 소나기가 내릴 때 수천 명의 방문객이 착용했던 노란색의 싸구려 미키 마우스 비옷에 대해 이야기한다. 월트 디즈니Walt Disney는 땅값이 오를까 봐 염려해서 비밀리에 그 지역의 토지를 매입했다. 디즈니의 회사는 플로리다 자연 변형의 원조격인 플래글러가 이곳을 꿈의 동산으로 만들어 버린 이후의 경관조차도 거의 남아 있지 않을 정도로 심하게 이 지역 경관을 변형시켰다. 우리는 올랜도 주변 지형에 생긴 변화를 알아볼 수 있었다. 모래 토질의 토양은 사라지고 대신 나무와 언덕이 들어서 있었다. 고속도로에서도 보일 만큼 커다란 말 농장이 있었다. 특히 오칼라Ocala 주변은 유명한 말 사육 지대다. 어디선가 날아온 재생 타이어가 앞 차량에 맞고 튕겨 나와 우리 차 앞 유리를 때리고 지나갔던 정신 사나운 95번 주간 고속도로를 빠져나오자 긴장이 풀리기 시작했다.

  일부가 중부 표준 시간대에 속하는 플로리다 팬핸들은 서쪽으로 쭉 뻗어 있다. 타비스 스마일리와 인터뷰하기 위해 탈라하세로 가는 길에는 소나무 숲이 우거졌다. 우리는 플로리다의 주도인 탈라하세에서 이틀을 머물렀다. 탈라하세는 매력적이었지만, 우리가 로비스트가 아닌 이상 특별히 흥미롭지는 않았다. 우리는 새로 지은 법원 건물 옥상에서 개별 주택을 구분해 내지 못할 정도로 나무가 우거졌다는 사실에 깊은 인상을 받았다. 우리가 묵었던 모텔에서 도시로 진입하는 도로에는 어느 곳에나 존재하는 상점가와 대형 할인점이 있었지만, 이곳에서는 고속도로를 따라 자라는 나무에 가려져 있다는 점이 달랐다. 참나무 때문에 상점을 찾기가 조금 어려웠지만 아름다운 참나무의 자태는 상점 찾기에 조금 더 공을 들일 만한 가치가 있었다. 수천의 다른 마을과 도시들은 탈라하세의 사례에서 교훈을 얻을 수 있을 것이다.

우리가 인터뷰를 녹음하기로 한 작은 언론사는 찾기가 어려워서 늦을 뻔했다. 땀에 절어 도착했지만 만사가 순조롭게 진행되었다. 나는 타비스 스마일리와 노동조합과 현대의 중대 사회문제와의 관련성에 대해 이야기를 나눴다. 그는 열 명 남짓한 진보적인 텔레비전 대담 진행자에 속한다. 그의 식견과 교양에 깊은 인상을 받았다. 나는 월마트가 노동조합에 적대적이라는 사실을 비난했는데, 월마트가 이 프로그램의 후원사 가운데 하나라는 사실에 희열을 느꼈다. 부시 행정부를 추종하는 케네스 톰린슨Kenneth Tomlinson 공영 방송Corporation for Public Broadcasting 사장은 스마일리의 대담 프로그램이 정치적 편향성을 띠는지 감시해 왔다. 나는 염탐하는 사람이 놀랄 만한 이야기를 들려주려고 최선을 다했다.

우리는 탈라하세를 떠나 남쪽으로 이동해 플로리다에서 가장 큰 주립공원 가운데 하나인 와쿨라 스프링스Wakulla Springs로 갔다. 호수 물이 너무 탁해 보트를 탈 엄두도 내지 못한 채 그곳을 그대로 통과해 멕시코 만을 품고 있는 98번 고속도로를 타고 계속 이동했다. 과거 면화 무역항이었던 아팔라치콜라Apalachicola에 들러 마을에 남아 있는 우아하고 오래된 건물에 감탄했고, 특징 없는 포트 세인트 조Port St. Joe에 들러 산책했다. 다음에는 바다를 따라가는, 길지만 기분 좋은 도로로 들어섰다. (플로리다에서 각광받는 "봄 휴가" 지인) 파나마 시티Panama City에서 펜사콜라 Pensacola에 이르는, 160킬로미터도 넘는 구간에서 마구잡이식 개발이 진행되고 있었다. 끝도 없어 보이는 교통 정체 속에서 더위에 지쳐 무기력해진 우리 눈에 들어온 것은, 셀 수 없이 많은 상점가와 바다의 경관을 막아선 콘도와 가옥이었다. 일부는 최근 불어 닥친 허리케인으로 파괴되었고, 남은 건물도 결국 허리케인의 제물이 될 것이 뻔했다. 계획 없이 헐값에 건설되는 것처럼 보였다. 이런 건물을 지은 개발 업자와 부동산 업자들은 구매자를 속여 자신들의 호주머니를 채울 것이다. 이들은 공동체와 자연적 서식지를 파괴하고 약탈해 "별장 소유자"의 겨울나기 장소를 조성했다.

우리는 지도에서 찾아낸 주립공원에서 점심을 먹기로 했다. 주립공원을 찾는 데는 한 시간 정도 걸렸다. 가는 동안 몇 킬로미터에 걸쳐 펼쳐진 초기 디즈니 양식의 "계획" 공동체를 지났다. 그곳에는 거대한 집과 "메이베리"[114]풍의 도심이 있었다. (커다란 집 앞 현관과 자연스러운 거리로 완성되는 소규모 마을이라는 환상을 다른 말로 표현한) "신도시주의"의 가장 유명한 사례로는 98번 고속도로 남쪽 파나마 시티와 포트 월튼 비치Ft. Walton Beach 사이에 위치한 시사이드를 들 수 있다. 이곳에서는 (93평방미터도 안 되는) 침실

---

114) 메이베리Mayberry는 노스캐롤라이나에 있는 가상의 마을 이름이다. 이곳은 〈앤디 그리피스 쇼The Andy Griffith Show〉와 〈메이베리 R. F. D〉라는 텔레비전 프로그램의 배경으로 쓰였다. 메이베리는 또한 〈앤디 그리피스 쇼〉를 재각색해 1986년에 제작한 영화 〈메이베리로의 귀환 Return to Mayberry〉의 배경이기도 했다.

하나만 갖춘 작은 콘도의 객실 가격이 맨해튼의 부동산 가격과 크게 다르지 않은 수준인 백만 달러 정도다. 시사이드에 일 년 내내 거주하는 사람은 소수에 불과하며 (백인이 아닌 거주자도 드물다.) 또 일부 소유자들은 휴양객들에게 집을 빌려 주는데, 하루 숙박 요금이 몇 백 달러에 이른다.

앨라배마 모빌의 한 남성은 시사이드의 아파트를 청소비만 내는 조건으로 주말 내내 빌렸던 자기 친구에 대한 이야기를 들려주었다. 그 친구는 청소비로 4백 달러라는 바가지요금을 지불하고도 기쁜 마음으로 동의했다고 한다. 시사이드가 영화 〈트루먼 쇼The Truman Show〉의 배경 마을이라는 사실을 알려 주면 독자들은 시사이드의 무미건조하고 전체주의적 정서를 쉽사리 느끼게 될 것이다. 더 나쁜 것은 시사이드 인근의 워터컬러Watercolor 공동체였다. 워터컬러의 집들은 시사이드의 집보다 더 크고 교통 사정도 더 나쁘다. 환경은 더 인공적이며 색깔을 주제로 거리 이름을 짓고 집을 지어 놓았다. 모든 거리가 개인 도로라서 둘러보기 위해 멈출 수도 없었다. 사람들은 분명 주택 가격이 매년 엄청나게 치솟는 이곳에 집을 소유하기를 원했다. 하지만 우리는 사람들이 왜 이곳에 집을 소유하려고 하는지 알 수 없었다.

펜사콜라를 뒤로 하고 우리는 10번 주간 고속도로로 진입해 앨라배마 모빌을 향해 갔다. 모빌에 허리케인 카트리나가 지나가기 전이었는데도[115] 모빌 베이Mobile Bay의 북쪽 끝이라는 특별한 입

---

115) 허리케인 카트리나는 2005년 8월 말, 미국을 강타했다.

지 조건과 상관없이 허름한 모습이었다. 친절한 사람들과 예쁜 집들이 경제적 기반이 축소되어 가는 무기력한 도시 중앙부의 모습을 상쇄할 수는 없었다. 방문객 센터에서 만난 두 사람이 우리에게 주변에서 가 볼 만한 장소에 대한 유용한 조언을 해 주었다. 그들이 추천한 대로 남쪽으로 차를 달려 만 주변을 둘러보기로 했다. 모빌 베이의 동쪽 경계는 산업 시설이 들어선 불모의 서쪽 경계에 비해 더 많은 나무가 심어져 있었고 더 부유했다. 우리는 모빌 베이 동쪽의 아름다운 페어호프Fairhope 주위를 산책하며 즐거운 시간을 보냈다. 페어호프는 작가와 예술가들을 끌어들이는, 그림엽서같이 아름다운 경치를 지녔다.

   우리는 페어호프를 떠나 모빌로 돌아가 모빌 베이의 서쪽 변을 달려 모래가 지천으로 널린 더핀Dauphin 섬으로 갔다. 육지의 방파제 구실을 하는 더핀 섬의 서쪽 절반이, 작년에 이곳을 덮친 허리케인으로 파괴되어 출입 금지 상태였다. 건설 장비들이 임시 도로를 분주히 돌아다니면서 주택과 상업 건물의 건설 자재를 실어 나르고 있었다. 허리케인 카트리나가 몇 달 동안의 노력을 무위로 돌려놓기 전까지 섬에는 수백만 달러의 자금이 들어갔다. 그러나 다시 한 번 재건 계획이 수립되어 새로운 자금이 집행되고 있다. 섬을 재건하는 데는 납세자들의 주머니에서 나오는 수억 달러의 돈이 투입될 것이지만 그 혜택은 2천 명에 못 미치는 부유한 별장 소유자들이 볼 것이다. 어쩌면 더핀 섬이 주택으로 훼손되기 전의 자연 상태로 되돌아가도록 내버려두어야 할지도 모른다. 그렇게 되면 보트를 이용해야만 섬에 들어갈 수 있을 것이다. 우리는 섬과 육지를 잇는 다리로 향하는 도중에 주목할 만한 광경을 목격했다. 2층 높이에 3미터나 될까 말까 한 넓이의 건물이 모여 있었는데, 이 집들은 "자그마한 콘도"라는 광고 문구와 함께 팔리고 있었다. 미국에서나 볼 수 있는 광경이다!

우리는 경로를 북서쪽으로 돌려 90번 고속도로를 타러 가는 길에 작은 어촌 마을인 베이유 라 바트르Bayou La Batre에 들렀다. 앨라배마에서 벽지에 속하는 이곳에 부활이라는 단어가 적절한지는 모르겠지만, 아무튼 이 마을은 베트남전쟁이 끝난 뒤 몰려든 베트남 피난민 때문에 부활했다. 우리는 베트남 이름을 가진 고기잡이 선단을 보고 감탄했다. 호치민의 군대가 미군을 이기고 민족해방전선National Liberation Front이 부지런히 해상 무역을 전개할 기지를 찾아 걸프 해안까지 내려오자, 미국에 동조했던 베트남 사람은 베트남에서 쫓겨나 피난민이 되었다. 마을 주민의 3분의 1이 베트남 사람이다. 새로 이곳에 온 베트남 사람들은 베트남전쟁이 벌어지는 동안 열렬한 애국심을 발휘했던 백인 어부들의 인종차별적인 폭력에 시달리는 기막힌 일이 벌어졌다. 그러나 우리가 그곳에 방문했을 때 베트남 사람들은 굴과 새우를 잡아 생계를 꾸려 가며 그들의 기개를 보여 주었다.

베이유 라 바트르 역시 카트리나로 인한 피해를 입었고, 복구되려면 아직 갈 길이 멀다. 마을에서 가까운 곳의 나무에는 아직도 고기잡이배가 많이 걸려 있다. 최근 『뉴욕타임스』(2006년 6월 7일) 기사는 "길이 24미터, 무게 100톤 이상 급의 새우잡이 어선 20여 척이 참나무와 소나무 숲에 걸려 있다. 원래는 몇 미터 떨어진

베이유에 있던 배들이다. 파란 바다에서 쫓겨나, 푸른 숲으로 밀려들어온 배의 하얀 돛대와 관련 장비들은 나무 위로 솟아나 있는데, 마치 하얗게 변색된 나무 꼭대기처럼 보인다."고 전했다. 카트리나가 휩쓸고 지나가기 전에도 빈곤율은 30퍼센트에 가까웠는데, 지금은 아마 더 높아졌을 것이다. 베이유 라 바트르 같은 가난한 마을까지 공적 자금이 도달하려면 멀었다. 별장 소유자나 관광객이 많지 않은 곳에는 자금이 투입되지 않는다.

90번 고속도로를 타고 앨라배마를 벗어나서 미시시피로 들어갔다. 미시시피 걸프 해안은 길이가 160킬로미터도 되지 않을 만큼 짧지만, 구경거리가 많은 곳이다. 파스카굴라Pascagoula에 들러 상점에서 필요한 물건을 구입한 뒤, 오션 스프링스Ocean Springs로 갔다. 하루 묵어 가기 좋은 이 상냥한 마을에는 아름다운 해변과 아열대 기후에 서식하는 큰 나무들이 있었는데, 이곳 역시 카트리나가 휩쓸고 지나갔다. 카렌은 빵집 점원에게 빌록시Biloxi까지 얼마나 걸리는지 물었다. 점원은 묘한 표정을 짓더니 "다리만 건너면 되는데요." 하고 말해 주었다. 이 다리도 거대한 폭풍우가 몰아쳤을 때 파괴되었다. 미시시피 걸프 해안을 따라 있던 모든 것들이 심하게 파괴되었다. 가옥의 절반가량이 파괴되었지만 복구 노력은 느리게 진행되었다. 가난한 지역일수록 먼저 복구가 시작되지만 진전은 느렸다. 빌록시를 지나는 90번 고속도로 옆 걸프 해안을 따라 즐비하게 서 있던, 이윤을 내는 카지노도 파괴되었지만 빠른 속도로 복구되고 있다. 사람들이 어떻게 4차선의 90번 고속도로를 가로질러 해변으로 가는지 알 수 없었다.

빌록시 인근에 위치한 패스 크리스챤Pass Christian과 베이 세인트 루이스Bay Saint Louis 같은 가난한 공동체의 상황은 크게 달라진 것이 없었다. 카트리나가 지나가기 전의 빌록시는 비참했다. 대저택, 고속도로 건너편으로 보이는 끔찍한 형상의 카지노, 더럽고 인적 없는 해변 너머로 보이는 걸프 해안의 갈색 바닷물, 걸프포트Gulfport의 석유 정제 시설, 뒤죽박죽인 교통 사정 등 마을 모습은 초라하기 짝이 없었다. 빌록시에서는 도박과 음주로 밤을 지새운 뒤 음주 운전을 해서 교통사고가 많이 일어난다는 내용의 기사를 읽은 적이 있다. 그러나 빌록시 복구 계획의 초점은 더 많은 카지노 건설에 맞춰져 있다. 주거지를 건설하자는 내용은 끼어들기 힘들어 보인다. 뉴올리언스에 도착하기 전날 밤 우리는 루이지애나 슬리델Slidell의 데이즈 인Day's Inn에서 하루 묵었다. 이 마을 역시 카트리나의 피해를 입었고 우리가 묵었던 모텔은 아직도 폐업 상태다.

뉴올리언스

뉴올리언스는 맨해튼처럼 신화로 가득한 도시다. 기회의 땅Big Easy, 이국적인 음식인 검보,[116] 킹 올리버King Oliver와 루이 암스트롱Louis Amstrong, 그 밖의 수백 명의 재즈 거장들, 마디그라Mardi Gras 축제,[117] 프렌치 쿼터의 유령 이야기. 밥 딜런조차 뉴올리언스에 넋을 잃었다.

다시 찾아가면 더 이상 신비롭지 않은 다른 수많은 지역과는 달리 뉴올리언스는 그 매력을 간직하고 있었다. 밤은 당신을 감싸 안을 수 있지만 아무것도 당신을 건드리지 못한다. 구석구석 참신하고 이상적인 것에 대한 약속이 있고, 이제 막 모든 일이 시작되고 있다. 대문 안에는 무언가 즐거운 일이 기다리고 있다. 물론 손으로 머리를 감싼 채 울음을 터트리는 사람도 있을 것이다. 늘어지는 선율이 몽환적인 분위기 속에서 불쑥 나타나고 대기는 지나간 결투, 전생의 낭만적 사랑, 어떻게든 도와달라는 전우의 외침으로 진동한다. 그들을 볼 수는 없지만 그들이 이곳에 있음을 알 수 있다. 항상 풀죽어 지내는 이도 있다. 이곳 사람들은 모두 아주 오래된 남부의 가족 출신인 것처럼 보인다. 아니면 외국인이다. 나는 이곳의 방식을 사랑한다. 내가 사랑하는 장소는 여러 곳이지만, 그중에서도 뉴올리언스를 가장 사랑한다.

나는 뉴올리언스에 처음 발을 디뎠기 때문에 도심으로 들어가 호텔의 입실 절차를 마치면서부터 흥분하기 시작했다. 카렌은 한번 온 적이 있었다. 처제 중 한 명이 그레트나Gretna에 살았기 때문이다. 처제는 나중에 노벨의학상을 수상하게 되는 남자(그는 카렌이 8학년일 때 과학 숙제로 제출할 진흙 심장 모형을 설계해 주었다.)와

---

116) 검보gumbo는 미국 루이지애나의 크리올 요리로 특이한 향이 나는 수프식 스튜다. 아프리카, 아메리카 인디언, 유럽의 요소들이 합쳐진 요리로, 검보라는 이름은 소스에 감칠맛을 주는 이 요리의 필수성분인 오크라의 이름이다.
117) 마디그라Mardi Gras는 사순절 금식을 시작하기 전 음식, 술, 음악, 춤, 퍼레이드로 축제를 벌이는 것을 가리킨다.

결혼했다. 카렌은 기차로 폰차트레인 호수Lake Pontchartrain를 건넜던 이야기를 해 주었는데, 기찻길 바로 밑으로 호수 물이 찰랑거렸다고 한다. 우리는 미시시피강의 경관이 보이는 호텔 객실을 잡았고, 정신없이 돌아간 이틀 동안의 방문 일정을 시작했다. 다행히 5월치고는 습도가 높지 않은 가운데 쌀쌀한 날씨였다.

우리는 해 보기로 마음먹었던 일을 다 했다. 프렌치 쿼터의 거리를 돌아다녔고 근사한 안마당에 감춰진 건축물을 보고 감탄했으며 철제 난간이 달린 발코니에 내걸린 꽃바구니도 보았다. 우리는 카페 드 몽드Café de Monde에서 뱅예[118]를 먹었고 작은 상점에서 검보를 구입했다. 우리는 세인트 찰스가St. Charles Street까지 가는 시내 전차를 타고 로욜라 대학교Loyola University와 툴레인 대학교Tulane University를 지나가면서 거리 양쪽에 늘어선 대저택을 멍하니 바라보았다. 미시시피강을 건너는 배를 무료로 이용하기도 했다. 이틀째 되던 밤 나는 강 옆에 있는 카지노에 들렀다가 포커게임 기계에서 10분 만에 250달러를 땄다. 뉴올리언스가 멋진 도시가 아니라고 누가 말했나? 잭슨 스퀘어Jackson Square에서 우리는 타로 카드 점을 보는 점쟁이를 봤는데, 카렌은 "저 남자를 본 적이 있다."고 말했다. 그에게 말을 걸자 그는 링컨 로드에서 막 도착한 참이라고 말했다. 그는 일 년의 반은 뉴올리언스에서, 나머지 반은 사우스 비치에서 지낸다고 했다. 사교적인 팬핸들 출신의 이 남자는 우리에게 마디그라 구슬 목걸이[119] 몇 개를 주

---

118) 뱅예baignet는 기름에 튀겨 낸 구멍 없는 도넛을 말한다.

카트리나가 지나가기 전의 뉴올리언스

었다. 우리는 아직도 그 목걸이를 가지고 있다. 목걸이를 볼 때마다 우리는 그 남자가 엄청났던 허리케인을 피해 살아남았기를 기원했다.

뉴올리언스 거리를 포틀랜드 거리로 착각하는 일은 절대 없을 것이다. 뉴올리언스의 거리는 더럽고 쓰레기로 가득했다. 포틀랜드에도 "성인 용품" 가게가 있었지만 부르봉가Bourbon Street에서 거의 벗은 차림의 여성이 공개적으로 매춘을 하는 뉴올리언스와는 비교할 수 없는 수준이다. 저녁 여섯 시면 부르봉가의 노상에는 공개적으로 술을 마시는 술 취한 남녀로 가득했다. 물론 합법

---

119) 마디그라 축제 때 남성이 구슬 목걸이를 주면 여성이 옷을 올리고 가슴을 보여 주는 이색 행사가 열리는데, 그때 사용하는 목걸이를 마디그라 구슬 목걸이Mardi Gras Beads라고 한다.

적이다. 나는 그중 이 지역 주민은 얼마나 되고, 그저 진짜 뉴올리언스를 경험하고픈 마음에 뉴올리언스 토박이처럼 행동하는 관광객은 얼마나 될까 궁금하다. 우리가 이야기를 나눠 본 주민들은 프렌치 쿼터가 디즈니 같은 볼거리로 급속하게 변해 가는 현실을 비난했다.

거리의 사람들은 가난해 보였고, 실제로 가난했다. 대부분이 흑인이었다. 사회학자 크리스틴 라벨Kristin Lavelle과 조 피긴Joe Feagin은 다음과 같은 이야기를 들려준다.

> 카트리나가 휩쓸고 지나가기 전의 뉴올리언스 주민 3분의 2가 흑인이었다. 백인은 28퍼센트에 불과했다. 뉴올리언스는 우리나라에서 여섯 번째로 가난한 거대도시였다. 주민 네 명 중 한 명 이상이 공식적인 빈곤선 이하의 생활을 했다. 흑인 가정 열 가구 중 네 가구가 빈곤했고, 이는 전국의 흑인 공동체를 통틀어 가장 높은 비율이다. 가난한 다수가 공식적인 빈곤선의 절반에도 못 미치는 소득으로 살아간다는 사실이 더욱 큰 문제다.

자동차를 소유하지 않은 가난한 흑인 남성의 비율은 60퍼센트였던 반면, 가난한 백인은 17퍼센트에 그쳤다. 학교에서의 인종차별을 금지한 이후 백인들이 떠나면서 교육 체계는 어찌해 볼 수 없을 만큼 훼손됐다. 백인들의 탈출로 세입의 원천이 감소되어 공립학교에 대한 지원이 점차 줄어들었다. 허리케인이 몰아치기 전 뉴올리언스의 학교는 미국 최악의 학교에 속했다. 9학년 흑인 아이들의 중퇴 비율은 50퍼센트를 넘었다. 세련된 교육 기회를 박탈당하고 저임금의 서비스 산업에 종사하게 된 많은 흑인들이 최종적으로 가는 곳은 악명 높은 앙골라 감옥Angola prison이었다. 흑인만 가난하다는 말은 아니다. 가난한 백인도 수없이 많다. 그러나 뉴올리언스는 우리나라의 주요 흑인 노예시장이 열리면서 생겨난 도시이고, 이 도시를 몇 번이고 다시 건설했던 것은 흑인 노동이었음을 기억해야 한다.

  8월 29일 월요일 허리케인 카트리나가 해안을 덮쳤을 때 우리는 애리조나 플래그스태프에 있었다. 다른 사람들처럼 우리도 도시에 홍수가 나서 사람들이 죽는 모습을 공포 속에서 지켜보았다. 또 미국 정부가 주와 지역의 지도자들과 함께 우리나라의 주요 도시들이 사멸하도록 내버려두는 광경도 보았다. 대부분의 경우가 그렇듯 대참사는 우리 사회구조가 잘못된 방향으로 조직되어 있음을 드러냈다. 뉴올리언스에서 우리는 미국의 핵심 지도자들이 인종차별적이고 계급 편향적이며 부패하고 생태 문제에 대해 몰지각하다는 사실을 볼 수 있었다. 폭스 뉴스[120] 보도 기자마저 자신이 목도한 사실에 충격을 받아 일말의 진실을 그들의 선전 기계를 통해 흘려보낼 정도였다. 뉴올리언스는 가난한 주민 대부분은 도움 없이는 피난조차 할 수 없다는 사실을 알면서도 피난 계획조차 마련하지 않았던 무방비 도시였다. 사람들을 위험에서 구할 수 있었던 그 시간에 버스와 기차는 움직이지 않았다.

---

120) 폭스 뉴스Fox News는 보수적 논조로 유명하다.

슈퍼 돔과 다른 시설로 가난한 사람들의 행렬이 이어졌지만, 이들을 인도하는 사람은 아무도 없었다. 죄수, 병원의 환자, 요양 시설의 노인들은 물이 차오르는 상황에서도 감방, 침대, 휠체어에 발이 묶여 떠날 수 없었다. 절망한 사람들은 다락방이나 지붕에 갇힌 채 죽어 갈 수밖에 없었다. 경찰은 그레트나로 피하려고 다리를 건너던 흑인 피난민에게 사격을 가하며 위협했다. 경찰은 홍수 피해자들의 재산을 약탈하고 위협했다.

(아비규환의 참상이 벌어지기 하루 전, 텍사스에서 충직한 부자 당원과 잡담을 나누며 휴가를 즐겼던) 부시 대통령과 (슈퍼 돔에 갇혔던 사람들이 허리케인이 몰아치기 전보다 더 부유하게 되었다고 말했던) 그의 어머니 바바라Barbara는 뉴올리언스 사태에 무관심했다. 연방 긴급 사태 관리국(Federal Emergency Management Agency, FEMA)과 국토 안보부Homeland Security 책임자 마이클 브라운Michael Brown과 마이클 셰르토프Michael Chertoff는 (텔레비전에서 보여 주는 슈퍼 돔의 끔찍한 광경은 "유언비어이며, 날조된 것"이라며 피노키오보다 더 심한) 거짓말을 했다. (저택 사냥을 다니는) 체니 부통령, (맨해튼에서 신발이나 사러 돌아다니던) 콘돌리자 라이스Condoleeza Rice, (높은 곳으로 대피해서 구조를 기다려야 한다는 대책이나 세웠던) 내긴Nagin 시장도 뉴올리언스 사태에 무관심했다. 그 밖에도 많은 주요 인사들이 내세운 방침은 살인미수에 가까웠다. 전 세계는 이들의 그릇된 행동을 똑똑히 보았다.

카트리나의 여파 역시 참사의 연속이었다. 유독성 화학물질이 도처에 퍼져 있었다. 수십만 명의 주민들은 돌아올 가망도 없이 미국 전역으로 흩어졌다. 떠난 사람 대부분은 가난한 사람들과 흑인들이었다. 흑인 주민의 53퍼센트가 허리케인으로 모든 것을 잃었다. 우리는 뉴올리언스가 대참사를 겪을 가능성이 높다는 사실을 정부가 미리 알았음에도 대참사의 가능성을 완화하는 데 꼭 필요한 재정 지원을 삭감했고, 핵심 기관장에 정부의 앞잡이를 임명했다는 사실을 알게 되었다. 우리는 부자들과 대기업의 비위나 맞춰 주었던 지난 수십 년간 벌어진 일이 뉴올리언스를 이제 시작에 불과한 생태적 악몽으로 바꿔 놓았음을 알게 되었다. 우리는 토목 공병 공사Army Corps of Engineers가 수립한 홍수 대비책에는 허점이 많았다는 사실과 허점투성이의 대비책조차 애초부터 적절하게 시행되지 않았다는 사실을 알게 되었다. 우익 진영에서는 무슨 일이 일어났는지조차 제대로 알리지 않은 채 뉴올리언스를 백인들의 관광지로 만들기 위한 정책을 준비하기 시작했다. 이들은 기쁨을 감추지 못했다. 마이크 데이비스Mike Davis의 말대로, "이들의 궁극적인 목적은 뉴올리언스를 관광 테마파크, 즉 미시시피의 라스베이거스로 만드는 것이다. 그러기 위해서 이들은 만성적인 빈곤을 뒤로 숨기고 간이 주택가와 감옥을 도시 변방으로 몰아낼 것이다."

일 년이 지난 지금도 연방 긴급 사태 관리국이 제공한 작고 허름한 간이 주택이나 자동차 안에서 수천 명의 사람들이 생활하고 있다. 걸프 해안 전역이 간이 주택지로 변했다. 어떤 이들은 대공황 시절 가난한 사람들이 형성했던 임시 빈민가의 이름을 빌어 이곳을 "후버빌Hoovervilles"이라고 부르기도 한다. 수만 명의 사람들이 아직도 집으로 돌아오지 못하고 머나먼 타지에서 생활한다. (연방 정부든 주 정부든 모든 수준의) 정부는 그들이 돌아오기를 바라지 않기 때문에 이들에게 복귀 지원금을 제공하지 않을 것이다. 수십억 달러의 재건 비용은 연줄이 있는 도급 업자에게 돌아갈 것이다. (근무 태만이라는 패악을 저지른 과거의 공무원들은 도급 회사의 로비스트로 활동하거나 직접 자문 회사를 운영한다.) 이미 20억 달러가 낭비되거나 도둑맞았다. 뉴올리언스는 공무원 부패로 정평이 나 있던 곳이었다. 돈이 더 많이 투입될수록 상황은 더욱 악화될 것이다.

해외 원조는 신속히 이루어졌다. 캐나다의 도움이 우리나라 군대보다 먼저 도착했다. 베네수엘라와 쿠바도 원조를 제공했지만, 이들이 보낸 원조는 받아들여지지 않았다. 쿠바의 원조를 거절한 일은 유감스러운 일이다. 쿠바는 혹독한 허리케인에 잘 대처했던 모범국이기 때문이다. 머조리 콘Marjorie Cohn은 다음과 같이 기술한다.

지난 9월, 5등급의 허리케인이 시속 257.5킬로미터의 속도로 쿠바라는 작은 섬을 강타했다. 폭풍에 앞서 150만 명의 쿠바 사람들이 고지대로 대피했다. 허리케인이 2만 가구를 파괴했지만, 사망자는 없었다.

피델 카스트로 쿠바 대통령의 비결은 무엇일까? 뉴멕시코 대학 사회학과 교수이자 라틴아메리카 전문가인 넬슨 발데스Nelson Valdes

박사에 따르면 "도시의 전체적 방어 체계는 공동체를 만들 때부터 시작되기 때문에 사람들은 폭풍이 닥치기 전에 어디로 대피해야 하는지 알고 있다."

허리케인 이반Ivan이 지나간 뒤 국제 재난 감소 유엔 사무국(United Nations International Secretariat for Diaster Reduction)은 쿠바를 허리케인 대비에 관련된 모범 사례로 제시했다. 국제 재난 감소 유엔 사무국장 살바노 브리세노Salvano Briceno는 다음과 같이 말했다. "쿠바의 방식은 비슷한 경제 조건을 가진 다른 나라에도 쉽게 적용될 수 있다. 심지어 더 많은 자원을 가지고도 쿠바만큼 자국민을 보호하지 못하는 나라에도 적용될 수 있다."

그러나 어쩌랴, 쿠바는 "테러"국인 것을.

나는 남부 내륙에서의 삶에 대한 두려움을 항상 느꼈다. 남부에는 시민권을 옹호하다 살해당한 순교자, 난무하는 개인적인 폭력, 흑인뿐 아니라 노동조합 조직가와 인종차별적 사회의 토대를 위협하는 사람에게 가해지는 야만적 행위가 만연해 있다. 어쩌면 〈이지 라이더Easy Rider〉를 너무 많이 본 탓일 것이다. 그러나 이러한 일은 지금도 일어난다. 빌보Bilbo 상원의원과 이스트랜드Eastland 상원의원[121]은 죽었지만 트렌트 로트와 헤일리 바버,[122] 그리고 내긴 뉴올리언스 시장처럼, 여전히 기업과 백인에게 친화적인 흑인 정치인이 있다. 짐 크로우 법[123]은 사라졌다. 오늘날 우리는 무척 불평등하고 심하게 왜곡된 소득과 부의 분배를 "자유 시장"에 포개 놓고는 자유시장이 마법처럼 작동하라고 내버려두고 있다. 한편으로 우리는 "자연재해"를 기다린다. 자연재해는 정치적으로 쉽게 해결할 수 없는 일, 즉 귀찮은 가난한 사람들을 주요 도시에서 제거하고 시장이 작동하도록 만드는 일을, 우리 대신 처리해 줄 것이다. (원한다면 배상금이라고 불러도 좋을) 사회적 지원이 없다면 너무 많은 가난한 사람들이 교육도 못 받은 채 가망 없는 직업에 종사하면서, 아프고 병들거나 감옥에서 생애를 마치게 될 것이다. 아니면 허리케인에 쫓겨 도시를 떠나 다시는 돌아오지 못할 것이다. 그리고 나면 이 백인의 나라는 희생자를 비난할 것이다. 어찌 보면 이 나라에서 블루스가 탄생한 것은 당연하다.

텍사스를 지나 다시 남서부로

뉴올리언스를 떠나면서 우리는 케이준 지역[124] 아무데서나 하루를 머물러 갈 계획을 세웠다. 브로 브리즈Breaux Bridge에 살았던 친구가 자신이 살았던 곳을 추천했기 때문에 우리는 그곳으로

---

121) 빌보Bilbo는 미시시피 주지사를 두 차례 지내고 상원의원이 되었다. 그는 백인우월주의의 대명사가 되었고 극렬한 인종차별 옹호자였다. 민주당. 이스트랜드Eastland는 미시시피 출신 정치인으로 상원의원을 지냈다. 인종차별을 강력히 지원했다. 역시 민주당 소속이다.
122) 트렌트 로트Trent Lott는 미시시피 출신 상원의원이며 공화당이다. 헤일리 바버Haley Barbour는 미시시피 주지사로, 부통령으로 거론되고 있는 중이다. 공화당 소속이다.
123) 짐 크로우Jim Crow 법은 아프리카계 미국인이 노래하며 춤추는 캐리커처인 "점프 짐 크로우"에서 유래했다. http://en.wikipedia.org/wiki/Jump_Jim_Crow에서 그 모습을 확인할 수 있다. 이 법안은 남부의 주와 미국의 국경 주에서 1876년에서 1965년까지 시행되었으며 흑인들의 지위를 "평등하지만 구별된다."고 못 박았다.

향했다. 마을로 들어갔지만 찌는 듯한 더위 때문에 그곳에 머물지 못하고 그대로 떠났다. 하지만 언젠가는 이곳으로 다시 돌아와 내 친구가 그렇게 열정적으로 즐겼던 음식을 먹고 음악을 들을 것이다. 날이 저물 무렵 검은 구름이 몰려왔다. 큰비가 내릴 것만 같아서 휴스턴 동쪽에 방을 잡고 하루 쉰 뒤 다음날 아침 다시 서쪽을 향해 이동했다.

 휴스턴을 지나갈 때 더럽고 스모그 가득한 공기가 우리를 덮쳤다. 단테가 이 광경을 보았더라면 새로운 지옥 이름을 떠올렸을 것이라는 생각이 들었다. 전생에 잘못한 것이 있다면 아마 이런 곳에서 살아야 하는 벌을 받을지도 모르겠다는 생각도 들었다. 나중에 누군가에게 들은 내용에 따르면 의사들은 특이한 부비동염을 "휴스터니티스Houstonitis"라 진단한다고 한다. 주간 고속도로를 따라 몇 백 킬로미터에 걸쳐 드문드문 서 있는 광고판의 문구는 흥미로웠다. 광고판에는 휴스턴이 정관 절제술을 되돌리기에 적합한 장소라는 문구가 있었다.

 우리의 목적지는 빅 벤드 국립공원이었다. 포트 스톡튼Fort Stockton에서 하룻밤을 보낸 뒤 공원으로 가기 위해 남쪽으로 내려가는 길을 잡았다. 5월 10일이었지만 많은 것을 보았다. 우리

---

124) 케이준 지역Cajun country의 공식적인 이름은 아카디아나Acadiana다. 1620년대 캐나다의 아카디아 지역에 이주해 살던 프랑스인들이 1765년 이곳을 점령한 영국인들에 의해 미국 남부 루이지애나로 강제 이주했고, 이들이 사는 지역을 '아카디아'라고 한다. 이들을 '케이준'이라고도 하는데 케이준의 유래는 분명하게 밝혀져 있지는 않다. 정확한 위치를 알고 싶으면 http://en.wikipedia.org/wiki/Image:Acadiana_Louisiana_region_map.svg에 있는 루이지애나 지도를 참고하라.

는 빅 벤드 국립공원을 지나쳐서 계속 여행할 수 밖에 없었다. 그 이유는 뒤에서 설명할 것이다.

우리는 먼저 나는 국경 마을 프레시디오Presidio를 향해 북쪽으로 이동했고, 텍사스 서부의 황량한 경관을 지나갔다. 이 지역으로 이주했던 사람들의 거친 삶에 대해 생각했고, 36대 대통령 린든 존슨의 일대기를 다룬 로버트 카로Robert Caro의 위대한 역작에서 카로가 생생하게 묘사했던 여성 노동을 기억해 냈다.

어이없게도 부유한 동부 사람들은 마르파Marfa같이 황량한 마을에 별장을 짓는다. 동부 사람들이 마르파에 짓는 별장 이야기는 『뉴욕타임스』에 상당히 자주 등장했기 때문에 나는 신문 관계자 중 누군가가 마르파에 부동산을 보유하고 있는 것이 아닌지 의심하기도 했다. 나는 사람들이 온갖 감언이설로 마르파에 정착하라고 설득해도 넘어가지 않을 자신이 있다. 이곳이 경찰의 대대적인 수색이 필요 없는 조용한 곳이라고 해도, 또 그곳에 진짜 같은 프라다 상점 전시관[125]이 있다고 해도 마르파에 살고 싶지는 않다.

---

[125] 프라다 제품을 진열한 상점으로 물건 판매를 목적으로 세워진 것이 아니라 시간의 흐름이 묻어나는 과정을 기록할 목적으로 세워졌으며, 앞으로 50년간 방치될 예정이다. 프라다 상점 전시관 사진은 http://www.texasescapes.com/TexasArt/Prada-Marfa.htm에서 확인할 수 있다.

환경 7

국립공원의 오염

빅 벤드 국립공원은 텍사스 남부의, 아무것도 없는 허허벌판에 있다. 동부에서 빅 벤드 국립공원에 가기 위해 우리는 텍사스와 루이지애나의 경계에서부터 포트 스톡튼 마을까지 10번 주간 고속도로를 타고 966킬로미터 이상을 달려왔다. 머나먼 텍사스 서부의 범접하기 힘든 이 변경 마을에서부터 남쪽으로 160킬로미터가량을 달려가는 도중 한때 광산 마을이자 철도 마을이었던 마라톤을 지나갔다. 이 마을 이름은 동명의 그리스 마을에서 따 온 것으로, 이 지역 주민인 앨비온 셰퍼드Albion Shepard에 따르면 고지대 사막 분지인 두 마을의 지형이 비슷하다는 데서 유래했다고 한다. 우리는 친절한 빵집 주인에게 1달러를 주고 여남은 개의 비스킷을 구입했고, 장엄한 게이지Gage 호텔에 경탄했다.
우리는 에드워드 애비가 이곳을 방문한 뒤 기록했던 수필을 보고 이곳을 방문하기로 결정했다. 빅 벤드 국립공원은 아주 동떨어진데다가 사막, 산, 리오그란데Rio Grande 강으로 고립되어 있어 흠뻑 빠질 만큼 아름다울 것이라고 기대하고 왔다. 그러나 공원에 들어서자 탁한 아지랑이가 시야를 가렸다. 우리는 이것이 낮게 드리운 구름이거나 안개일 것이라고 생각했다. 우리는 퍼시몬 갭Persimmon Gap 방문객 센터에 들러 안내문을 집어 들고 볼거리를 탐색했다. 공원 남쪽이 멀리 굽어보이는 커다란 창문이 있었고, 창문 밖으로 산을 가리고 있는 탁한 아지랑이가 또렷이 보였다.
우리는 공원의 산림 경비대원에게 탁한 아지랑이의 정체가 무엇인지 물어보았다. 그 안개가 오염 물질이라는 경비대원의 말에 놀랐다. 경비대원의 말에 따르면 20년 전에는 이곳에서 320킬로미터 떨어져 있는 멕시코의 산지가 보였지만, 지금은 80킬로미터 밖이 내다보이면 운이 좋은 것이라고 했다. 우리가 도착했던 날의 가시거리는 48킬로미터였다. 언뜻 생각할 때는 멕시코의 전력 시설이 오염 원인일 것 같았다. 하지만 멕시코에 떠넘길 문제가 아니었다. 더러운 공기의 대부분은 우리나라에서 발생한 것으로, 일부는 멀리 오하이오에서도 날아든다. 산림 경비대원은 "문제가 나빠지기만 한다."고 했다.

방문객 센터를 떠나 남쪽으로 계속 차를 몰아가면서 공원 안의 오두막 하나를 빌려 하루를 묵을 것인지 생각해 보았다. 그러나 탁한 시야 때문에 이곳에서 산책이나 제대로 할 수 있을지 궁금했다. 시야가 어두운데 굳이 치소스 산맥Chisos Mountains의 높이 솟은 봉우리를 찾아볼 이유가 있을까? 32도에 육박하는 더위는 아지랑이가 짙어질 것이라는 확신만 심어 주었을 뿐이다. 오두막의 시설은 공원의 서쪽 경계에 위치한 테링구아Terlingus나 스투디 부테Study Butte 같은 사막 마을의 숙박 시설들과 마찬가지로 깔끔하지 못했다. 우리는 머물 곳을 정하려고 공원을 둘러보았지만 오염 때문에 떠날 수밖에 없었다. 리오그란데강이 굽어보이는 황량하고 고독한 절벽을 통과하는 170번 고속도로를 타고 서쪽으로 가기로 결정했다. 이곳은 우리에게 실망을 안겨 준 최초의 국립공원이었다.

나는 앞선 장에서 이미 우리나라 국립공원의 오염 문제를 다뤘다. 조슈아 트리는 로스앤젤레스에서 날아온 뿌연 공기로 가득하고, 밝은 불빛이 동식물의 생활을 방해한다. 로키 산에서는 (가스와 석유, 소 사육, 광산 같은) 산업 시설에서 발생한 화학물질과 자동차 배기가스가 공기와 시냇물을 이미 망쳐 버렸고, 야생에 영향을 미치기 시작했다. 『덴버 포스트』의 프랭크 바스Frank Bass 기자와 리타 비미쉬

몬태나 글라시어 국립공원의 카렌

Rita Beamish 기자는 다음과 같은 사실을 말해 준다.

[몬태나 북부의] 글라시어 국립공원은 외부로부터 보호되는 하나의 섬이다.

그러나 얼마나 오래 갈 수 있겠는가? 공원 서쪽 택지 개발 지구에 들어선 휴가용 가옥과 거대한 체인 상점이 국립공원 쪽으로 진격해 오고 있다. 공원 북쪽 캐나디언 플랫헤드 리버 밸리Canadian Flathead River Valley에 있는 석탄 광산에서는 계획된 채굴을 위해 불도저가 숲의 깊숙한 곳까지 밀고 들어온다.

남쪽으로는 성스러운 블랙풋 인디언 보호지구를 조사하려는 석유·가스 회사의 활동을 허락할 것인지 아닌지를 두고 감정적인 논쟁이 진행 중이다.

하늘 위로부터는 점진적인 온난화가 공원의 명물인 빙하를 조금씩 갉아먹고 있다. 한때 150여 개에 달했던 빙하는 오늘날 35개만이 남아 명맥을 유지한다.

나아가 기자들은 "오염 때문에 동부 지역의 낮 시간 평균 가시거리는 줄어들었다."고 말한다. "동부 지역 국립공원의 낮 시간 평균 가시거리는 145킬로미터에서 40킬로미터로 줄어들었고, 서부 지역 국립공원의 경우 225킬로미터였던 가시거리가 56킬로미터에서 145킬로미터 사이로 줄어들었다. (…) 공원의 명물인, 별이 총총한 하늘조차 위험에 처했다."
이 모든 사안을 처리하기 위해 조지 부시는 와이오밍 코디 상공회의소의 전 의장에게 국립공원의 실태를 살필 권한을 부여했고, 이 명망가는 모든 지형에서 이동 가능한 차량(ATVs)을 국립공원에 투입해서 더욱 철저히 상업화하려는 계획을 수립했다. 정부 지원 자금이 대폭 삭감되자 공원 관리자들은 민간을 상대로 자금 지원을 요청하기 시작했다. 이러한 자금은 공원 관리자가 기업의 이해관계에 더욱 얽매이게 만들었다. 지금 우리가 보는 공원의 모습은 우리의 조부모들이 보던 것에 비해 축소된 것이다. 하지만 이런 추세가 이어진다면 우리 손자대에는, 지금 우리가 보고 있는, 줄어든 공원의 모습조차 찾아볼 수 없을 것이다.
공원의 장래가 불투명하고 현재의 추세가 실망스럽다고는 하지만 회색 구름 뒤에 가려진 빅 벤드의 산들만큼 마음을 아프게 하는 것은 아니다. 그런 곳에서 오염을 발견한다는 사실 자체가 슬픈 일이었다. 산책을 하지 않고 국립공원을 떠날 수밖에 없다는 사실은 우리에게 충격을 안겨 주었다.

< < < < < < < < < < < < < < < < < < < < < < < < < < < < < <

우리는 뉴멕시코를 향해 북쪽으로 진로를 고정했다. 이곳에서도 역시 오염 때문에 멀리 있는 산들이 희미하게 보였지만 과달루페 산맥Guadalupe Mountains으로 올라갈수록 공기는 더 차고 더 맑아졌다. 우리는 엘 파소El Paso 인근에 있는 뉴멕시코의 경계에서 160킬로미터가량 떨어진 과달루페 국립공원을 방문했다. 텍사스에서 가장 높은 2666.7미터의 과달루페봉Guadalupe Peak이 이곳에 있다. 아름다운 과달루페 국립공원은 빅 벤드 국립공원을 방문하고 난 뒤 허탈해진 우리의 마음을 달래는 데 도움이 되었다.

우리는 텍사스 서부의 황량함을 뒤로 하고 야생화와 자연적으로 형성된 샘, 상쾌한 초목과 나무를 만끽하며 등산했다. 샘 근처에는 농부의 오두막과 지금은 프리홀레스 랜치Frijoles Ranch 역사박물관으로 사용되고 있는 농장의 별채가 있었다. 등산을 마친 후 우리는 점심 도시락을 들고 오두막 안마당에 있는 식탁으로 갔다. 산림 경비대원 두 명이 그곳에 앉아 있었다. 우리 소개를 하고 이곳이 사람이 살고 있는 것처럼 보이는 이유를 물었다. 한 산림 경비대원이 동료를 가리키며 "이 사람한테 물어보세요." 하고 말했다. 이 집은 바로 그 산림 경비대원이 어릴 적 살았던 집이었던 것이다. 그는 농장에서 보낸 어린 시절에 대해 이야기했다. 허드렛일, 샘 주위에서 놀던 추억, 생산물을 판매하러 마차를 끌고 멀리 마을까지 다니던 일, 교실이 하나뿐인 학교에 다녔던 일에 대해 말해 주었다. 그의 말에서 복합적인 감정이 묻어 났다. 국립공원 관리국은 대대로 물려내려온 가족 농장을 매입했고, 이제 그가 이곳에서 일하고 있었다. 그는 이 장소가 우리와 다른 방문객들에게 큰 기쁨을 준다는 사실을 이해하고 있었다.

이후 우리는 맥키트릭 캐니언McKittrick Canyon으로 등산을 가서 지질학자 월러스 프랫Wallace Pratt이 지은 집을 방문했다. 프랫은 이 지역을 무척 사랑했기 때문에 국립공원 관리국에 자신의 집과 자산을 기증했다. 건물은 프랫이 직접 설계했다. 건물을 짓는 데

텍사스 빅 벤드 국립공원의 스모그

들어간 모든 자재는 말의 등에 실어 날라야만 했다. 아름다운 장소에 위치한 프랫의 집은 소박하고 편안했다. 지붕은 돌 지붕이었다. 우리는 나무가 우거진 툇마루에 앉아 한가로움을 즐겼다. 떠나고 싶지가 않았다.

뉴멕시코의 칼스바드Carlsbad는 과달루페 산맥에서 그리 멀지 않지만, 지리적으로는 완전히 딴 세상이다. 평평하고 덥고 아무런 특징이 없는 곳으로, 석유 채굴과 정제 공장에서 나오는 유황 냄새가 진동했다. 인근 마을인 아르테시아Artesia에서는 이 악취를 "돈 냄새"라고 불렀다. 여름에는 칼스바드의 기온이 38도에 육박하는 날이 많다. 그러나 이곳의 열기와 칙칙함도 이곳을 뉴멕시코에서 가장 빠르게 성장하는 지역으로 만드는 은퇴자들을 막아 내지 못했다. 우리나라 사람들 사이에는 시골에 집을 소유하려는 물신주의가 존재한다. 사람들은 큰 집과 싸게 구입할 수 있는 땅만 있다면 어디든 찾아갈 것이다.

칼스바드의 장점은 칼스바드 캐번스Carlsbad Caberns 국립공원에서 30분 거리에 있다는 점이다. 미로로 되어 있는 이 지하 동굴은 굉장하다. 절대로 놓쳐서는 안 될 방문지다. 우리는 안내원과 함께 다니기도 했고, 안내원 없이 다니기도 했다. 안내원 없이 동굴을 탐험할 때는 자연적으로 난 동굴의 입구를 통해서 들어갔다. 4월부터 10월까지는 수십만 마리의 멕시칸 박쥐가 벌레를 찾아 밤마다 동굴 밖으로 나간다. 입구 주변을 지나자마자 곧 비료로 쓸 박쥐 구아노 채취장이 펼쳐졌다. 구아노 채취자 중 한 사람인 제임스 라르킨 화이트James Larkin White는 동굴의 다른 지역도

탐사하기 시작했고, 다른 사람들에게 그 내용을 알려 준다. 우리가 넓이 3만3,184평방미터의 빅 룸Big Room을 관광하는 도중에 경비대원이 모든 불을 껐다. 우리를 감싸 안은 완전한 암흑 속에서 나는 화이트 씨가 참으로 용감한 사람이라는 생각을 했다. 윌 로저스Will Rogers는 이곳을 "지붕을 얹은 그랜드캐니언"이라고 표현했는데, 이보다 더 적절한 표현은 없을 것이다. 국립공원에 들를 때마다 그랬던 것처럼 구내매점의 노동자들과 대화를 나눴다. 노동자들은 기온이 13도로 일정하게 유지되는 지하 75층에서 일했지만 규정상 재킷조차 걸칠 수 없었다.

그날 저녁 8시 무렵, 자연적으로 형성된 입구 옆에 위치한 큰 원형극장에 앉아서 박쥐들이 식량을 조달하는 모습을 넋을 잃고 바라봤다. 처음에는 구아노 냄새가 진동하다가 곧 박쥐의 물결이 이어졌다. 박쥐의 수는 점점 많아지다가 순식간에 동굴을 떠났다. 해질 무렵 박쥐는 유령 같았다. 그리고 수백만 개의 날갯짓 소리가 들렸다. 우리는 달과 별을 바라보면서, 살아 있다는 것에 감사했다.

다음날 아침 우리는 대기권 밖의 생명체가 착륙하는 곳이라는 로스웰Roswell을 향해 북쪽으로 차를 몰았다. 그곳에서 서쪽으로 이동하자 덥고 평평했던 길은 사라지고, 차가운 언덕과 산지가 나타났다. 남쪽에 위치한 혼도Hondo강과 보니토Bonito강 주변에는 나무가 무성했다. 우리는 아름다운 말 농장을 지나 휴양지인 루이도소 마을을 향해 올라갔다. 루이도소 다운스Ruidoso Downs에서는 단거리 말 경주대회가 열린다. 이곳에서 휴식을 취한 뒤

라스 크루세스Las Cruces로 가는 길을 재촉해 피스타치오 과수원에 들렀다. 뉴멕시코는 피스타치오와 피칸의 주요 생산지다. 시골에 자리 잡은 거대한 피칸 과수원은 알라모고르도Alamogordo 마을 인근에 위치한다. 우리는 선물 가게에서 일반 땅콩, 맛 땅콩, 땅콩을 섞은 과자, 쿠키, 아이스크림을 물릴 때까지 시식했다. 라스 크루세스로 향하는 길에 443평방킬로미터에 펼쳐진 석고 사막, 화이트 샌즈White Sands 천연기념물 보존구역이 보였다. 산으로 둘러싸인 모래언덕이 으스스해 보였다. 최초의 핵실험이 이루어졌던 트리니티 사이트Trinity Site는 폐쇄되었다. 군용 장비들만이 사막을 어루만진다.

우리는 타는 듯한 여름 더위만 아니라면 라스 크루세스 지역, 특히 멕시코 정서와 역사를 가진 인접 마을 메실라Mesilla도 살기 괜찮은 곳이라고 생각했다. 이 도시의 자랑거리는 거대한 뉴멕시코 주립대학이다. 메실라는 엘파소와 멕시코에서 67.2킬로미터 떨어진 곳에 위치한 사막 산지로 둘러싸인 곳이다. 주택 가격도 그다지 비싸지 않았다. 우리는 농민 장터와 예술품 시장에서 친절한 사람들을 만났다. 카렌은 나에게 지역 장인이 만든 매끈한 터키석과 은으로 만든 지폐 클립을 선물했다.(물건을 살 때는 주의하라. 남서부에서 수백 년 동안 터키석을 채굴해 왔고, 터키석이 아메리카 인디언의 주요 특색을 이루는 물품인 것은 사실이지만, 대부분의 보석 세공인은 중국에서 채굴된 저급한 보석을 사용한다.) 안타깝게도 그로부터 7개월 정도 지난 겨울에, 로키 산 국립공원에서 등산하다가 지폐 클립을 잃어버렸다.

뉴멕시코는 "매혹적인 주"라고 불린다. 나는 유타가 더 마음에 들지만, 뉴멕시코도 특별하다. 뉴멕시코에서 방문했던 곳 중에 사랑스럽지 않은 곳이 없었다. 그래서 우리는 과거에 좋아했던 곳인 산타페로 돌아가 얼마간 머물기로 했다. 라스 크루세스에서 25번 주간 고속도로를 타고 장장 442.6킬로미터 북쪽으로 올라갔다. 국경 수비대의 두 번째 검문소(첫 번째 검문소는 마르파 인근에 있었다.)를 지날 때는 천천히 차를 몰았고, 곧이어 사막의 "돌아다니는 모래"가 모래를 쌓아 올리기보다는 모래를 날려 버리기 때문에 지주를 세우고 그 위에 건설된 휴게소에 들러 쉬었다.

산타페에 들어가서 베스트 웨스턴Best Western 모텔 점원에게 내가 글쟁이고, 책에 쓸 자료를 수집한다고 말했더니, 하루 숙박료가 50달러 미만인 "단체 요금"을 적용해 주었다. 산타페처럼 관광객들이 몰려드는 도시 숙박료치고는 아주 저렴한 금액이었다. 5월 15일에서 5월 31일까지 예약했다. 등산을 했고 (주로 우리가 즐겨 찾았던 트레이더 조스에서) 유기농 식품을 구입해 먹었고, 타말레를 먹으며 광장을 거닐었고, 라일락이 활짝 핀 마당과 라 아케퀴아 마드레(La Acequia Madre, "수로의 어머니"라는 의미로 원래는 관개수로로 사용되었다.)라는 이름의 도로를 따라 서 있는 아름다운 옛 주택들을 찾아냈고, 캐니언 로드에 있는 오래된 미루나무를 보고 경탄했고, 예술품 전시관(조지아 오키프의 작품과 앤디 워홀 작품 사이의 연관성을 보여 주려는 취지의 전시는, 무언가 색다른 전시를 해야 한다는 학예 책임자의 필사적인 노력을 보여 주는 좋은 사례였다.)과 미술관을 방문했다. 식당 주인은 파세오 데 페랄타Paseo de Peralta에 있는 펜갤러리Penn Gallery에 가 보라고 말해 주었는데 훌륭한 조언이었다. 미술관의 공예품들도 훌륭하지만 이곳을 더욱 특별하게 만드는 것은 정원이다. 큰 조각상들에 둘러싸인 연못에는 물고기가 가득하고 물을 뿜어내는 실물 크기의 코끼리 분수가 있다.

불평등 7
<<<<<<<<<<<<<<<<<<<<<<<<<<<<<<<<

인종이 드리운 깊은 그늘

나는 항상 인종이 드리운 깊은 그늘 아래에서 살아왔다. 존스타운, 피츠버그, 포틀랜드, 마이애미비치 어느 도시에서건 인종차별적인 발언과 행동이 일상적으로 벌어졌다. 이런 현실은 도처에 존재하기 때문에 굳이 찾지 않아도 보인다. 길을 따라 떠돌아다니면서 어디를 가든, 얼마나 짧은 기간을 머물든 인종차별적인 발언을 하는 백인을 만나는 일이 지극히 자연스러웠다. 인종 전쟁의 공모자라는 공감대가 백인 사이에 형성되어 있는 것처럼 보였다.

존스타운의 술집, 내가 가르쳤던 대학, 심지어는 노동조합 사무실에서조차 일상적으로 일어나는 인종차별을 피할 수 없었다. 교수 식당에서 식사하던 한 동료는 "깜둥이들"은 대학의 치과 진료소에서 무료로 치료를 받는데, 자기 딸은 왜 돈을 내고 다녀야 하는지 모르겠다고 불평했다. 대학 체육관에서 운동하던 학생들은 보스턴 켈틱스Boston Celtics가 "백인 구단"이기 때문에 응원했다고 말했다. 나는 볼링장에서 마이클 조던이 위대한 농구 선수라고 말했다가 어떤 남자에게 공격 받을 뻔했다. 노동조합 강의를 할 때 학생들은 교수 평가서에 강의에 흑인들이 너무 많이 들어온다는 불평을 적어 넣었다. 그 강의를 들은 흑인 학생은 단 한 명뿐이었다.

흑인들은 이 강철 도시를 "남부 피츠버그"라고 부른다. 내가 존스타운의 아파트 단지에 처음으로 집을 얻었을 때 대학생들은 주말마다 발코니에서 술에 취해 흥청거리면서 지나가는 사람들에게 인종차별적인 욕을 퍼붓곤 했다. 우리가 마을의 다른 곳으로 이사했을 때 이웃의 나이 든 여성은 흑인들이 훔쳐갈 것이 없는지 엿보려고 창문 안을 들여다보니 커튼을 치라고 경고해 주었다.

포틀랜드의 인종차별적 분위기에 대해서는 앞에서 이미 언급했으니 넘어가기로 한다. 2002년 7주 정도 머물렀던 마이애미비치의 부동산 사무소에서 쿠바계 미국인 부동산 업자와 대화를 나눌 때 그녀는 아이티계 미국인을 더러운 범죄자 취급하는 마이애미비치의 분위기를 탓하기도 했다. 그들은 지독한 가난 속에서 태어난다. 난민 수용소에도 못 들어가는 사람들은 구금되기 일쑤다. 어쩔 수 없이 최악의 일을 하도록 내몰리면서도 악의적인 인종차별에 시달렸다. 내가 이런 불행한 영혼들에 대한 일말의 동정심조차 갖지 않을 것이라고 그녀가 생각하는 것도 무리가 아니었다.

나는 산타페 세릴로스 로드Cerillos Road의 작은 미장원에서 내 머리를 깎아 준 백인 여성과 대화를 나눴는데, 정말이지 충격적이었다. 그녀는 십대 아들을 둔, 한 부모 가정의 가장이었고, 아들을 대학에 보낼 계획을 가지고 있었다. 그녀는 느닷없이 지역 학교들이 히스패닉과 인디언의 편을 들어 주는 쪽으로 치우쳐 있다고 화를 냈다. 그러면서 그들이 만사를 망쳤다고 말했다. 그 말을 듣고 나는 놀랐다. 우리는 산타페에서 유색인종이 처한 침울한 조건에 대한 내용을 읽어 보았고, 직접 목격하기도 했다. 그들은 가난했다. 그들은 표준에도 못 미치는 저급한 주거 환경에서 살고 있었다. 직업은 최악이었고, 그들의 이웃은 마약과 술로 황폐해졌다. 굶는 사람도 많았다. 뉴멕시코와 뉴멕시코 주의 모든 역사는 인종차별과 비백인에 대한 폭력으로 점철되어 왔다. 그러나 바로 그 현장에서 이 백인 여성은 낯선 이에게 억압자가 피해자라는 주장을 늘어놓고 있었다.

우리가 애리조나 플래그스태프에 머물 때 '플래그스태프의 친구들Friends of Flagstaff'이라는 진보적인 단체가 개최한 파티에 참석했다. 포트럭 저녁 만찬[126]을 마치고 보스턴에서 온 여성과 이야기를 나눴다. 그녀는 아무렇지도 않게 플

---

126) 포트럭 저녁 만찬이란 집에서 각자 한두 가지의 음식을 장만해 와서 함께 먹는 파티를 말한다.

래그스태프에 다양성이 부족하다고 비판했다. 그러면서 플래그스태프가 다양한 문화의 식당을 만날 수 있는 보스턴처럼 되기를 바란다고 말했다. 플래그스태프에는 커다란 히스패닉 공동체가 형성되어 있었고, 인디언들도 많이 살았다. 인디언은 전체 인구의 20퍼센트나 되었다. 놀랍게도 이 여성은 플래그스태프에 얼마나 많은 다양성이 존재하는지, 전혀 모르는 것처럼 보였다. 최소한 그녀에게는 이들이 투명인간이었던 것이다.

애리조나 플래그스태프에서 노던 애리조나 박물관을 구경하다가 박물관 서점에 들렀을 때였다. 우리는 그곳에서 인디언이 만든 예술 작품을 판매하고 있다는 사실에 경탄하고 있었다. 때마침 한 인디언 예술가가 들어와 관리자에게 보석 세공품을 보여 주면서 그 물건들을 구매할 의향이 있는지 물었다. 세공이 잘 된 물건들이었다. 하지만 인디언은 술을 마신 상태였고, 그 사실을 관리자가 눈치 챘다. 관리자와 부관리자는 이 남자를 천하에 쓸모없는 형편없는 술주정뱅이인 양 대하면서 물건 가격을 낮춰 불렀다. 인디언은 백인들에게 물건을 판매할 수만 있다면 자존심 따위는 얼마든지 버릴 수 있다는 태세였다. 하지만 몇 분 뒤 인디언은 쫓겨났다. 그가 떠난 뒤 두 명의 박물관 관계자는 그 인디언의 흉내를 냈다. 자신의 무지를 깨닫지 못하는 부관리자는 그 인디언이 전미인류학협회(American Anthropological Association, AAA)에 가입할 때가 된 것 같다고 말했다. 인디언에 대한 백인의 억압의 역사가 우리 눈앞에서 재연되는 것 같아서 마음이 무거워진 채로 박물관을 떠났다.

에스테스 파크에서 사람들은 잘난 체하면서 우리 오두막에서 멀지 않은 곳에 있는 강변의 초라한 판자촌에 대해 말하곤 했다. "아, 거기요. 멕시코 사람들이 사는 곳이죠." 지역의 평화 운동 단체는 이 지역의 멕시코 사람들에게 도움을 요청하지 않았다. "그들은 별 관심 없을 겁니다. 그들은 열심히 일해야 하고, 시간이 없을 테니까요." 우리는 테네시의 멤피스Memphis에 살 때보다 에스테스 파크가 더 안전하다("더 희다"를 의미하는 상징어)고 말하는 보석 가게 주인과 대화를 나눴다. 그는 에스테스 파크의 범죄율이 극히 낮으며 체포되는 사람은 언제나 발음하기 어려운 이름을 가졌다고 말했다.(바로 그 넌더리나는 멕시코 사람들을 이르는 말이었다.) 우리는 브루클린의 베이 리지Bay Ridge에서 온 여성을 빨래방에서 만났다. 그녀는 브루클린의 이웃들을 더 이상 이웃으로 인정할 수가 없어서 이곳으로 이사 왔다고 말했다. 그녀는 내가 그 말을 매우 인종차별적이라고 생각하는지도 몰랐다. 그녀는 브루클린에 아랍 사람들이 많이 산다고 아무렇지도 않게 말을 이었다. 그래서 브루클린 주민들은 브루클린을 "베이루트Bay Root"라고 부른다고 말했다. "아시겠어요? 베이루트라고요."

인종차별주의자들이 마주치기 싫어하는 수많은 불편한 진실이 있다. 다음 수치는 주로 흑인과 백인을 비교한 것이다. 흑인과 백인을 비교한 수치가 가장 많이 나와 있고, 또 내가 가장 잘 알기 때문에 적어 본다. 백인과 히스패닉, 혹은 인디언 같은 다른 소수 인종을 비교한다 해도 그 경향성은 같을 것이다.

백만 명 이상의 흑인 남녀가 구치소와 감옥에 갇혀 있다. 구치소와 감옥에 갇힌 백인의 수도 이와 비슷하지만 백인 인구가 흑인 인구보다 여섯 배 이상 많다는 것을 감안하면 흑인의 수감 비율이 월등히 높은 것이다. 대학에 갈 연령대의 흑인들은 대학보다 감옥에 있을 확률이 높다. 흑인(이나 히스패닉이나 아메리카 인디언)의 이점을 보여 주는 경제 지표는 없다. 가족과 개인 모두를 포괄한 흑인의 평균 소득 중앙값은 백인보다 낮다. 백인이 흑인보다 많은 부를 소유한다. 임금도 흑인이 더 낮다. 흑인의 빈곤율이 큰 차이로 높게 나타난다. 흑인의 실업률은 백인 실업률의 보통 두 배다. 영향을 미칠 수 있는 변수를 상수로 고정시킨 뒤 계산하더라도, 흑인과 백인은 차이를 보인다. 이를테면 백인과 같은 교육을 받고, 동일한 경력을 가지고, 동종 산업에서 근무하며, 같은 지역에 사는 흑인 노동자를 택해서 평균을 내더라도 여전히 흑인 노동자의 소득이 적다.

이렇게 불평등이 지나친데도 사람들은 불평등의 존재 이유를 여전히 간단하게 설명한다. 백인들의 공통된 논거는 노예제가 철폐된 지 150년도 더 지났고, 150년이라는 시간은 흑인들이 백인들을 경제적으로 따라잡기에 충분한 시간이었다는 것이다. 그러나 최근의 경제학 연구는 이러한 논거의 약점을 보여 준다. 경제학자들은 경제적 이점이 세대에서 세대로 전해지듯, 경제적 불리함도 세대에서 세대로 이어진다는 점을 보여 준다. 오스틴 굴스비Austin Goolsbee는 다음과 같이 말한다. "최근 밝혀진 증거들은, 오늘날 경제적으로 바닥에서 출발하는 사람이 장기적으로 저임금에 시달릴 수밖에 없는 현실을 매우 분명히 보여 준다." 세대를 건너보면 우리는 다음과 같은 사실을 발견한다.

> 미국 사람들은 아직도 자신들의 땅이 계급이 고정되어 있는 유럽과는 다른, 특별한 기회의 땅이라고 생각하지만 증거는 그렇지 않다고 말한다. 그리고 학자들은 지난

수십 년 사이에 미국의 사회 변동성이 자신들이 생각했던 것보다 낮아졌음을 깨닫게 되었다. 비교적 최근이라고 볼 수 있는 1980년대 후반만 해도 경제학자들은 부모에게서 아이에게로 물려지는 이점이 그리 크지 않으며, 기껏해야 20퍼센트 미만일 것이라고 주장했다. 그 기준대로라면 부유한 남성의 손자는 가난한 남성의 손자와 비교해 크게 우월할 수 없을 것이다. (…) 그러나 지난 십 년간 더 나은 자료와 더 많은 수의 자료를 처리할 수 있게 되면서 경제학자와 사회학자는 새로운 합의를 도출하게 되었다. 사회 변동의 속도가 훨씬 느려졌다. 상당수의 연구가 소득이 높은 부모가 가진 경제적 이점의 최소한 45퍼센트가 자식에게 전해지며, 많게는 60퍼센트에도 이른다는 점을 보여 준다. 수치가 상승함에 따라 당신 부모가 얼마나 많은 돈을 가졌느냐 뿐만 아니라, 당신 고조부의 부가 얼마나 많았는가도 오늘날 당신이 다른 사람보다 우월하게 된 근거가 될 수 있다.

나의 고조부가 미시시피의 흑인 노예였다고 가정해 보자. 교육받을 기회조차 없었던 고조부의 가족은 뿔뿔이 흩어졌다. 고조부는 죽도록 힘든 노동에 시달렸고, 남북전쟁 기간 동안 혹독한 궁핍에 시달리면서 인간 이하의 취급을 받았다. 그리고 나서 1865년 그는 혼자, 아니면 남은 가족과 함께 스스로 생계를 꾸려 나갈 "자유"를 얻었다. 직업도 없고, 토지도 없고, 학교도 못 다닌 고조부가 가진 것이라고는 아무것도 없었다. 남부 백인들이 품은 살인적인 분노에 맞서 연방 정부가 제공해 준 보호를 받은 기간은 불과 12년뿐이었다. 그러나 1877년에는 연방 정부의 보호마저 사라지게 된다. 이후 나의 고조부는 크로우 법안의 전면 시행과 큐클럭스클랜(Ku Klux Klan, KKK) 단원의 폭력에 직면하게 되었다. 나의 고조부에게 자식을 가질 만한 기회가 있었던가? 그가 백인 권력자들을 따라잡을 확률이 얼마나 될까? 거의 0퍼센트라고 봐야 한다. 그의 손자는 북부로 이주했겠지만, 그 손자 역시 부를 거머쥐거나 교육을 많이 받지는 못했을 것이다. 그의 증손자는 대공황을 겪었을 것이다. 이들이 얼마나 많은 재산을 모을 수 있었을까? 결국 우리 조상들과 내 세대의 영웅적인 고군분투를 통해서 나는 시민권 운동이 승리하는 것을 볼 수 있었다. 학교에서의 차별이 철폐되고, 개인적으로 자행되는 폭력이 사라졌고, 괜찮은 일자리를 얻을 수 있는 길도 열렸다. 나는 아마 십수 년간 디트로이트의 자동차 공장 노동자로 일했을 것이다. 하지만 1970년대에 모든 것이 도로 추락하고 말았을 것이다.

지나치게 많은 백인들이, 그리고 일부 흑인들이 이런 사실과 분석을 인정하지 않는다. 오히려 이 수치 아래 도사리고 있는 것은 사회 병리라는 관념을 내세우며 안심하려 한다. 뉴올리언스 지역의 흑인 목사가 허리케인 카트리나가 유발한 불행의 책임은 뉴올리언스 흑인들에게 있다고 기록했을 때 덴버의 대담 프로그램 진행자들은 그의 말을 실컷 인용했다. 그들은 그렇게 말한 목사의 용기를 영웅적인 것이라며 추켜세웠고, 부시 대통령 같은 백인 정치인도 그렇게 말할 수 있는 날이 오기를 희망한다고 말했다.

< < < < < < < < < < < < < < < < < < < < < < < < < < < < < < <

산타페에서 우리는 아름다운 풍경이 있는 곳으로 두 차례에 걸쳐 자동차 여행을 나갔다. 첫 번째 여행에서 우리는 타오스로 향하는 "하이 로드"를 타고 푸릇푸릇한 농장과 밝은 색의 조화로 장식된 히스패닉 묘지를 지나갔다. 등산하면서 코르도바Cordova, 트루카스Truchas, 라스 트람파스Las Trampas, 페나스코Penasco 같은 오래된 스페인 정착자 마을을 지나갔는데, 그곳에 있는 어도비 벽돌과 나무로 지어진 교회를 보며 감탄했다. 우리는 타오스의 광장을 다시 한 번 만끽했고, 리오그란데강이 형성한 계곡 위 198미터 높이에 걸린 다리를 지나갔다. 이 다리는 우리나라에서 두 번째로 높은 곳에 설치된 현수교인데, 걸어서 다리를 건너려고 하니 긴장되었다. 나는 (타오스에 살았던) 키트 카슨 박물관Kit Carson Museum을 방문하는 일에 대해 생각해 보았다. 『대주교에게 찾아온 죽음』에서 윌라 카터가 묘사한 키트 카슨[127]의 모습에

호감을 느꼈기 때문이다. 그러나 나는 카슨이 미국 정부가 나바호족을 상대로 벌인 전쟁에서, 나바호 족을 살육하고 강제로 이주시킨 장본인이라는 사실을 알게 되었다. 그런 장소에 자주 찾아갈 수는 없었다. 우리는 리오그란데강을 따라 건설된, 사람들이 더 많이 찾는 고속도로를 타고 산타페로 돌아왔는데, 도중에 잠시 멈춰서 일찍 녹은 눈이 만들어 낸 성난 물줄기를 따라가며 래프팅을 하는 사람들이나 카약이 뒤집히는 모습을 구경하기도 했다.

두 번째 여행에서 우리는 로스 알라모스Los Alamos를 처음 방문했다. 이곳은 제2차 세계대전 당시 원자폭탄 개발 계획이었던 맨해튼 프로젝트Manhattan Project가 수행된 곳이며 윌리엄 버로우스가 세인트루이스에 있는 집을 떠나 학교를 다녔던 곳이기도 하다. 마을은 매력적이고 시민들은 모두 중산층이지만 분위기는 으스스해서 마치 〈스텝포드 와이프〉[128)]에 나오는 마을 사람들 같은 인상이었다. 우리는 마을의 인구가 1만 2천 명이고 그중 1만 명은 연구소에서 일한다는 사실을 알게 되었다. 로스 알라모스에서 돌아오는 길에 리오그란데강이 내려다보이는 화이트 락White Rock에 처음으로 들렀다. 이곳에서 강의 절벽과 인근의 산들을 전체적으로 조망할 수 있었다. 그곳을 떠난 우리는 제메즈 산맥Jemwz

---

127) 키트 카슨Kit Carson은 미국의 변경 개척자, 사냥꾼, 군인이자 아메리카 인디언 관리인으로, 미국의 서부 확장에 중요한 역할을 함으로써 국가적인 영웅으로 추앙받고 있다.
128) 〈스텝포드 와이프Stepford-wife〉는 한적한 교외에 1960년대식의 공동체 마을인 스텝포드를 만들고 이전에는 잘나가던 아내들을 리모컨으로 조작 가능한 로봇 같은 존재로 만들어 생활한다는 내용의 아이라 레빈의 소설로 1975년과 2004년에 영화화되었다. 1975년작은 공포 영화 분위기가 강했지만 이 책을 읽을 독자들이 보았음직한 2004년 영화는 블랙 코미디 느낌이 강하다.

Mountains을 관통하며 높은 곳으로 차를 몰았는데, 고도가 높아질수록 주위는 점점 푸르러졌다. 그러다가 갑자기 세계에서 가장 큰 칼데라 지형 중 하나인 발레 그란데Valle Grande가 나타났다. 나무가 없는 초지 멀리로 풀 뜯는 엘크의 모습이 보였다. 우리는 깎아지른 듯한 절벽을 지그시 내려다보며 제메즈 리버 캐니언 Jemez River Canyon을 통해 산으로 올라갔다. 제메즈 스프링스 Jemez Spprings 마을을 지나 제메즈 푸에블로Jemez Pueblo 마을로 들어서면서, 세도나를 생각나게 만드는 붉은 바위들을 보고 놀라움을 금치 못했고 푸에블로 마을의 판잣집이나 흙집과 너무 대조를 이루는 아름다움에 비애를 느꼈다. 산타페로 돌아갈 때 이용할 25번 주간 고속도로로 들어서기 직전에 우리가 보았던 마을은 베르날릴로Bernalillo였다. 알부쿼크의 교외 마을인 베르날릴로는 갈색의, 매력 없는 수천 채 주택이 최대한 빠르고 값싸게 지어지고 있다. 우리가 지나쳤던 개발 현장의 이름은 "매혹적인 언덕 Enchanted Hills" 이었다.

   나는 산타페를 떠나기 며칠 전에 콜로라도 에스테스 파크의 부동산 업자에게 전화를 걸어 6월에 빌릴 수 있는 집을 알아보았다. 하지만 빌릴 수 있는 집이 없었다. 그래서 한 번 묵었던 적이 있는 디스커버리 로지 모텔에 전화를 걸어 할인된 괜찮은 가격으로 한 달간 방을 얻었다. 그 다음 달은 등산하느라 정신없이 지나갔다. 우리는 트레일 리지 로드의 가장 높은 곳 가까이에 위치한 알파인Alpine 방문객 센터에서 코팅된 로키 산 국립공원 지도를 구입했다. 우리가 가진 지도에는 공원에 있는 대부분의 등산로가

콜로라도 에스테스 파크 근처에 서식하는 엘크

표시되어 있었고, 우리는 거의 매일 새로운 등산로를 탔다. 나는 차갑고 건조한 공기와 맑은 공기 속에서 맑게 보이는 산을 사랑했다. 그리고 좋아하는 일을 하고 있다는 이유만으로, 뭔가 그럴 듯한 일을 하고 있다는 느낌이 좋았다. 대조를 이루는 상황도 무척 인상적이었다. 더운 오후에 눈길을 걷는다거나 바위투성이의 동토대에서 얼어 죽지 않으려고 조금이라도 온기가 있는 바닥에 붙어 자라며 피어난 눈부신 작은 꽃(점박이범의귀, 알프스 백합, 알프스 뱀무, 데이지, 해바라기, 물망초)을 감상하거나, 무심한 바위 한가운데에서 동료 등산객과 우정을 다지기도 했다.

우리는 산봉우리를 연결하는 고속도로를 이용해 알렌 긴스버그와 비트족의 친구인 불교 시인을 방문하기 위해 워드Ward 마을에 갔다. 그는 새로 결혼해서 축복 속에 딸을 낳았다. 워드의 시민들은 낯선 사람에 대한 경계심을 보였고, 어떤 남자는 시인의 집으로 가는 방향을 일부러 엉뚱하게 알려 주기도 했다. 들개와 곰을 주의하라고 경고하면서 버려진 집과 이동 주택과 자전거만 가득한 가파르고 바퀴자국 깊이 팬 도로로 우리를 안내했던 것이다. 우리는 돌아 나가서 우리가 찾는 문장가의 작업실이 있는 마을로 차를 몰아갔다. 그날이 그가 작업을 쉬는 날이라는 사실을 알고는 동료에게 집 위치를 안내받아 찾아갈 수 있었다. 기도자의 깃발이 꽂혀 있는 집을 보고 아기 울음소리를 들었을 때 우리는 제대로 찾아왔음을 알 수 있었다. 우리는 그의 딸 프란체스카를 축복하고 워드 마을과 비트족에 대한 이야기를 들으면서 두 시간가량 즐거운 시간을 보냈다. 우리의 새 친구는 여기저기 널려 있는 암설[129]때문에 별장 소유자들과 부동산 업자들이 이곳에 발을 들이지 않는다고 말해 주었다. 또 워드에서 멀지 않은 곳인 콜로라도 보울더에 있는 유명한 비트족 동료인 나로파Naropa에 대한 이야기로 우리를 유쾌하게 만들었다. 알렌 긴스버그는 워드에서 나로파에게 연설하라고 격려했고, 나로파는 도시의 부유한 지식 계급 문학인들이 모금 운동을 벌이는 현장에서 그런 식으로 재산을 모으는 행동을 날카롭게 공격하는 시를 읽었다고 한다.

    등산하면서 우리는 친절한 사람들을 많이 만났다. 카렌이나 나에게는 네브래스카 출신 친구가 전혀 없었음에도, 우리는 정말

---

129) 암설(巖屑, detritus)이란 풍화, 침식작용으로 인해서 생긴 바위 부스러기를 말한다.

좋은 사람들을 여럿 만났다. 클락슨Clarkson에서 온 빌과 에비 부부와도 친구가 되었다. 마이애미비치를 떠난 뒤 이곳에 머물면서 정신이 맑아졌고 (너무나도 아름다운 등산로가 있었기 때문에) 얼마간 이곳에서 살기로 마음먹었다. 우리에게는 휴식을 취하면서 책을 집필할 곳도 필요했다. 날이 갈수록 이곳에 머물기로 한 생각이 더욱 매력적으로 느껴졌기 때문에 그 달 중반 쯤 우리는 지역 신문에 "방 구합니다"라는 광고를 냈고 몇 곳의 부동산 사무실에 전화를 걸었다. 우리가 광고를 내보낸 날, 우리는 우리가 원하는 바로 그런 조건의 집을 세놓는다는 광고를 보았다. 우리는 집주인에게 전화를 걸었고 몇 가지를 협의한 끝에 빅 톰슨 강변에 있는 오두막을 계약했다. 9월부터 시작하는 1년짜리 계약이었다. 우리는 행복에 겨운 나머지 그 달의 마지막을 어떻게 보냈는지도 모르게 보냈다.

내 고향

에스테스 파크에 새 집을 구하고 나자, 동부로 가서 가족들을 만나야겠다는 생각이 들었다. 7월 1일, 동부로 떠나기로 결정했다. 우리는 때로 아이들에게 특별한 추억들이 남아 있고, 또 정기적으로 방문할 수 있는 집도 없이 살아가고 있다는 것에 대한 죄책감을 느낀다. 이런 죄책감이 깊어지면 우리는 펜실베이니아 서부와 버지니아로 장거리 운전에 나서는데, 이런 여행은 때로는 원활하게 진행되지만 때로는 그렇지 못하다. 하지만 고향으로 돌아가는 여행을 할 때마다 나는 내 유년시절과 젊은 성인 시절을 형성했던 광산 마을이나 공업 마을에 대해 생각한다. 과거의 모습을 간직한 마을은 하나도 없다. 지난 30년 동안 우리나라의 작은 마을들은 황폐화되었다. 심화되는 국제 경쟁을 외주 제작, 해외이전, 비용 절감을 통해 극복하는 과정에서 우리나라 공업 지대의 공장들이 줄줄이 문을 닫았다. 농업 지대에서는 초과 생산이 가격을 낮추는 바람에 소규모 자영농은 살아남을 수 없었다.

66번 고속도로가 건설되었을 때만 해도 우리나라를 횡단하는 여행 도중에 생기 넘치는 작은 공동체를 만나 볼 수 있었지만 오늘날에는 이런 일이 불가능하다. 과거 전국에 걸쳐 있던 작은 마을들은 거기에 마을이 있었음을 증명하는 껍질만 남게 되었다. 상점과 공장은 대부분 버려진 채로 비어 있고 "진보"의 뒤에 처진 사람들과 노인들이 생활하는 주택만이 남아 있다.

나는 펜실베이니아 서부, 피츠버그에서 64킬로미터 북쪽에 위치한 작은 공장 마을이었던 (인구 3,500명의) 포드 시티Ford City에서 자랐다. 포드 시티에는 주로 판유리 공장이라고 불렸던 피츠버그 판유리 회사(Pittsburgh Plate Glass Company, 사람들은 이곳을 피피지 PPG라고 불렀다.)가 들어서 있었는데 이 공장은 한때 세계에서 가장 큰 공장이었다. 그 밖에도 (엘저Elger 유리 회사에서는) 상당한 양의 도기류를 생산했다. 19세기 말부터 1930년대 말까지 건설되었던 포드 시티는 일상생활의 모든 측면을 아우르는 의미에서의 기업 마을이었다. 이후 대공황의 후반부를 특징지은 노동조합의 거대한 물결에 따라 노동자들은 노동조합을 결성했다. 2차 세계대전이 끝난 뒤 노동자들은 시위 선을 넘어 충돌했고, 공장에서 돌아가는 일에 대한 통제권뿐 아니라 마을에서 일어나고 있는 일에 대한 일정한 통제권을 획득했다.

　마을은 1950년대와 1960년대에 위대한 번영을 이룩했다. 내 유년기의 마을은 풍요로웠다. 노동자들이 누렸던 고임금과 이런저런 혜택은 생기 넘치는 도심이 유지되도록 도왔다. 도심에는 은행 두 곳, 약국 두 곳, 영화관 두 곳, 지역 볼링장, 식당, 술집이 있었다. 노동자들은 정부가 보증하는 모기지론을 받아서 마을이 내려다보이는 언덕에 집을 지었다. 그들은 근대식 난방 기기, 냉장고, 조리용 버너, 텔레비전 같은 새로운 가정용 기기를 사들였다. 자동차도 구입했다. 노동자들은 일요일마다 가족들을 태우고 나들이를 다니고 휴가를 즐겼다. 노동자들의 자녀들이 처음으로 대학에 진학했다. 심지어 조그만 흑인 공동체에도 혜택이 돌아갔다. 흑인들은 유리 공장과 도자기 공장에 취직해 고임금과 많은 혜택을 누렸고, 전에는 진입할 수 없었던 직업으로 진출하기 시작했다. 나는 그 당시에 우리 마을에서 겉으로 보이는 소득과 부의 차이가 그다지 크지 않았다고 기억한다. 물론 부자도 있고 가난한 사람도 있었지만 내가 학교를 다니던 시절에는 그 차이가 아주 심하지 않았다. 사회 지도층의 자녀들이 다니는 사립학교도 없었고, 특정인만 출입하는 폐쇄적인 클럽도 없었다.

　뉴욕같이 더 큰 노동조합이 지배하는 도시에 있었던 예술, 문학, 음악 같은 것이 문화라면, 우리 마을에는 노동계급의 문화가 없었다. 대신 운동이나 클럽 같은 활기찬 문화가 있었다.

노동조합이 생기자 매일의 노동 생활이 크게 달라졌다. 노동자들은 더 이상 산업 노예가 아니었다. 이들은 존중해 달라고 요구하는 인간이 되었다. 부모님이 두려워하는 일은 많았지만, 노동조합이 없는 기업 마을에서의 생활의 특징인 사장(이나 기업 마을에서 기업이 통제하는 경찰)에 대한 두려움만큼은 없었다. 일자리를 유지하기 위해 현장 주임에게 잘 보일 필요도 없었다. 나는 대학에 다니면서 여름 방학을 이용해 두 차례 유리 공장에서 일했다. 주로 위험하지 않은 부서에서 사무원으로 일했는데, 공장에는 방제실이 함께 있었기 때문에 나는 소방관이나 커피를 마시기 위해 매일 이곳에 들르는 노동조합 상근자들과 한담을 나누며 대부분의 시간을 보냈다. 옆방에는 관리자가 있었지만, 회사에 대해 말할 때 목소리를 낮추는 사람은 없었다. 그리고 사람들은 공장에서, 노동조합에서, 더 큰 사회에서 무슨 일이 벌어지고 있는지에 대해 상대적으로 잘 알고 있었다. 노동조합은 세상에서 일어나는 일에 대해 조합원에게 알려 주고 교육과정을 후원하며 선거를 실시하는 등 직접적인 의미에서 교육 조직이었을 뿐 아니라 노동자들이 자기 스스로에 대해 배울 수 있는 충분한 시간과 자금을 제공한다는 간접적인 의미에서 교육 조직이기도 했다.

이런 저간의 사정은 어느 순간 극적인 변화를 맞았다. 유리 공장은 약 15년 전에 폐쇄됐고, 도자기 공장도 사양길로 접어들었다. 노동조합이 몇 년에 걸쳐 꾸준히 많은 양보를 한 끝에 이곳의 공장은 노동조합이 없는 공장과 큰 차이를 보이지 않게 되었다. 어떤 산업도 이 마을 사람들에게 일자리를 제공하지 못했다. 유리 회사(피피지 산업)는 공장 부지를 부동산 개발용으로 매각하지도 못한다. 치명적인 화학약품으로 오염되었기 때문이다. 주위를 돌아다녀 보면 무언가 잘못되고 있음을 알 수 있다. 사실 도심 대부분은 사라지거나 파괴되어, 이제는 드라이브 스루 은행과 승승장구하는 지역 제약사들이 입주한 복합 상업 건물로 대체되고 있다. 주거 조건은 악화되고 있다. 이곳의 가구 소득 중앙값은 국가 평균의 60퍼센트 수준이다.

사람들의 생활 역시 괜찮아 보이지 않는다. 지역의 고등학교에서 하교하는 학생들의 모습은 가난해 보이며, 몇 킬로미터 떨어진 곳의 월마트에 있는 어른들도 가난해 보이기는 마찬가지다. 낡은 옷을 입고 지나친 과체중에 할인 상품만을 고르고 다닌다. 노인들은 시간을 때우기 위해 매일같이 월마트에 가기 때문에 이곳 월마트는 틀림없이 우리나라에서 제일 바쁜 곳에 속할 것이다. 조금이라도 전망이 있는 젊은이들은 최대한 빨리 마을을 떠난다. 전망 없는 젊은이들은 이곳을 떠나지 못한 채 빈곤선 수준의 임금을 주는 임시직으로 일한다. 나는 장기적인 실업이 삶의 방식이 되어 버린 마을을 처음 보게 되었다. 만일 (중년의 자녀와 손자를 돌보는 데 도움을 주는) 연금 수급자들이 받는 연금, 사회보장 급여, 장애 수당 등이 없었다면 상황이 어디까지 나빠질지 모를 일이다. 예전에는 마을에서 시작된 번영이 시골로 흘러들어갔지만 이제는 그럴 수 없다. 마을에서 몇 킬로미터만 벗어나도 애팔래치아 지역 중에서도 진짜 가난한 지역을 보게 된다. 마약중독과 알코올중독이 만연한다.

몇 년 전 이 지역 지도자들은 북아메리카 프로 미식축구 리그(National Football League, NFL)에서 뛰는 이 마을 출신 미식축구 선수를 마을 경제의 대변인이라고 내세웠다. 경제적 식견이라고는 전혀 없는 젊은이를 내세워야 할 정도로 지역의 사정이 좋지 않은 것이다. 사람들은 새로운 다리의 건설에 모든 희망을 걸고 있었다. 사람들은 마을과 마을 남쪽에 있는 과거의 광산 마을과 공장 마을을 연결시킬 다리가 새로운 상업을 정착시킬 것이라고 굳게 믿었다. 마을이 무너진 뒤 찾아드는 문화적 침체는 지난여름에 일어났던 사건에서 찾아볼 수 있다. 마을의 기념일 축제 기간 동안 마을 후원자가 피츠버그에서 활동하는 훌륭한 재즈 앙상블을 초청했다. 후원자는 주 방위군이 사용하던 낡은 무기고를 사들여서 무용 공연, 콘서트, 다른 행사에 적합한 공간으로 개조했다. 콘서트 입장권을 상당히 저렴한 금액인 5달러에 판매하고 맥주와 무알콜 청량음료를 무료로 제공했지만 세 시간짜리 콘서트를 보기 위해 그곳에 나타난 사람은 나와 내 아내, 내 여동생을 포함해 열두 명뿐이었다.

내 고향 마을 공동체에는 결집력이 있었고, 잘살고 있다는 믿음도 있었다. 노동조합은 이러한 믿음을 강화시켜 주었다. 하지만 괜찮은 삶이라는 느낌은 마약, 술, 소외감, 절망으로 대체되고 있다. 시간제 일자리, 나이 든 부모나 실업 급여와 장애 수당이 삶의 경제적인 측면을 지원하는 새로운 수단으로 등장한다. 다른 수단으로는 종교가 있다. 『먼슬리 리뷰』에 실린 논문[130]에서 짐 스트라웁Jim Straub은 한때 노동조합의 본거지이자 뉴딜 정치의 기둥이었고 확고하게 민주당을 지지했지만 이제는 공화당 지배의 핵심으로 변한 오하이오의 상황을 분석했다. 스트라웁은 우선 산업별 노동조합 회의를 건설할 당시 아크론Akron, 톨레도Toledo, 클리블랜드Cleveland 같은 도시에서 영웅적으로 투쟁했던 오하이오 노동자들의 역할을 상세히 묘사한다. 그리고 나서 스트라웁은 오하이오의 경제적 해체에 대해, 그리고 번영하는 육체노동자 공동체 붕괴와 육체노동자의 삶의 표본이었던 지역 붕괴에 대한 슬픈 이야기를 들려주었다. 그는 다음과 같이 말한다.

> 오하이오의 도시, 제조업, 노동조합은 그 이후[131]로 생명 유지 장치에 의존해 목숨을 부지해 왔다. 도시의 정부 기관/사회 안전망/노동조합을 상호 연계시킨 형태였던 옛날의 뉴딜 사회민주주의는 사멸로 치닫고 있으며 구제 불능인 것으로 보인다. 미국 전역에서 과거의 사회 형태는 새로운 포괄적인 사회 조직 형태로 점차 대체되고 있다. 즉 노동조합 없는 월마트 일자리/반사회적 준교외 확장/초개인주의적 소비주의가 만연한다.
>
> 과거의 뉴딜 정책이 프랭클린 딜라노 루즈벨트(Franklin Delano Roosevelt, FDR)의 민주당 지향적이었다면, 새로운 가치 체계는 공화당 지향적이다. 이 같은 등식에서 기능하는 이데올로기의 주동자도 바뀌었다. 과거에는 좌익 성향의 산업별 노동조합 회의 소속 노

---

130) 『먼슬리 리뷰』 2006년 1월호, http://www.monthlyreview.org/0106straub.htm에서 전문을 볼 수 있다.
131) 여기서는 1980년대 이후를 말한다.

동조합이 그 밖의 사회구조를 창조했던 불평을 조장하고 조직해 왔듯이, 이제는 방식은 동일하지만 (상반된) 이데올로기를 지닌 복음주의 교회가 오하이오 육체노동자들의 분노에 불을 지핀다. 월마트가 오하이오 주 최대 고용주였던 철강 회사를 대체했다. 콜럼버스와 신시내티에서 마구 뻗어 나가는 준교외는 엄청난 속도로 확장해 가면서 클리블랜드를 대체했다. 하나님의 성회Assemblies of God와 나사렛 교회Church of the Nazarene가 새로운 철강 노동자와 자동차 노동자다.

오하이오는 항상 신실한 사람들이 모여드는 장소였다. 오하이오에는 감리 교회가 우체국보다 많다. 그러나 우리나라 전역의 산업 도시에서 일자리가 사라져 왔듯 감리교 같은, 더 자유롭고 오래된 주류 교단에서도 신자가 빠져나갔다. 대신 대체로 근본주의적이고 우익 성향을 보이는 개신교 교단의 대중 운동, 즉 부활을 믿는 복음주의 운동이 그 자리를 메운다. 부활을 믿는 모든 기독교단이 근본주의적이거나 보수적인 것은 아니다. 하지만 보수주의적 복음주의 운동이 신자를 끌어 모으고 주류 기독교를 오른쪽으로 이동시킨다는 사실은 부인할 수 없다. 이런 성향의 교회는 과거 부유했던 선조들보다 더 탈중심적인 관계망으로 운영된다. 이런 성향의 교회가 지닌 공통분모는 전통적인 사회적 보수주의가 아니라, 말씀을 퍼뜨려 신도를 많이 모으고 신도의 정서적 헌신과 더 많이 전도할 수 있는 능력을 개발하려는 선교 열정이다. 이것은 점차 감소하고 있는 주류 교회나 죽어 가는 산업 노동조합과 좌익 진영에서는 활용하지 않는, 일종의 고전적인 풀뿌리 조직 모형이다. 풀뿌리 조직이 없는 수많은 공동체에 강력한 주장을 펼치며 밀고 들어가는 복음주의 교회는 무시무시한 정치적 영향력을 행사했고, 노동조합이 뉴딜 정책을 수호했던 것과 같은 방식으로 극우 공화당의 신세계 질서를 수호하는 정치적 사병이 되었다.

칼 로브Karl Rove의 공화당 조직을 다뤘던 텔레비전 프로그램 〈프런트라인Frontline〉에서 『워싱턴 포스트』의 다나 밀뱅크Dana Milbank는 다음과 같이 말했다. "이제 칼 로브의 이해관계가 있는 곳에는 이 같은 역학이 존재한다. 그리고 내가 보기에는 종교적 보수주의, 복음주의 교회가 일종의 새로운 노동조합이 되었다고 하는 것이 온당하다."

펜실베이니아 서부와 오하이오의 작은 마을은 우리나라 어디에서나 볼 수 있는 작은 마을의 전형적인 사례다. "번영으로 가는 다리"에 집착하는 포드 시티의 이야기가 애처롭다면 와일드 빌 힉콕132)이 총에 맞아 사망했던 사우스다코타의 데드우드 마을 사례에 대해서도 생각해 볼 여지가 있다. 현재 관광은 모든 가난한 지역의 경제적 재앙의 해결책이라고 여겨진다. 그래서 데드우드의 선출직 공직자들은 관광을 장려하기로 결정했다. 그들은 관광을 장려하기 위한 방법으로 팜플로나133)의 "황소와 달리기" 행사를 모방한 "버팔로와 달리기" 행사를 개최하려고 했다. 그들은

---

132) 와일드 빌 힉콕Wild Bill Hickok은 서부 개척 시대의 전설적인 인물로, 보안관으로 활동하며 골드러시에도 참여했으나 총에 맞아 사망했다.
133) 팜플로나Pamplona는 스페인 나바르 지역의 한 도시다.

"버팔로와 달리기" 행사가 성공적으로 정착하기를 바라마지 않았다.

피츠버그의 고향 마을과 버지니아를 방문하기 위해 우리나라의 공업 지대를 관통하는 고된 운전을 했더니, 서부로 돌아가고 싶은 방랑벽이 도지고 말았다. 7월 말이었기 때문에 작열하는 뙤약볕을 맞으며 여행을 하게 될까 봐 무척 걱정하던 우리 머릿속에는 애리조나에서 가장 선선한 마을인 플래그스태프가 떠올랐다. 우리는 인디애나폴리스에서 하룻밤을 보낸 뒤, 37.7도를 넘나드는 열기 속에서도 도로 공사가 끝없이 이어지는 길을 따라 세인트루이스로 가서 44번 주간 고속도로를 타고 미주리를 통과해 느릿느릿 나아갔다. 길을 따라 수없이 많은 대형 교회가 서 있었는데, 이 지역의 광산과 공장의 몰락을 보여 주는 증거이자 특징 없고 눅눅한 이 지역에서의 삶의 지루함을 보여 주는 증거일 것이다. 우리는 우리나라의 칙칙하고 불운한 작은 마을의 또 다른 사례인 롤라Rolla에서 기름을 채웠고, 카렌의 여동생 패티와 남동생 제프를 만나러 조플린에 들렀다. 그들은 우리에게 주변을 구경시켜 주었다. 무법자의 표상, 보니 파커와 클라이드 배로우[134]가 잠시 숨어 있다가 경찰과 총격전을 벌인 끝에 도망쳤던, 오크 리지 드라이브Oak Ridge Drive 3447 1/2번지에 있는 차고가 딸린 아파트도 보여 주었다. 우리는 박물관 복합 시설에 위치한 광물

[134) 보니 파커Bonnie Parker와 클라이드 배로우Clyde Barrow는 1930년대 약 2년간 주유소, 은행 등을 상대로 강도 행각을 벌였던 은행 강도다. 〈우리에게 내일은 없다〉로 영화화되었다.

박물관을 방문했다. 이곳에서 우리는 (한때 조플린을 중심으로 이루어졌던) 아연과 납 채굴에 대한 정보와 일상에서 쓰이는 상품 중 아연과 납 성분을 포함한 상품에 관한 정보를 상세히 얻을 수 있었다. 하지만 광부에 대한 정보는 얻을 수 없었다. 박물관에는 조플린에서 남서쪽으로 96.7킬로미터가량 떨어진 오클라호마의 스퍼비나우Spavinaw에서 성장했던 미키 맨틀[135]의 사진이 있다. 그의 아버지 엘빈은 아연 광산의 광부였다.

조플린을 떠난 우리는 인디언 보호구역의 카지노, 소 목장, 우리나라에서 제일 큰 맥도날드 매장을 지나치면서 오클라호마를 가로질러 갔다. 우리는 66번 고속도로변 마을인 투쿰카리Tucumcari에서 하룻밤을 보낸 뒤 늦은 오후에 플래그스태프에 도착했다. 두 시간가량 찾아다닌 끝에 이번에는 하워드 존슨Howard Johnson이라는 이름의 새로운 싸구려 모텔을 찾아냈다. 우리는 세도나, 그랜드캐니언, 샌프란시스코 피크San Francisco peaks로 등산을 다니며 이곳에서 8월 말까지 4주를 보냈다. 플래그스태프의 날씨는 온화하고 시원하고 비가 내렸다. "장마" 철이었기 때문에 진흙탕에 빠지는 일이 많았다. 늦여름 이곳의 산지에서는 수천 번도 넘는 번개가 쳤다. 오후에는 비를 피하고 안전을 확보하기 위해 바위 밑이나 좁은 골짜기에 웅크리고 기다리는 일이 많았다.

마을 인근에 있는 나바호 족과 족의 신성한 땅에는 스키장이 들어서 있는데, 인공 눈을 만들기 위해 버려진 물을 파이프로 공

---

135) 미키 맨틀Mickey Mantle은 뉴욕 양키스 구단의 전설적인 야구선수다.

급하려는 계획 때문에 신성이 더럽혀질 것만 같다. 인디언은 물 공급 계획을 상대로 법정 투쟁을 벌이고 있다. 애리조나에서 가장 저명한 기업 가문이자 정치 가문 중 한 가문의 후손이자 클린턴 대통령 행정부의 일원으로서 환경주의자인 척해 왔던 브루스 배비트Bruce Babbitt가 친개발 세력을 이끌었다.

이곳은 아름다운 시골이다. 산지와 건조한 고원이 굽어보이고, 한때 이곳에서 번영했지만 지금은 몰락한 사람들의 기상이 느껴지는 곳이다. 멀리에서 그랜드캐니언이 그곳을 찾을 사람들의 놀라움과 경탄을 기다리고 있다. 이곳의 등산로는 우리나라에서 가장 아름다운 등산로에 속하며, 숲을 따라 걷다 보면 미루나무가 우리에게 속삭인다. 가을에는 잎사귀가 눈부신 노란색과 붉은색으로 변한다. 우리는 마지막 여행지로 모르몬의 마을을 택했다. 플래그스태프에서 89번 고속도로를 타고 북쪽으로 가는 길은 해

유타 브라이스 캐니언 국립공원에서 친구 드와이트와 함께

바라기로 눈부셨다. 얼마 지나지 않아 우리 앞에 험난한 계곡 도로가 펼쳐졌다. 우리는 버밀리온 클리프Vermilion Cliffs를 보고 경탄을 금치 못했고, 1950년대 후반 인구가 급등했던 페이지Page 마을에 정착했던 노동자들이 건설한 쓸모없는 또 다른 댐에 희생되어 사라져 간 글렌 캐니언 앞에서 안타까워했다. 유타 방향으로 가는 길에 롱 밸리Long Valley에서 이틀을 머물렀다. 우리는 리치필드Richfield에 살고 있는 드와이트를 방문했다. 드와이트는 내 친구였다. 우리는 그를 옐로우스톤에서 처음 만났다. 드와이트와 함께 등산을 다녔고, 피시 호수Fish Lake의 미루나무 숲에서 산책했다. 그러고 나서 우리는 유타와 콜로라도를 잇는 도로이자 우리나라에서 가장 아름다운 도로인 70번 주간 고속도로를 타고 동쪽으로 이동해 보울더 북부의 높은 산길을 통해 로키 산맥으로 들어갔다. 우리는 집주인을 만나서 열쇠를 받고 에스테스 파크로 이동했다.

불평등 8
<<<<<<<<<<<<<<<<<<<<<<<<<<<<<<<

앨런 그린스펀의 복수

피츠버그에서 플래그스태프로 여행하는 동안 어느 중서부 마을에 들렀다가 부유한 남성을 만났다. 그는 성공한 전문가였고 벌어들인 돈으로 부동산을 사들였다. 지난 몇 년 사이에 그의 자산은 엄청 불어났다. 아마도 그는 지금 이 마을에서 가장 많은 부동산을 소유한 사람일 것이다. 그리고 지역의 저명인사가 되었다.
내 생각에는 21세기의 첫 5년간 연방 준비제도Federal Reserve System가 시행했던 저금리 정책이 빚어낸 아주 낮은 이자율이 이 남성의 자산 축적 능력의 핵심이다. 2000년 주식시장은 가파른 하락을 겪었다. 처음에는 "닷컴" 부문이 무너졌고, 다음해인 2001년에는 시장의 나머지 부문이 무너졌다. 1990년대 말 주식 가격의 급격한 상승은 주식시장의 거품을 형성했다. 투자자들은 다른 사람들이 주식을 사들인다는 이유만으로 주식을 사들였다. 자본주의 경제에서는 자주 발생하는 상황이다. 지속적으로 돈을 잃어버린데다가 장래의 이익 전망도 제한적인 기업의 주식이 상당히 부풀려진 가격에 거래되었다. 그러다가 큰손들이 주식을 내다팔기 시작하자 수문이 열리면서 가격이 곤두박질쳤다. 엎친 데 덮친 격으로 9월 11일의 사건은 약세장을 뒤흔들었고, 주식 가격은 더 내려갔다. 부가 줄어들고 빚이 늘어난 사람들은 소비 지출과 투자를 줄일 수밖에 없었다. 그러자 경제학자들이 '생산에 대한 총수요'라고 부르는 지표가 하락하기 시작했고, 경기 후퇴는 깊어만 갔다.

경기 하락세를 멈추려고 연방 준비제도 이사회 앨런 그린스펀Alan Greenspan 의장은 이자율을 급격히 낮추는 통화정책을 시행하기 시작했다.(밥 우드워드Bod Woodward는 『거장The Maestro』이라는 제목의 성인전聖人傳에서 그린스펀을 "거장Maestro"이라고 불렀다.) 표준적인 경제적 지혜에 따르면 낮아진 이자율은 소비 지출과 자본 지출을 자극하고 생산과 고용을 증가시킨다. 그러나 이 중 어떤 일도 일어나지 않았다. 대신 (40년 만에 가장 낮아진) 이자율은 부채를 조장했다. 부채로 형성된 자금은 생산적인 자본을 구축하는 데 사용되지 않고 부동산을 사들이는 데 사용되었다. 새로운 주택 건설이 호황을 누렸고 이 책 전반에 걸쳐 언급했던 사회적으로 부정적인 결과, 즉 숲의 파괴, 교통 체증, 끝없이 이어지는 도로 건설, 대기 오염, (서너 채의) 별장 소유자들에게 밀려난 기존 공동체의 침식 같은 결과를 초래했다. 모기지론의 도움으로 기존 주택 판매 가격 역시 치솟았고 주택 수리와 개조에도 불이 붙었다.

우리가 만났던 사업가는 기존의 주택을 차입 자본으로 이용할 수 있었기 때문에 높은 이자율의 모기지론을 빌리지 않고도 더 큰 자산을 보유할 수 있었다. 그의 부가 증가함에 따라 마을에서 그가 행사하는 정치적·사회적 영향력도 커졌다. 그리고 낮은 이자율 때문에 형성된 더 많은 부는 그가 추가로 자산을 구입할 수 있도록 만들어 주었다. 우리나라 전역에서 이 남성 같은 사업가들이 생겨나고 있다. 크고 작은 도시에 퍼져 있는 이들은 우리가 "계급 권력"이라고 부를 만한 힘을 획득했다. 이들은 경제를 "좌우할 위치"에 있는 "지배계급"은 아니지만, 지배계급과 밀접하게 제휴해서 지배권을 얻는다. 앨런 그린스펀의 낮은 이자율이 불붙인 부동산 거품은 본질상 거대한 자산 보유자의 권력을 강화시켜 주는 계급 전쟁의 형태를 띤다.

노동하는 사람들에게는 낮은 이자율이 의미하는 바가 달랐다. 어떤 이들은 모기지론으로 자금을 마련해 다달이 지불했던 월세를 줄일 수 있었지만, 그렇게 절약된 돈은 대부분 소비재 구입에 사용되었다. 오르는 시세에 따라 집을 담보로 돈을 빌렸다면, 그 결과는 더 많아진 빚뿐이다. 가난한 대출자들에게는 새 집을 구입할 특별히 좋은 기회였지만, 여전히 부유한 대출자보다는 비싼 이자율로 자금을 빌려야만 했다. 은행은 이자율을 낮추는 대신, 높은 이자율과 수천 달러의 불명확한 비용이 부과되는, 이른바 서브프라임 대출을 시행했다. 금융기관이 누구나 주택 소유자가 될 수 있다고 부추기는, 믿지 못할 광고까지 마구 뿌려대면서 부동산 시장의 성장은 "거품"으로 변질되어 갔다. 수천 명의 가난한 노동계급 사람들이 부채 의존, 파산, 담보물 상실로 이어질 모기지 대출 체계 안으로 무작정 빨려 들어갔다.

낮은 이자율은 윌리엄 제닝스 브라이언[136] 같은 대중 선동가들이 목 놓아 외치던 것이기도 했다. 더 큰 경쟁자와 상대하기 위해서 농부들과 소규모 기업인들은 낮은 이자율이 절실했다. 그러나 소득과 부의 커다란 불평등을 특징으로 하는 사회에서 낮은 이자율이란 심한 불균형을 더욱 심화시키는 데 기여할 뿐이다. 결국 낮은 이자율은 부자를 더 부유하게, 가난한 사람을 더 가난하게 만들었다. 이러한 일이 전 세계적으로 발생하지 않았으리라는 법이 없다.

< < < < < < < < < < < < < < < < < < < < < < < < < < < < < <

여행은 끝나지 않는다

나는 5년이라는 긴 시간을 우리나라를 여행하면서 보냈다. 토마스 울프Thomas Wolfe 같은 작가는 "죽은 자만이 브루클린을 안다Only the Dead Know Brooklyn"라는 제목의 이야기를 지었다. 브루클린은 너무 복합적인 장소라서 아무도 그곳을 제대로 파악할 만큼 오래 살 수 없다는 의미다. 브루클린 같은 도시조차 다층적이고 항상 변모하는 복합적인 장소라고 할진대, 브루클린의 몇 백 배는 커다란 우리나라는 도대체 뭐라고 표현할 수 있겠는가? 하여 나는 내가 토크빌[137]이나 찰스 쿠랄트[138] 같은 인물들만큼 우리나라에 대해서 잘 아는 사람이라고 말하고 싶지는 않다. 다만 우리나라를 가까이에서 5년간 들여다보면서 대부분의 사람들은 느끼지 못하는 몇 가지 사실을 알게 되었을 뿐이다.

그중 한 가지는 우리나라에서 불평등이 증가하고 있음을 부인할 수 없다는 사실이다. 그러나 그 사실을 그 즉시 깨닫도록 만들고, 우리의 일부가 되도록 만드는 정서적 힘을 가진 경험을 한다는 것은 또 다른 문제다. 나와 카렌은 포틀랜드의 헐리스에서 저녁 식사를 하면서, 레딩의 모텔 계단 난간에 걸린 옷가지를 보면서, 산타페의 가난한 인디언 마을에서 그리 멀지 않은 곳에 위치한 주택 단지와 호화로운 집을 보면서, 자료들은 제공하지 못하는 불평등의 현실과 접할 수 있었다.

---

136) 윌리엄 제닝스 브라이언William Jennings Bryan은 19세기 말과 20세기 초반의 정치가. 민주당의 대통령 후보로 세 차례 지명되기도 했다.
137) 토크빌Tocqueville은 19세기 말 미국의 사회학자로, 미국 사회를 세밀히 해부한 『미국의 민주주의De la démocratie en Amerigue』 등의 저서를 남겼다.
138) 찰스 쿠랄트Charles Kuralt는 1997년에 사망한 시비에스 방송국 저널리스트로, 전국을 여행하는 다큐멘터리를 제작했다.

노동과 환경에 대해서도 같은 이야기를 할 수 있다. 나는 노동통계청에서 제공하는 자료에 익숙하다. 통계청 자료에 나타난 직업에는 좋은 직업보다는 나쁜 직업이 더 많고, 환경 파괴의 진상도 잘 나타나 있다. 그러나 나는 나쁜 직업에 실제로 종사하면서 나와 같이 나쁜 직업을 가진 많은 사람들과 함께 살고 대화를 나눴다. 레이크 호텔에서 일할 때는 다리도 아팠고, 마음도 피로했다. 이런 경험은 우리나라의 많은 동료들이 노동자들이 처한 노동 현실에 대한, 자료로는 알 수 없는 이야기를 나에게 들려주었다. 한편 나는 우리가 환경에 어떤 영향을 미치는지에 대한 자료를 과거에도 많이 읽어 왔다. 하지만 올림픽 국립공원을 방문해서 환경 파괴의 실상을 접하면서 환경 파괴는 잊을 수 없는 현실로 내 마음속에 자리 잡았다. 또한 올림픽 국립공원에서 보았던 호 열대우림과 나무가 다 베어진 인근 언덕이 이루는 대조적인 광경은 그러한 사실을 더욱 구체화시켜 주었다.

나는 내가 행운아라고 생각한다. 나는 내 생애에 일어났던 극적인 변화를 잘 극복했고, 우리 삶을 지배하는 방식이자 우리나라에서 무슨 일이 벌어지고 있는지 알지 못하도록 만드는 요인인 치열한 경쟁에서 한 발 물러나 있었다. 내가 했던 것처럼 할 수 있는 사람은 별로 없다. 그러나 누군가는 이렇게 할 수 있을 것이고, 어쩌면 이 책이 그렇게 살아가도록 독자들을 자극할지도 모르는 일이다. 더 중요한 것은 나와 내 아내가 보았던 것과 수행했던 일이 사람들에게 새로운 세계, 즉 모든 사람들이 더 자유롭게 살아갈 수 있는 세계를 창조하는 투쟁에 동참하도록 영감을 불어넣을

지도 모른다는 사실이다.

2006년 8월 31일, 우리는 에스테스 파크를 떠났다. 그리고 여행은 계속되었다.

■ 더 읽을거리

< < < < < < < < < < < < < < < < < < < < < < < < < < < < < < < < <

뉴올리언스와 허리케인 카트리나는 Kristen Lavelle and Joe Feagin, "Race, Class, and Katrina," *Monthly Review*, July-August 2006, Mike Davis, "Catastrophic Economics: The Predators of New Orleans," *Le Monde Diplomatique*, October 2005, Marjorie Cohn, "The Two Americas," http://www.truthout.org/docs_2005/090305Y.shtml)를 참고하라. 뉴올리언스와 이 도시의 기묘함을 환기시키는 소설 중 내가 읽어 본 가장 재미있는 소설은 John Kennedy Toole, *A Confederacy of Dunces*(Baton Rouge, LA: Louisiana State University Press, 2000)이다. 뉴올리언스에 대한 밥 딜런의 언급은 그의 회고록 *Chronicles: Volume One*(New York, NY: Simon & Schuster, 2005)에서 가져온 것이다. 국립공원의 오염은 프랭크 바스 기자와 리타 비미쉬 기자가 훌륭하게 쓴 『덴버 포스트』 2006년 6월 19일 기사 "National Parks' Preservation Threatened"의 주제다. 공업 지대에 위치한 작은 마을의 몰락에 대해서는 Jim Straub, "What Was the Matter with Ohio?: Unions and Evangelicals in the Rust Belt," *Monthly Review*, January 2006를 참고하라. 부자와 가난한 사람, 흑인과 백인 사이의 간극, 덜 부유한 사람이 더 부유한 사람을 "따라잡는" 어려움에 대해서는 John Bellamy Foster, "An Introduction," Monthly Review, July-August 2006, Austin Goolsbee, "Hello Young Workers: One Way to Reach the Top Is to Start There," *New York Times*, May 25, 2006, Lawrence Mishel, Jared Bernstein, and Sylvia Allegretto, *The State of Working America, 2004/2005*(Ithaca, NY: Cornell University Press, 2005)를 참고하라.

가난한 사람들에게 바가지를 씌우는 모기지론에 대해서는 "Double Jeopardy," (http://www.aecf.org/publicatons/advocasey/winter2005/double/double3.htm)를 참고하라. 마지막 절의 일부는 Michale D. Yates, "The Ghosts of Karl Marx and Edward Abbey," *Monthly Review*, March 2005에서 가져왔다.

■ 찾아보기

[ㄱ]

거버너스 섬Governor's Island 140
거장Maestro 356
고담 가제트Gotham Gazette 146
곡식에 저항하다: 농업은 문명을 어떻게 강탈했는가?Against the Grain: How Agriculture Has Hijackes Civilization 243
공산당 선언Communist Manifesto 39
공원 산책A Walk in the Park 135
과달루페 산맥Guadalupe Mountains 372, 374
국제 사진 전시관International Center of Photography Museum 113
국제항만창고노동조합(International Longshore and Warehouse Union, ILWU) 205, 206
그래머시 파크Gramercy Park 123
그랜드캐니언국립공원Grand Canyon National Park 91, 108, 233, 268, 271, 270, 285, 375, 398, 399
그랜드 테튼 국립공원Grand Teton National Park 79, 78, 268
그리니치빌리지Greenwich Village 116, 118, 139
글렌 캐니언Glen Canyon 242, 400
글렌우드 스프링스Glenwood Springs 233, 279
금박시대Gilded Age 304
긴급의료센터(Emergency Medical Service, EMS) 162

[ㄴ]

나바호 족Navajo 252, 267, 383, 398
냇 킹 콜Nat King Cole 256, 348
네이션The Nation 240
넬슨 발데스Nelson Valdes 364
노동연구소Labor Studies 142, 160

노라 에프런Nora Ephron 152
노스 움프쿠아강North Umpqua River 184
뉴 베들레헴New Bethleham 124
뉴욕시 소방청(Fire Department City of New York, FDNY) 162
뉴욕타임스New York Times 50, 151, 152, 210, 274, 354, 368

[ㄷ]

다나 밀뱅크Dana Milbank 396
대공황Great Depression 142, 182, 205, 338, 363, 382, 389
대주교에게 찾아온 죽음Death Comes for the Archbishop 252, 383
데이브 토마스Dave Thomas 213
데이튼Dayton 124
덴버 포스트Denver Post 21, 22, 195, 370, 405
델라웨어 워터 갭Delaware Water Gap 124
도이어스가Doyers Street 141
돈 라센Don Rarsen 139
디즈니 월드Disney World 348, 349

[ㄹ]

라디오 시티 음악당Radio City Music Hall 135
라쉬드 월러스Rasheed Wallace 216
라스 라슨Lars Larson 218
라스 트람파스Las Trampas 383
락 스프링스Rock Springs 174
레오 후버만Leo Huberman 128
레이니어 산Mt. Rainier National Park 176, 185, 186, 268, 288
레이크 호텔Lake Hotel 56, 59, 60, 78, 114, 132, 272, 285, 325, 402
로버트 카로Robert Caro 368
로버트 프로스트Robert Frost 119
로버트 E. 리Robert E. Lee 290
로스웰Roswell 375
로우 돕스Lou Dobbs 218, 247
로우어 이스트사이드Lower East Side 135
로키 산 국립공원Eocky Mountain National Park 18, 268, 272, 370, 376, 385, 400
록펠러 센터Rockefeller Center 134
롱 밸리Long Valley 283, 284, 400
루럴 밸리Rural Valley 124
루이 암스트롱Louis Amstrong 358
루이도소Ruidoso 375
르호보스 비치Rehoboth Beach 171
리버티 하우스Liberty House 108
리차드 매닝Richard Manning 243
리처드 요크Richard York 195
리타 비미쉬Rita Beamish 370, 405

리틀 이탈리아Little Italy 141
린든 존슨Lyndon Johnson 47, 368
릴리우오칼라니Liliu'okalani 107
링컨 터널Lincoln Tunnel 116

[ㅁ]

마디그라Mardi Gras 357, 358, 359
마라톤Marathon 95, 329, 369
마이애미 헤럴드*Miami Herald* 304, 306, 318, 343
마이크 데이비스Mike Davis 363
마이클 무어Michle Moore 100, 287
마이클 파월Michael Powell 203, 204
마크 데어Mark Derr 327, 336
마크 코헨Mark Cohen 243
마틴 스콜세지Martin Scorsese 140
매디슨로Madison Avenue 119, 142, 147
맥키트릭 캐니언McKittrick Canyon 373
머조리 콘Marjorie Cohn 364
먼슬리 리뷰Monthy Review 9, 42, 128, 129, 130, 131, 132, 133, 136, 154, 160, 303, 309, 393
멀베리가Mulberry Street 141
멀트노마 폭포Multnomah Falls 179
메이베리Mayberry 351
모르몬 왕국Mormon Country 282

모리스 라피더스Morris Lapidus 170, 309
모압Moab 220, 223, 233, 279
모하비 사막Mojave desert 249, 250, 251, 252, 254
미드타운Midtown 122
미슐라Missoula 170, 233, 287
미키 맨틀Mickey Mantle 398
미키 애런슨Mickey Aronson 307
미트패킹 구역meatpacking district 154
민간 환경 보존단(Civilian Conservation Corps, CCC) 182

[ㅂ]

바바라 에렌라이히 Barbara Ehrenreich 111, 238
반델리어 천연기념물 보존구역 Bandelier National Monument 265, 270
반스 앤 노블Barnes & Noble 203
밥 우드워드Bod Woodward 401
배터리 파크Battery Park 138, 140
밴쿠버 섬Vancouver Island 188
버지니아 키Virginia Key 301, 302
버킹엄 스미스Buckingham Smith 321, 322, 323
보네빌 댐Bonneville Dam 180

보니 파커Bonnie Parker 397
보더스Borders 203
보인튼 캐니언Boynton Canyon 261, 264, 265, 267
보제Boise 174
분노의 포도 The Grapes of Wrath 255
브라이스 캐니언 국립공원Bryce Canyon National Park 270, 279, 283
브라이튼 비치Brighton Beach 143
브루스 배비트Bruce Babbitt 399
브루크빌Brookville 124
브루클린 하이츠Brooklyn Heights 143, 144
브리검 영Brigham Young 279, 281, 284
브리커가Bleecker Street 140
비스케인 베이Biscayne Bay 295
비스킷 화재Biscuit Fire 194, 195, 219
빅 벤드 국립공원Big Bend National Park 367~371
빅애플Big Apple 134
빅터 호텔Hotel Victor 305, 306, 309
빈곤의 경제Nickel and Pined: On (Not) Getting By in America 111, 238
빌 월튼Bill Walton 216
빌보Bilbo 365, 366

[ㅅ]

사막의 빛나는 보석Desert Solitaire
271
산 젠나로San Gennaro 141
산업별노동조합회의(Congress of Industrial Organizations, CIO) 206
살바노 브리세노Salvano Briceno 365
샌 안드레아스 폴트San Andreas Fault 251
선데이 매거진Sunday magazine 153
선셋 베이Sunset Bay 192
선셋 크레이터 볼케이노 천연기념물 Sunset Crater Volcano National Monument 268
세계무역센터World Trade Center 115, 141, 162
세계산업노동자동맹Industrial Workers of the World 209
세인트 마크 교회St. Mark Church 119, 120, 163
세인트 헬렌 산Mt. St. Helen's 176, 184
세인트존스 대학St. John's College 275
섹스 인 더 시티Sex in the City 134
센트럴 파크Central Park 135, 138, 144, 145
셔먼 장군General Sherman 169
솔 벨로Saul Bellow 203
쇼어 아크레스Shore Acres 192
쉽이터 쇼숀Sheepeater Shoshone 269
스타이비슨트Stuyvesant 119, 120

스테이튼 섬Staten Island 139, 140
스티븐 킹Steven King 15
스패니시 할렘Spanish Harlem 144
스프링데일Springdale 279, 284
슬리델Slidell 356
시스키유 국유림Siskiyou National Forest 195

[ㅇ]

아담스 산Mt. Adams 176, 180
아서 리틀Arthur D. Little 151
I. F. 스톤I. F. Stone 129
아치스 국립공원Arches National Park 223, 268, 272, 279
아트 바젤Art Basel 303, 304
아팔라치콜라Apalachicola 352
안나 쿠리니코바Anna Kournekova 310
안나폴리스Annapolis 275
앨런 긴스버그Allen Ginsberg 35, 127, 386, 387
알버트 아인슈타인Albert Einstein 129
알폰소 판줄Alfonso Fanjul 318
암팩 사Amfac Corporation 58, 67, 107, 108, 325
앤드류 베버리지Andrew Beveridge 146
앤드류 쿠나난Andrew Cunanan 305
앨런 그린스펀Alan Greenspan 401, 402
양키 스타디움Yankee Stadium 138

어니스트 헤밍웨이Ernest Hemingway 333
어퍼 이스트사이드Upper East Side 135, 151
에드워드 머로우Edward R. Murrow 246
에버글레이즈 국립공원Everglades National Park 50, 108, 315, 318, 321~325, 327
H. 하크펠트 앤 컴퍼니H. Hackfeld & Company 108
A. E. 하우스먼A. E. Houseman 193
F. O. 매티슨F. O. Mathiessen 129
에콜로직스Ecologix 109
엘리스 섬Ellis Island 139
엠파이어 스테이트 빌딩Empire State Building 118, 127, 135, 142, 160
예수 그리스도 후기성도 교회Church of Jesus Christ of Latter-day Saints 246
옐로우스톤 국립공원Yellowstone National Park 43, 44, 45, 55, 57, 59, 62, 64, 72, 75, 90, 91, 92, 95, 98, 108, 118, 124, 128, 135, 155, 158, 159, 183, 269, 279, 285, 287, 423
옐로우스톤에서 발생한 사망 사고 *Death of Yellowstone* 56
옛 컬럼비아 협곡 고속도로historic Columbia Gorge Highway 175
오더빌Orderville 283
오레거니언*The Oregonian* 206, 209, 210

오리건 듄스 오버룩Oregon Dunes Overlook 168, 169
오린 하치Orrin Hatch 284
오스틴 굴스비Austin Goolsbee 381
오시 데이비스Ossie Davis 302, 303
오크 크릭 캐니언Oak Creek Canyon 259, 260
올림픽 국립공원Olympic National Park 187~189, 268, 288, 404
와일드 빌 힉콕Wild Bill Hickok 396
와일드우드Wildwood 190
와쿨라 스프링스Wakulla Springs 350
왓슨 씨 죽이기Killing Mister Watson 325
우파트키 천연기념물 보존구역Wupatki National Monument 268
워싱턴 스퀘어 파크Washington Square Park 139
워싱턴 포스트Washington Post 47, 396
워커 에반스Walker Evans 333
월넛 크릭 천연기념물 보존구역Walnut Creek National Monument 269
월러스 스테그너Wallace Stegner 282
월러스 프랫Wallace Pratt 373
월트 디즈니Walt Disney 349
웨스트 빌리지West Village 136
웨스트사이드 고속도로West Side Highway 124
윌 로저스Will Rogers 375

윌라 카터Willa Carther 252, 383
윌래메트강Willamette River 178
윌리엄 바트람William Bartram 326
윌리엄 제닝스 브라이언William Jennings Bryan 402, 403
윌리엄 버로우스William S. Burroughs 35, 127, 384
윙 람Wing Lam 136
유니온 스퀘어Union Square 130, 131, 143, 145
유대교 루바비쳐 분파Lubavitcher sect of Judaism 131
유에스에이 위크엔드USA Weekend 259
유-하울 사U-Haul 45, 124, 125, 126, 163, 173, 174, 288
이글 크릭Eagle Creek 180
이스트 빌리지East Village 119, 135
이스트 할렘East Harlem 137
인디언의 나라, 신의 나라: 아메리카 원주민과 국립공원Indian Country, God's Country: Native Americans and the National Park 90
인챈트먼트 리조트Enchantment Resort 265, 266, 268

[ㅈ]

자유의 여신상Statue of Liberty 135,

139
재키 메이슨Jackie Mason 310
전미 농구협회National Basketball Asscociation 216
전미 농업 노동조합 United Farm Workers Union 102, 159
제리 사인펠트Jerry Seinfeld 145
제이엠비 부동산 회사JMB Realty Company 108
제임스 울펜슨James Wolfensohn 99
조 피긴Joe Feagin 360
조슈아 트리 국립공원Joshua Tree National Park 230, 248, 249, 250, 251, 252, 254, 268
조지 소로스George Soros 146
조지 워싱턴 다리George Washington Bridge 124
조지 워싱턴 카버 천연기념물 보존구역 George Washington Corver National Monument 348
조지아 오키프Georgia O' Keeffe 275, 377
조지 캐틀린George Catlin 90
조지프 스미스Joseph Smith 279~282
존 케네디 2세John Kennedy, Jr. 140
존 티어니John Tierney 152
주니 인디언Zuni Indian 398
줄리아 터틀 코스웨이Julia Tuttle Causeway 295
중국인 노동자 협회(Chinese Staff and Workers Association, CSWA) 136
지아니 베르사체Giani Versace 305
지온 국립공원Zion National Park 108, 268, 269, 273, 279, 283
짐 스트라웁Jim Straub 393
짐 크레이븐Jim Craven 340
짐 크로우Jim Crow 365, 366

[ㅊ]

찰스 쿠랄트Charles Kuralt 403
척 팔라닉Chuck Palahniuk 202

[ㅋ]

카사 카수아리나Casa Casuarina 305
카치나 우먼 탑Kachina Woman monument 262
칼 로브Karl Rove 396
칼 피셔Carl Fisher 300
칼레 오초Calle Ocho 315, 317, 323
캐니언랜드 국립공원Canyonlands National Park 279
캐리 맥윌리암스Carey McWilliams 240
케이준 지역Cajun country 366, 367
케이프 룩아웃Cape Lookout 191
케이프 아라고Cape Arago 192
케이프 플래터리Cape Flattery 188

코니 섬Coney Island 143
코르도바Cordova 383
코코니노 고원Coconino Plateau 255
콜로라도 스프링스Colorado Springs 278
콜로라도 천연기념물 보존구역 Colorado National Monument 268
크레이터 레이크Crater Lake 108, 183, 184, 192
크리스토퍼가Christopher Street 116, 117
크산테라Xanterra 사 108, 109, 183, 279, 325
클라마스 폴스Klamath Falls 184
클라이드 배로우Clyde Barrow 397
키 비스케인Key Biscayne 302
키니Kearney 102, 174
키타닝Kittanning 124
키트 카슨 박물관Kit Carson Museum 383
킹 랜치King Ranch 241
킹 올리버King Oliver 356

[ㅌ]

타임 스퀘어Time Square 135
타케니치 크릭 루프 트레일Tahkenitch Creek Loop Trail 168
턱슨Tucson 242

토마스 울프Thomas Wolfe 403
토지 관리국(Bureau of Land Management, BLM) 195, 196
투지구트 천연기념물 보존구역Tuzigoot National Monument 258, 268
트렌트 로트Trent Lott 365, 366
트루카스Truchas 383
트리니티 사이트Trinity Site 376
트리베카TriBeCa 140
틸리 플린Tillie Flynn 188

[ㅍ]

파나마 시티Panama City 351
파월스 시티 오브 북스Powell's city of Bokks 203
파웰 호수Lake Powell 242
판귀치Panguitch 279, 284
팜 스프링스Palm Springs 248, 249
팜플로나Pamplona 396
패컬티 하우스Faculty House 137
팻 라일리Pat Riley 307
퍼시픽 그로브Pacific Grove 170, 171
페나스코Penasco 383
페트리피드 숲/페인티드 데저트 국립공원Petrifed Forest/Painted Desert National Park 268
페트로글리프 천연기념물 보존구역 Petroglyph National Monument 274

페페 판줄Pepe Fanjul 318
펜사콜라Pensacola 345, 351, 352
포트 세인트 조Port St. Joe 350
포트 스톡튼Fort Stockton 367, 369
포틀랜드 주립대학Portland State University 167, 178
폴 스위지Paul Sweezy 128, 129
풀브라이트 장학금Fulbright Scholarship 152
프랭크 바스Frank Bass 370
프런트라인Frontline 396
프레드 마이어Fred Meyer 204, 228
프렌즈Friends 135
프리홀레스 랜치 역사 박물관Frijoles Ranch History Museum 372
플라밍고 로지Flamingo Lodge 324
플래그스태프의 친구들Friends of Flagstaff 379
플로리다 유대인 박물관Jewish Museum of Florida 314
피닉스Phoenix 51, 242, 254
피델 카스트로Fidel Castro 316, 364
피터 매티슨Peter Matthiessen 325
피터 포크Peter Falk 303
필립 번햄Philip Burnham 90

[ㅎ]

하버드 조인트 주택 연구 센터Harvard's Joint Center for Housing Studies 151
하인리히 하크펠트Heinrich Hackfeld 107
한국전쟁의 감춰진 역사Hidden History of the Korean War 129
해리 맥도프Harry Magdoff 129
해리 브리지스Harry Brigdes 205
해리 트루먼Harry Truman 185, 333
해리가 샐리를 만났을 때When Harry Met Sally 135
허드슨가Hudson Street 140, 154
헤일리 바버Haley Barbour 365, 366
헨리 플래글러Henry Flagler 329, 330
헨리 허드슨 파크웨이Henry Hudson Parkway 124
홀러버 비치Haulover Beach 320
화이트 샌즈 천연기념물 보존구역 White Sands National Monument 376
회계 감사국(Government Accountability Office, GAO) 161, 163, 196
후드 산Mt. Hood 167, 176, 178, 180
후버빌Hoovervilles 363
힐스보로Hillsboro 174

CHEAP MOTELS AND A HOT PLATE ■ 옮긴이 후기

<<<<<<<<<<<<<<<<<<<<<<<<<<<<<<

그곳에는 사람이 산다

먼 나라 이웃 나라

  해외여행이라니, 어렸을 때는 말 그대로 남의 나라 이야기였습니다. 경제적인 여유도 없었을 뿐더러, 나라 간의 왕래를 제한하던 국내의 사정 때문에 물리적으로 나라 밖을 나가는 게 여간 어려운 일이 아니었습니다. 한편으로는 비물질적인 형태를 띠는 정보도 제한적이었고, 무엇보다도 지금과 같은 자유무역 시대가 아니었기 때문에 외국에서 들어온 물건도 보기 힘들었던 시절이었습니다. 그러다 보니 바나나 한 개 먹겠다고 동생과 다투던 일도 어렴풋한 기억 속에 남아 있습니다. 이렇듯 해외에 다녀올 수 있었던 사람이 한정되어 있으니 아무라도 부모님을 따라 해외에 다녀오는 날에는 그 아무개가 머릿속에 담아 왔을 외국에 대한 추억을 듣고, 그 아무개가 손에 들고 왔을 외제 물건을 구경한답시고 학급이 시끌벅적해지곤 했지요. 물론 저보다 더 오래 사셨거

나 더 젊은 분들은 조금 다르게 기억하실지도 모릅니다.

이제는 세상이 바뀌었습니다. 나라 간의 왕래를 불편하게 만들었던 국내의 정치사회적 요인도 사라졌을 뿐더러, 국제적으로도 바야흐로 자유무역의 시대입니다. 무력을 동원해 강제로 남의 나라의 문호를 열어젖히던 19세기 말엽과 유사한 형태로 우리나라를 포함한 각 나라 문호가 열리고 있습니다. 차이가 있다면 불 뿜는 무기의 동원 여부 정도입니다. 욕망의 대상이던 바나나가 흔해져서 기뻐해야 하려나요, 아니면 자기네 나라 사람들도 꺼려하는 고기를 남의 나라에라도 강제로 떠넘겨 자국 기업의 이익을 보호하려는 힘 있는 나라와 굴욕적인 협상을 하고도 굴욕스러움조차 모르는 뻔뻔한 정부 밑에서 5년이나 살아가야 한다는 사실에 한숨지어야 하려나요. 일본이나 홍콩, 동남아 정도는 수월하게 다녀올 수 있는 경제력 향상에 만족스러운 미소를 지어야 하려나요, 아니면 외화 획득의 꿈을 안고 우리나라에 들어와서 우리가 꺼려하는 온갖 궂은일을 도맡아 하면서도 사람 대접조차 제대로 받지 못하는 이주 노동자의 모습을 떠올리며 안타까워해야 하려나요. 해외와의 왕래를 엄격하게 금지하는 쇄국만이 능사는 아니지만 무조건적인 개방 또한 만병통치약은 아니지요.

아무튼 우리나라가 세계화를 부르짖기 시작한 이후로 어학연수쯤은 필수로 자리 잡았고 신혼여행도 해외로 떠나는 것이 대세입니다. 여행을 다녀왔든 공부나 경제 활동을 이유로 일정 기간 동안 해외에 체류하다 돌아왔든 외국을 접해 본 사람이 참 많아졌습니다. 시간이 조금만 더 흐르면 저처럼 나라 밖을 한 번도 다녀오지 않은 사람은 찾아보기 어려워질 것 같습니다. 곧 천연기념물이 될 것만 같은 불안한 느낌입니다. 하지만 많이 다녀왔다고 해서 그곳을 더 잘 아는 것일까요?

수박 겉핥기

여행서마다 추천하는 세부 내용은 다를지라도 공통된 구성을 갖추고 있습니다. 그런 면에서는 모든 여행서들이 엇비슷합니다. 우선 소개할 장소를 선정합니다. 다음으로 그 장소에서 널리 알려진 내용, 혹은 그 여행서를 집필한 사람이 새로이 찾아낸 내용의 목록을 작성하고 분류합니다. 크게 보면 방문할 만한 곳, 머물 만한 곳, 먹을 만한 것 정도로 분류가 되겠지요. 그리고 그곳에 찾아가는 방법이 지도와 함께 소개될 것입니다. 조금 더 친절하다면 소요 시간이나 필요한 경비 등이 적혀 있을 것이고 주관적인 여행서라면 저자의 감상이 추가로 적혀 있을 것입니다. 박물관 여행이나 유적지 여행처럼 특정 주제를 중심으로 소개한 여행서라고 해도 결국에는 위의 정보들을 담게 됩니다. 그런 여행서들을 따라다니면서 해당 지역의 유명하고 아름다운 장소, 먹을거리, 문화에 대해 알게 됩니다.

하지만 그것은 멀리서 바라본 정원과 같습니다. 멀리서 바라봤을 때의 정원은 아름답습니다. 잘 다듬어진 나무와 울긋불긋한 꽃들이 조화를 이루고 한쪽 옆에 있는 작은 호수에서는 아침마다 물안개가 피어오르는 아름다운 정원 말입니다. 하지만 그곳에 한 발자국 한 발자국 더 다가갈 때마다 멀리서는 보이지 않았던, 아름답다고만은 할 수 없는, 그러나 정원에 꼭 필요하고 또 그 일부인 것들이 보이기 시작합니다. 떨어져 썩어 가는 낙엽과 작은 벌레들도 보게 됩니다. 무엇보다 중요한 것은 그 정원에 들어가지 않으면 만날 수 없는, 그곳에서 살아 숨 쉬는 사람입니다.

꿈은 이루어진다

여기 여행서가 하나 있습니다. 이 책도 여행서니까 우선 여행할 장소는 필요하겠지요. 바로 지은이의 나라, 미국입니다. 그러나 이 여행서는 엇비슷한 다른 여행서들과는 달리 볼거리, 먹을거리 추천이나 자세한 소개에는 큰 신경을 쓰지 않습니다. 대신 이 여행서에는 2001년 여름부터 2005년 말까지, 무려 5년 동안 지은이가 아내와 함께 미국을 돌아다니면서 미국을 관찰한 내용이 고스란히 담겨 있습니다. 지은이는 아내와 함께 국립공원 안에 있는 호텔 프런트 데스크와 식당에서 직원으로 일하기도 했고, 지은이가 평소에 글을 기고하던 잡지사에 근무하기도 했고, 특별한 직업 없이 등산을 즐기며 지내기도 했고, 하루 건너 하루 이 지역 저 지역을 옮겨 다니며 여행을 했습니다. 30년 넘게 대학 경제학과 교수로 재직하면서도 언젠가는 이곳저곳을 떠도는 여행을 하리라 마음먹었던 지은이는 그렇게 꿈을 이룬 셈입니다.

그러면 이쯤에서 우리가 미국 하면 떠올리는 것을 짚어 볼까요? 백악관, 자유의 여신상, 금문교, 헐리우드, 디즈니랜드, 브로드웨이, 마이애미비치, 라스베이거스, 그랜드캐니언, 로키 산맥, 9·11과 뒤이은 이라크 전쟁…… 이런 것이 떠오르실까요, 아니면 최근 온 세계를 떠들썩하게 했던 서브프라임 모기지론 문제나 요즘 온 나라를 떠들썩하게 만들고 있는 쇠고기 수입 문제가 떠오르실까요? 이도 저도 아니면 한국전쟁에 참전해 자유민주주의를 수호해 낸 우방국이나 아메리칸드림 같은 것들이 떠오르실까요? 뭐라도 좋습니다. 그러나 이 여행서에는 다른 여행서에는 나옴직한 그런 내용은 어디에도 없습니다. 물론 우리의 전직 교수님이 맨해튼에서 일 년 정도 머물렀으니, 센트럴 파크, 엠파이어 스테이트 빌딩에 대한 내용이 빠질 수야 없겠지만 그것이 이 책의 주제는 아닙니다. 그러면 우리의 전직 교수님은 무엇을 말하고 계신 걸까요? 이 책을 다 읽고 마지막에 이 글을 읽는 독자들이야 다 아시는 내용일 테니 이쯤에서 건너 뛰셔도 되겠습니다만, 이 글을 먼저 읽고 책을 구입할지 선택하실 독자를 위해 조금만 적어 봅니다. 우리가 '아름다울 미美'로 표현하는 미국이 과연 아름답기는 한 걸까요?

美國? 迷國

이 책 『싸구려 모텔에서 미국을 만나다』에서 우리의 전직 교수님은 특유의 시선으로 미국을 바라봅니다. 바로 그곳에서 살아 숨 쉬는 사람을 중심에 둔 시선입니다. 그리고 그들의 삶을 중심으로 관찰된 내용은 다시 미국 내에 증가하고 있는 불평등, 양극화가 심해져만 가는 노동 현실, 점점 악화되어 가는 환경오염이라는 세가지 주제 아래 정리되어 기록됩니다.

사실 이 세 가지 현상은 세계 어디에나 존재하는 문제입니다. 그래서 이것을 주제로 수많은 연구들이 이루어집니다. 하지만 엄밀히 말해 이것은 학문의 대상이라기보다는 엄연한 현실이고, 결국 조금만 주의를 기울이면 우리 주변에서도 쉽게 발견할 수 있는 문제입니다. 그리고 이런 현실을 개인적으로 체험한다면 그 의미는 그 어떤 논문이 주는 훌륭한 주장보다도 마음 속 깊이 새겨질 것입니다. 하지만 아무도 주의를 기울이지 않습니다. 자신들의 삶에 묻혀 주위를 돌아볼 작은 여유조차 없으니까요. 그런 면에서 우리는 고된 현실을 고스란히 견뎌야 하는 사다리 아래 존재하는 사람들입니다. 한편 우리가 등에 떠받들고 있는 소수의 사다리 위 사람들은 자신들의 일이 아니라는 이유로 주의를 기울이지 않습니다. 이들은 "그러면 미국산 쇠고기를 사 먹지 않으면 그만 아닌가?"라고 반문하는 사람들입니다.

이 책에는 미국의 사회적 현실이 여과 없이 담겨 있습니다. 우리의 전직 교수님이 지적하듯이 "노동을 분석하는 일과 노동하는 것은 다른 것" 입니다. 30년 이상을 노동에 대해 연구하고 분석하고 강단에서 강의했지만 자신이 몸소 호텔 프런트데스크 직원으로 일하며 알게 된 노동의 현실은 전혀 달랐을 것입니다. 그것은 이 글을 쓰고 있는 저도 한 사람의 노동자로서 익히 알 뿐더러 깊이 공감하는 내용입니다. 연구를 통해 알게 된 노동과 직접 노동하면서 겪는 노동의 현실은 전혀 다른 차원의 이야기입니다. 우리의 전직 교수님은 그렇게 몸소 노동 현장을 체험하면서 미국 사회에서 점차 증가하는 불평등의 현실, 그리고 양극화가 심해져 가는 노동의 현실을 구체적으로 우리에게 들려줍니다.

 한편으로는 미국의 환경적 현실이 적나라하게 드러납니다. 미국은 유럽에 비해 지극히 짧은 역사를 가진 나라입니다. 그래서 유럽이 자랑하는 고색창연한 문화가 없지요. 미국은 유럽이 자랑하는 유서 깊은 유적을 대신할 만한 것으로 광대한 영토의 아름다움을 선택했습니다. 그것이 미국 국립공원의 출발점이었습니다. 국립공원의 역사는 그곳을 아무도 살지 않는, 진정한 야생의 자연처럼 보이도록 만들기 위해, 사실은 그곳에 살던 사람들, 즉 인디언 원주민을 살육한 토대 위에 세워진 피의 역사이기도 합니다. 우리의 전직 교수님은 미국의 광활한 영토를 누비며 아름다운 곳을 찾아다닙니다. 아내와 함께 등산을 즐기며 그 모든 아름다움을 만끽하지요. 하지만 지켜져야 할 아름다운 자연경관은 자본의 논리 속에서 훼손되어 가는 것이 그의 눈에 비친 미국 국립공원의 실상입니다. 국립공원은 민간 업자들에게 관리권이 넘겨져 각종 상업 활동으로 얼룩졌고 최대의 이윤을 추구하는 과정에서 자연적 아름다움은 당연하다는 듯이 훼손됩니다. 또 불평등이 심화되어 많이 가진 사람이 더 많이 가지게 되자 이들의 사치를 위한 부동산이 들어서면서 기존에 거기 살던 가난한 사람들이 더 변두리로 자꾸 밀려날 뿐 아니라 훼손 경관이 동시에 진행됩니다.

 마지막으로 이 책에서 더욱 인상적으로 다가오는 내용은 일상적으로 먹는 먹을거리에 대한 이야기와 그 먹을거리를 생산하는 미국의 농산업에 대한 이야기입니다. 우리의 전직 교수님이 포틀랜드에 머물던 2003년경 미국에서도 광우병 문제가 불거졌던 모양인지 쇠고기를 먹지 않았다는 내용이 있더군요. 요즈음 미국산 쇠고기 수입 문제 때문에 떠들썩한 우리와 관련해 생각해 볼 만한 이야기입니다. 또 몇 시간을 차로 달려야 할 만큼 광활한 지역에서 이루어지는 단종 재배, 이윤을 극대화하기 위한 유전자 조작 곡물 재배, 물을 저렴하게 공급하거나 목초지를 저렴하게 제공함으로써 농산업 자본이 세계 시장에서 경쟁력을 갖추도록 간접적인 보조금을 지급하는 미국 정부 등, 이 책에 등장하는 미국 농산업의 구조는 언뜻 보아도 불합리한 측면이 있어서, 우리가 먹는 먹을거리에 대한 염려가 기우만은 아니었음을 확신하게 만듭니다. 그러니 "100퍼센트 안전하다"는 우리 정부의 확신은 무책임하다고 밖에는 할 수 없습니다.

여러분은 미국에 대해 어떤 인상을 가지고 계셨나요? 혹시 세계에서 가장 잘사는 부자 나라, 세계에서 제일 강한 나라, 세계의 정의를 수호하는 나라이자 우리의 우방인 좋은 나라 미국美國이라는 인상을 가지고 계셨다면 이제 미국迷國에서 빠져나와 냉정하게 바라봐야 할 때가 되었습니다.

그래도 삶은 계속된다

여행을 마쳤다고 해서 삶이 멈추는 것은 아닙니다. 우리의 전직 교수님도 어디에선가 아내와 함께 밥을 해 먹고 산책을 다니고 글을 쓰며 온라인 상에서 학생들을 가르치고 계시겠지요. 아마 여전히 만면에 그 귀여운 웃음을 가득 머금은 채로 말입니다. 이 책을 다 읽고 난 독자들에게도 삶은 계속되는 법입니다. 그래서 이 책을 다 읽은 독자들에게 제가 두 가지를 추천하려 합니다.

첫 번째는 볼거리로, 최근 교육방송에서 방영했던 다큐멘터리입니다. 3월 17일부터 21일까지 요세미티 국립공원, 그랜드캐니언 국립공원, 록키마운틴 국립공원, 옐로우스톤 국립공원, 미국 서부의 국립공원을 주제로 다섯 차례에 걸쳐 방영되었습니다. 모두는 아니지만 이 책에 등장하는 일부 국립공원의 모습을 눈으로 확인하실 수 있습니다. 저는 텔레비전에서 방영할 때 시간 맞춰 보았는데요, 인터넷으로 다시 보려니 안타깝게도 다시보기가 유료이더군요. 그래도 미국이 자랑하는 국립공원의 아름다움을 미국까지 가지 않고도 체험할 수 있는 좋은 기회가 될 것입니다.

또 한 가지 추천드리고 싶은 것은 여행의 방식을 조금 바꿔 보시라는 겁니다. 우리의 전직 교수님이 말씀하시듯이 우리가 방문하는 곳에는 어디든지 그 중심에 사람이 있게 마련입니다. 어느 곳에 가서든 그곳의 사람들의 애환을 들여다보지 않으면서 그곳을 제대로 파악했다고 할 수 있을까요? 거기에 무엇이 있고 무엇을 맛있게 먹었는지만으로는 충분치 않습니다. 이 책을 읽으신 독자 여러분들께서 앞으로 여행을 다니실 때는 지금까지 해 왔던 대로 볼거리, 먹을거리만을 찾아다니기보다 그곳의 삶의 현장을 한층 깊어진 눈으로 들여다볼 수 있기를 바랍니다. 누가 압니까, 한국판 『싸구려 모텔에서 미국을 만나다』가 나오게 될런지요.

길지도 않은 책을 붙들고 번역한답시고 바쁜 척은 혼자 다하는 저를 늘 따뜻한 시선으로 보아 주는 가족과 벗들이 있습니다. 자주 찾아뵙지도 못하는 무심한 딸을 예쁘게 보아 주시는 아버지, 제 대신 아버지를 지키는 동생에게 고마움을 전합니다. 한편 이 책에 나오는 저자의 여행 경로를 지도로 옮기는 데 도움을 준 든든한 나의 벗에게도 감사 인사를 전합니다. 간단하지 않은 일을 쉽게 마치는 데 큰 도움을 받았습니다. 본래 원서에는 본문에 나오는 지명을 표기한 지도가 없습니다. 책 표지 안쪽에 서너 군데의 큰 지명만 점으로 표시하고 말았지요. 그러다 보니 저도 처음에는 낯선 지명 때문에 애를 먹었습니다. 우리나라 같으면 지명만 들어도 동서남북이 머리에 들어올 테지만, 생전 가 보지도 않은 미국 지명만으로는 위치에 대한 감이 하나도 오지 않았거든요. 게다가 번역본에는 단위를 모두 한국식으로 바꾸어 놓았지만 원서에는 모두 미국식이라 거리 감각조차 없어지더라고요. 그래서 독자들은 조금이나마 수월하게 읽으시라고 간략한 지도를 만들었습니다. 부디 도움이 되기를 바랍니다. 그 외에도 많은 일들을 제대로 챙기지 못했음에도 따뜻한 시선으로 너그러이 보아 주셨던 사랑하는 모든 분들, 언제나 부족한 저를 격려해 주시는 출판사 식구들, 독자들에게도 감사 인사를 전합니다. 더 좋은 책으로 다시 찾아뵙겠습니다.

2008년 5월 푸르른 날에
안양에서 추선영